手筋《てすじ》と格言《かくげん》で
強《つよ》くなる！

増補改訂版

将棋《しょうぎ》上達のコツ

勝《か》つための基本《きほん》から詰将棋《つめしょうぎ》まで

九段 屋敷伸之《やしきのぶゆき》 監修

※本書《ほんしょ》は2021年発行《ねんはっこう》の「一冊《いっさつ》で差《さ》がつく!将棋上達《しょうぎじょうたつ》のコツ50新版《しんぱん》 勝《か》ち方《かた》がわかる本《ほん》」の内容《ないよう》を確認《かくにん》し、加筆《かひつ》・修正《しゅうせい》のうえ再編集《さいへんしゅう》を行《おこな》った増補改訂版《ぞうほかいていばん》です。

目次《もくじ》

ボクが将棋《しょうぎ》の
ことを教《おし》えたり、
みんなといっしょに
考《かんが》えたりするよ！
ヤッキー先生《せんせい》

はじめに

現在《げんざい》の将棋《しょうぎ》がほぼ完成《かんせい》したのは、織田信長《おだのぶなが》などが活躍《かつやく》した戦国時代《せんごくじだい》(1467年《ねん》の応仁《おうにん》の乱《らん》～1573年《ねん》に室町幕府《むろまちばくふ》が滅《ほろ》びる)という遠《とお》い昔《むかし》の頃《ころ》とされています。

今《いま》から約《やく》500年前《ねんまえ》の人《ひと》たちが、今《いま》と同《おな》じように将棋盤《しょうぎばん》という81のマス目《め》の上《うえ》に8種類《しゅるい》40枚《まい》の駒《こま》を並《なら》べ、相手《あいて》の玉《ぎょく》(王《おう》)を取《と》るための戦《たたか》いをしていたのです。こんなに長《なが》い間《あいだ》に渡《わた》って、人々《ひとびと》に親《した》しまれてきたというだけでも将棋《しょうぎ》というゲームの奥《おく》の深《ふか》さがわかってもらえるでしょう。

駒《こま》の動《うご》かし方《かた》などルールさえ覚《おぼ》えれば、幼稚園《ようちえん》に通《かよ》う小《ちい》さな子《こ》どもでも指《さ》すことができます。また、70年以上《ねんいじょう》に渡《わた》り将棋《しょうぎ》を趣味《しゅみ》にしている80歳《さい》、90歳《さい》という高齢者《こうれいしゃ》の方《かた》もいます。将棋《しょうぎ》は5歳《さい》の子《こ》どもと90歳《さい》の人《ひと》が戦《たたか》うことのできるゲームなのです。この歴史《れきし》や世代《せだい》の幅《はば》だけでも将棋《しょうぎ》には奥深《おくぶか》さがあります。

本書《ほんしょ》は、すでに将棋《しょうぎ》のルールを知《し》っている子《こ》どもたちの、「さらに強《つよ》くなるためにはどうしたらよいのだろうか!」という気持《きも》ちにこたえられるよう制作《せいさく》しています。「なぜこの手《て》を指《さ》すのか?」という「なぜ」を考《かんが》えたり、手筋《てすじ》や定跡《じょうせき》という実戦《じっせん》に役立《やくだ》つことを「格言《かくげん》」などで紹介《しょうかい》しながら説明《せつめい》しています。

本書《ほんしょ》を手《て》にしていただき将棋《しょうぎ》のおもしろさにもっと気《き》づき、より強《つよ》くなってもらいたいと願《ねが》っています。

監修《かんしゅう》　九段《くだん》　屋敷《やしき》伸之《のぶゆき》

この本《ほん》では将棋《しょうぎ》に強《つよ》くなるためのコツをいっぱい掲載《けいさい》しています。

第《だい》1章《しょう》

将棋《しょうぎ》は礼《れい》に始《はじ》まり、礼《れい》に終《お》わる

盤上《ばんじょう》の戦《たたか》い、将棋《しょうぎ》の世界《せかい》

先《さき》に王様《おうさま》を取《と》れば勝《か》つ、ゲームです

将棋《しょうぎ》というゲームの勝敗《しょうはい》の分《わ》け方《かた》は、とっても単純《たんじゅん》です。自分《じぶん》と相手《あいて》がかわりばんこに、駒《こま》を一《ひと》つずつ動《うご》かし、相手《あいて》の王将《おうしょう》（玉将《ぎょくしょう》）を先《さき》に取《と》った方《ほう》が勝《か》ちです。そのためには、自分《じぶん》の玉《ぎょく》を相手《あいて》から守《まも》り、盤上《ばんじょう》で駒《こま》と駒《こま》を戦《たたか》わせ有利《ゆうり》になるように作戦《さくせん》を立《た》てることが大切《たいせつ》です。将棋《しょうぎ》は、むかしインドに戦争《せんそう》が大好《だいす》きな王様《おうさま》がいて、その戦争《せんそう》をやめさせるために考《かんが》えたゲームとも言《い》われています。パソコンを使《つか》った複雑《ふくざつ》で動《うご》きのあるゲームソフトとは違《ちが》い、駒《こま》の動《うご》かし方《かた》もルールもむずかしくなく、だれでもすぐに将棋《しょうぎ》を指《さ》す（将棋《しょうぎ》をすることを「指《さ》す」といいます）ことができます。だれでも指《さ》すことができますが、プロの棋士《きし》と一般《いっぱん》の方《かた》では大《おお》きな差《さ》があります。スピードで言《い》えば、新幹線《しんかんせん》と各駅止《かくえきど》まりの電車《でんしゃ》ほどの違《ちが》いです。

将棋《しょうぎ》の歴史《れきし》について知《し》っておこう

将棋《しょうぎ》はどこで生《う》まれたのでしょうか？いろいろな説《せつ》がありますが、現在《げんざい》は「インド」というのが一般的《いっぱんてき》になっています。紀元前《きげんぜん》３００年頃《ねんごろ》、古代《こだい》インドで「チャトランガ」という8×8の盤《ばん》を使《つか》った四人《よにん》また二人《ふたり》で行《おこな》うボードゲームがルーツとされています。

これがペルシャを経《へ》てヨーロッパに伝《つた》わり、西洋将棋《せいようしょうぎ》といわれる「チェス」になった

とされています。また中国《ちゅうごく》にも伝《つた》わり「象棋」（シャンチーと読《よ》みます）という中国将棋《ちゅうごくしょうぎ》になったとされ、東南《とうなん》アジアや韓国《かんこく》にも伝《つた》わったそうです。

この東洋《とうよう》の将棋《しょうぎ》が日本《にほん》に伝《つた》わったのは奈良時代《ならじだい》という説《せつ》もありますが、はっきりとはわかりません。

日本《にほん》の文献《ぶんけん》による推測《すいそく》では、平安時代《へいあんじだい》の11世紀初《せいきはじ》めに貴族《きぞく》の間《あいだ》で将棋遊《しょうぎあそ》びがあったことがわかっています。この頃《ころ》の将棋《しょうぎ》は、駒数《こますう》も盤面《ばんめん》もいろいろとあったそうです。

現在《げんざい》の将棋《しょうぎ》がほぼ完成《かんせい》したのは、室町時代《むろまちじだい》の後半《こうはん》、戦国時代《せんごくじだい》の最中《さなか》とされています。

なお、取《と》った駒《こま》を自分《じぶん》の駒《こま》として使《つか》えるのはほかの国《くに》の将棋《しょうぎ》にはない、日本《にほん》の将棋《しょうぎ》だけの特徴《とくちょう》です。

将棋《しょうぎ》の舞台《ぶたい》は9×9＝81のマス目《め》、この中《なか》で指《さ》し手《て》の想《おも》いがぶつかり合《あ》います

“吹《ふ》けば飛《と》ぶよな将棋《しょうぎ》の駒《こま》に・・・”

これは昔《むかし》、村田英雄《むらたひでお》さんという歌手《かしゅ》が1961（昭和《しょうわ》36）年《ねん》に発売《はつばい》した「王将《おうしょう》」という歌《うた》の最初《さいしょ》の部分《ぶぶん》です。このあと「賭《か》けた命《いのち》を笑《わら》わば笑《わら》え」と続《つづ》きます。

息《いき》をかけたら飛《と》んでゆくような将棋《しょうぎ》の駒《こま》に、命《いのち》を賭《か》けた自分《じぶん》を笑《わら》うなら、笑《わら》ってください、という歌《うた》です。大阪《おおさか》に住《す》んでいた、将棋《しょうぎ》の鬼《おに》と呼《よ》ばれた坂田三吉《さかたさんきち》の気持《きも》ちを歌《うた》ったものです。この81のマス目《め》に「男《おとこ》が命《いのち》をかける」。それだけの魅力《みりょく》がある世界《せかい》なのです。

盤《ばん》の厚《あつ》さが約《やく》18cmもある、プロなどが使《つか》う本格的《ほんかくてき》な将棋盤《しょうぎばん》。盤《ばん》の上《うえ》にのっているのが駒《こま》。横《よこ》の小《ちい》さな台《だい》は駒台《こまだい》といい、相手《あいて》から取《と》った駒《こま》を置《お》きます。

棋譜《きふ》を覚《おぼ》えよう

将棋盤《しょうぎばん》には、タテに9つ、ヨコに9つのマス目《め》が書《か》かれています。将棋《しょうぎ》の駒《こま》はこのマス目《め》のなかを動《うご》きます。

タテの筋《すじ》は算用数字《さんようすうじ》で1、2、3、4、5、6、7、8、9と表《あらわ》し、ヨコの段《だん》は漢用数字《かんようすうじ》で一《いち》、二《に》、三《さん》、四《よん》、五《ご》、六《ろく》、七《なな》、八《はち》、九《きゅう》としています。棋譜《きふ》とは、駒《こま》の動《うご》きをこの数字《すうじ》を使《つか》って表《あらわ》すことです。

9	8	7	6	5	4	3	2	1	
9一	8一	7一	6一	5一	4一	3一	2一	1一	一
9二	8二	7二	6二	5二	4二	3二	2二	1二	二
9三	8三	7三	6三	5三	4三	3三	2三	1三	三
9四	8四	7四	6四	5四	4四	3四	2四	1四	四
9五	8五	7五	6五	5五	4五	3五	2五	1五	五
9六	8六	7六	6六	5六	4六	3六	2六	1六	六
9七	8七	7七	6七	5七	4七	3七	2七	1七	七
9八	8八	7八	6八	5八	4八	3八	2八	1八	八
9九	8九	7九	6九	5九	4九	3九	2九	1九	九

もちろん、この数字《すうじ》は将棋盤《しょうぎばん》には書《か》かれていませんが、新聞《しんぶん》やテレビでも、**この数字《すうじ》を使《つか》って駒《こま》の動《うご》きを表《あらわ》します。**たとえば、右上《みぎうえ》のスミは「1一《いち》」(いちいち)、左下《ひだりした》のスミは「9九《きゅう》」(きゅうきゅう)と呼《よ》びます。本書《ほんしょ》でもこれからたくさん出《で》てきますので必《かなら》ず理解《りかい》しておきましょう。

具体的《ぐたいてき》には次《つぎ》のようになります。先手《せんて》は飛車《ひしゃ》の前《まえ》の歩《ふ》を一《ひと》つ動《うご》かします、これを棋譜《きふ》で表《あらわ》すと「☗2六歩《ろくふ》」となります。後手《ごて》は、角《かく》の道《みち》をあけます。これを棋譜《きふ》で表《あらわ》すと「☖3四歩《よんふ》」となります。

将棋盤《しょうぎばん》あれこれ

将棋盤《しょうぎばん》は「かや」という木《き》を使《つか》ったものが最高級《さいこうきゅう》とされていて、数百万《すうひゃくまん》という高価《こうか》なものもあります。「かや」以外《いがい》では「かつら」や「いちょう」の木《き》を使《つか》います。将棋《しょうぎ》を楽《たの》しむためには、折《お》りたたみ式《しき》の木《き》の盤《ばん》やプラスチック製《せい》の安価《あんか》なもので十分《じゅうぶん》です。

強《つよ》くなるために「礼儀《れいぎ》」を学《まな》ぼう

礼儀《れいぎ》の持《も》つ、大切《たいせつ》さ

将棋《しょうぎ》は相撲《すもう》と同《おな》じように国技《こくぎ》ともいわれている、日本独自《にほんどくじ》の文化《ぶんか》です。また茶道《さどう》や華道《かどう》のように礼儀《れいぎ》や決《き》まりを大切《たいせつ》にする競技《きょうぎ》です。

スポーツを含《ふく》め勝負《しょうぶ》の世界《せかい》では、勝敗《しょうはい》を決《けっ》する最後《さいご》のカギとなるものは「心《こころ》」であるといわれます。強《つよ》い人《ひと》とは、心《こころ》の強《つよ》い人《ひと》である、ということです。心《こころ》を磨《みが》くことが真《しん》に強《つよ》い人《ひと》をつくるともいえます。その初歩《しょほ》の段階《だんかい》にあるものが礼儀《れいぎ》です。礼儀《れいぎ》を学《まな》び、実際《じっさい》に礼儀正《れいぎただ》しく将棋《しょうぎ》を指《さ》すことが心《こころ》を強《つよ》くするスタートなのです。

将棋《しょうぎ》の礼儀《れいぎ》（マナー）で大切《たいせつ》なことは、左《ひだり》にあげた3つです。将棋《しょうぎ》を指《さ》す前《まえ》のあいさつはお互《たが》いに「おねがいします」と言《い》います。勝負《しょうぶ》がついたときの言葉《ことば》は「負《ま》けました」です。そして、勝《か》った人《ひと》も負《ま》けた人《ひと》も相手《あいて》を尊重《そんちょう》する気持《きも》ちを表《あらわ》すために「ありがとうございました」と言《い》います。

この3つの言葉《ことば》はポイントですが、礼儀《れいぎ》は●始《はじ》める前《まえ》●対局中《たいきょくちゅう》●終《お》わるときと分《わ》けることができます。それぞれの段階《だんかい》での礼儀《れいぎ》を見《み》ておきましょう。

いくら強《つよ》くても
礼儀《れいぎ》を守《まも》れない人《ひと》は
ダメなのだ！

1

2

3

始《はじ》める前《まえ》の礼儀《れいぎ》

①上手《うわて》（自分《じぶん》よりうまい人《ひと》）の人《ひと》や年上《としうえ》の人《ひと》に上座《かみざ》をゆずります。

※上座《かみざ》…和室《わしつ》では、床《とこ》の間《ま》に最《もっと》も近《ちか》い場所《ばしょ》、床《とこ》の間《ま》のない場合《ばあい》には、入口《いりぐち》から最《もっと》も遠《とお》い席《せき》

②上手《うわて》の人《ひと》が駒箱《こまばこ》から駒《こま》を出《だ》して、**王将《おうしょう》を取《と》るまでは下手《したて》の人《ひと》は駒《こま》にふれてはいけません。**

③上手《うわて》の人《ひと》が王将《おうしょう》を盤《ばん》に置《お》いてから、下手《したて》の人《ひと》は玉将《ぎょくしょう》を取《と》って並《なら》べ始《はじ》めます。

④先手《せんて》・後手《ごて》は振《ふ》り駒《ごま》で決《き》めます。

⑤ここで前《ぜん》ページにあるようにお互《たが》いに「おねがいします」と言《い》って頭《あたま》を下《さ》げてから第一手《だいいって》を指《さ》します。

上手《うわて》（上位《じょうい》の人《ひと》）が王将《おうしょう》を置《お》くまで駒《こま》にさわらないのがマナーです。

■対局中《たいきょくちゅう》の礼儀《れいぎ》

① 駒《こま》はきちんとマス目《め》の中《なか》におさまるようにし、駒《こま》を取《と》るとき以外《いがい》は相手《あいて》の駒《こま》にはふれません。

② 取《と》った駒《こま》は相手《あいて》によく見《み》えるように駒台《こまだい》に置《お》きます。

駒台《こまだい》がないときは、盤《ばん》の横《よこ》に見《み》やすく置《お》きます。

③ **待《ま》ったはしない。待《ま》ったは反則《はんそく》になります。**

初心者《しょしんしゃ》の場合《ばあい》や仲《なか》のよい友達同士《ともだちどうし》の間《あいだ》では「待《ま》った」することがあるでしょうが、一度動《いちどうご》かした駒《こま》をもとにもどす「待《ま》った」は、強《つよ》くなるのを遅《おそ》くするばかりではなく、相手《あいて》にイヤな思《おも》いをさせてしまいます。

■終《お》わるときの礼儀《れいぎ》

① 自分《じぶん》の玉《ぎょく》が詰《つ》みになったときは「負《ま》けました」と潔《いさぎよ》く、はっきり言《い》いましょう。

② お互《たが》いに「ありがとうございました」と礼儀正《れいぎただ》しく、最後《さいご》の挨拶《あいさつ》をかわしましょう。

将棋《しょうぎ》の聖地《せいち》・千駄ヶ谷《せんだがや》

東京《とうきょう》・新将棋会館《しんしょうぎかいかん》に行《い》ってみよう

JR千駄ヶ谷駅《せんだがやえき》から徒歩《とほ》2分《ふん》の地上《ちじょう》4階《かい》地下《ちか》1階《かい》の新《しん》ビル＝ヒューリック将棋会館《しょうぎかいかん》千駄ヶ谷《せんだがや》ビルの1階《かい》に新《あたら》しい将棋会館《しょうぎかいかん》が移《い》転《てん》、2024年《ねん》10月《がつ》にオープンしました。

ここには旧将棋会館《きゅうしょうぎかいかん》と同《おな》じように、公益《こうえき》社団法人《しゃだんほうじん》日本将棋連盟《にほんしょうぎれんめい》の東京本部《とうきょうほんぶ》があります。日本将棋連盟《にほんしょうぎれんめい》というのは棋士《きし》及《およ》び女流《じょりゅう》棋士《きし》によって組織《そしき》されている団体《だんたい》のことです。つまり、約《やく》300名《めい》いる棋士《きし》の集《あつ》まりです。また、ここでは、日本将棋連《にほんしょうぎれん》盟《めい》の運営《うんえい》やさまざまな仕事《しごと》も行《おこな》われています。

＊都営大江戸線《とえいおおえどせん》「国立競技場駅《こくりつきょうぎじょうえき》」から徒《と》歩《ほ》2分《ふん》

提供《ていきょう》:日本将棋連盟《にほんしょうぎれんめい》

ヒューリック将棋会館千駄ヶ谷《しょうぎかいかんせんだがや》ビル外観《がいかん》

新施設《しんしせつ》「棋《き》の音《ね》」誕生《たんじょう》

この場所《ばしょ》を未来《みらい》につなげる将棋文化《しょうぎぶんか》の「木《き》の根《ね》」にしたいというコンセプトで生《う》まれた「棋《き》の音《ね》」。将棋界《しょうぎかい》の伝統《でんとう》と革新《かくしん》、次《つぎ》の100年《ねん》に向《む》け、新《あら》たな歴《れき》史《し》を紡《つむ》いでいく舞台《ぶたい》「棋《き》の音《ね》」は、ショップ、将棋道場《しょうぎどうじょう》、カフェの3つで構成《こうせい》されています。

＊営業時間《えいぎょうじかん》　いずれも　10：00～21：00

提供《ていきょう》:日本将棋連盟《にほんしょうぎれんめい》

「棋《き》の音《ね》」入《い》り口《ぐち》

提供《ていきょう》:日本将棋連盟《にほんしょうぎれんめい》

「棋《き》の音《ね》」ショップ

棋《き》の音《ね》「ショップ」でお気《き》に入《い》りの将棋《しょうぎ》グッズを見《み》つけよう

将棋《しょうぎ》ファンならたまらないグッズがいっぱい。高額《こうがく》な将棋盤《しょうぎばん》や駒《こま》。棋士《きし》の名《めい》言《げん》を書《か》いた扇子《せんす》なども置《お》いてあります。

さらに新将棋会館建設《しんしょうぎかいかんけんせつ》や100周年《しゅうねん》事業《じぎょう》の一《ひと》つとして、企業《きぎょう》さんとのコラボレーションで作成《さくせい》した限定《げんてい》グッズも販売《はんばい》しています。また、マグカップやタンブラー、ボールペンやノートなど将棋《しょうぎ》グッズだけではない日常使《にちじょうづか》いの商品《しょうひん》も揃《そろ》えています。

棋《き》の音《ね》「将棋道場《しょうぎどうじょう》」で実力《じつりょく》を試《ため》してみよう

初心者《しょしんしゃ》から上級者《じょうきゅうしゃ》まで棋力《きりょく》を問《と》わず気軽《きがる》に将棋《しょうぎ》が楽《たの》しめる「将棋道場《しょうぎどうじょう》」。

「棋《き》の音《ね》」道場《どうじょう》

都内《とない》を中心《ちゅうしん》に広《ひろ》く実力者《じつりょくしゃ》も集《あつ》まりますが、初心者《しょしんしゃ》の方《かた》にも棋力《きりょく》に合わせて、対戦相手《たいせんあいて》を見《み》つけてくれますので安心《あんしん》です。

また、棋士《きし》による指導対局《しどうたいきょく》やセミナー、レッスン、子《こ》ども向《む》けの将棋教室《しょうぎきょうしつ》なども行《おこな》われています。

利用料金《りようりょうきん》は次《つぎ》の通《とお》りです。

	平日《へいじつ》		土《ど》・日《にち》・祝《しゅく》	
	1日券《にちけん》	4時間券《じかんけん》	1日券《にちけん》	4時間券《じかんけん》
一般《いっぱん》	1,500円《えん》	1,200円《えん》	2,500円《えん》	2,000円《えん》
女性《じょせい》/大学生《だいがくせい》/65歳以《さいい》上《じょう》/支部会員《しぶかいいん》/障害者《しょうがいしゃ》	1,400円《えん》	1,100円《えん》	2,400円《えん》	1,900円《えん》
高校生以下《こうこうせいいか》	1,000円《えん》	800円《えん》	1,500円《えん》	1,300円《えん》

＊4時間券《じかんけん》の時間帯《じかんたい》は平日《へいじつ》・土《ど》・日《にち》・祝《しゅく》とも次《つぎ》のように分かれています。
①10:00～14:00　②14:00～18:00　③17:00～21:00
※最終手合《さいしゅうてあ》いは30分前《ぶんまえ》までです。(営業時間《えいぎょうじかん》が変《か》わることがありますので、あらかじめご了承《りょうしょう》ください)

カレーやコーヒー、スイーツも充実《じゅうじつ》の棋《き》の音《ね》「カフェ」

カフェの目玉《めだま》フードは、勝負《しょうぶ》めしの定番《ていばん》・カレー。新宿中村屋監修《しんじゅくなかむらやかんしゅう》のカレーソースを使用《しよう》した本格的《ほんかくてき》なカレーを中心《ちゅうしん》に4種類《しゅるい》のメニューがあります。

ブレンドコーヒーは、コーヒー好《ず》きとして知《し》られる佐藤康光九段《さとうやすみつくだん》が監修《かんしゅう》した「康光《やすみつ》ブレンド珈琲《コーヒー》」が味《あじ》わえます。

棋士《きし》の画像《がぞう》がプリントされている“ここでしか飲《の》めない”特別《とくべつ》なカプチーノや「駒《こま》もなか」やプリンなどのスイーツもあります。

「棋《き》の音《ね》」カフェ

[新将棋会館《しんしょうぎかいかん》]
東京都渋谷区千駄ヶ谷《とうきょうとしぶやくせんだがや》1丁目《ちょうめ》18番《ばん》5ヒューリック将棋会館千駄ヶ谷《しょうぎかいかんせんだがや》ビル
https://www.shogi.or.jp/
なお、大阪《おおさか》には関西将棋《かんさいしょうぎ》会館《かいかん》(大阪府高槻市芥川《おおさかふたかつきしあくたがわ》町《ちょう》2丁目《ちょうめ》2-6)があります。

第《だい》2章《しょう》

将棋《しょうぎ》に勝《か》つための「基本《きほん》」を知《し》ろう

1 最初《さいしょ》の一手《いって》は何《なに》か？ その手《て》を指《さ》す理由《りゆう》を知《し》っておこう

初手《しょて》が教《おし》えてくれる将棋《しょうぎ》の大事《だいじ》なこと

駒《こま》の動《うご》かし方《かた》を覚《おぼ》え、将棋《しょうぎ》を指《さ》すようになると、盤上《ばんじょう》ではいろいろなことが起《お》きることを知《し》ります。そこで、守《まも》りや囲《かこ》いや攻《せ》めについて人《ひと》から学《まな》んだり、本《ほん》から学《まな》んだりします。また、こういうときにはこういう手《て》があるという定跡《じょうせき》を覚《おぼ》えることも大切《たいせつ》でしょう。

その中《なか》で「なぜそう指《さ》した方《ほう》がよいのか？」という理由《りゆう》を知《し》らないで覚《おぼ》えてしまうことがあります。長《なが》い年数《ねんすう》、将棋《しょうぎ》を指《さ》している方《かた》でも、これから説明《せつめい》する「飛車先《ひしゃさき》の歩《ふ》をつく」「角道《かくみち》をあける」理由《りゆう》を知《し》らない人《ひと》も多《おお》いのではないでしょうか。

たいていの将棋《しょうぎ》がどちらかを初手《しょて》にすることが多《おお》いから、そうしているというのは理由《りゆう》にはならないでしょう。

第《だい》1図《ず》

9	8	7	6	5	4	3	2	1	
香	桂	銀	金	王	金	銀	桂	香	一
	飛						角		二
歩	歩	歩	歩	歩	歩	歩	歩	歩	三
									四
									五
									六
歩	歩	歩	歩	歩	歩	歩	歩	歩	七
	角						飛		八
香	桂	銀	金	玉	金	銀	桂	香	九

大駒《おおごま》を働《はたら》かせる

飛車《ひしゃ》と角《かく》は、8種類《しゅるい》(20枚《まい》)しかない駒《こま》の中《なか》の2種類《しゅるい》、四分《よんぶん》の一《いち》を占《し》める駒《こま》で王《おう》とともに1枚《まい》しかない駒《こま》です。それだけでも重要《じゅうよう》なのですが、動《うご》ける範囲《はんい》がグンを抜《ぬ》いている駒《こま》で、大駒《おおごま》と呼《よ》ばれます。このふたつをどう使《つか》うかは、将棋《しょうぎ》の流《なが》れを決《き》めるポイントになります。もし第《だい》1図《ず》のままだと角《かく》は、どこにも動《うご》くことができません。開始図《かいしず》(第《だい》1図《ず》)のままだと動《うご》かせない駒《こま》は、この角《かく》と桂《けい》だけです。飛車《ひしゃ》も第《だい》1図《ず》のままだと自陣《じじん》の中《なか》を横《よこ》にしか動《うご》かせません。

角道《かくみち》をあける

▲7六歩《ろくふ》(第《だい》2図《ず》)と、歩《ふ》をひとつ進《すす》めるだけで、角《かく》は敵《てき》の3三歩《さんふ》のところまで進《すす》むことができます。これを「角道《かくみち》をあける」といいます。角《かく》が動《うご》けるようにする、角《かく》を使《つか》えるようにする。そのための初手《しょて》が▲7六歩《ろくふ》なのです。

つまり、大駒《おおごま》を働《はたら》かすという重要《じゅうよう》な理由《りゆう》が▲7六歩《ろくふ》という初手《しょて》なのです。

第《だい》2図《ず》

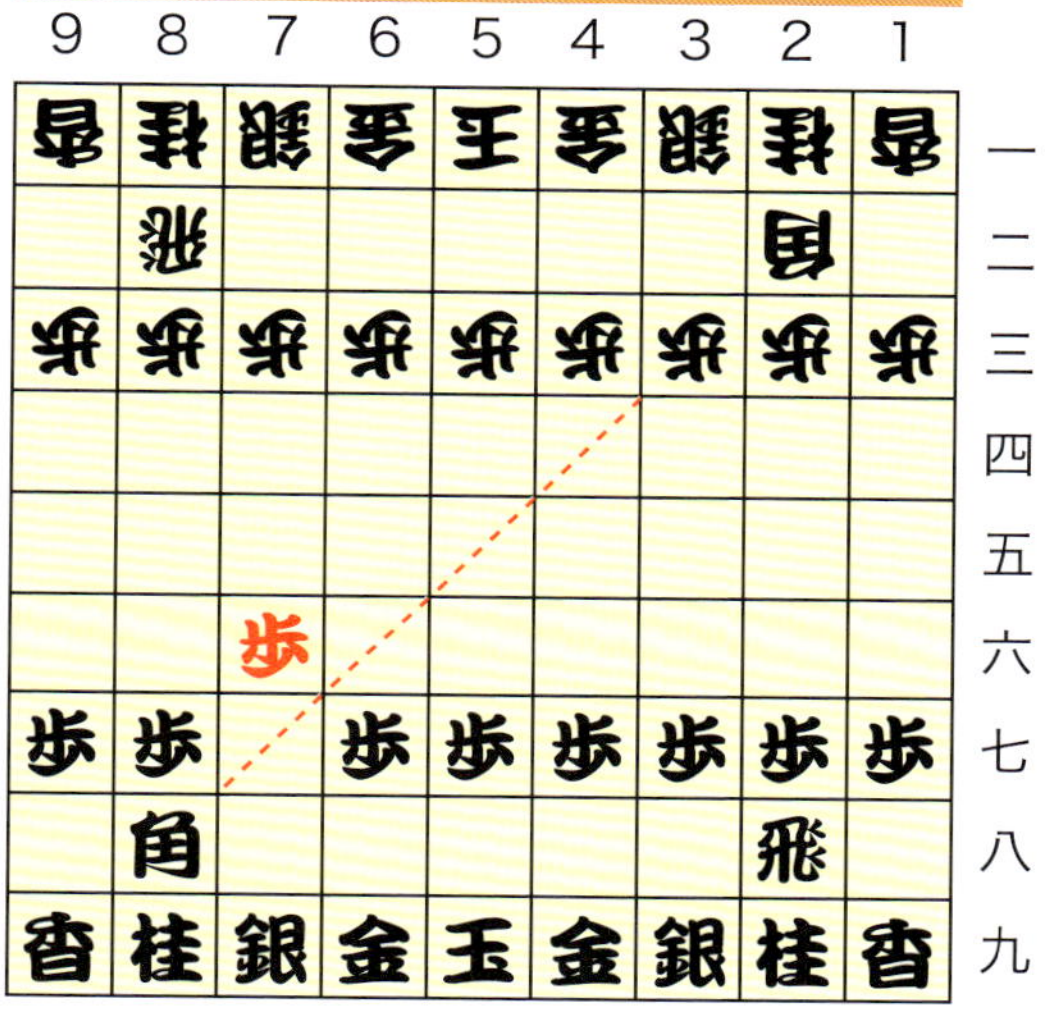

歩《ふ》を突《つ》くだけで、こんなに進《すす》めるようになるのだ。が、相手《あいて》も同《おな》じことを考《かんが》えるから将棋《しょうぎ》はむずかしくなるのだ。

飛車先《ひしゃさき》の歩《ふ》をつく

☗2六歩《ろくふ》と飛車先《ひしゃさき》の歩《ふ》をつくのも、角《かく》と同《おな》じように大駒《おおごま》を働《うご》かせるようにするというのが理由《りゆう》です。この後《あと》、☗2五歩《ごふ》、☗2四歩《よんふ》とつくことで、働《はたら》きをさらに大《おお》きくします。飛車《ひしゃ》の場合《ばあい》、これによって**ヨコだけではなくタテにも動《うご》ける**という効果《こうか》があるのです。

第3図《だいず》

飛車《ひしゃ》と角《かく》の動《うご》きの違《ちが》いを知《し》っておこう

基本的《きほんてき》に飛車《ひしゃ》はタテ・ヨコの動《うご》き、角《かく》はナナメの動《うご》きという違《ちが》いは別《べつ》として、動《うご》けるコマ数《かず》が飛車《ひしゃ》と角《かく》では、圧倒的《あっとうてき》に違《ちが》います。これからの説明《せつめい》は、自陣《じじん》にも敵陣《てきじん》にも動《うご》きを邪魔《じゃま》する駒《こま》がないという設定《せってい》です。

左《ひだり》の図《ず》のように飛車《ひしゃ》はどこに置《お》いてもタテに8マス、ヨコに8マス動《うご》かせます。9一《いち》でも7三《さん》でも同《おな》じです。

これに対《たい》し、角《かく》がナナメに8マスずつ動《うご》ける位置《いち》は5五《ご》しかありません。9一《いち》なら8マスだけ、7三《さん》なら8マス＋4マスです。**角《かく》が16マス動《うご》けるところは5五《ご》しかないのに、飛車《ひしゃ》は81マスのどこにいても16マス動《うご》けるのです。**

駒《こま》の効《き》く範囲《はんい》が大《おお》きいということが、飛車《ひしゃ》の優《すぐ》れた点《てん》です。ただ角《かく》のナナメの動《うご》きは、タテ、ヨコと違《ちが》い意外《いがい》と見逃《みのが》しやすいので気《き》をつけましょう。

飛車《ひしゃ》と角《かく》の動《うご》けるマス目《め》の違《ちが》いは大《おお》きい

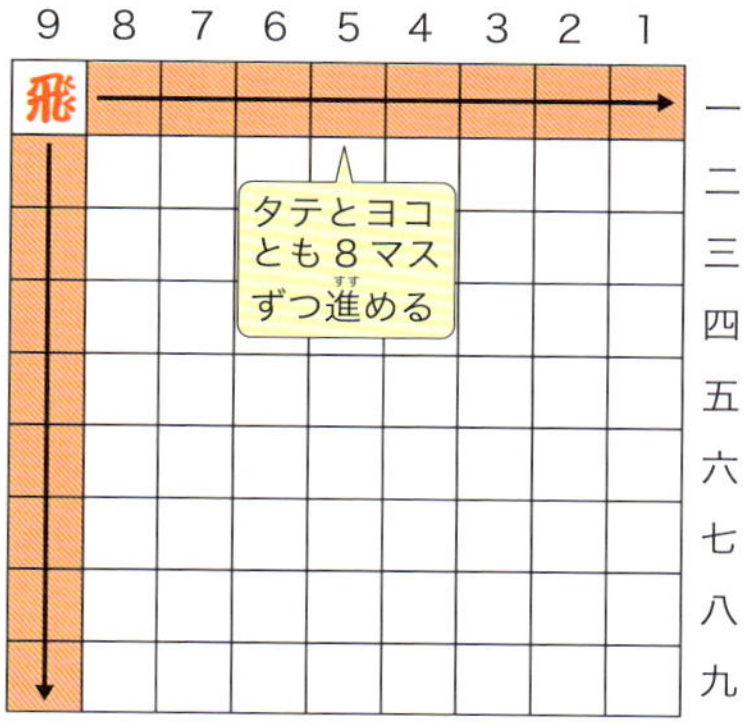

9一飛《いちひ》

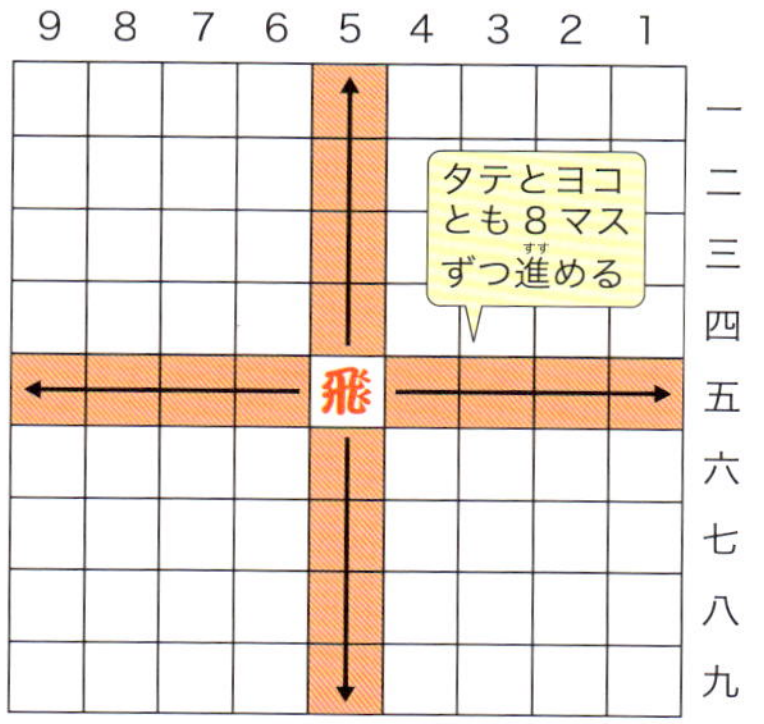

5五飛《ごひ》

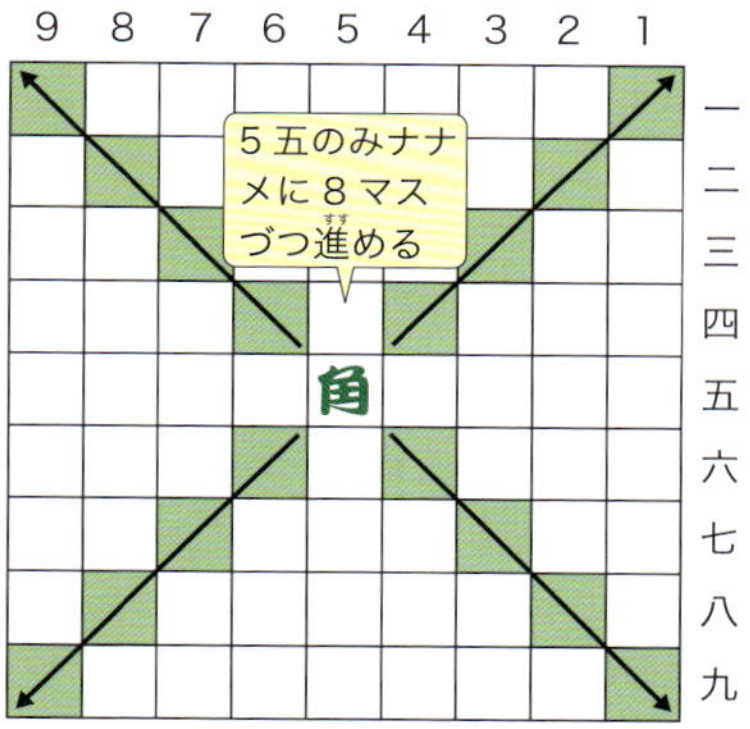

5五角《ごかく》

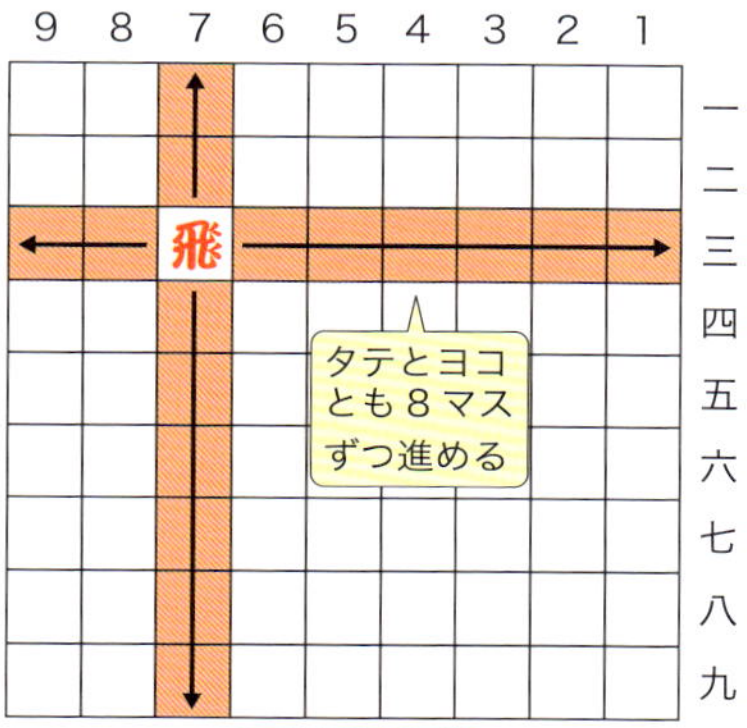

7三飛《さんひ》

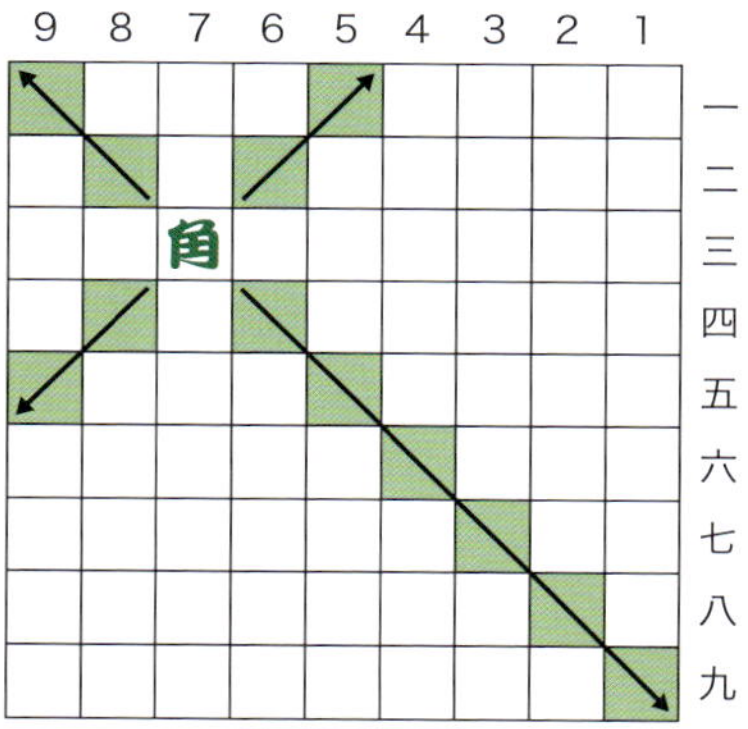

7三角《さんかく》

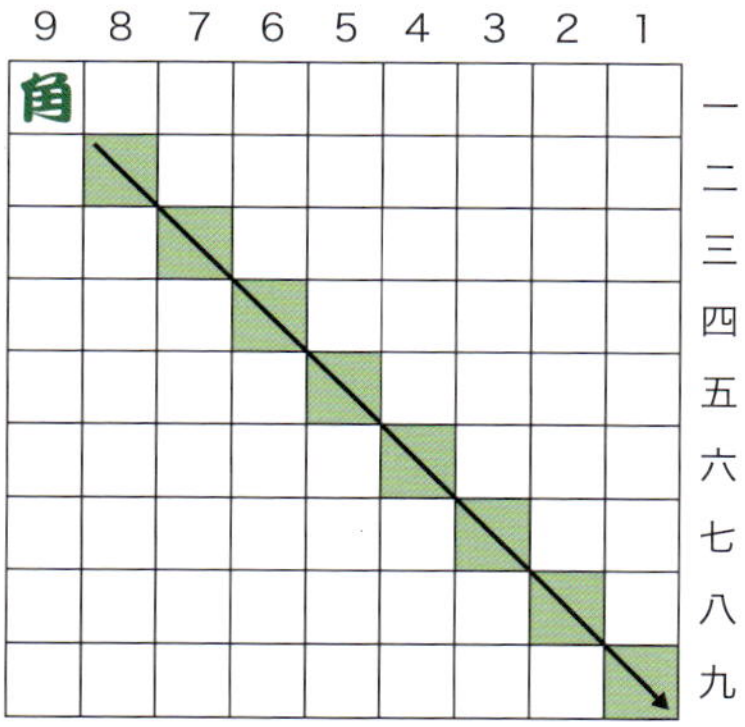

9一角《いちかく》

2 飛車《ひしゃ》の位置《いち》、居飛車《いびしゃ》と振《ふ》り飛車《びしゃ》

第《だい》1図《ず》

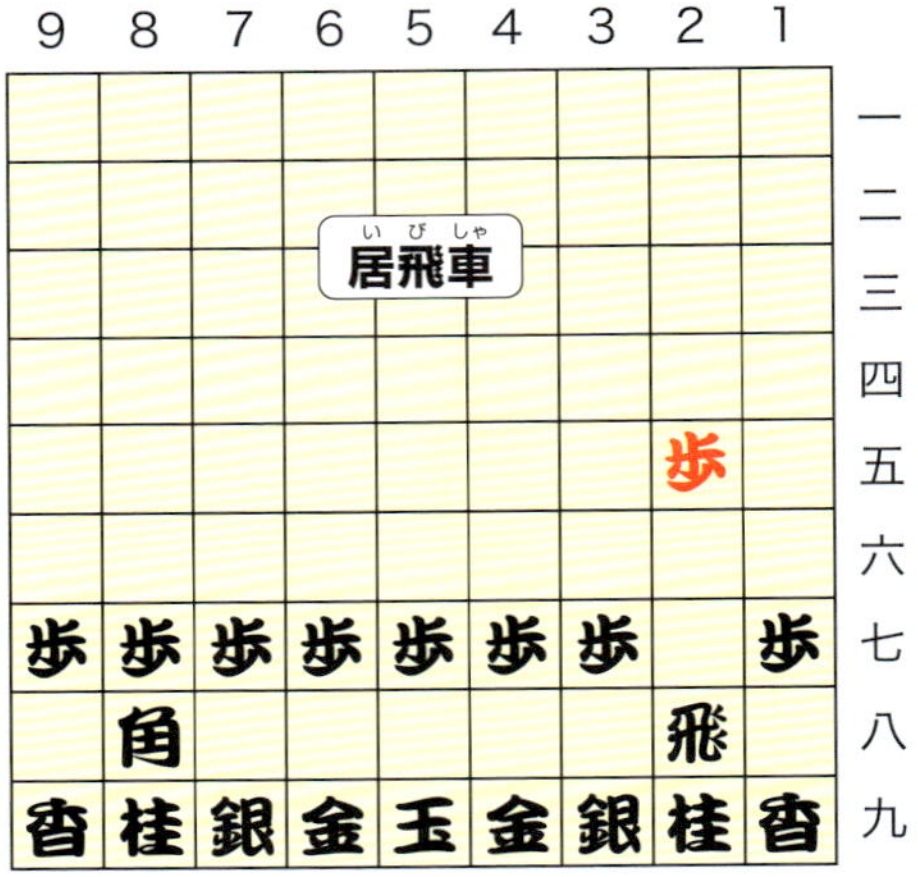

第《だい》2図《ず》

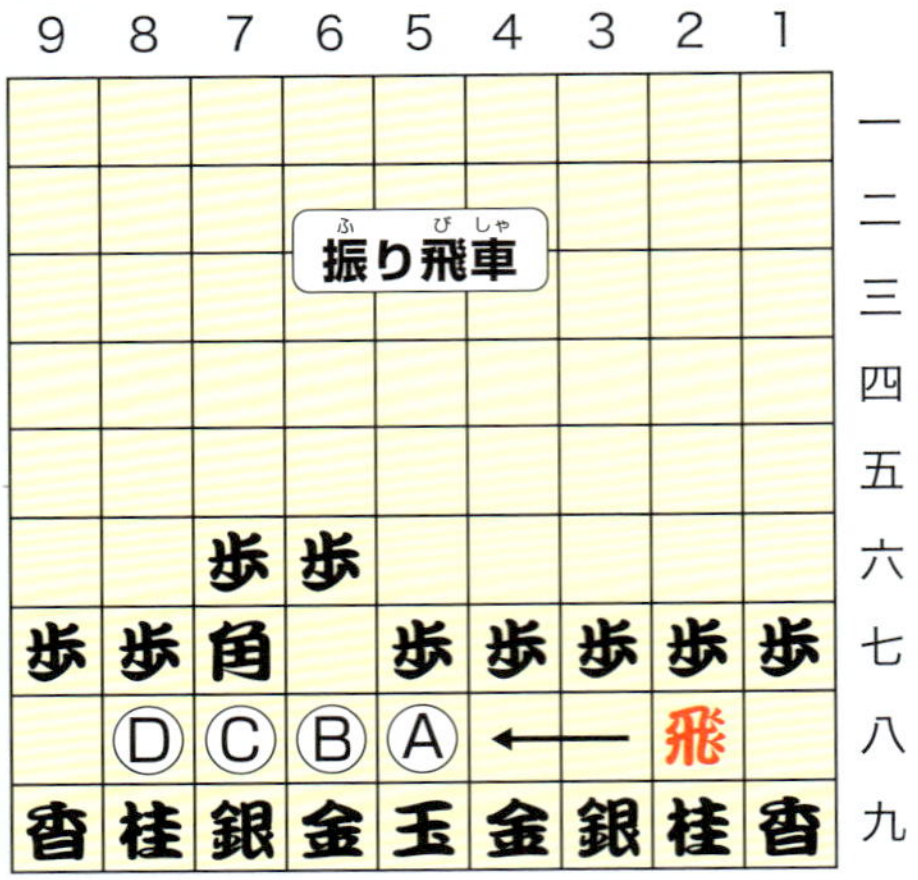

第《だい》1図《ず》

飛車《ひしゃ》をヨコに動《うご》かす、振《ふ》り飛車《びしゃ》

飛車《ひしゃ》の働《はたら》きは大《おお》きいだけに、飛車《ひしゃ》の位置《いち》が一局《いっきょく》を左右《さゆう》することになります。最初《さいしょ》に駒《こま》を並《なら》べたときの飛車《ひしゃ》の位置《いち》のまま、戦《たたか》うことを「居飛車《いびしゃ》」といいます。これに対《たい》して、飛車《ひしゃ》を中央《ちゅうおう》から左《ひだり》の筋《すじ》にヨコへ動《うご》かして戦《たたか》うことを「振《ふ》り飛車《びしゃ》」といいます。「居飛車《いびしゃ》」の良《よ》さのひとつは、「振《ふ》り飛車《びしゃ》」のように飛車《ひしゃ》を動《うご》かすという一手《いって》がないので、手数《てすう》にムダがありません。

第《だい》2図《ず》

振《ふ》り飛車《びしゃ》は位置《いち》によって4つ

「振《ふ》り飛車《びしゃ》」は動《うご》いた場所《ばしょ》によって、呼《よ》び方《かた》が変《か》わります。第《だい》2図《ず》のようにAの位置《いち》なら「中飛車《なかびしゃ》」、Bは「四間飛車《しけんびしゃ》」、Cは「三間飛車《さんけんびしゃ》」、Dは「向《む》い飛車《びしゃ》」といいます。

プロでも、一般《いっぱん》の人《ひと》でも、子《こ》どもでも振《ふ》り飛車《びしゃ》は「中飛車《なかびしゃ》」や「四間飛《しけんび》車《しゃ》」が人気《にんき》があるのじゃないかな!

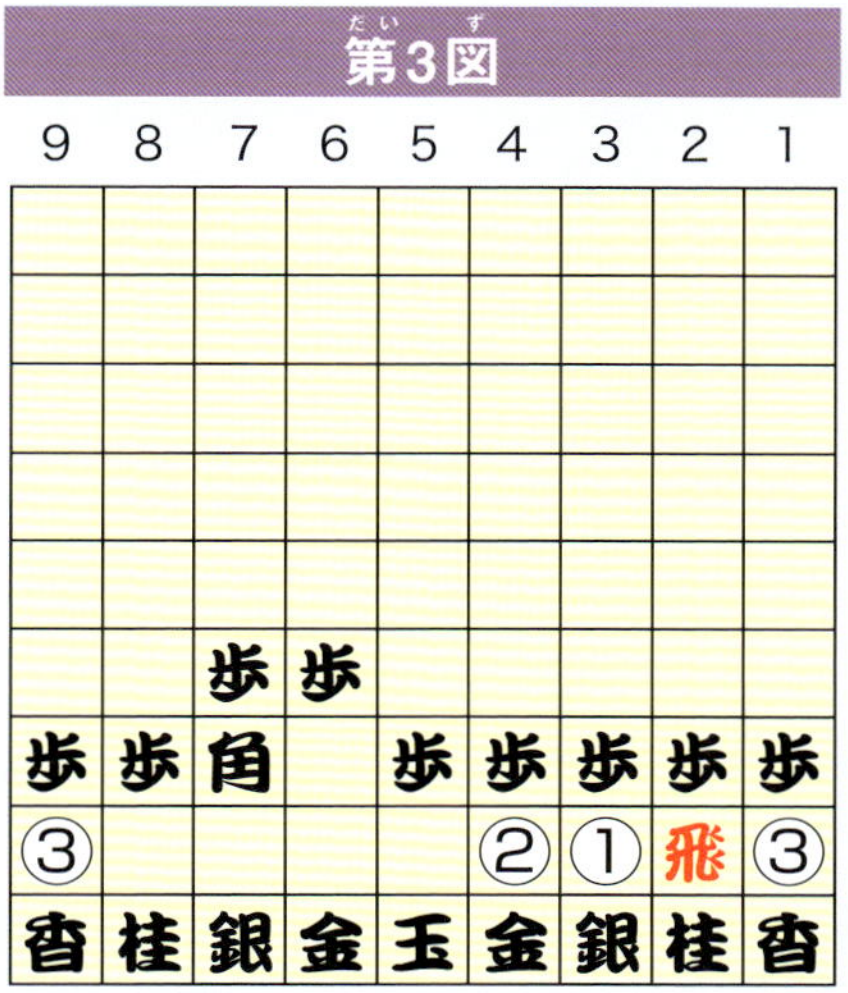

第《だい》3図《ず》

①、②、③の位置《いち》は振《ふ》り飛車《びしゃ》と言《い》いません

第《だい》3図《ず》の①の場所《ばしょ》は「袖飛車《そでびしゃ》」、②は「右四《みぎし》間飛車《けんびしゃ》」と呼《よ》ばれます。戦法的《せんぽうてき》には、居飛車《いびしゃ》に近《ちか》い感覚《かんかく》の指《さ》し方《かた》になります。なお、③は「端飛車《はしびしゃ》」と呼《よ》ばれ1筋《すじ》と9筋《すじ》の2カ所《しょ》にあります。王《おう》が穴熊囲《あなぐまかこ》いで1一《いち》や9一《いち》にいるときに、香車《きょうしゃ》を上《あ》げて、その下《した》に飛車《ひしゃ》を持《も》ってくることで力《ちから》を発揮《はっき》します。

なお、同《おな》じ振《ふ》り飛車《びしゃ》でも、位置《いち》によって戦《たたか》い方《かた》も変《か》わることを知《し》っておきましょう。

ゴキゲン中飛車《なかびしゃ》

近藤正和六段《こんどうまさかずろくだん》が開発《かいはつ》した「ゴキゲン中飛車《なかびしゃ》」。いつもにこやかな近藤《こんどう》さんの人柄《ひとがら》から生《う》まれた名前《なまえ》で、ゴキゲン中飛車《なかびしゃ》というネーミングの良《よ》さでも人気《にんき》を呼《よ》んでいます。この戦法《せんぽう》は平成《へいせい》14年《ねん》には第《だい》29回将棋《かいしょうぎ》大賞《たいしょう》で「升田幸三賞《ますだこうぞうしょう》」を受賞《じゅしょう》しています。

ゴキゲンの世界《せかい》をのぞいてみよう!

☗7六歩《ろくふ》　☖3四歩《よんふ》　☗2六歩《ろくふ》

第1図《だいず》からの指《さ》し手《て》

☖5四歩《よんふ》　☗2五歩《ごふ》　☖5二飛《にひ》

第《だい》1図《ず》　☗2六歩《ろくふ》まで

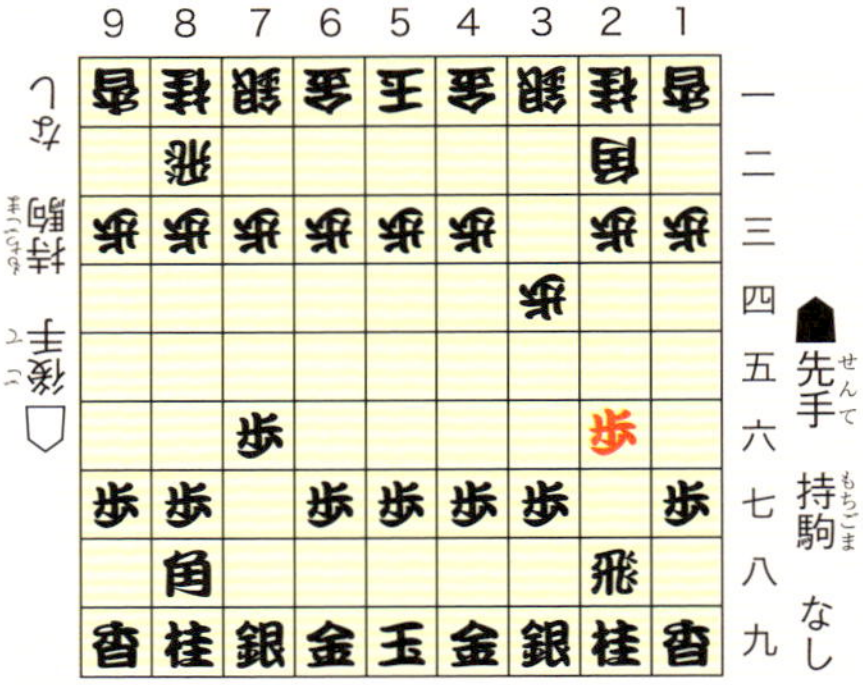

☖5四歩《よんふ》が大《おお》きなポイント

☗2六歩《ろくふ》に☖5四歩《よんふ》とつくのが「ゴキゲン中飛車《なかびしゃ》」のポイント。振《ふ》り飛車《びしゃ》は基本的《きほんてき》に☖4四歩《よんふ》と、相手《あいて》の角道《かくみち》を止《と》めますが、そこも大《おお》きく違《ちが》います。先手《せんて》が飛車先《ひしゃさき》の歩《ふ》を進《すす》めるのに対《たい》し、☖5二飛《にひ》と中飛車《なかびしゃ》にします。ここでの居飛車《いびしゃ》の手《て》は多《おお》く、大《おお》きな分岐点《ぶんきてん》になります。例《れい》をあげますと、超急戦《ちょうきゅうせん》といわれる、☗2四歩《よんふ》や☗5八金右《はちきんみぎ》、急戦《きゅうせん》といわれる☗4八銀《はちぎん》や☗6八玉《はちぎょく》、力戦《りきせん》といわれる☗2二角成《にかくなり》や☗7八金《はちきん》などがあります。

第2図《だいず》からの指《さ》し手《て》

☗2四歩《よんふ》　☖同歩《どうふ》　☗同飛《どうひ》　☖8八角成《はちかくなり》
☗同銀《どうぎん》　☖3三角《さんかく》

第《だい》2図《ず》　☖5二飛《にひ》まで

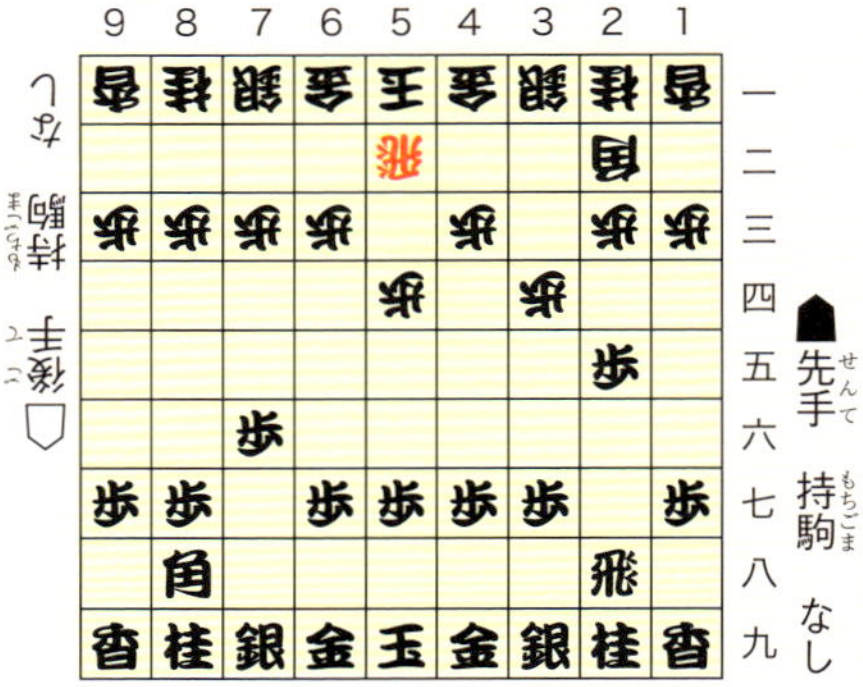

☖3三角《さんかく》で有利《ゆうり》に展開《てんかい》

ここでは、☗2四歩《よんふ》の超急戦型《ちょうきゅうせんがた》の展開《てんかい》を紹介《しょうかい》しています。☗2四歩《よんふ》となれば、☖同歩《どうふ》、☗同飛《どうひ》までは当然《とうぜん》の流《なが》れで、ここで☖8八角成《はちかくなり》と角交換《かくこうかん》をしたあと、☖3三角《さんかく》と飛車《ひしゃ》と銀《ぎん》の両取《りょうど》りを仕《し》かけます。

第3図《だいず》からの指《さ》し手《て》

☗2一飛成《いちひなり》には、☖8八角成《はちかくなり》、☗2八飛《はちひ》には☖2六歩《ろくふ》で乱戦模様《らんせんもよう》ですが、「銀《ぎん》」得《とく》を活《い》かせるような展開《てんかい》になれば有利《ゆうり》でしょう。

第《だい》3図《ず》　☖3三角《さんかく》まで

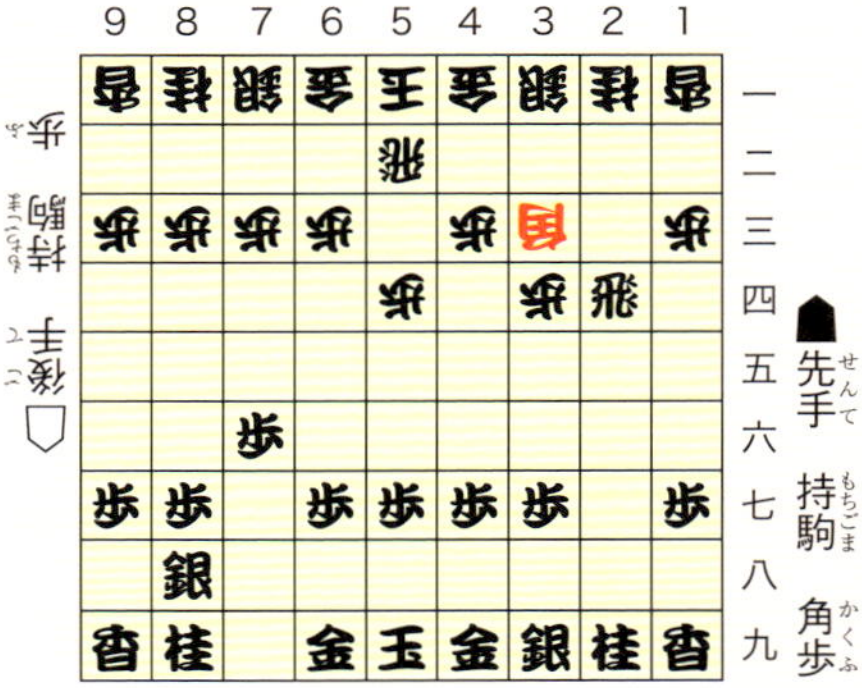

3 なぜ“王《おう》”を囲《かこ》わないといけないのか？

理由《りゆう》はただひとつ。将棋《しょうぎ》は王将《おうしょう》を取《と》るゲーム

将棋《しょうぎ》は相手《あいて》の王将《おうしょう》（玉将《ぎょくしょう》）を取《と》ったら勝《か》ちのゲームです。自分《じぶん》の王将《おうしょう》が相手《あいて》の王将《おうしょう》より先《さき》に取《と》られてしまったら負《ま》けになる、単純《たんじゅん》なルールです。王将《おうしょう》を取《と》れないようにするために、味方《みかた》の駒《こま》を集《あつ》めて、まるでお城《しろ》のようにして「王《おう》」を守《まも》るために「囲《かこ》い」が必要《ひつよう》になります。王将《おうしょう》の囲《かこ》い方《かた》はたくさんありますが、ここでは、基本《きほん》にもなる王《おう》の囲《かこ》いについての名言《めいげん》をいくつか紹介《しょうかい》して置《お》きましょう。

王《おう》の囲《かこ》いについての3つの名言《めいげん》

1. ●王《おう》の守《まも》りは金銀三枚《きんぎんさんまい》
2. ●居玉《いぎょく》は避《さ》けよ
3. ●玉《ぎょく》を相手《あいて》の飛車《ひしゃ》と反対側《はんたいがわ》に囲《かこ》う

名言《めいげん》1

●王《おう》の守《まも》りは金銀三枚《きんぎんさんまい》とは…

金二枚《きんにまい》と銀一枚《ぎんいちまい》で囲《かこ》うことです。代表的《だいひょうてき》な「矢倉囲《やぐらがこ》い」「美濃囲《みのがこ》い」（この後説明《あとせつめい》）も金銀三枚《きんぎんさんまい》の守《まも》りです。

名言《めいげん》 2

●居玉《いぎょく》は避《さ》けよとは…

居玉《いぎょく》とは対局《たいきょく》を始《はじ》めるときの「王《おう》の位置《いち》」です。先手側《せんてがわ》から言《い》えば、☗5九玉《きゅうぎょく》のことです。その理由《りゆう》は居玉《いぎょく》は不安定《ふあんてい》で、すぐ詰《つ》みになったり、王手《おうて》飛車取《ひしゃと》りなどの両取《りょうと》りにもなりやすいからです。

第《だい》1図《ず》では、居玉《いぎょく》のまま△5七《なな》と金《きん》と成《な》られ、さらに△8九飛《きゅうひ》と飛車《ひしゃ》を打《う》たれた場面《ばめん》を表《あらわ》しています。これに対《たい》し☗6九歩《きゅうふ》と受《う》けても、第《だい》2図《ず》のように△6八歩《はちふ》と打《う》てば受《う》けがなくなります。（同歩《どうふ》は飛車《ひしゃ》のヨコに利《き》いていて玉《ぎょく》が取《と》られてしまいます。）これは一例《いちれい》ですが、居玉《いぎょく》のままだと攻撃《こうげき》に弱《よわ》いことを知《し》っておきましょう。

第《だい》1図《ず》 △8九飛《きゅうひ》まで

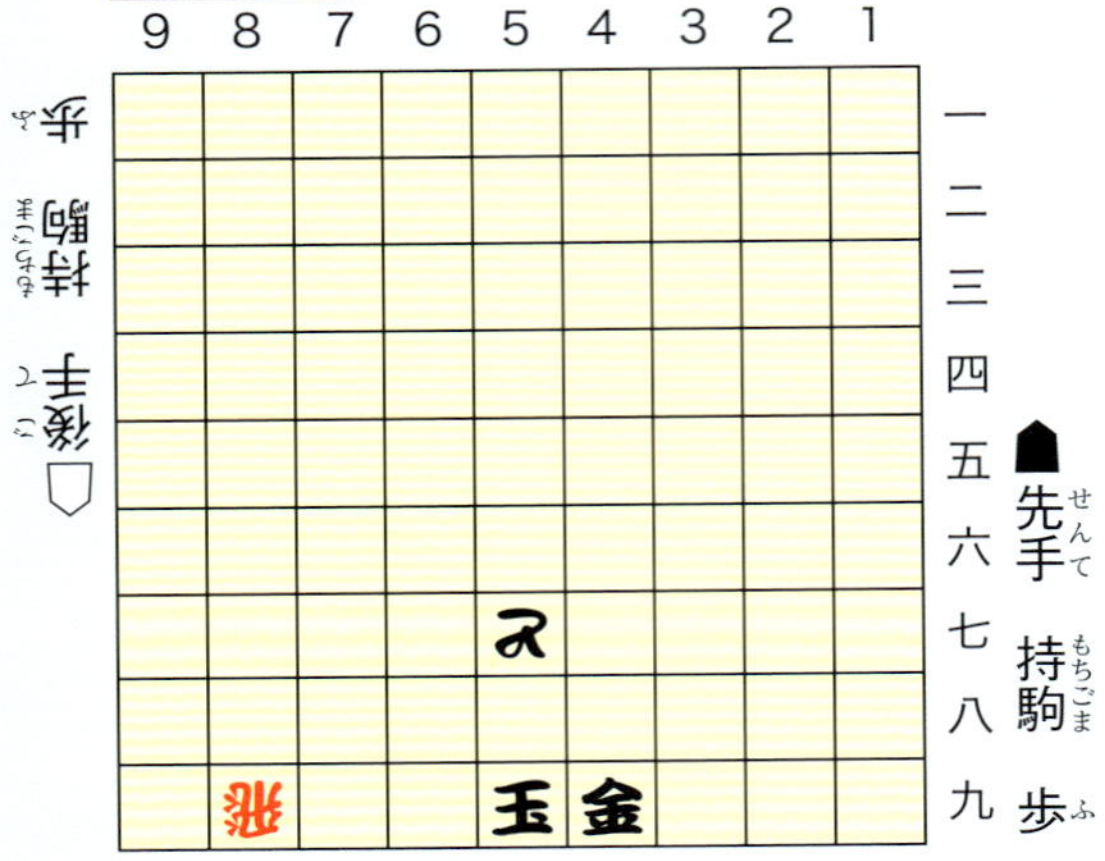

第《だい》2図《ず》 △6八歩《はちふ》まで

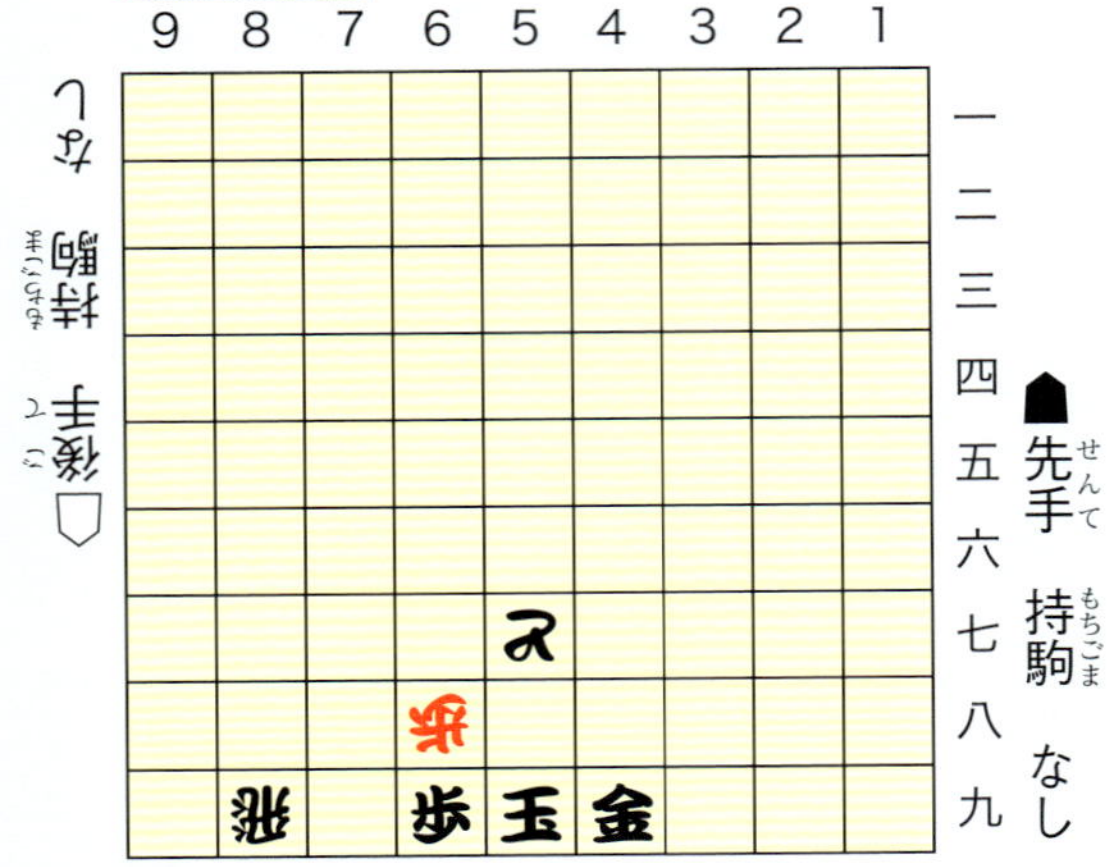

名言《めいげん》 3

●玉《ぎょく》を相手《あいて》の飛車《ひしゃ》と反対側《はんたいがわ》に囲《かこ》うとは…

第《だい》3図《ず》は、先手《せんて》は穴熊《あなぐま》、後手《ごて》は銀冠《ぎんかんむり》の構《かま》えです。それぞれの飛車《ひしゃ》から遠《とお》い場所《ばしょ》に玉《ぎょく》がいることがわかるでしょう。基本的《きほんてき》には、飛車《ひしゃ》という強《つよ》い駒《こま》から王《おう》を守《まも》る手段《しゅだん》として、飛車《ひしゃ》とは反対《はんたい》の方《ほう》に王《おう》を囲《かこ》います。

第《だい》3図《ず》

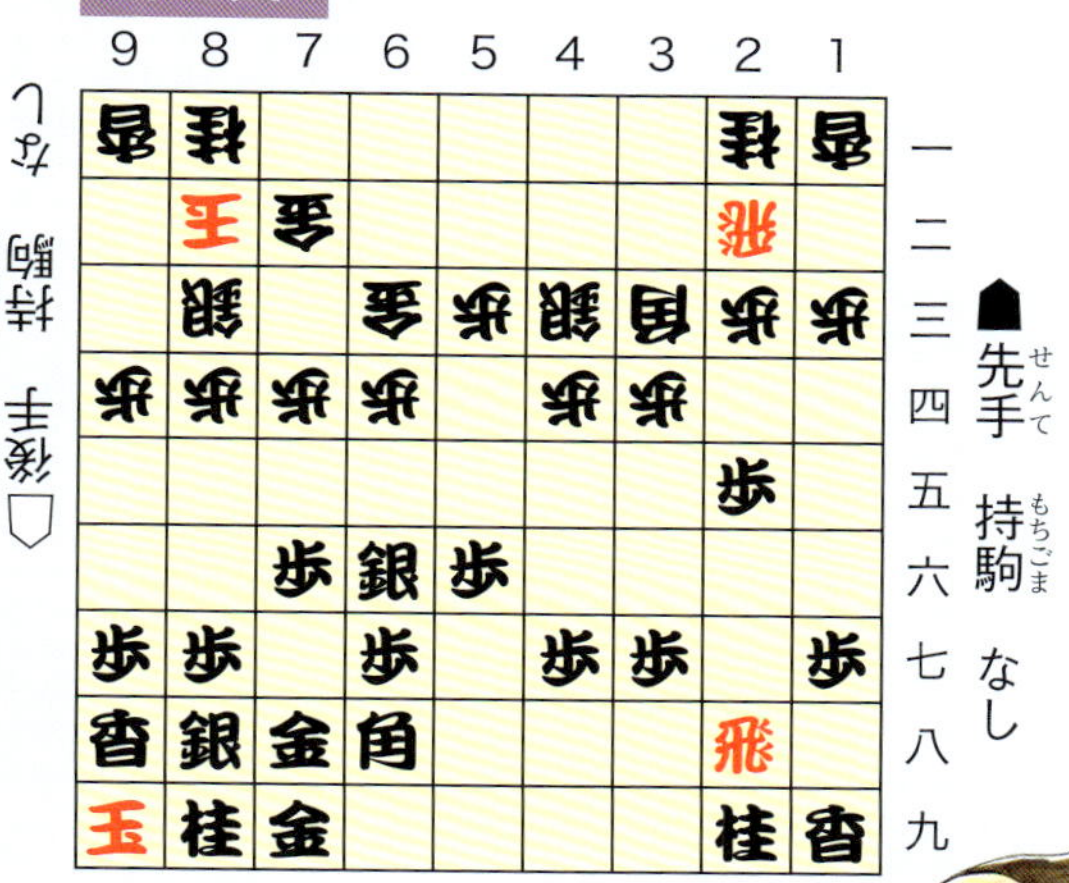

第《だい》4局《きょく》 2日目夜《ふつかめよる》の開始後《かいしご》

2009年《ねん》の名人戦《めいじんせん》、羽生善治名人《はぶよしはるめいじん》対郷《たいごう》田真隆九段《だまさたかくだん》の第《だい》4局《きょく》（5月《がつ》20日《か》、21日《にち》）では、両者《りょうしゃ》とも居玉《いぎょく》のまま進《すす》み投了《とうりょう》の一手前《いってまえ》に玉《ぎょく》が初《はじ》めて動《うご》きました。図《ず》は対局《たいきょく》2日目《ふつかめ》の中盤《ちゅうばん》で両者《りょうしゃ》とも見事《みごと》に居玉《いぎょく》。プロでも珍《めずら》しい居玉《いぎょく》の対戦《たいせん》ですが、プロだから可能《かのう》で一般《いっぱん》の人《ひと》や子《こ》どもにはおすすめできません。

△4五桂《ごけい》まで

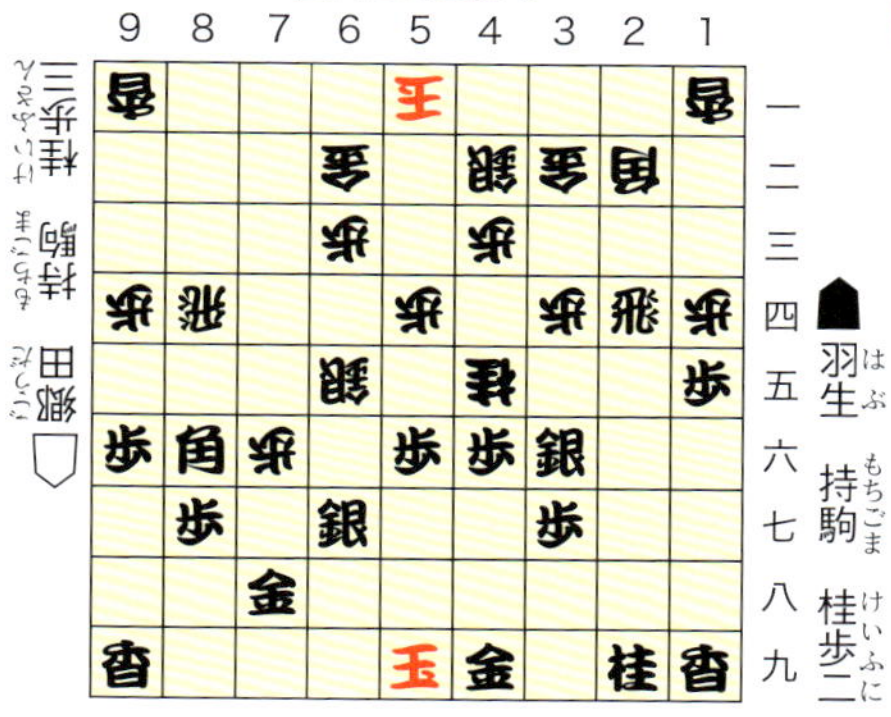

王《おう》の囲《かこ》い方《かた》(1)——矢倉囲《やぐらがこ》い

王《おう》の囲《かこ》い方《かた》として、ここから《矢倉囲《やぐらがこ》い》《美濃囲《みのがこ》い》《銀冠囲《ぎんかんむりがこ》い》《舟囲《ふながこ》い》《穴熊囲《あなぐまがこ》い》を紹介《しょうかい》します。

●ガッチリした囲《かこ》い矢倉囲《やぐらがこ》い

矢倉囲《やぐらがこ》いはプロ棋士《きし》もよく使《つか》う、囲《かこ》いの定番《ていばん》のひとつです。上《うえ》からの攻《せ》めには強《つよ》いのですが、横《よこ》からの攻《せ》めには弱《よわ》いため、相居飛車《あいいびしゃ》の戦《たたか》いに使《つか》われることが多《おお》い囲《かこ》いです。第《だい》1図《ず》の矢倉囲《やぐらがこ》いは「金矢倉囲《きんやぐらがこ》い」といい、単《たん》に矢倉《やぐら》と言《い》えば「金矢倉囲《きんやぐらがこ》い」のことをさします。

また、第《だい》2図《ず》のように6七《なな》の金《きん》の替《か》わりに、銀《ぎん》を置《お》いた囲《かこ》いは「銀矢倉囲《ぎんやぐらがこ》い」と呼《よ》ばれます。7八金《はちきん》の地点《ちてん》にも6七《なな》の銀《ぎん》が利《き》くなど、銀矢倉《ぎんやぐら》は守《まも》りに強《つよ》い囲《かこ》みです。ただし銀矢倉《ぎんやぐら》に組《く》むには手数《てすう》がかかるため、実戦《じっせん》では見《み》る機会《きかい》は少《すく》ない囲《かこ》いです。

第《だい》1図《ず》 <金矢倉囲《きんやぐらがこ》い>

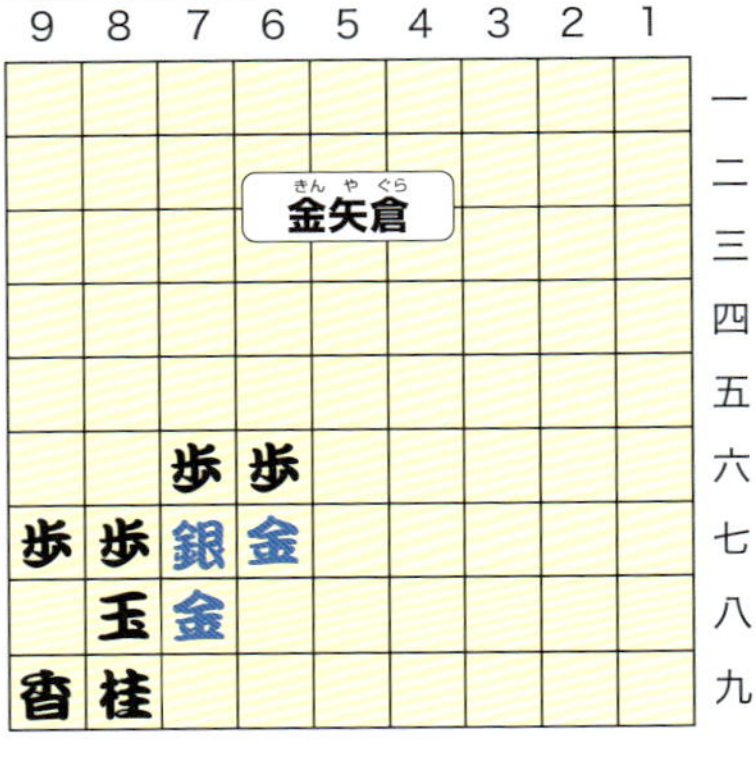

第《だい》2図《ず》 <銀矢倉囲《ぎんやぐらがこ》い>

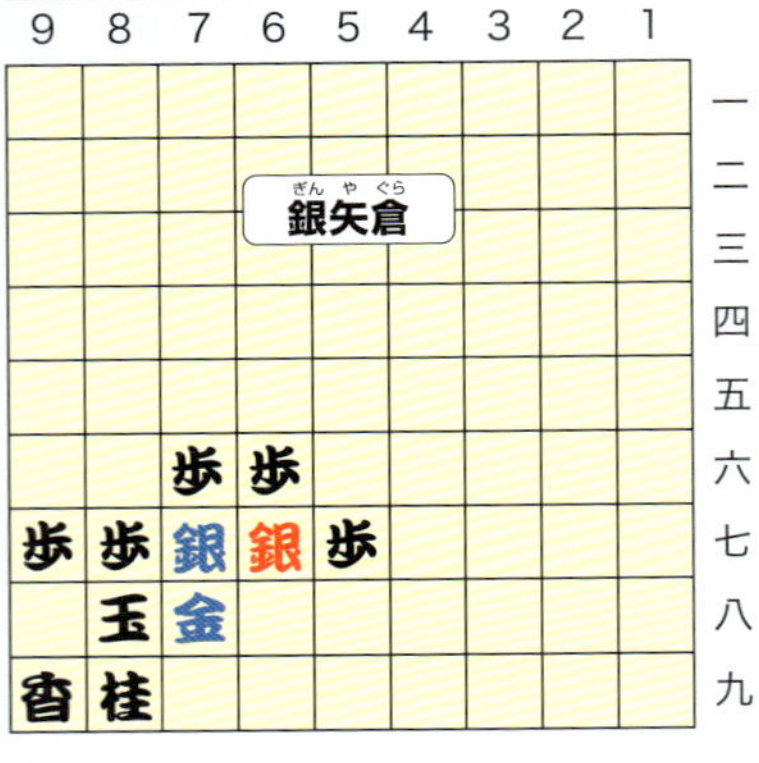

第《だい》1図《ず》

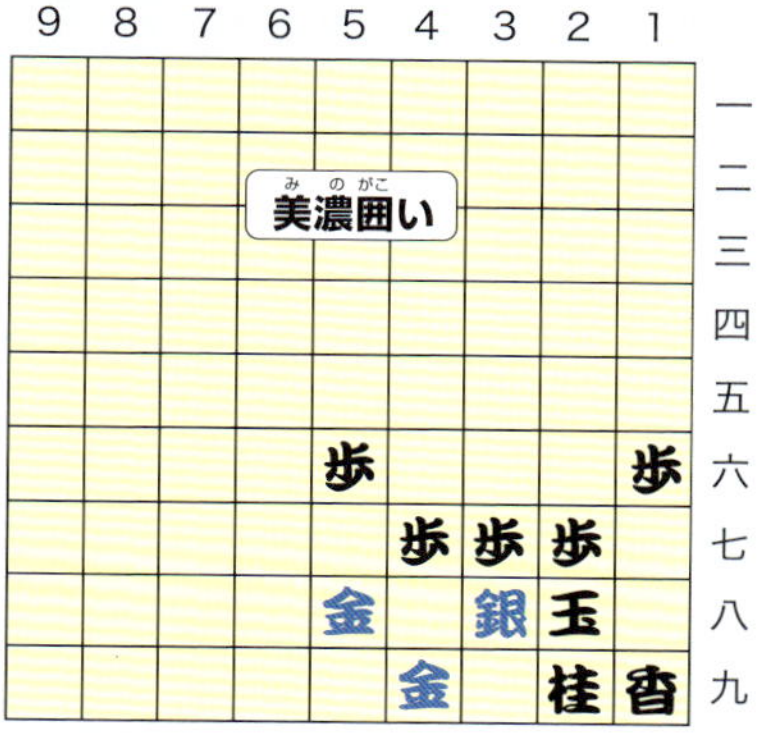

第《だい》2図《ず》

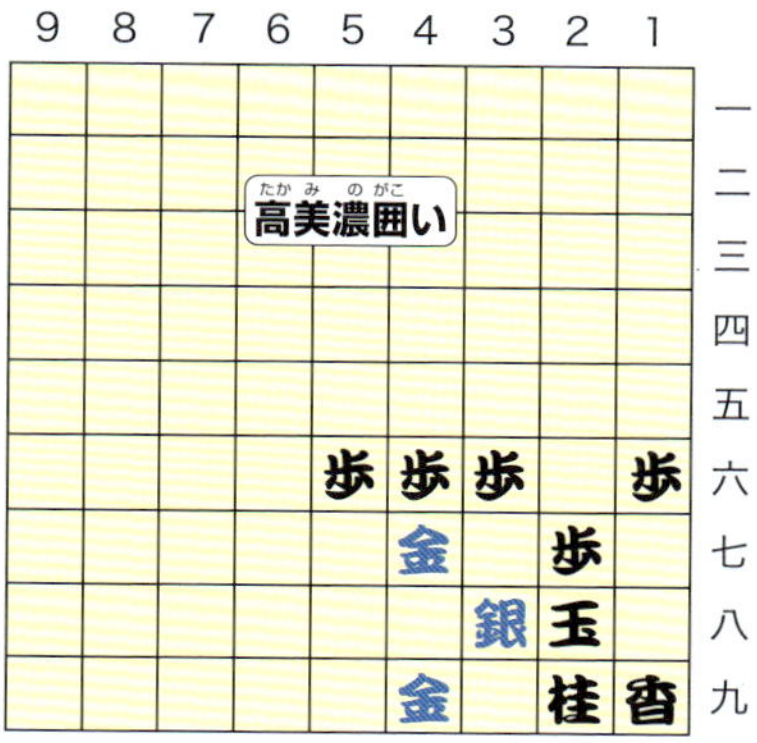

第《だい》3図《ず》

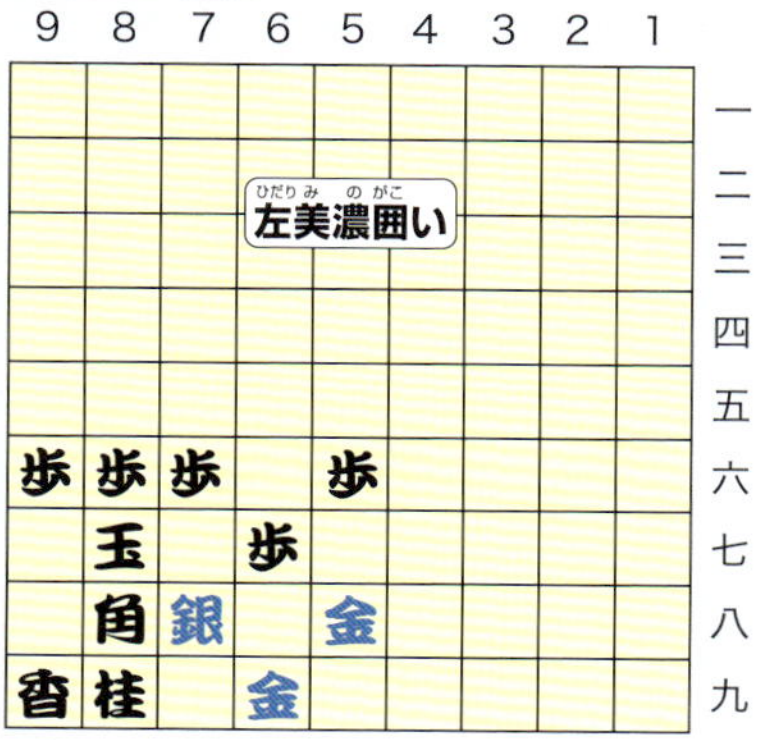

王《おう》の囲《かこ》い方《かた》(2)
——美濃囲《みのがこ》い

振《ふ》り飛車《びしゃ》に使《つか》おう

振《ふ》り飛車戦《びしゃせん》にするときによく使《つか》われる囲《かこ》いが「美濃囲《みのがこ》い」(第《だい》1図《ず》)です。横《よこ》からの攻《せ》めには強《つよ》いのですが、上《うえ》からの攻《せ》めには弱《よわ》いです。その弱点《じゃくてん》をカバーした囲《かこ》いが「高美濃囲《たかみのがこ》い」(第《だい》2図《ず》)ですが、横《よこ》からの攻《せ》めには少《すこ》し弱《よわ》くなります。

高美濃囲《たかみのがこ》いの場合《ばあい》、☗3七桂《ななけい》と上《あ》がることで、桂《けい》が攻《せ》めに使《つか》えるメリットもあります。

居飛車《いびしゃ》で左側《ひだりがわ》に美濃囲《みのがこ》いを作《つく》ることを「左美濃囲《ひだりみのがこ》い」(第《だい》3図《ず》)といいます。ほかの囲《かこ》いに比《くら》べると歴史《れきし》が浅《あさ》く、新型《しんがた》の囲《かこ》いに分類《ぶんるい》されるものです。

王《おう》の囲《かこ》い方《かた》(3)——銀冠囲《ぎんかんむりがこ》い

高美濃囲《たかみのがこ》いから銀冠《ぎんかんむり》へ

銀冠囲《ぎんかんむりがこ》いは、高美濃囲《たかみのがこ》いからの組《く》みかえで完成《かんせい》します。高美濃囲《たかみのがこ》いから、まず第《だい》1図《ず》のように▲2六歩《ろくふ》と突《つ》きます。次《つぎ》に▲2七銀《ななぎん》として王《おう》の頭《あたま》に銀《ぎん》をのせます（第《だい》2図《ず》）。この瞬間《しゅんかん》は金銀《きんぎん》の連絡《れんらく》がなく、囲《かこ》いが不安定《ふあんてい》な状態《じょうたい》になるので気《き》をつけましょう。ここから▲3八金《はちきん》（第《だい》3図《ず》）として完成《かんせい》となります。

銀将
桂馬
銀冠囲《ぎんかんむりかこ》いは高美濃囲《たかみのがこ》いと比べて、上《うえ》の方《ほう》が手厚《てあつ》くなっているので、上《うえ》からの攻《せ》めに強《つよ》い形《かたち》となり「玉頭戦《ぎょくとうせん》」に力《ちから》を発揮《はっき》するぞ。
飛車

第《だい》1図《ず》 ▲2六歩《ろくふ》まで

	9	8	7	6	5	4	3	2	1
一									
二									
三									
四									
五									
六					歩	歩	歩	歩	歩
七						金			
八							銀	玉	
九						金		桂	香

第《だい》2図《ず》 ▲2七銀《ななぎん》まで

	9	8	7	6	5	4	3	2	1
一									
二									
三									
四									
五									
六			歩	歩		歩	歩	歩	歩
七	歩	歩		銀	歩	金		銀	
八		角		飛				玉	
九	香	桂				金		桂	香

第《だい》3図《ず》 ▲3八金《はちきん》まで

	9	8	7	6	5	4	3	2	1
一									
二									
三									
四									
五									
六			歩	歩		歩	歩	歩	歩
七	歩	歩		銀	歩	金		銀	
八		角		飛			金	玉	
九	香	桂						桂	香

王《おう》の囲《かこ》い方《かた》(4)——舟囲《ふながこ》い

相手《あいて》が振《ふ》り飛車《びしゃ》のときによく使《つか》います

相手《あいて》のどんな振《ふ》り飛車《びしゃ》（中飛車《なかびしゃ》、四間《しけん》・三間飛車《さんけんびしゃ》）にも使《つか》うことができる囲《かこ》いです。金銀《きんぎん》を舟《ふね》に見《み》たて、その上《うえ》に王《おう》が乗《の》っかっているように見《み》えることから「舟囲《ふながこ》い」の名前《なまえ》がついています。舟囲《ふながこ》いは第《だい》1図《ず》のままで戦《たたか》いに入《はい》ることは少《すく》なく、第《だい》2図《ず》のように☗6八銀《はちぎん》と上《あ》がり、相手《あいて》の攻《せ》めに対応《たいおう》します。

さらに、第《だい》3図《ず》のように☗5七銀《ななぎん》と上《あ》がり、銀《ぎん》のあった場所《ばしょ》に、☗6八金直《はちきんちょく》と進《すす》め、居飛車《いびしゃ》の急戦模様《きゅうせんもよう》の囲《かこ》みにすることもできます。

なお、この5七《なな》の銀《ぎん》は4六《ろく》へ上《あ》がるなど攻《せ》めにも使《つか》えるよ。

第《だい》1図《ず》　<舟囲《ふながこ》い>

9	8	7	6	5	4	3	2	1	
									一
									二
									三
									四
									五
歩		歩		歩					六
	歩		歩						七
	角	玉		金					八
香	桂	銀	金						九

舟囲《ふながこ》い

第《だい》2図《ず》　☗6八銀《はちぎん》まで　これも舟囲《ふながこ》い

9	8	7	6	5	4	3	2	1	
									一
									二
									三
									四
									五
歩		歩		歩					六
	歩		歩						七
	角	玉	銀	金					八
香	桂		金						九

これも舟囲《ふながこ》い

第《だい》3図《ず》　☗6八金直《はちきんちょく》まで

9	8	7	6	5	4	3	2	1	
									一
									二
									三
									四
									五
歩		歩		歩					六
	歩		歩	銀					七
	角	玉	金	金					八
香	桂								九

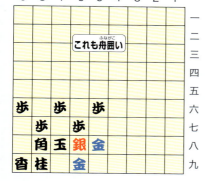

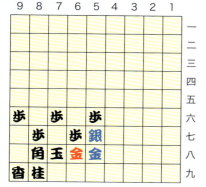

王《おう》の囲《かこ》い方《かた》(5)
——穴熊囲《あなぐまがこ》い

強《つよ》く戦《たたか》える、穴熊《あなぐま》

穴熊《あなぐま》（第《だい》1図《ず》）は振《ふ》り飛車《びしゃ》のときにも居《い》飛車《びしゃ》（第《だい》2図《ず》）のときにも使《つか》われる囲《かこ》いです。王《おう》がいちばん端《はし》にいるため駒《こま》が激《はげ》しくぶつかる地点《ちてん》から遠《とお》く離《はな》れることが多《おお》く、さらに相手《あいて》が駒《こま》を打《う》つ空間《くうかん》がないので、すぐに王手《おうて》がかからないという特徴《とくちょう》があります。

王《おう》を囲《かこ》んでしまえば、守備《しゅび》に気《き》を使《つか》わずに攻《せ》めることができます。

強固《きょうこ》な居飛車穴熊《いびしゃあなぐま》に対抗《たいこう》し、穴熊《あなぐま》にされてしまう前《まえ》に攻《せ》める作戦《さくせん》として、藤井《ふじい》猛《たけし》九段《くだん》が考案《こうあん》した戦法《せんぽう》があります。これは藤井《ふじい》システム（第《だい》3図《ず》）と呼《よ》ばれています。

第《だい》1図《ず》 <穴熊《あなぐま》>

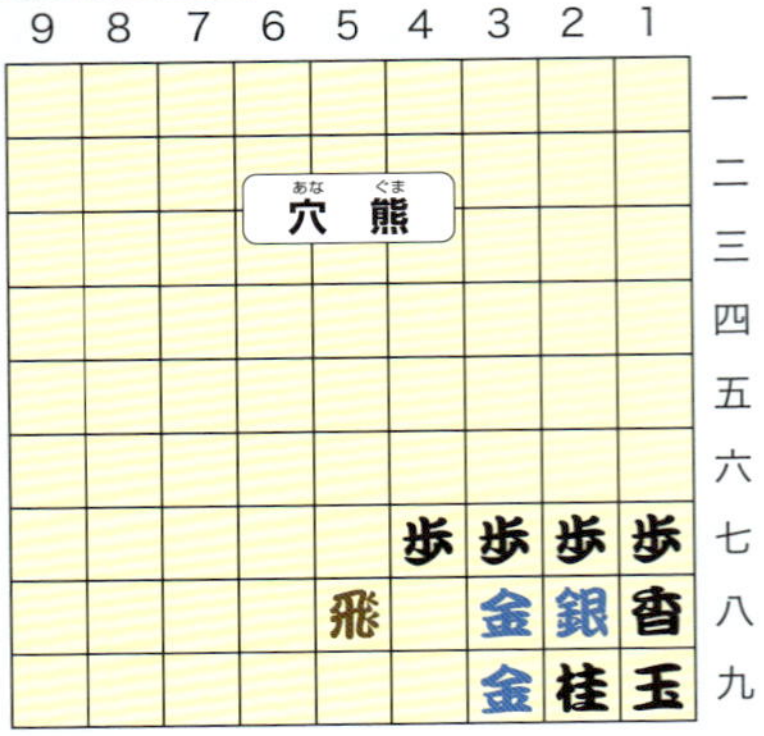

第《だい》2図《ず》 <居飛車穴熊《いびしゃあなぐま》>

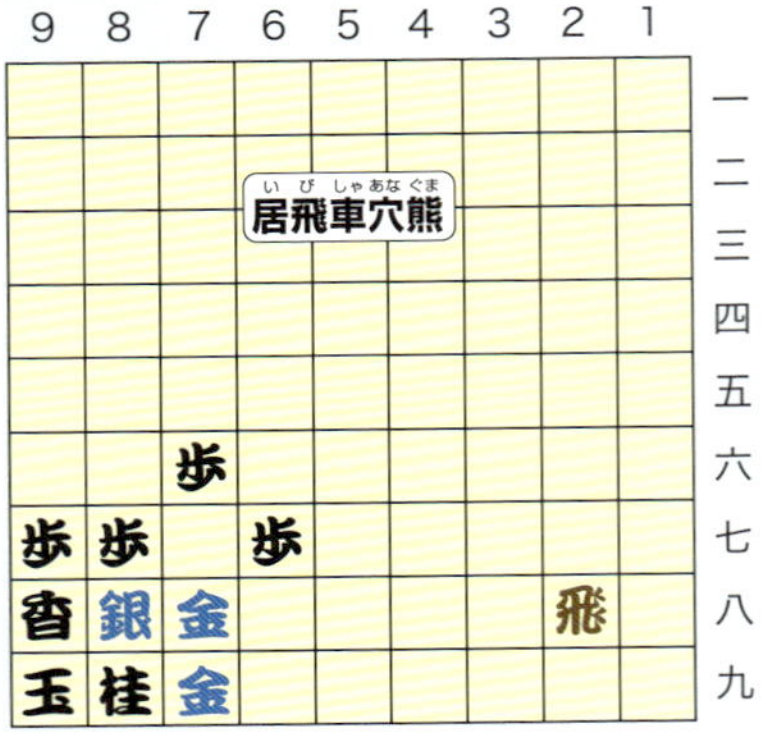

第《だい》3図《ず》 藤井《ふじい》システムの構《かま》え

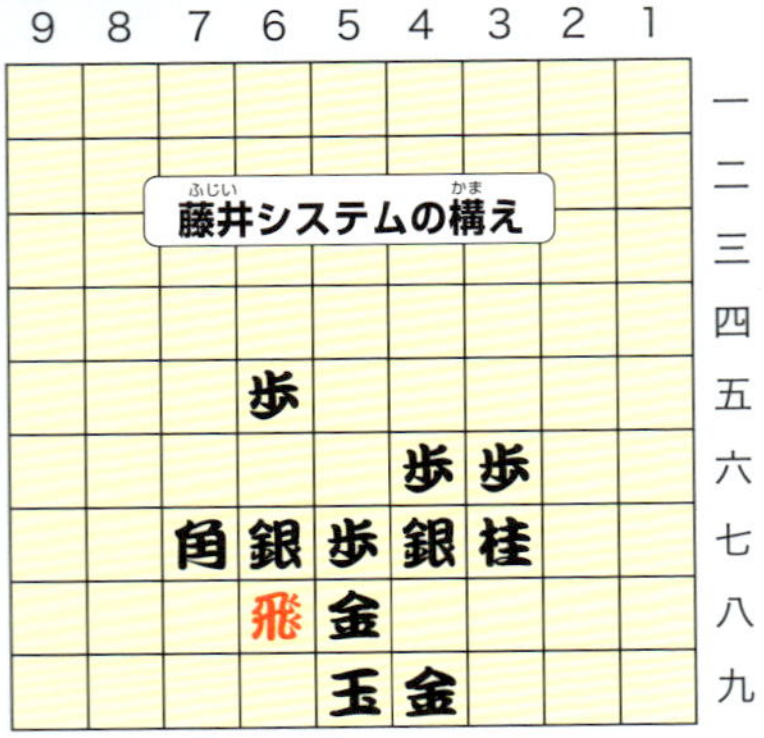

囲《かこ》いの手順《てじゅん》(1)——矢倉囲《やぐらがこ》いの手順《てじゅん》

第《だい》1図《ず》、第《だい》2図《ず》

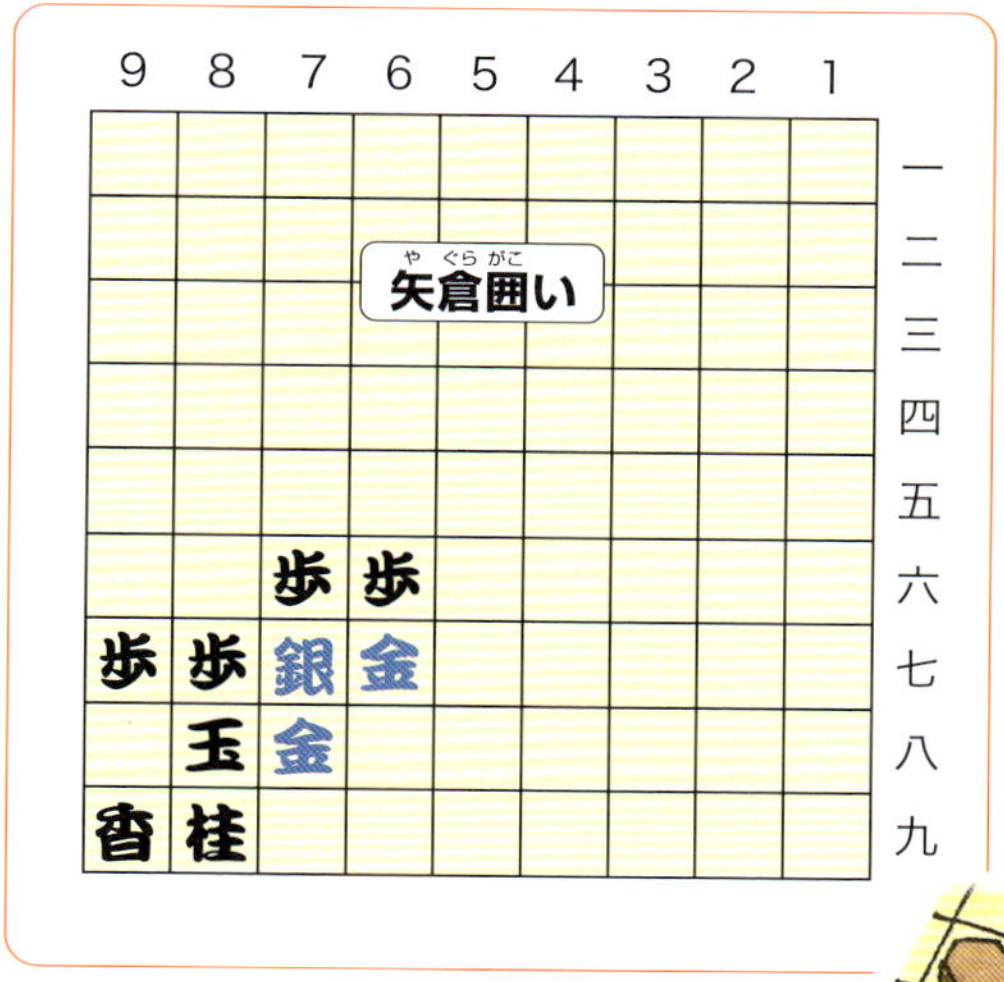

左《ひだり》の図《ず》の矢倉囲《やぐらがこ》いを完成《かんせい》させる手順《てじゅん》

まず▲7六歩《ろくふ》（第《だい》1図《ず》）と突《つ》きます。ここでは組《く》み方《かた》を覚《おぼ》えるために、先手《せんて》の手順《てじゅん》だけを進《すす》めて説明《せつめい》します。▲6八銀《はちぎん》から▲7七銀《ななぎん》（第《だい》2図《ず》）と上《あ》がります。

第《だい》1図《ず》　▲7六歩《ろくふ》まで

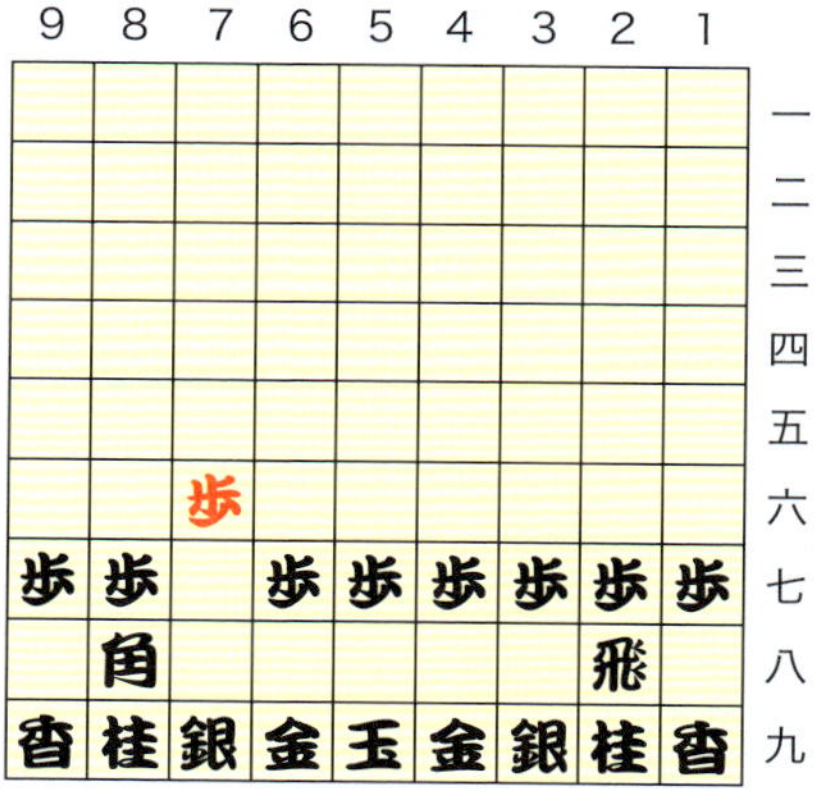

第《だい》2図《ず》　▲7七銀《ななぎん》まで

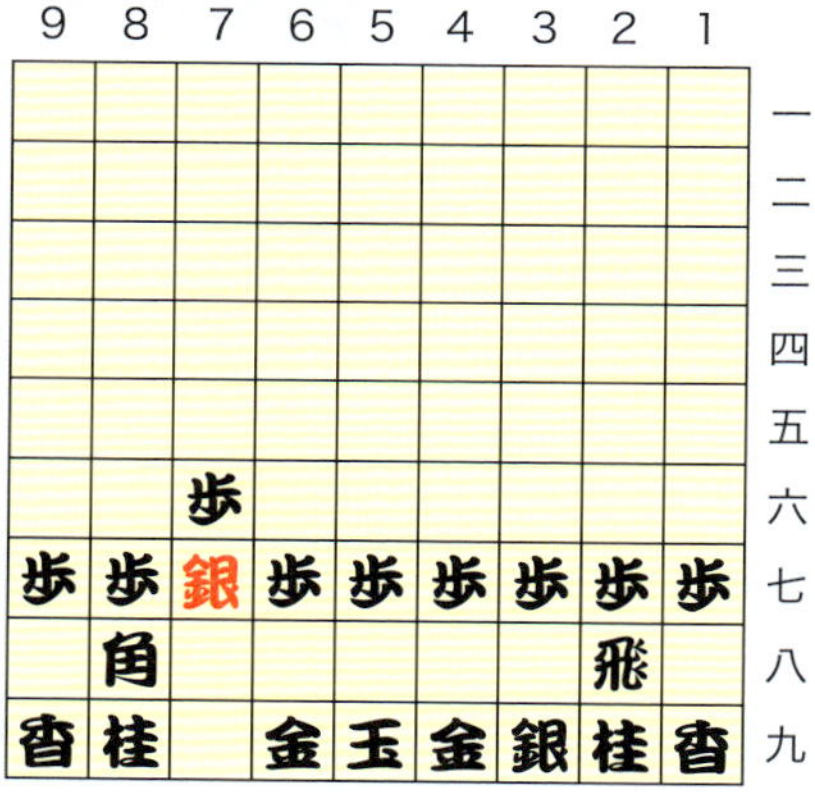

この次《つぎ》に☗7八金《はちきん》（第《だい》3図《ず》）と上《あ》がり、完成《かんせい》したときに王《おう》の横《よこ》にくる金《きん》を配置《はいち》します。そして金《きん》のいた地点《ちてん》に☗6九玉《きゅうぎょく》と玉《ぎょく》を移動《いどう》させます。そして、このあたりで☗5六歩《ろくふ》（第《だい》4図《ず》）と突《つ》いておきましょう。

次《つぎ》に右《みぎ》の金《きん》を6筋《すじ》まで寄《よ》せてゆく手順《てじゅん》に入《はい》ります。その前《まえ》に☗4八銀《はちぎん》と上《あ》がっておきましょう。**この銀《ぎん》は攻《せ》めに使《つか》う銀《ぎん》ですので中央《ちゅうおう》に近《ちか》づけておきます。**

それから☗5八金《はちきん》（第《だい》5図《ず》）と上《あ》がります。

囲《かこ》いにだけ専念《せんねん》できるわけではないので、☗5六歩《ろくふ》や☗4八銀《はちぎん》の手《て》も入《い》れている。実戦《じっせん》では手順《てじゅん》の前後《ぜんご》もあるからね。

第《だい》3図《ず》　☗7八金《はちきん》まで

9	8	7	6	5	4	3	2	1	
									一
									二
									三
									四
									五
		歩							六
歩	歩	銀	歩	歩	歩	歩	歩	歩	七
	角	金					飛		八
香	桂			玉	金	銀	桂	香	九

第《だい》4図《ず》　☗5六歩《ろくふ》まで

9	8	7	6	5	4	3	2	1	
									一
									二
									三
									四
									五
		歩		歩					六
歩	歩	銀	歩		歩	歩	歩	歩	七
	角	金					飛		八
香	桂		玉		金	銀	桂	香	九

第《だい》5図《ず》　☗5八金《はちきん》まで

9	8	7	6	5	4	3	2	1	
									一
									二
									三
									四
									五
		歩		歩					六
歩	歩	銀	歩		歩	歩	歩	歩	七
	角	金		金	銀		飛		八
香	桂		玉				桂	香	九

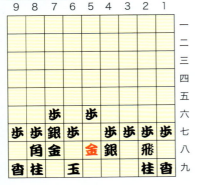

▲6六歩《ろくふ》（第《だい》6図《ず》）と突《つ》きます。だんだん矢倉《やぐら》の形《かたち》が見《み》えてきます。

次《つぎ》に右《みぎ》の金《きん》を矢倉囲《やぐらがこ》いの位置《いち》に置《お》くため、▲6七金右《ななきんみぎ》（第《だい》7図《ず》）とします。これで矢倉《やぐら》の形《かたち》は完成《かんせい》です。この後《あと》は、玉《ぎょく》を囲《かこ》いの中《なか》に入《い》れる手順《てじゅん》に入《はい》ります。

そのためには自陣《じじん》の角《かく》を動《うご》かすことが必要《ひつよう》です。そこで、まずは▲7九角《きゅうかく》（第《だい》8図《ず》）と引《ひ》きます。

実戦《じっせん》では▲6七金右《ななきんみぎ》の前《まえ》に、▲7九角《きゅうかく》だったりなどするからね。最終的《さいしゅうてき》に、矢倉囲《やぐらがこ》いの形《かたち》になればＯＫだ！ただし、矢倉囲《やぐらかこ》いに角《かく》の移動《いどう》は欠《か》かせない手順《てじゅん》だからね。

第《だい》6図《ず》　▲6六歩《ろくふ》まで

9	8	7	6	5	4	3	2	1	
									一
									二
									三
									四
									五
		歩	歩	歩					六
歩	歩	銀			歩	歩	歩	歩	七
	角	金		金	銀		飛		八
香	桂		玉				桂	香	九

第《だい》7図《ず》　▲6七金右《ななきんみぎ》まで

9	8	7	6	5	4	3	2	1	
									一
									二
									三
									四
									五
		歩	歩	歩					六
歩	歩	銀	金		歩	歩	歩	歩	七
	角	金			銀		飛		八
香	桂		玉				桂	香	九

第《だい》8図《ず》　▲7九角《きゅうかく》まで

9	8	7	6	5	4	3	2	1	
									一
									二
									三
									四
									五
		歩	歩	歩					六
歩	歩	銀	金		歩	歩	歩	歩	七
		金			銀		飛		八
香	桂	角	玉				桂	香	九

☗6八角《はちかく》（第《だい》9図《ず》）のところでは、☗5七角《ななかく》や☗4六角《ろくかく》（参考図《さんこうず》）にしてもOKです。プロでは、この時《とき》の角《かく》の位置《いち》で一局《いっきょく》が大《おお》きく変《か》わるとされています。この角《かく》の位置《いち》では玉《ぎょく》が入《はい》れないので、☗6八角《はちかく》（第《だい》9図《ず》）としてみましょう。

第《だい》9図《ず》　☗6八角《はちかく》まで

9	8	7	6	5	4	3	2	1	
									一
									二
									三
									四
									五
		歩	歩	歩					六
歩	歩	銀	金		歩	歩	歩	歩	七
		金	角		銀		飛		八
香	桂		玉				桂	香	九

参考図《さんこうず》　☗4六角《ろくかく》まで

9	8	7	6	5	4	3	2	1	
									一
									二
									三
									四
									五
		歩	歩	歩	角				六
歩	歩	銀	金		歩	歩	歩	歩	七
		金			銀		飛		八
香	桂		玉				桂	香	九

この後《あと》は、玉《ぎょく》を囲《かこ》いに入《い》れる手順《てじゅん》となります。まず☗7九玉《きゅうぎょく》（第《だい》10図《ず》）と寄《よ》り、☗8八玉《はちぎょく》（第《だい》11図《ず》）と入《はい》って、矢倉囲《やぐらがこ》いの完成《かんせい》です。

第《だい》10図《ず》　☗7九玉《きゅうぎょく》まで

9	8	7	6	5	4	3	2	1	
									一
									二
									三
									四
									五
		歩	歩	歩					六
歩	歩	銀	金		歩	歩	歩	歩	七
		金	角		銀		飛		八
香	桂	玉					桂	香	九

これで矢倉囲《やぐらがこ》いの完成《かんせい》だよ！

第《だい》11図《ず》　☗8八玉《はちぎょく》まで

9	8	7	6	5	4	3	2	1	
									一
									二
									三
									四
									五
		歩	歩	歩					六
歩	歩	銀	金		歩	歩	歩	歩	七
	玉	金	角		銀		飛		八
香	桂						桂	香	九

第《だい》12図《ず》　☗3七銀《ななぎん》まで

9	8	7	6	5	4	3	2	1	
									一
									二
									三
									四
									五
		歩	歩	歩		歩			六
歩	歩	銀	金		歩	銀	歩	歩	七
	玉	金	角				飛		八
香	桂						桂	香	九

この後《あと》は、☗3六歩《ろくふ》から☗3七銀《ななぎん》（第《だい》12図《ず》）のように、右銀《みぎぎん》を使《つか》って攻め狙《ねら》うのが有力《ゆうりょく》だぞ！
銀

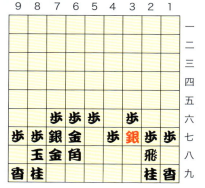

矢倉囲《やぐらがこ》いの弱点《じゃくてん》を知《し》っておこう

矢倉囲《やぐらがこ》いの弱点《じゃくてん》は、横《よこ》からの攻《せ》めに弱《よわ》いことです。たとえば☖2八飛《はちひ》（第《だい》13図《ず》）と打《う》たれて、次《つぎ》に☖6九銀《きゅうぎん》（第《だい》14図《ず》）と、7八金《はちきん》を攻《せ》められると意外《いがい》にモロくくずれてしまうことがあります。後手《ごて》からだけの攻《せ》めでいえば、次《つぎ》に☖7八飛成《はちひなり》（第《だい》15図《ず》）とすれば、玉《ぎょく》は詰《つ》んでいます。

だから、相手《あいて》が振《ふ》り飛車《びしゃ》の場合《ばあい》は、飛車交換《ひしゃこうかん》になる可能性《かのうせい》の高《たか》さも考《かんが》えますと矢倉囲《やぐらがこ》いはおすすめできません。

矢倉《やぐら》の急所《きゅうしょ》は7八《はち》の金《きん》と、覚《おぼ》えておこう！

第《だい》13図《ず》　☖2八飛《はちひ》まで

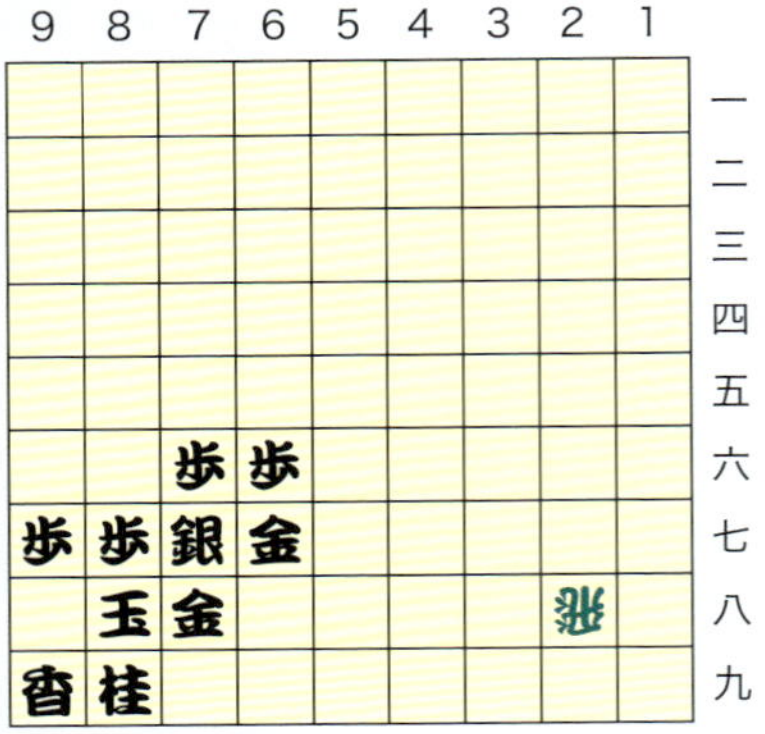
9 8 7 6 5 4 3 2 1
一 二 三 四 五 六 七 八 九
歩 歩
歩 歩 銀 金
玉 金 飛
香 桂

第《だい》14図《ず》　☖6九銀《きゅうぎん》まで

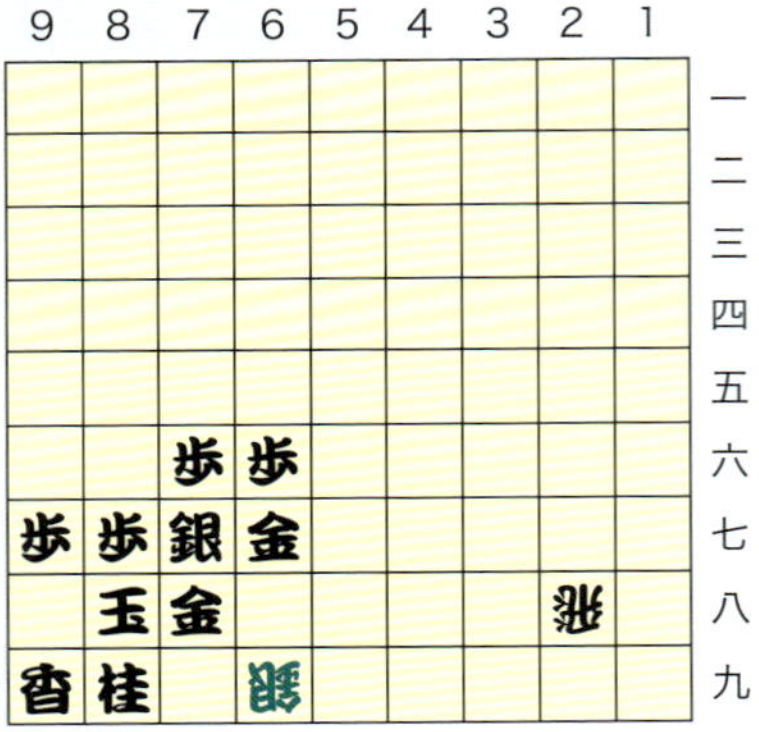
9 8 7 6 5 4 3 2 1
一 二 三 四 五 六 七 八 九
歩 歩
歩 歩 銀 金
玉 金 飛
香 桂 銀

第《だい》15図《ず》　☖7八飛成《はちひなり》まで

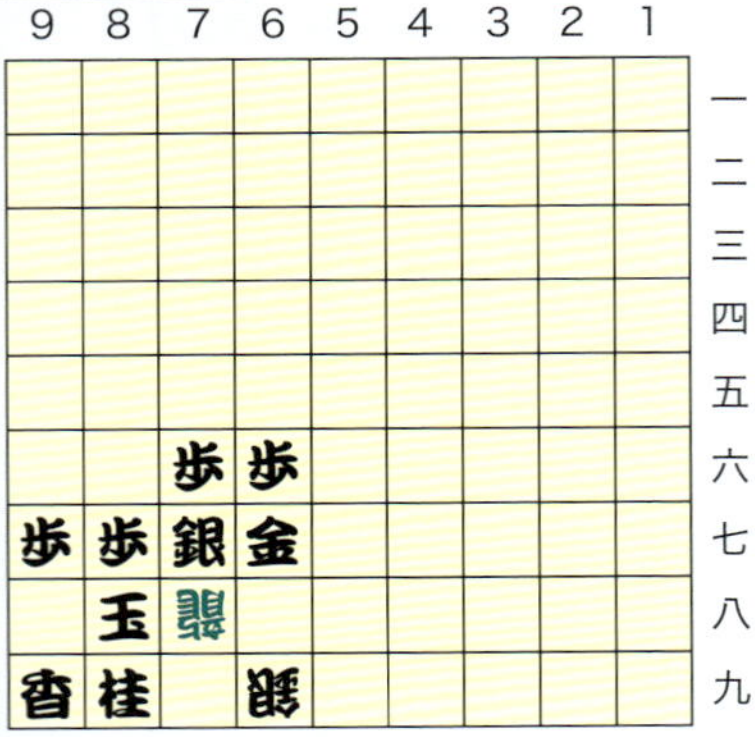
9 8 7 6 5 4 3 2 1
一 二 三 四 五 六 七 八 九
歩 歩
歩 歩 銀 金
玉 龍
香 桂 銀

囲《かこ》いの手順《てじゅん》(2)──美濃《みの》囲《がこ》いの手順《てじゅん》

その①　第《だい》1図《ず》、第《だい》2図《ず》

左《ひだり》の図《ず》の美濃《みの》囲《がこ》いを完成《かんせい》させる手順《てじゅん》

振《ふ》り飛車《びしゃ》のときに使《つか》うことが多《おお》い美濃囲《みのがこ》い。その手順《てじゅん》に入《はい》るまえに、振《ふ》り飛車《びしゃ》にするときの基本的《きほんてき》な手順《てじゅん》を示《しめ》しておきます。角道《かくみち》をあけますが（第《だい》1図《ず》▲7六歩《ろくふ》）、角交換《かくこうかん》をさけるために▲6六歩《ろくふ》（第《だい》2図《ず》）と突《つ》くのが定跡《じょうせき》です。

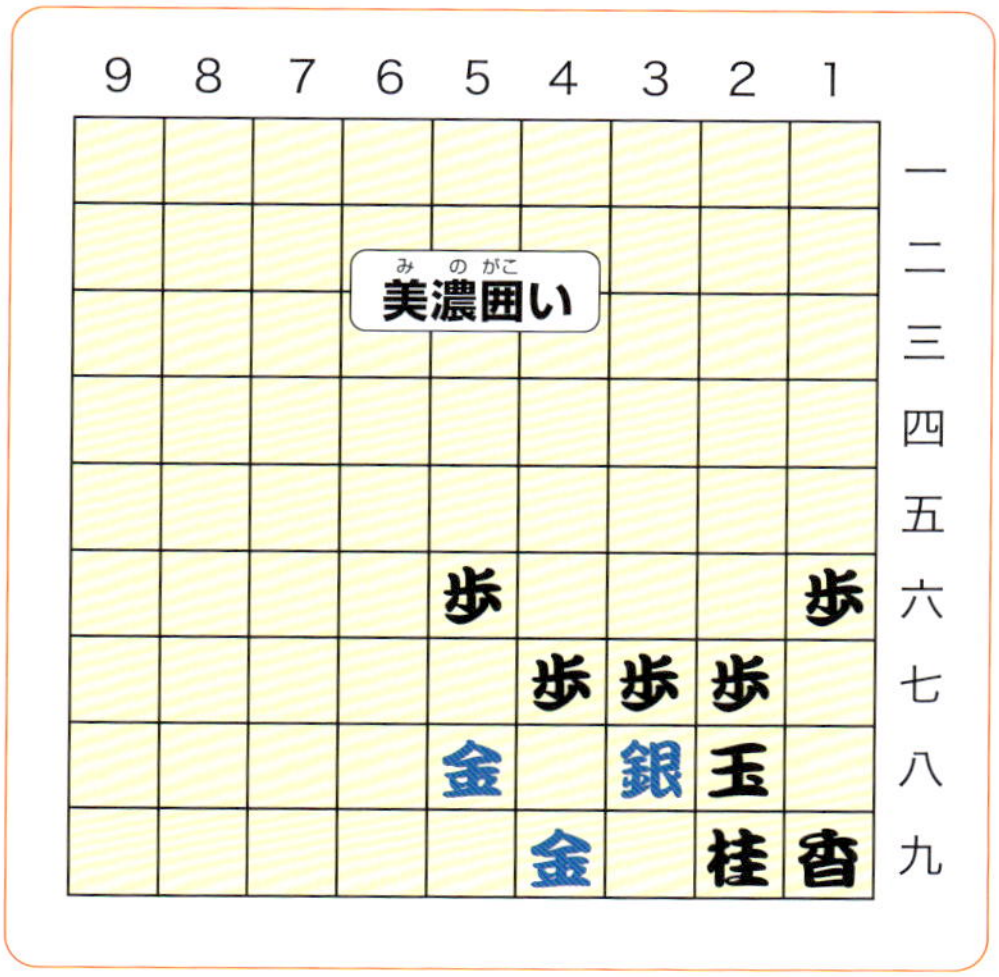

第《だい》1図《ず》　▲7六歩《ろくふ》まで

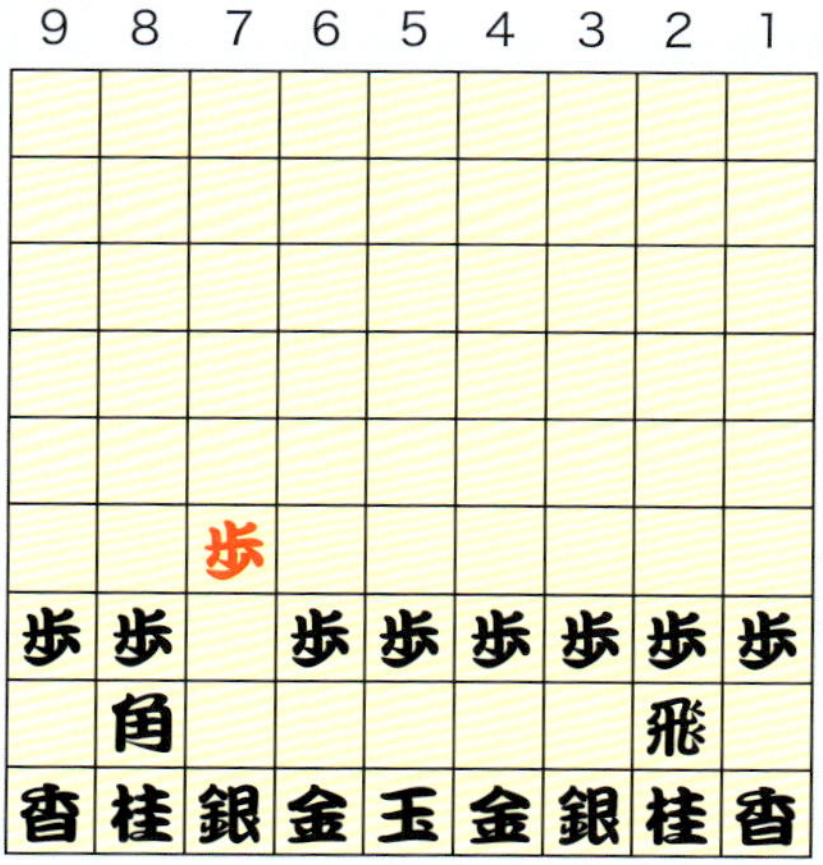

第《だい》2図《ず》　▲6六歩《ろくふ》まで

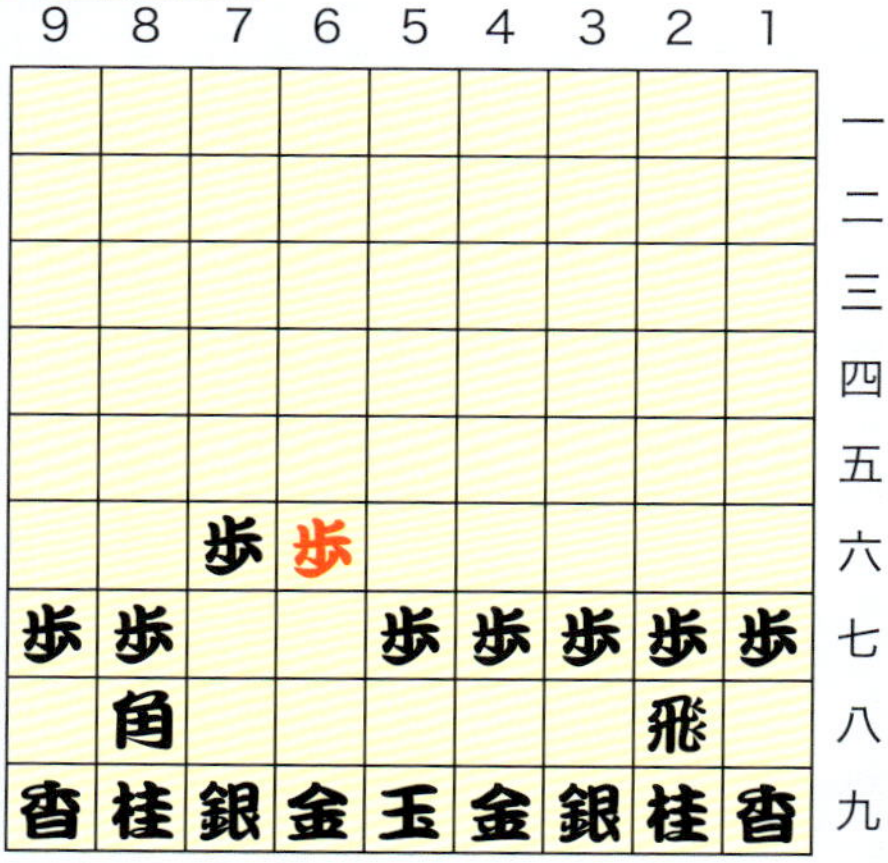

玉《ぎょく》の移動《いどう》

ここでも、先手《せんて》の手順《てじゅん》だけを進《すす》めて説明《せつめい》します。玉《ぎょく》を2八《はち》の地点《ちてん》に移動《いどう》するために、飛車《ひしゃ》を振《ふ》るのが美濃囲《みのがこ》いです。（飛車《ひしゃ》を振《ふ》るから、玉《ぎょく》を右《みぎ》へ移動《いどう》するともいえます）ここでは四間飛車《しけんびしゃ》にしています。第《だい》3図《ず》▲6八《はち》飛《ひ》。

第《だい》3図《ず》　▲6八飛《はちひ》まで

9	8	7	6	5	4	3	2	1	
									一
									二
									三
									四
									五
		歩	歩						六
歩	歩			歩	歩	歩	歩	歩	七
	角		飛						八
香	桂	銀	金	玉	金	銀	桂	香	九

第《だい》4図《ず》　▲4八玉《はちぎょく》まで

9	8	7	6	5	4	3	2	1	
									一
									二
									三
									四
									五
		歩	歩						六
歩	歩			歩	歩	歩	歩	歩	七
	角		飛		玉				八
香	桂	銀	金		金	銀	桂	香	九

第《だい》3図《ず》で四間飛車《しけんびしゃ》にしているけれど、三間飛車《さんけんびしゃ》や中《なか》飛車《びしゃ》にするときも、同《おな》じ手順《てじゅん》でOKだよ!

この後《あと》、玉《ぎょく》は☗4八玉《はちぎょく》（第《だい》4図《ず》）と上《あ》がります。さらに、☗3八《はち》玉《ぎょく》（第《だい》5図《ず》）、☗2八玉《はちぎょく》（第《だい》6図《ず》）と寄《よ》っていきます。

大切《たいせつ》な端歩《はしふ》突《つ》き

ここで☗1六歩《ろくふ》（第《だい》7図《ず》）と突《つ》きます。この歩《ふ》は、**玉《ぎょく》が攻《せ》められたときに☗1七玉《ななぎょく》と逃《に》げるところを作《つく》るための重要《じゅうよう》な一手《いって》です。**これまでの手順《てじゅん》にも、もちろん手順前後《てじゅんぜんご》はありますが、この☗1六歩《ろくふ》は、もし敵陣《てきじん》が☖1四歩《よんふ》と突《つ》いてきたらすぐに☗1六歩《ろくふ》とついてください。もし☖1五歩《ごふ》と進《すす》められたら、☗1六歩《ろくふ》とすることができないからです。

第《だい》5図《ず》　☗3八玉《はちぎょく》まで

9	8	7	6	5	4	3	2	1	
									一
									二
									三
									四
									五
		歩	歩						六
歩	歩			歩	歩	歩	歩	歩	七
	角		飛			玉			八
香	桂	銀	金		金	銀	桂	香	九

第《だい》6図《ず》　☗2八玉《はちぎょく》まで

9	8	7	6	5	4	3	2	1	
									一
									二
									三
									四
									五
		歩	歩						六
歩	歩			歩	歩	歩	歩	歩	七
	角		飛				玉		八
香	桂	銀	金		金	銀	桂	香	九

第《だい》7図《ず》　☗1六歩《ろくふ》まで

9	8	7	6	5	4	3	2	1	
									一
									二
									三
									四
									五
		歩	歩					歩	六
歩	歩			歩	歩	歩	歩		七
	角		飛				玉		八
香	桂	銀	金		金	銀	桂	香	九

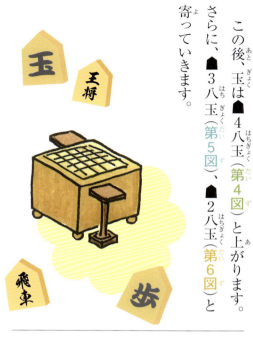

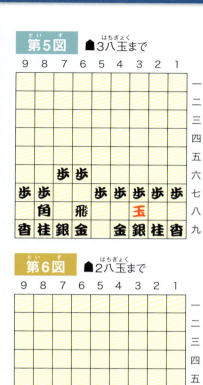

第《だい》8図《ず》　☗3八銀《はちぎん》まで

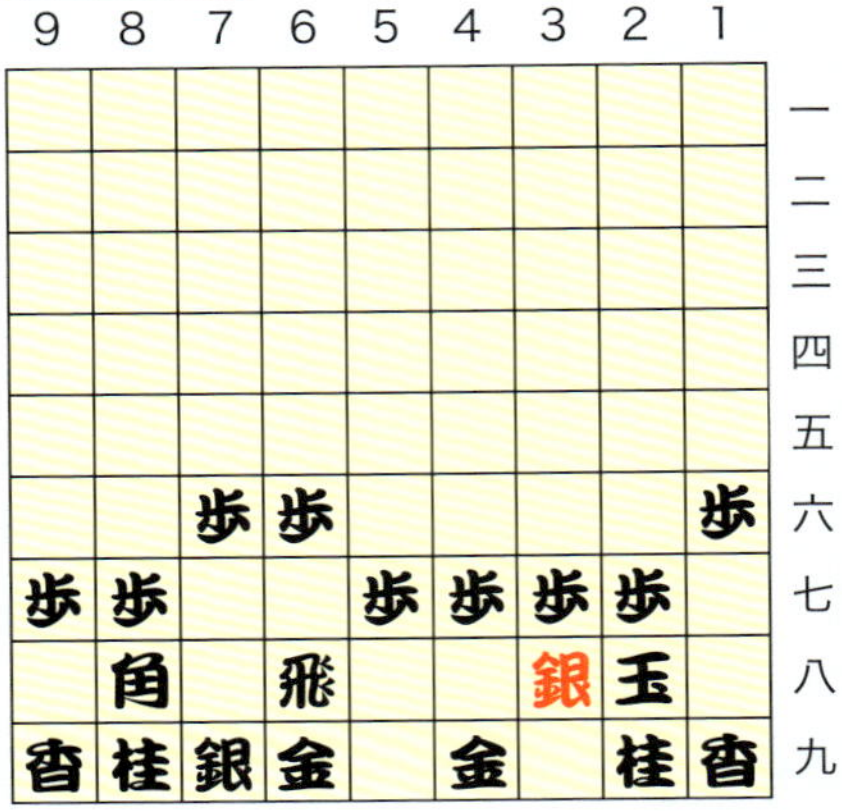

第《だい》9図《ず》　☗5八金左《はちきんひだり》まで

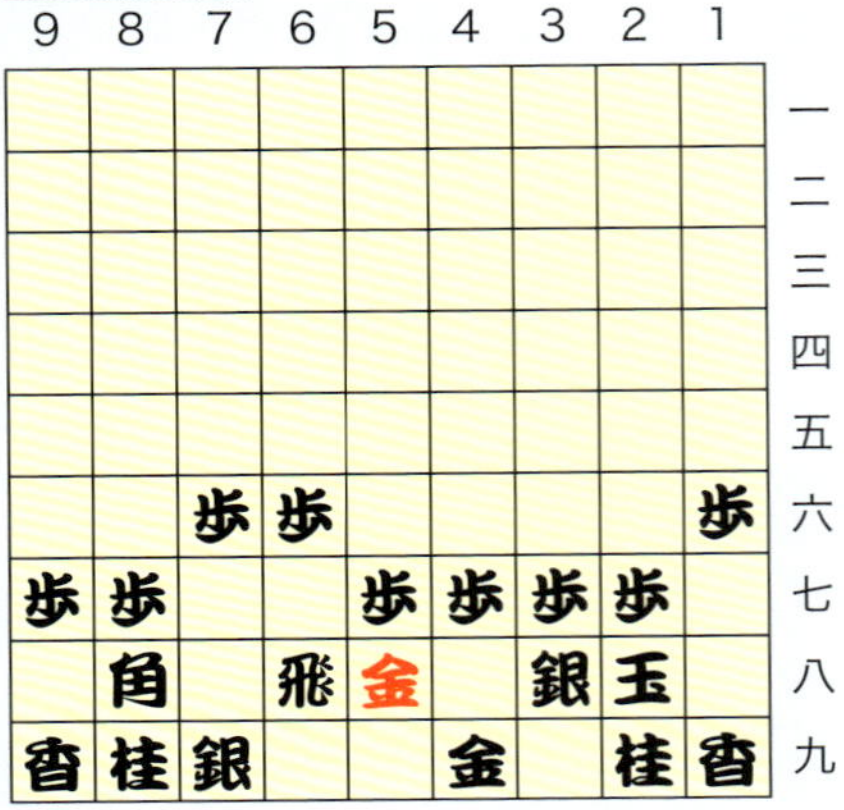

第《だい》10図《ず》　☗6七銀《ななぎん》まで

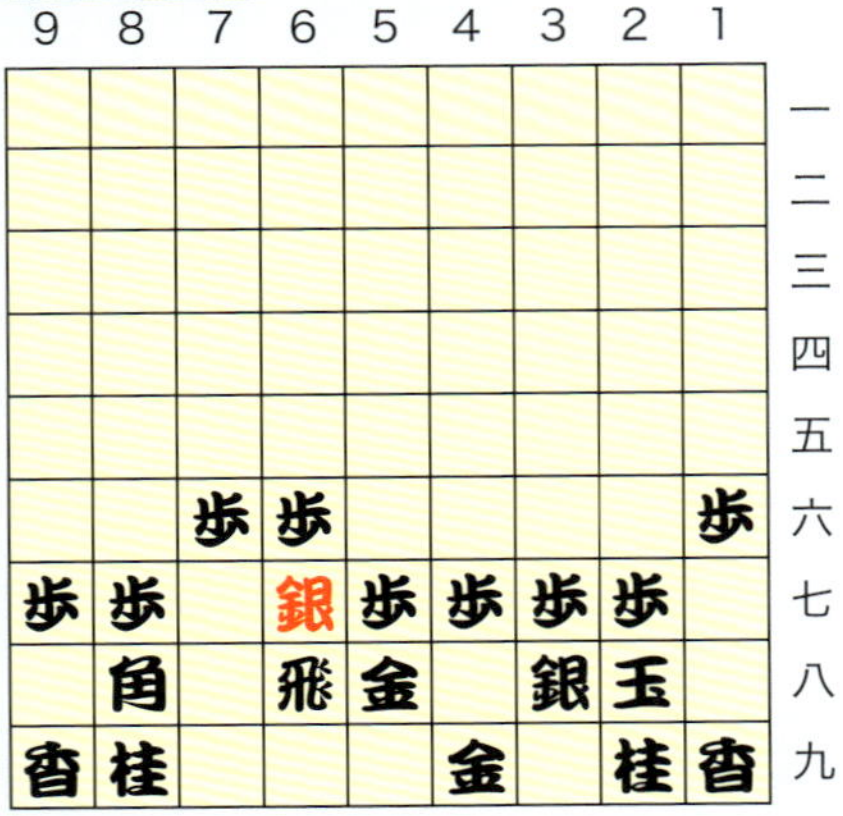

この後《あと》は、☗3八銀《はちぎん》（第《だい》8図《ず》）としめれば美濃《みの》の形《かたち》は完成《かんせい》です。さらに☗5八金左《はちきんひだり》（第《だい》9図《ず》）と上《あ》がり、金銀三枚《きんぎんさんまい》を使《つか》った美濃囲《みのがこ》いの完成形《かんせいけい》となります。

完成後《かんせいご》の一手《いって》は？

美濃囲《みのがこ》いが完成《かんせい》したら、7九《きゅう》の銀《ぎん》が遊《あそ》び駒《ごま》（働《はたら》きの少《すく》ない駒《こま》）にならないように、☗7八銀《はちぎん》から☗6七銀《ななぎん》（第《だい》10図《ず》）と上《あ》がっておきましょう。

これでしっかりとした美濃囲《みのがこ》いとなります。

美濃囲《みのがこ》いもうひとつの手順《てじゅん》

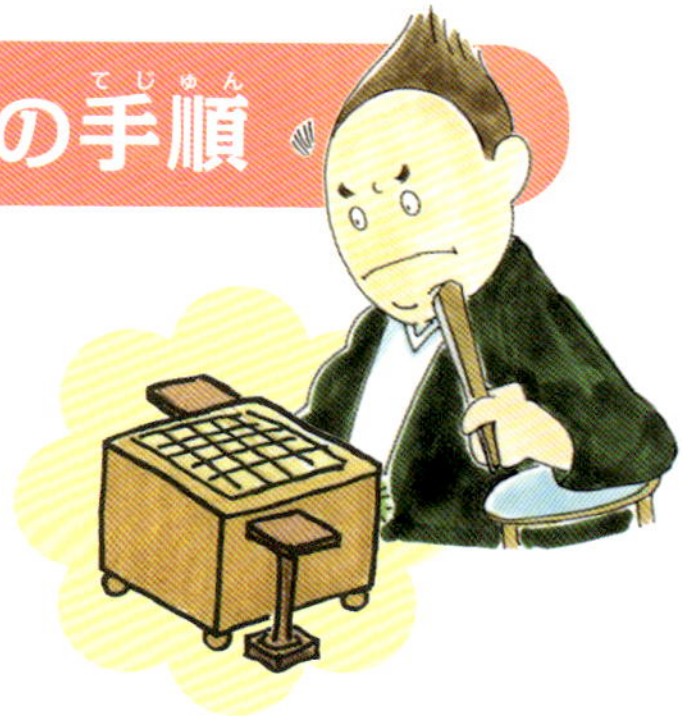

P40の第《だい》4図《ず》で☗4八玉《はちぎょく》と上《あ》がるところで、A図《ず》のように☗3八銀《はちぎん》と先《さき》に上《あ》がる手順《てじゅん》もあります。

この方《ほう》が4筋《すじ》、3筋《すじ》、2筋《すじ》の七《なな》の段《だん》の歩《ふ》が早《はや》く守《まも》ることができます。もし角交換《かくこうかん》があった場合《ばあい》も相手《あいて》の好手《こうしゅ》となる角打《かくう》ちを防《ふせ》げるので実戦向《じっせんむ》きでしょう。この後《あと》は、B図《ず》のように玉《ぎょく》を4八《はち》、3九《きゅう》、2八《はち》とジグザグに移動《いどう》して、美濃囲《みのがこ》いを完成《かんせい》させます。

なお玉《ぎょく》が不安定《ふあんてい》な4八《はち》や、3九《きゅう》での戦《たたか》い開始《かいし》はさけましょう。

A図《ず》　☗3八銀《はちぎん》まで

9	8	7	6	5	4	3	2	1	
									一
									二
									三
									四
									五
		歩	歩						六
歩	歩			歩	歩	歩	歩	歩	七
	角		飛			銀			八
香	桂	銀	金	玉	金		桂	香	九

B図《ず》　玉《ぎょく》の動《うご》き

9	8	7	6	5	4	3	2	1	
									一
									二
									三
									四
									五
		歩	歩						六
歩	歩			歩	歩	歩	歩	歩	七
	角		飛			銀			八
香	桂	銀	金	玉	金		桂	香	九

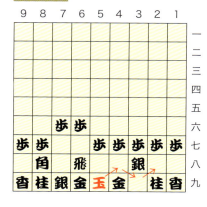

高美濃囲《たかみのがこ》いへの変化《へんか》

第《だい》9図《ず》の美濃囲《みのがこ》いの完成形《かんせいけい》（第《だい》11図《ず》）からの手順《てじゅん》です。☗4六歩《ろくふ》（第《だい》12図《ず》）から☗3六歩《ろくふ》と突《つ》き、さらに☗4七金《ななきん》（第《だい》13図《ず》）と上《あ》がれば、高美濃囲《たかみのがこ》いの完成《かんせい》です。

高美濃囲《たかみのがこ》いは**美濃囲《みのがこ》いの弱点《じゃくてん》となっている上《うえ》からの攻《せ》めにも対抗《たいこう》できる構《かま》え**で、三手《さんて》（☗4六歩《ろくふ》、☗3六歩《ろくふ》、☗4七金《ななきん》）で守《まも》りを強化《きょうか》する手段《しゅだん》です。

場合《ばあい》によっては☗3七桂《ななけい》と上《あ》がり、桂《けい》を攻《せ》めに使《つか》うことも可能《かのう》にします。

第《だい》11図《ず》　(第《だい》9図《ず》と同《おな》じ・☗5八金左《はちきんひだり》まで)

9	8	7	6	5	4	3	2	1	
									一
									二
									三
									四
									五
		歩	歩					歩	六
歩	歩			歩	歩	歩	歩		七
	角		飛	金		銀	玉		八
香	桂	銀			金		桂	香	九

第《だい》12図《ず》　☗4六歩《ろくふ》まで

9	8	7	6	5	4	3	2	1	
									一
									二
									三
									四
									五
		歩	歩		歩	歩		歩	六
歩	歩		銀	歩			歩		七
	角		飛	金		銀	玉		八
香	桂				金		桂	香	九

第《だい》13図《ず》　☗4七金《ななきん》まで

9	8	7	6	5	4	3	2	1	
									一
									二
									三
									四
									五
		歩	歩		歩	歩		歩	六
歩	歩		銀	歩	金		歩		七
	角		飛			銀	玉		八
香	桂				金		桂	香	九

☗4七金《ななきん》は、中央《ちゅうおう》の守《まも》りや攻《せ》めを厚《あつ》くするためにも役立《やくだ》つよ。敵《てき》から3六《ろく》に桂《けい》を打《う》たれないことも、大《おお》きなメリットだ！

高美濃囲い《たかみのがこ》から銀冠囲い《ぎんかんむりがこ》への変化《へんか》

高美濃囲い《たかみのがこ》の形《かたち》から、まず☗2六歩《ろくふ》（第《だい》14図《ず》）と玉頭《ぎょくとう》の歩《ふ》を突《つ》きます。そこに☗2七銀《ななぎん》（第《だい》15図《ず》）と玉《ぎょく》の上《うえ》に銀《ぎん》をのせます。この銀《ぎん》が冠《かんむり》の意味《いみ》で、この名前《なまえ》がついています。

さらに、☗3八金《はちきん》（第《だい》16図《ず》）と上《あ》がってしめます。これで銀冠囲い《ぎんかんむりがこ》の完成《かんせい》です。

☗2七銀《ななぎん》と上《あ》がった瞬間《しゅんかん》（第《だい》15図《ず》）は、金銀《きんぎん》の連携《れんけい》がとれていない不安定《ふあんてい》な状態《じょうたい》です。ここで攻《せ》められないように流《なが》れを見《み》ながら銀冠《ぎんかんむり》に変化《へんか》しましょう。

玉頭《ぎょくとう》の戦《たたか》いになったら、銀冠《ぎんかんむり》の囲《かこ》いはなかなかの力《ちから》を発揮《はっき》するぞ！

第《だい》14図《ず》　☗2六歩《ろくふ》まで

9	8	7	6	5	4	3	2	1	
									一
									二
									三
									四
									五
		歩	歩		歩	歩	歩	歩	六
歩	歩		銀	歩	金				七
	角		飛			銀	玉		八
香	桂				金		桂	香	九

第《だい》15図《ず》　☗2七銀《ななぎん》まで

9	8	7	6	5	4	3	2	1	
									一
									二
									三
									四
									五
		歩	歩		歩	歩	歩	歩	六
歩	歩		銀	歩	金		銀		七
	角		飛				玉		八
香	桂				金		桂	香	九

第《だい》16図《ず》　☗3八金《はちきん》まで

9	8	7	6	5	4	3	2	1	
									一
									二
									三
									四
									五
		歩	歩		歩	歩	歩	歩	六
歩	歩		銀	歩	金		銀		七
	角		飛			金	玉		八
香	桂						桂	香	九

美濃囲《みのがこ》いの弱点《じゃくてん》を知《し》っておこう

上《うえ》からの攻《せ》めに弱《よわ》い美濃囲《みのがこ》いの典型的《てんけいてき》な例《れい》です。

ここでは敵《てき》（後手《ごて》）の攻《せ》め筋《すじ》だけで説明《せつめい》します。

まず後手《ごて》が☖5五角《ごかく》（第《だい》17図《ず》）とします。次《つぎ》に☖3六桂《ろくけい》（第《だい》18図《ず》）と打《う》たれて王手《おうて》されますと、もし歩《ふ》で桂《けい》を取《と》れば角道《かくみち》があいて玉《ぎょく》を取《と》られてしまいます。

玉《ぎょく》は1八《はち》か3九《きゅう》のどちらかに逃《に》げるしかありませんが、どちらに逃《に》げても☖2八金《はちきん》（第《だい》19図《ず》）まで詰《つ》んでしまいます。

この図《ず》では☗1六歩《ろくふ》と突《つ》いていません。突《つ》いてあれば☗1七玉《ななぎょく》と逃《に》げることができ、即詰《そくつ》みをさけることができる。

第《だい》17図《ず》 ☖5五角《ごかく》まで

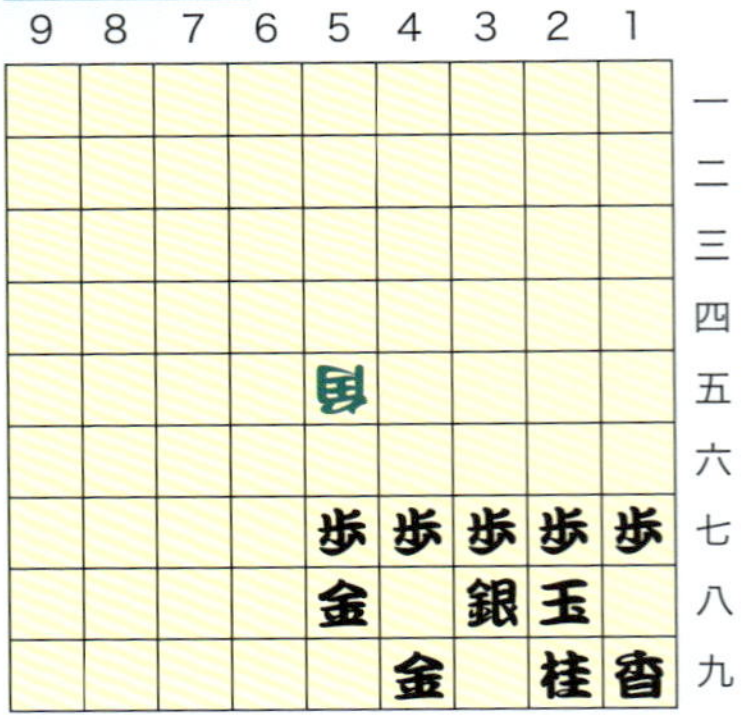

第《だい》18図《ず》 ☖3六桂《ろくけい》まで

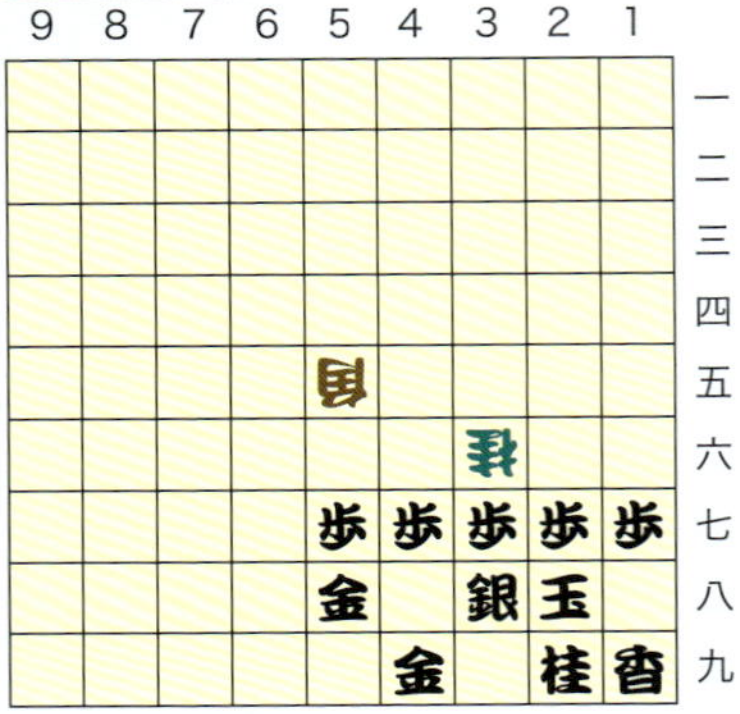

第《だい》19図《ず》 ☖2八金《はちきん》まで

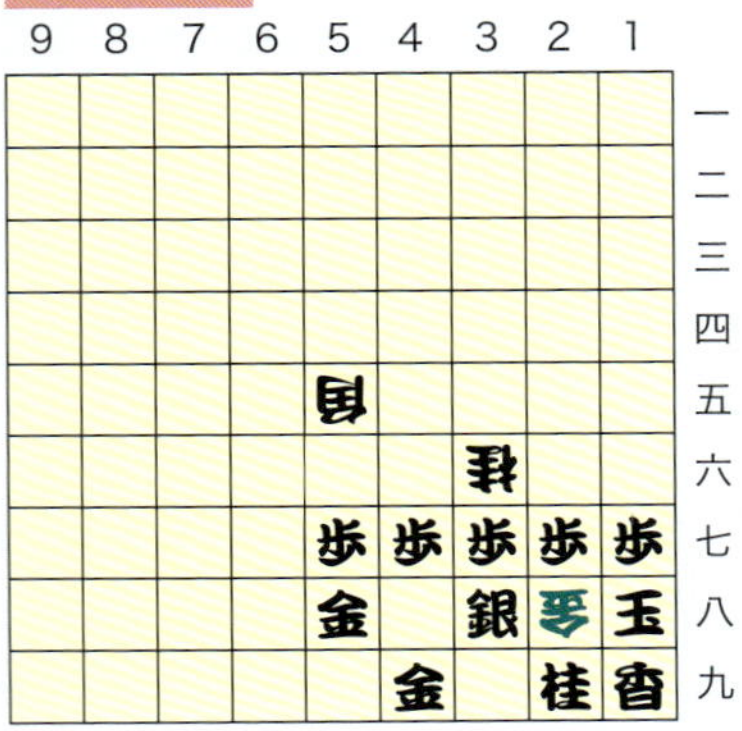

④陣形《じんけい》のバランス

将棋《しょうぎ》には「序盤《じょばん》」「中盤《ちゅうばん》」「終盤《しゅうばん》」があります

ここでは「囲《かこ》い」におけるバランスについて説明《せつめい》しますが、その前《まえ》に、一局《いっきょく》（一回《いっかい》の戦《たたか》い）の勝《か》ち負《ま》けが決《き》まるまでには、流《なが》れがあることを知《し》っておきましょう。その流《なが》れを「序盤《じょばん》」「中盤《ちゅうばん》」「終盤《しゅうばん》」といいます。

序盤《じょばん》は、王《おう》の囲《かこ》いなどの駒組《こまぐ》みが中心《ちゅうしん》です。中盤《ちゅうばん》は、お互《たが》いの駒《こま》がぶつかり合《あ》って進《すす》みます。ここでは駒得《こまどく》がひとつの目安《めやす》になります。たとえば、相手《あいて》の桂馬《けいま》と香車《きょうしゃ》を取《と》って持《も》ち駒《ごま》にしたとすれば、桂香得《けいきょうどく》となります。もし自分《じぶん》の香車《きょうしゃ》が相手《あいて》の持《も》ち駒《ごま》になっていれば、単《たん》に桂得《けいどく》となります。このような駒《こま》の損得《そんとく》や相手《あいて》の玉《ぎょく》にどのような形《かたち》で迫《せま》っているかなどで中盤《ちゅうばん》の良《よ》し悪《あ》しが決《き》まります。

終盤《しゅうばん》は、相手《あいて》の王《おう》をいかに早《はや》く詰《つ》ますかという戦《たたか》いになります。駒《こま》を切《き》り（駒《こま》を捨《す》てること）、いくら駒損《こまぞん》をしても王《おう》を早《はや》く詰《つ》ますことができれば勝《か》ちです。

つまり、一手《いって》でも早《はや》く詰《つ》ますスピードが大切《たいせつ》になります。

中盤《ちゅうばん》・終盤《しゅうばん》は一局《いっきょく》ごとに予測《よそく》できないことや波乱《はらん》が起《お》こります。その点《てん》、**序盤《じょばん》は基本的《きほんてき》なことを知《し》っていれば、バランスのとれた「囲《かこ》い」が組《く》めます。**

序盤《じょばん》ですでに負《ま》けているような駒組《こまぐ》みだけは避《さ》けないといけないよ。

バランスのとれた序盤戦《じょばんせん》の陣形《じんけい》ー3つの例《れい》

左《ひだり》の❶図《ず》、❷図《ず》、❸図《ず》は、中級者《ちゅうきゅうしゃ》クラスの序盤戦《じょばんせん》の陣形《じんけい》の例《れい》です。このようなシッカリした囲《かこ》いに組《く》み合《あ》えば、あとは中《ちゅう》・終盤《しゅうばん》の戦《たたか》いとなり、どのように指《さ》しても立派《りっぱ》な一局《いっきょく》となるでしょう。

ところが、相手《あいて》の囲《かこ》いに対《たい》しバランスのとれていない陣形《じんけい》に組《く》んでしまったら、序盤戦《じょばんせん》ですでに負《ま》けているようなもので、大《おお》きなハンディを背負《せお》うことになります。そのような悪《わる》い陣形《じんけい》についても次《じ》ページ以降《いこう》の❶ーB、❷ーBで説明《せつめい》します。

❶ーA ＜穴熊対銀冠《あなぐまたいぎんかんむり》＞

❶図《ず》

後手《ごて》 持駒《もちごま》 なし

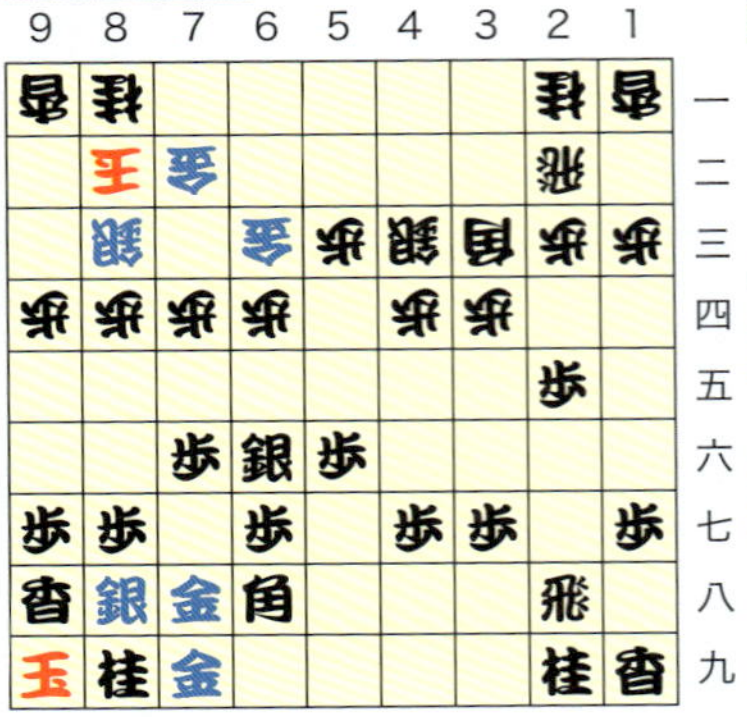

☗先手《せんて》 持駒《もちごま》 なし

❷ーA ＜相矢倉《あいやぐら》＞

❷図《ず》

後手《ごて》 持駒《もちごま》 なし

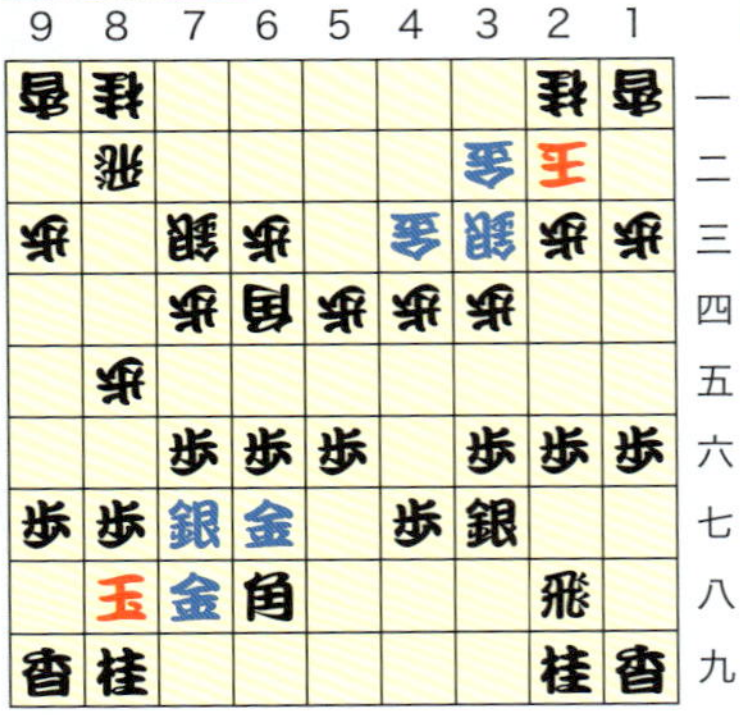

☗先手《せんて》 持駒《もちごま》 なし

❸ーA 相振《あいふ》り飛車《びしゃ》＜美濃対穴熊《みのたいあなぐま》＞

❸図《ず》

後手《ごて》 持駒《もちごま》 なし

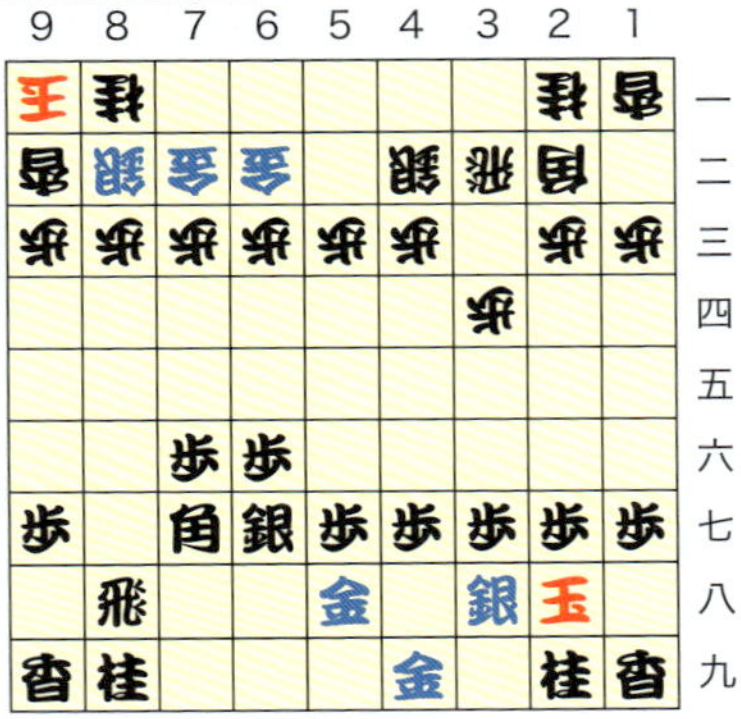

☗先手《せんて》 持駒《もちごま》 なし

バランスのとれた陣形《じんけい》①－A

穴熊囲《あなぐまがこ》い対銀冠囲《たいぎんかんむりがこ》い

第1図《だいず》は居飛車対振り飛車戦《いびしゃたいふびしゃせん》です。先手《せんて》の居飛《いび》車《しゃ》に対《たい》し、後手《ごて》は四間飛車《しけんびしゃ》です。後手《ごて》はすでに美《み》濃囲《のがこ》いになっています。先手《せんて》は、舟囲《ふながこ》いの状態《じょうたい》ですが、ここから矢倉囲《やぐらがこ》いにも穴熊囲《あなぐまがこ》いにもできる陣形《じんけい》になっています。

第1図《だいず》から駒組《こまぐ》みが進《すす》んだ図《ず》が第2図《だいず》です。先手《せんて》は居飛車穴熊《いびしゃあなぐま》という強固《きょうこ》な陣形《じんけい》に組《く》んでいます。これに対《たい》し、後手《ごて》は向《むか》い飛車《びしゃ》にし、こちらも銀冠《ぎんかんむり》という上《うえ》からの攻《せ》めに強《つよ》い囲《かこ》いにし、6筋《すじ》から9筋《すじ》まで歩《ふ》を四段目《よんだんめ》まで伸《の》ばし、穴熊《あなぐま》を圧迫《あっぱく》できる陣形《じんけい》にしています。

第1図《だいず》

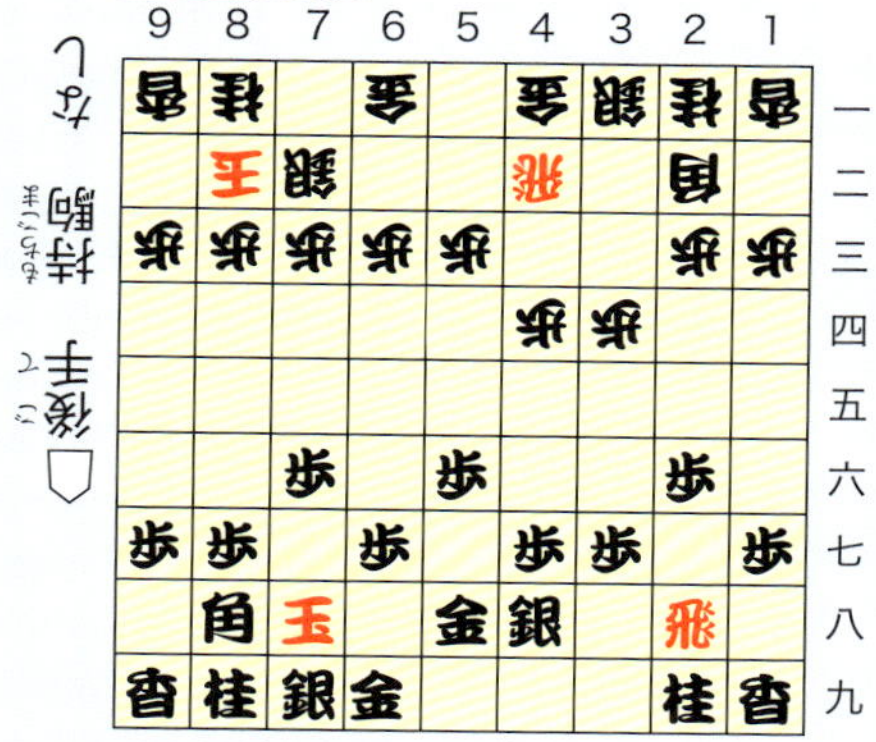

▲先手《せんて》持駒《もちごま》なし

第2図《だいず》（P48 ①図《ず》と同《おな》じ）

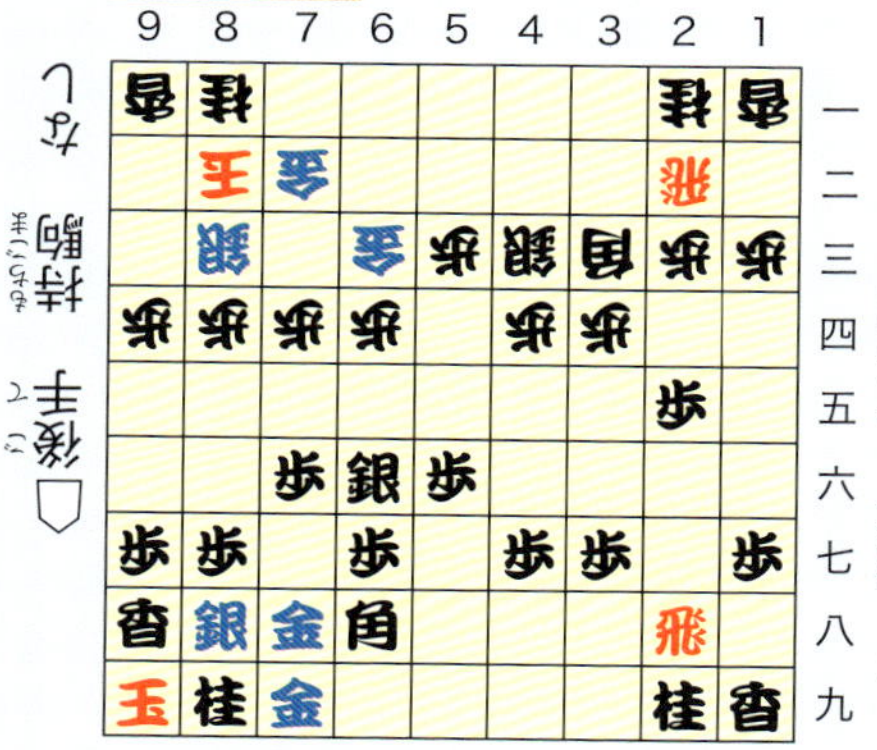

▲先手《せんて》持駒《もちごま》なし

この序盤《じょばん》は、先手《せんて》、後手《ごて》ともバランスのとれた対等《たいとう》の状態《じょうたい》。
まさに5分《ぶ》と5分《ぶ》で中盤《ちゅうばん》、終盤《しゅうばん》の進《すす》み方《かた》で勝敗《しょうはい》が決《き》まるというところです！

アンバランスな陣形《じんけい》①－B

振《ふ》り飛車《びしゃ》に対《たい》し、矢倉囲《やぐらがこ》いがよくない理由《りゆう》

先手《せんて》はの第《だい》1図《ず》(49ページ)から第《だい》3図《ず》のように進《すす》み、先手《せんて》はここから6八《はち》の銀《ぎん》、5八《はち》の金《きん》を上《あ》げて矢倉《やぐら》に組《く》もうとしているところです。

第《だい》4図《ず》(△4九飛《きゅうひ》)は矢倉《やぐら》に組《く》む前《まえ》に、飛車交換《ひしゃこうかん》になったときの例《れい》です。この図《ず》のように飛車《ひしゃ》で王手《おうて》をされる厳《きび》しい筋《すじ》があります。

第《だい》5図《ず》はすでに矢倉《やぐら》に組《く》んだときの図《ず》です。相手《あいて》の角《かく》がちょうど玉《ぎょく》にあたる位置《いち》にあり、7七《なな》と6六《ろく》の地点《ちてん》を攻《せ》められると、角《かく》の利《き》きが脅威《きょうい》になります。

第《だい》3図《ず》

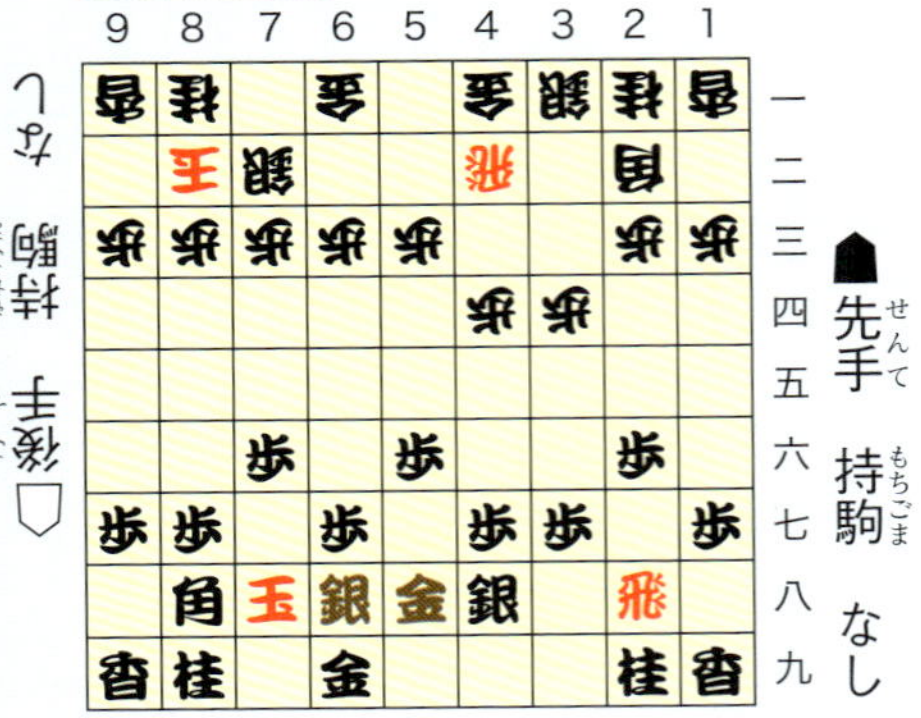

第《だい》4図《ず》　△4九飛《きゅうふ》まで

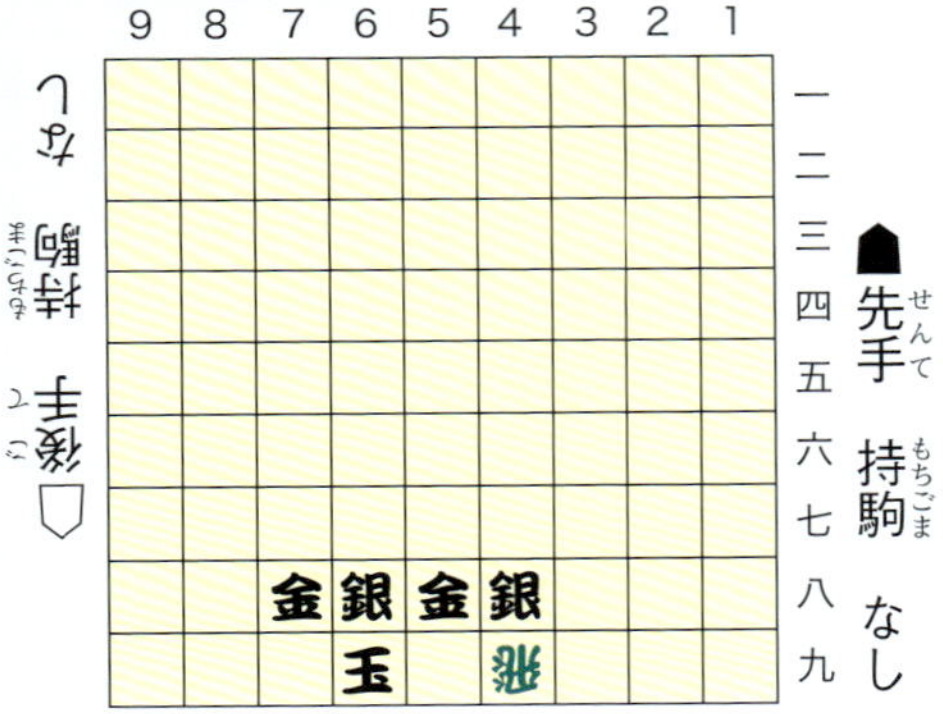

第《だい》5図《ず》

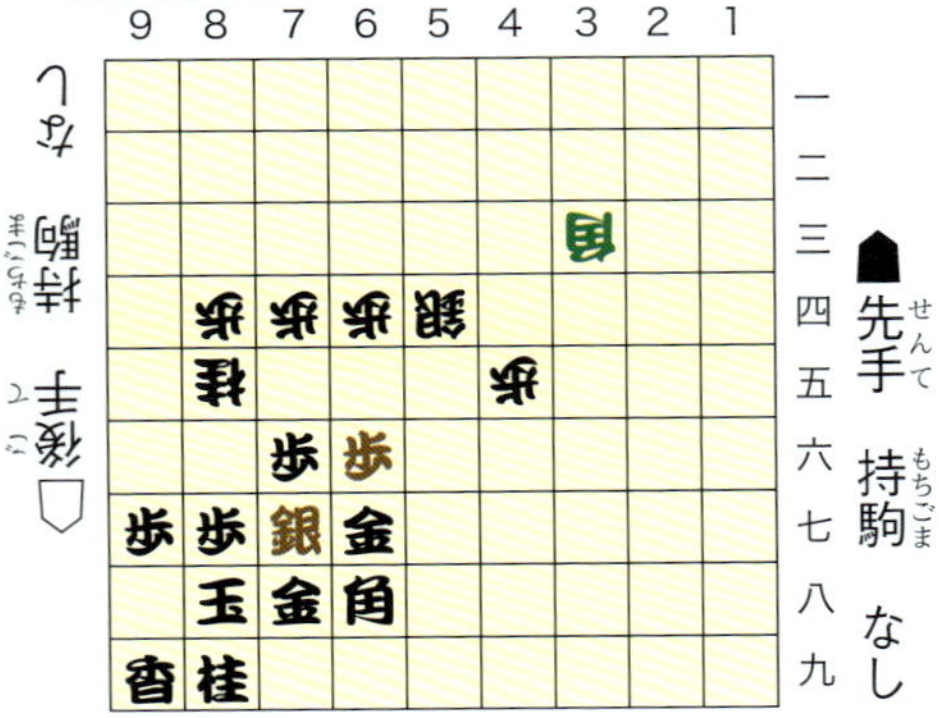

バランスのとれた陣形《じんけい》②ーA

相矢倉戦《あいやぐらせん》

左《ひだり》の図《ず》（第《だい》6図《ず》＝P48②図《ず》）は相居飛車《あいいびしゃ》でお互《たが》いに矢倉囲《やぐらがこ》いにした「相矢倉戦《あいやぐらせん》」です。プロから子《こ》どもまで、よく出《で》てくる戦《たたか》いです。「矢倉《やぐら》24手《て》組《ぐ》み」という言葉《ことば》もあり、手順前後《てじゅんぜんご》はあっても完成《かんせい》までの指《さ》し手《て》が決《き》まっています。

第《だい》7図《ず》（△4五歩《ごふ》）は矢倉《やぐら》に組《く》んだあとの戦《たたか》い方《かた》のひとつで、▲3七銀《ななぎん》戦法《せんぽう》という攻《せ》めに比重《ひじゅう》を置《お》いた指《さ》し方《かた》です。（▲4六銀《ろくぎん》と上《あ》がる前《まえ》は、3七《なな》に銀《ぎん》を置《お》く）

相手《あいて》はすぐに△4五歩《ごふ》と突《つ》いてきますが、また▲3七銀《ななぎん》と戻《もど》り、▲3五歩《ごふ》から△同歩《どうふ》とさせ、6八《はち》にいる角《かく》で歩《ふ》を狙《ねら》うことができます。

相手《あいて》もその狙《ねら》いを阻止《そし》するために△5三角《さんかく》や△4四銀《よんぎん》などを指《さ》します。

第《だい》6図《ず》（P48②図《ず》と同《おな》じ）

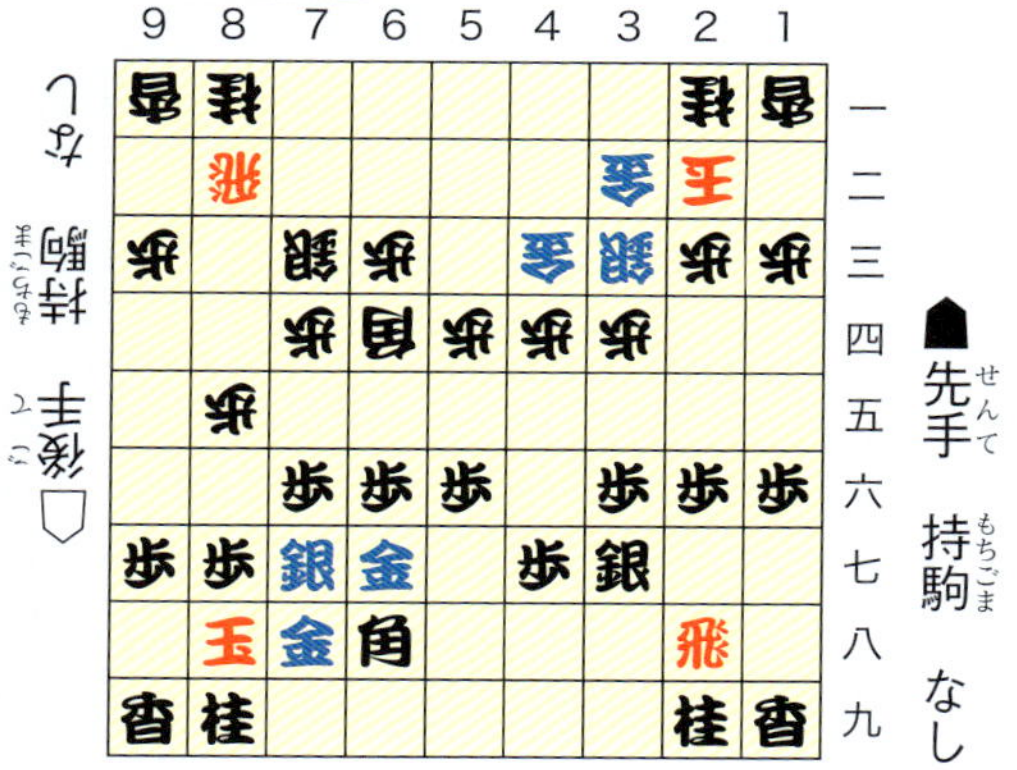
▲先手《せんて》 持駒《もちごま》 なし
△後手 持駒 なし

第《だい》7図《ず》　△4五歩《ごふ》まで

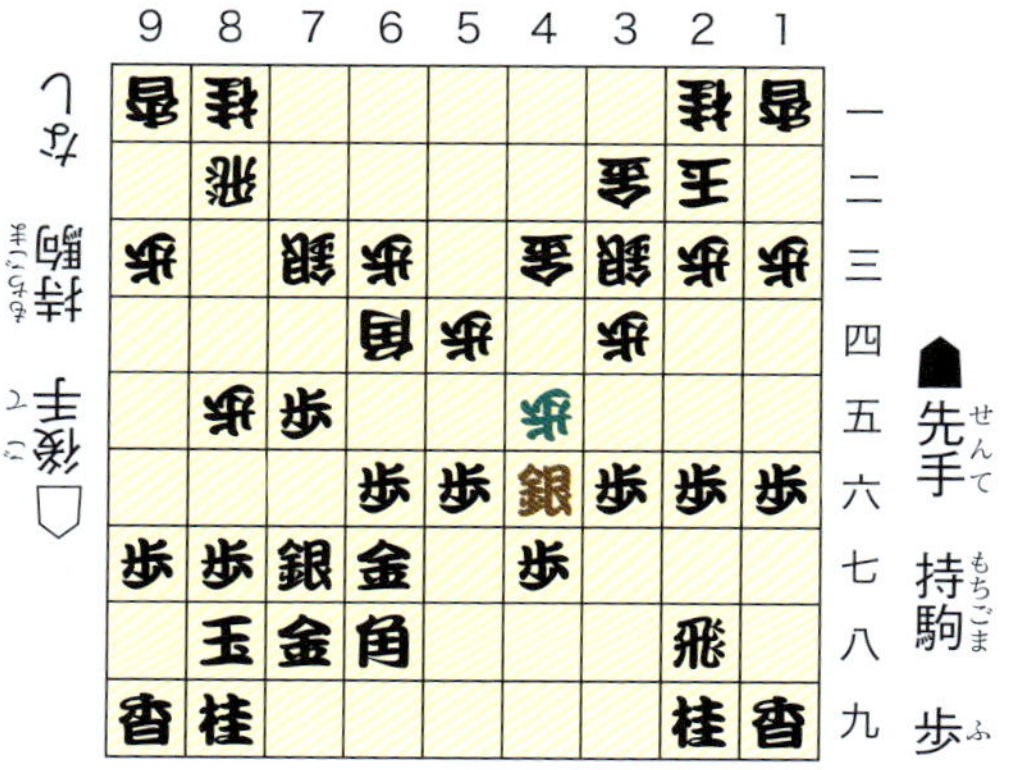
▲先手《せんて》 持駒《もちごま》 歩《ふ》
△後手 持駒 なし

矢倉囲《やぐらがこ》いにしたあとの
戦《たたか》いはいろいろとあり、
結論《けつろん》は出《で》ていない。

アンバランスな陣形《じんけい》②－B

舟囲《ふながこ》いにするという、無謀《むぼう》な例《れい》を見《み》ておこう

この第《だい》8図《ず》は、悪例《あくれい》で先手《せんて》は後手《ごて》の出方《でかた》を見《み》ずに舟囲《ふながこ》いにしようという考《かんが》え自体《じたい》が間違《まちが》いになります。なぜなら、相手《あいて》の飛車《ひしゃ》に玉《ぎょく》を接近《せっきん》させてしまうからです。

第《だい》9図《ず》のように、飛車先《ひしゃさき》の歩《ふ》を交換《こうかん》するような攻《せ》めに出《で》られたら、それだけで困《こま》ってしまいます。また、△7二飛《にひ》としてから△7五歩《ごふ》（第《だい》10図《ず》）という攻《せ》めもあります。

第《だい》8図《ず》

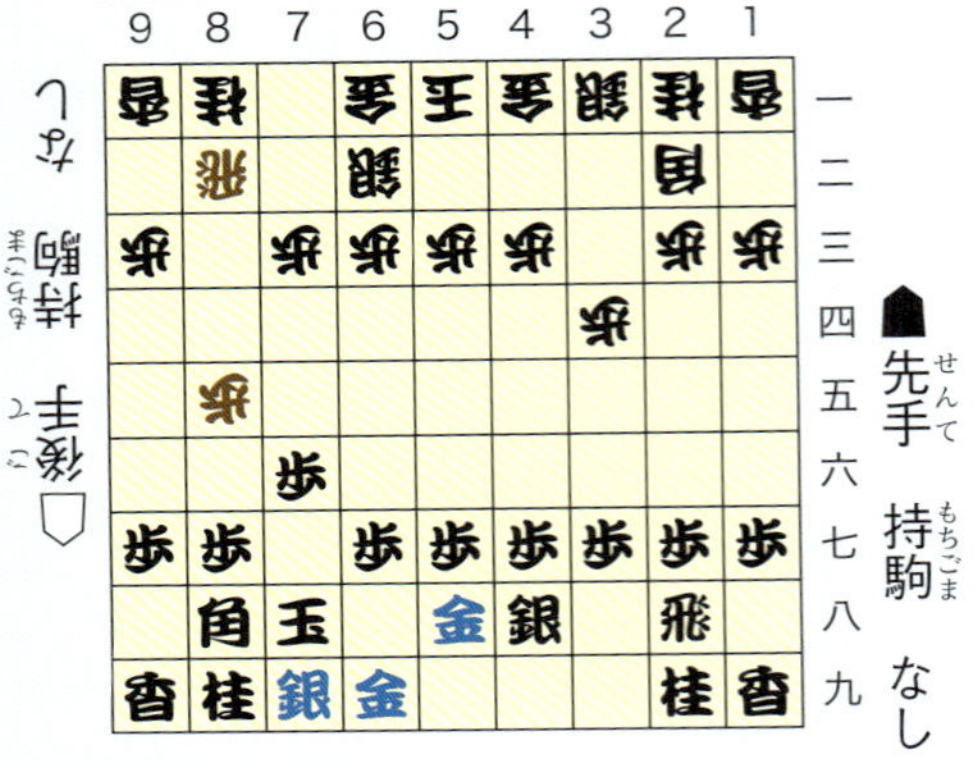
後手《ごて》 持駒《もちごま》 なし
先手《せんて》 持駒《もちごま》 なし

第《だい》9図《ず》

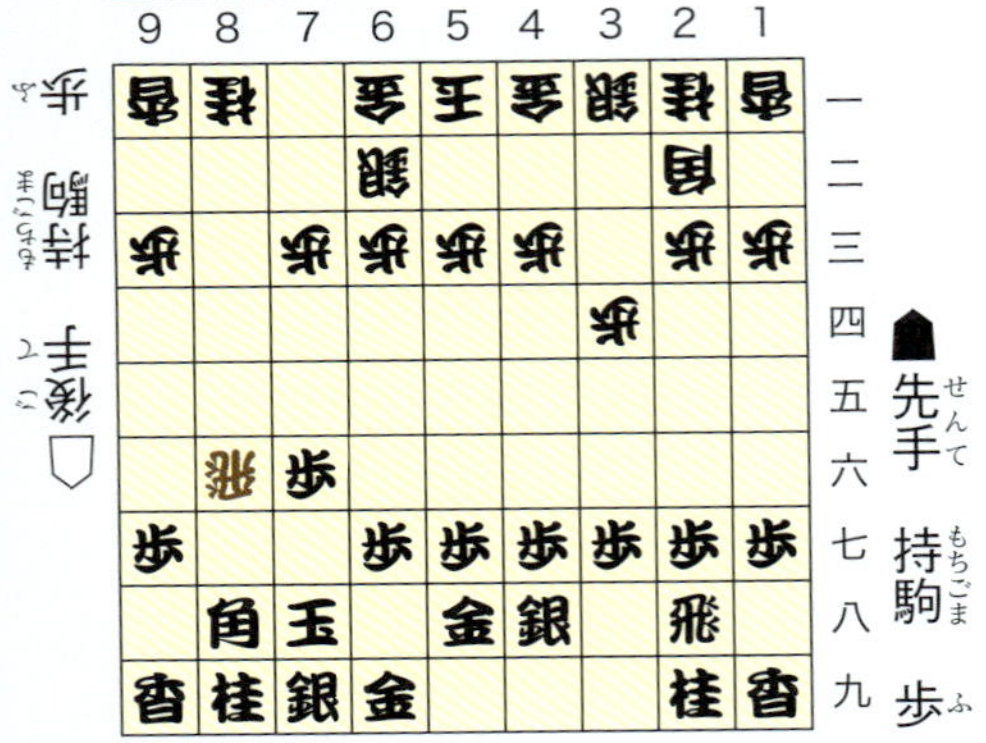
後手《ごて》 持駒《もちごま》 歩《ふ》
先手《せんて》 持駒《もちごま》 歩《ふ》

第《だい》10図《ず》　△7五歩《ごふ》まで

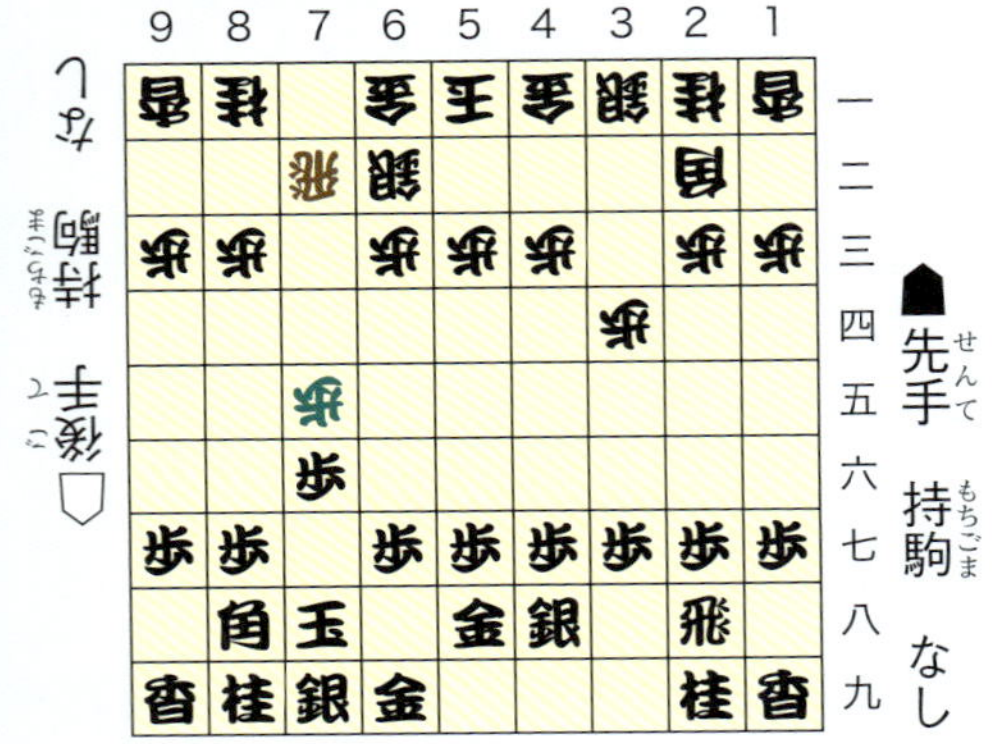
後手《ごて》 持駒《もちごま》 なし
先手《せんて》 持駒《もちごま》 なし

バランスのとれた陣形《じんけい》③

相振《あいふ》り飛車戦《びしゃせん》の美濃囲《みのがこ》い対《たい》穴熊囲《あなぐまがこ》い

相振《あいふ》り飛車戦《びしゃせん》はいろいろな指《さ》し方《かた》があり、バランスのとれた陣形《じんけい》の種類《しゅるい》も多《おお》くあります。左《ひだり》の第《だい》11図《ず》は先手《せんて》が美濃囲《みのがこ》い、後手《ごて》が穴熊囲《あなぐまがこ》いという相振《あいふ》り飛車戦《びしゃせん》の陣形《じんけい》です。どちらもシッカリした囲《かこ》いですが、簡単《かんたん》に王手《おうて》のかからない、後手《ごて》の穴熊《あなぐま》の方《ほう》が思《おも》い切《き》ったことができる分《ぶん》、指《さ》し方《かた》がラクかもしれません。先手《せんて》は基点《きてん》となる8五歩《ごふ》をどこまで活《い》かせるかがポイントになるでしょう。

昔《むかし》の相振《あいふ》り飛車戦《びしゃせん》は第《だい》12図《ず》のように、金《きん》を二枚《にまい》並《なら》べる金無双《きんむそう》の囲《かこ》いが多《おお》かったようですが、最近《さいきん》はあまり見《み》ることがありません。

第《だい》11図《ず》（P48 ③図《ず》と同《おな》じ）

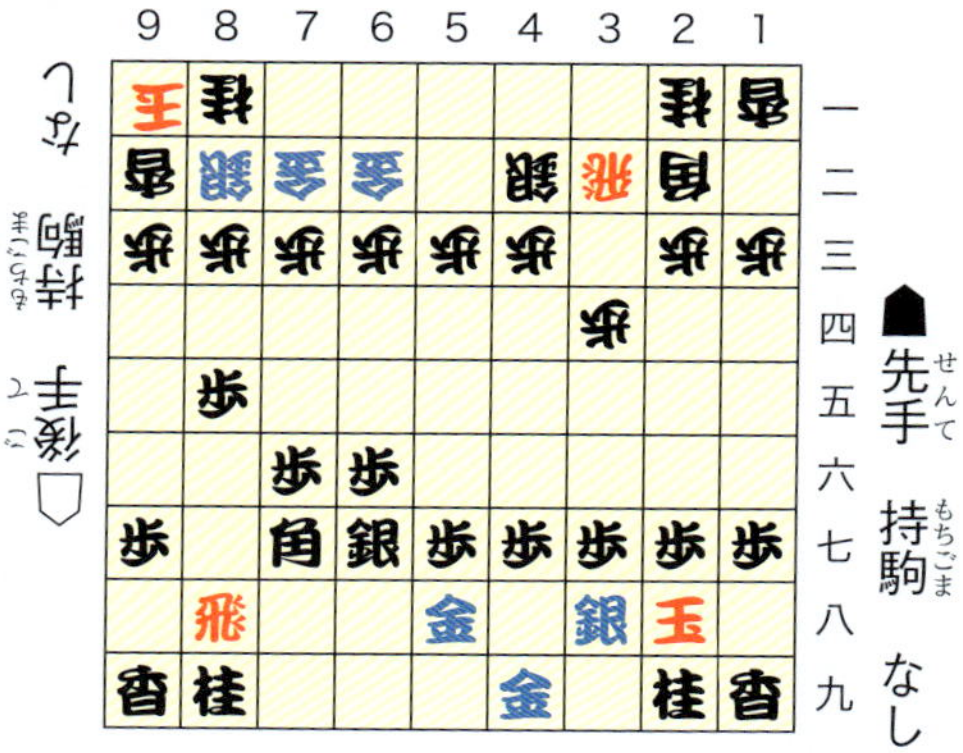
後手　持駒　なし
先手　持駒　なし

第《だい》12図《ず》

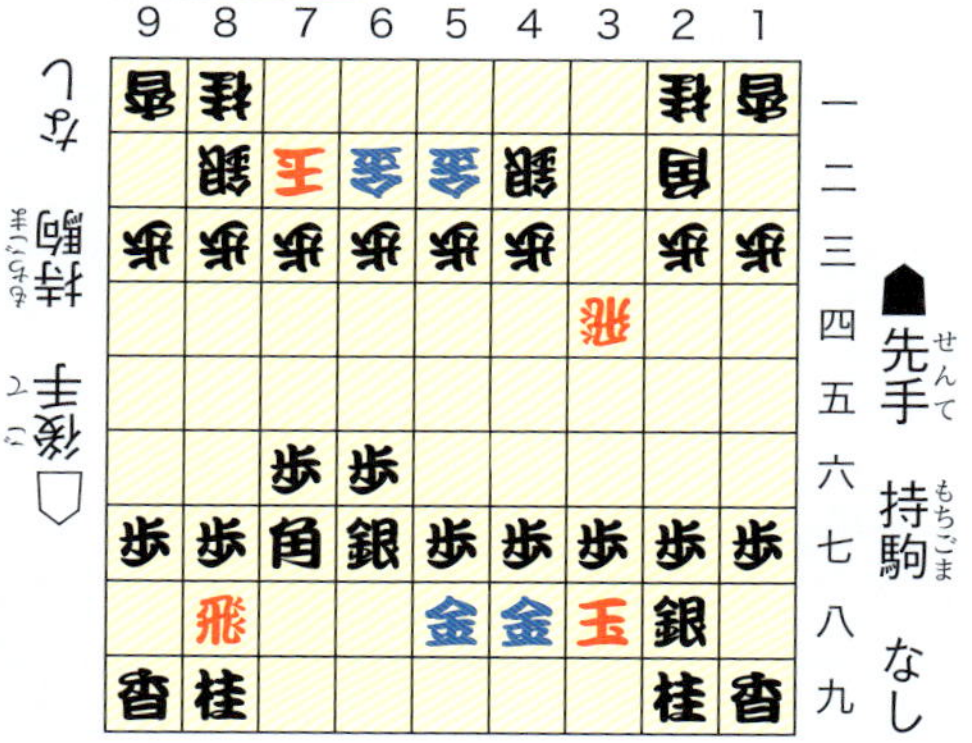
後手　持駒　なし
先手　持駒　なし

第《だい》13図《ず》

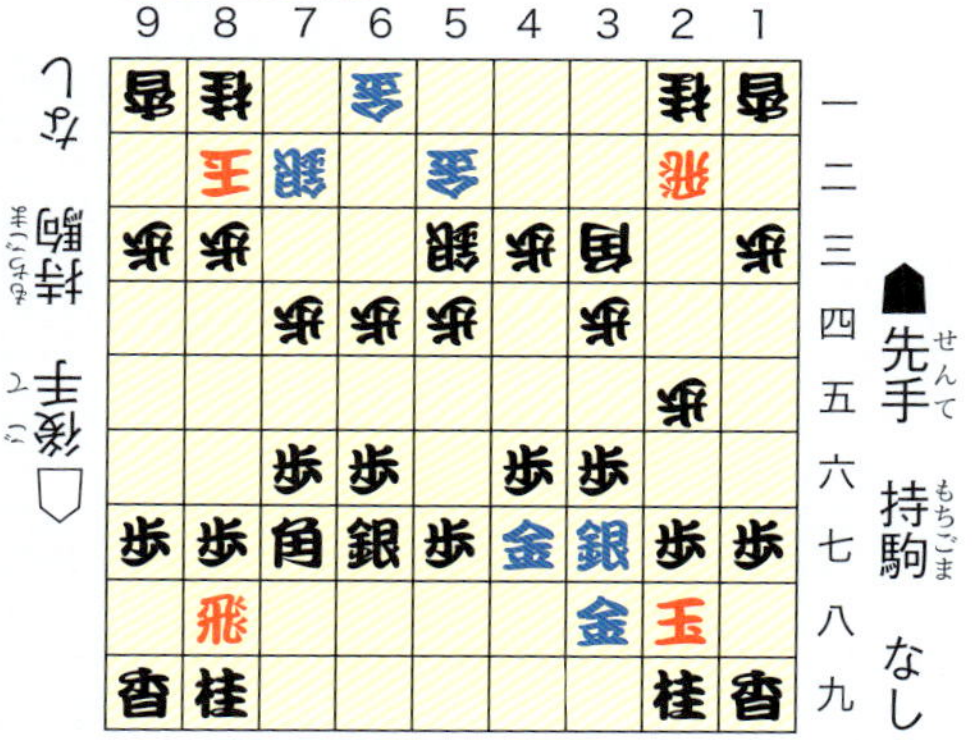
後手　持駒　なし
先手　持駒　なし

前《まえ》ページ・第《だい》13図《ず》の先手《せんて》のように、振《ふ》り飛車《びしゃ》で矢倉囲《やぐらがこ》い、後手《ごて》は普通《ふつう》に美濃囲《みのがこ》いという対戦《たいせん》も多《おお》くなっています。

第《だい》14図《ず》

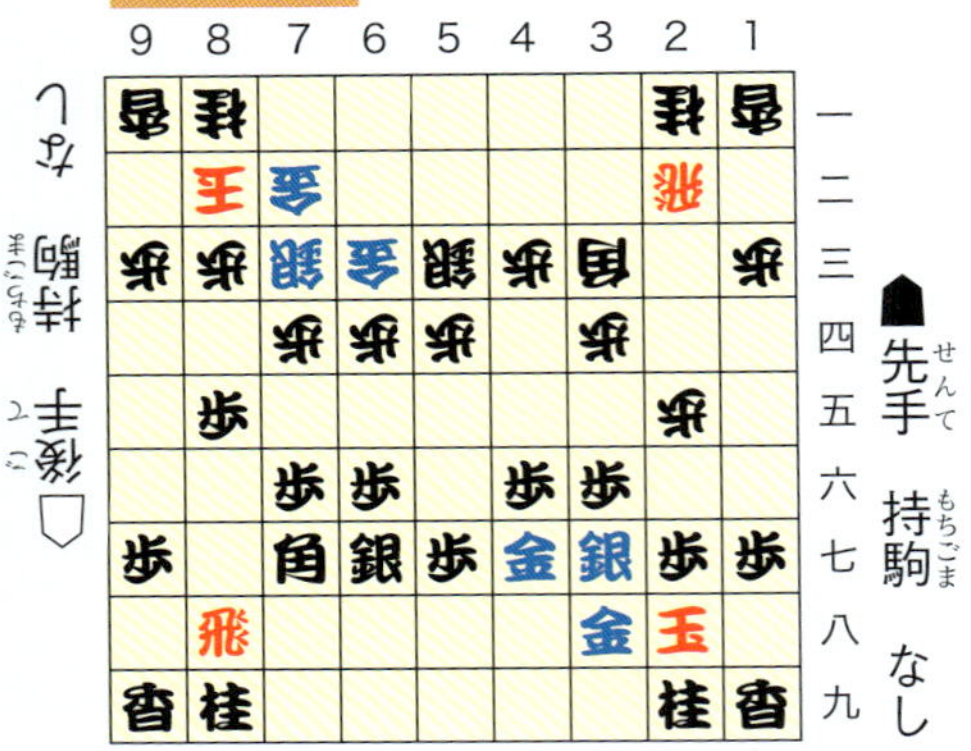

第《だい》14図《ず》のように振《ふ》り飛車《びしゃ》の相矢倉《あいやぐら》戦《せん》というケースもあるよ！

米長玉銀冠囲《よねながぎょくぎんかんむりがこ》い

棋士《きし》の名前《なまえ》がついた珍《めずら》しい囲《かこ》いです。その人《ひと》は永世棋聖《えいせいきせい》の称号《しょうごう》を持《も》つ、故米長《こよねなが》邦雄《くにお》(1943～2012年《ねん》)さん。

A図《ず》(☗9八玉《はちぎょく》)は8七《なな》にいた玉《ぎょく》を☗9八玉《はちぎょくきょうしゃ》と香車の上《うえ》に移動《いどう》したところです。

この9八《はち》の玉《ぎょく》を「米長玉《よねながぎょく》」といい、すぐれた形《かたち》として評価《ひょうか》されています。さらに、☗8七銀《ななぎん》→☗7八金《はちきん》(B図《ず》)と進《すす》めた囲《かこ》いが「米長玉銀冠囲《よねながぎょくぎんかんむりがこ》い」で、くずすのが容易《ようい》ではない強固《きょうこ》な構《かま》えです。

第《だい》A図《ず》　☗9八玉《はちぎょく》まで

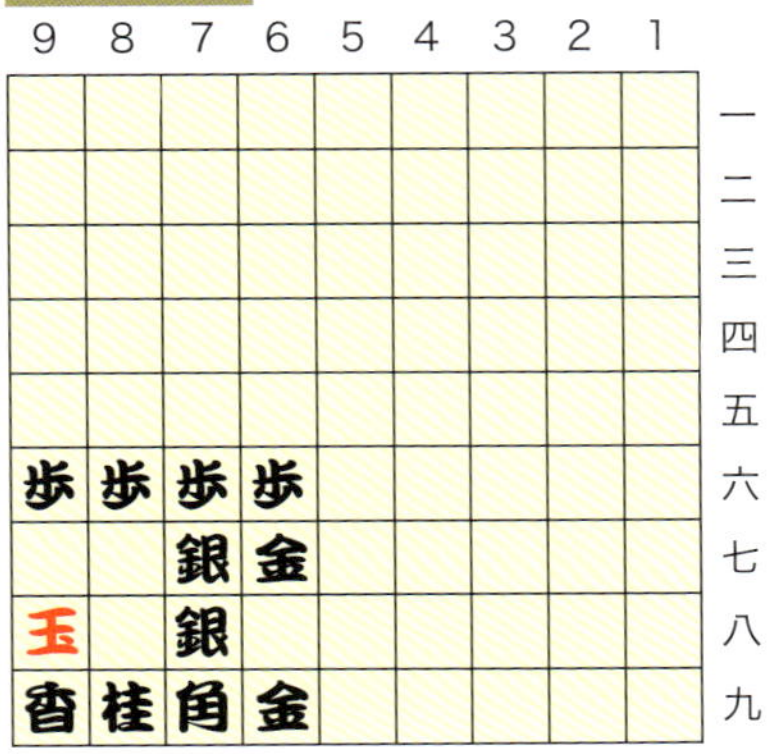

第《だい》B図《ず》　☗7八金《はちきん》まで

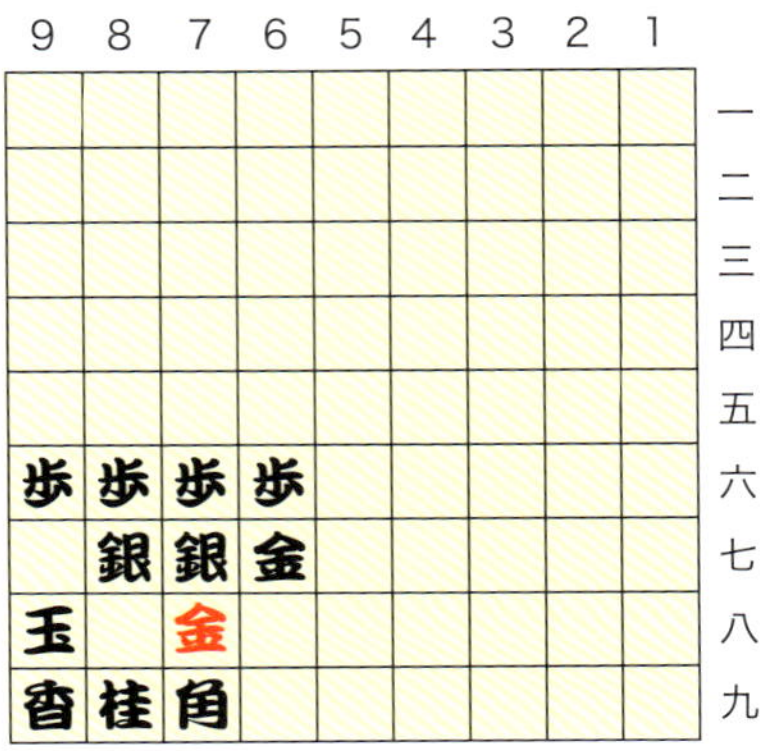

第《だい》15図《ず》 ☗7八金《はちきん》まで

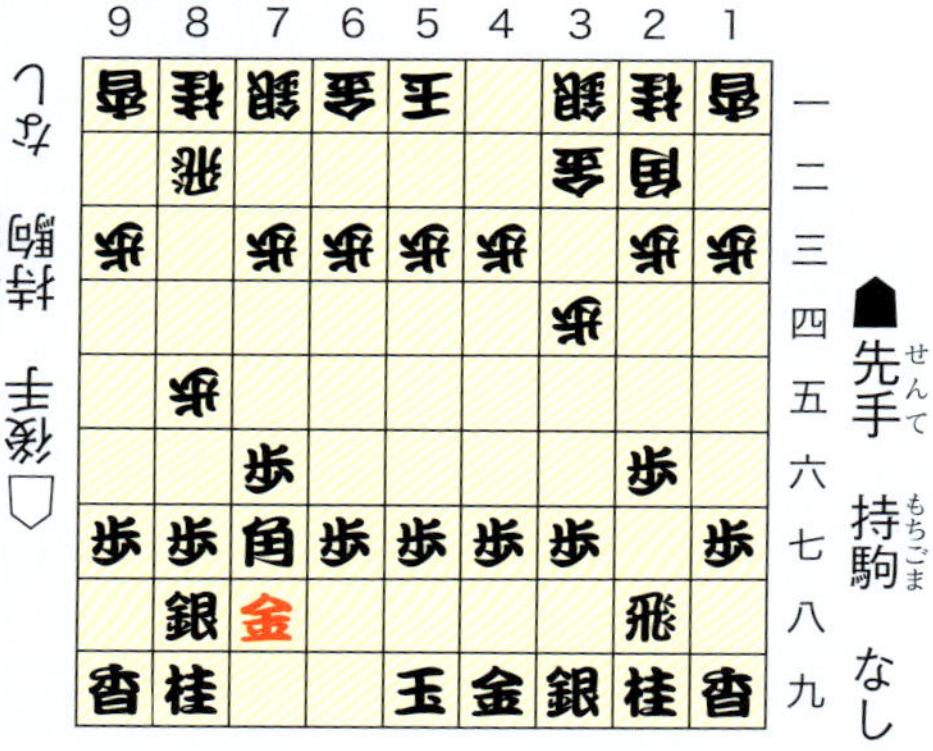

第《だい》16図《ず》

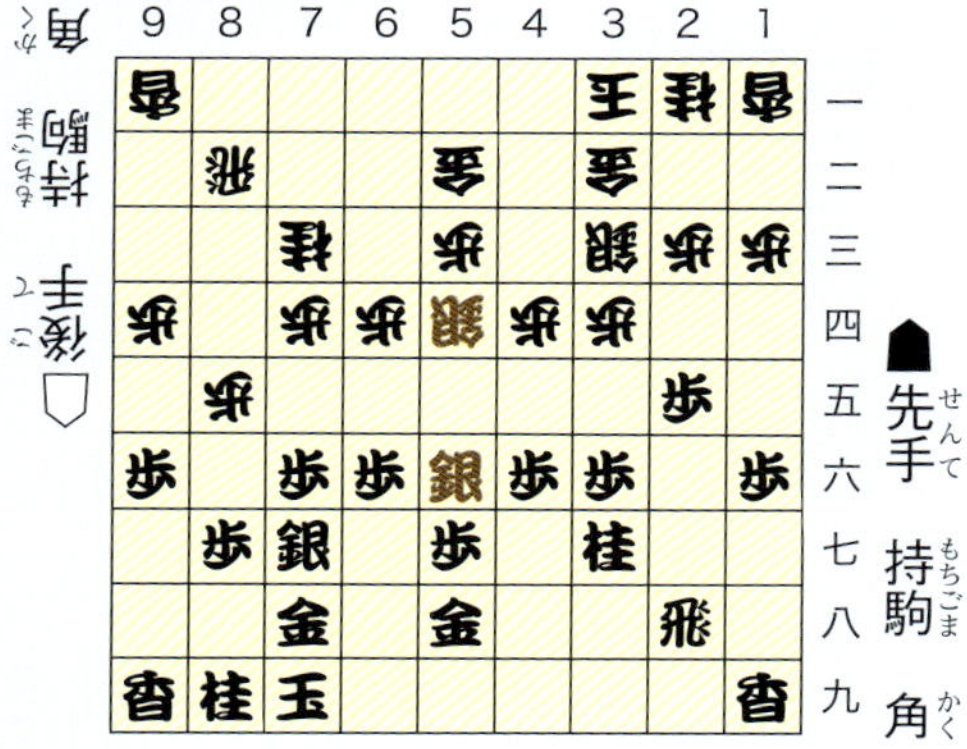

角交換型陣形《かくこうかんがたじんけい》のバランス

角換《かくが》わりの対戦《たいせん》の陣形《じんけい》も見《み》ておきましょう。

角換《かくが》わりは居飛車戦《いびしゃせん》で角《かく》を交換《こうかん》する戦《たたか》いです。一般的《いっぱんてき》には☗7六歩《ろくふ》☖8四歩《よんふ》、☗2六歩《ろくふ》☖8五歩《ごふ》、☗7七角《ななかく》☖3四歩《よんふ》、☗8八銀《はちぎん》☖3二金《にきん》、☗7八金《はちきん》（第《だい》15図《ず》）となり、この後《あと》、☖7七角成《ななかくなり》☗同銀《どうぎん》で角換《かくが》わり戦《せん》がスタートします。

その後《ご》、第《だい》16図《ず》のようになると「角換《かくが》わり腰掛《こしかけ》銀《ぎん》」といいます。先手《せんて》は5六《ろく》の地点《ちてん》に銀《ぎん》、後手《ごて》は5四《よん》の地点《ちてん》に銀《ぎん》がいて、どちらも歩《ふ》の上《うえ》に銀《ぎん》があるので、角換《かくが》わり腰掛銀《こしかけぎん》といいます。

また2004年頃《ねんごろ》から「後手番一手損角換《ごてばんいってぞんかくが》わり」という戦法《せんぽう》が登場《とうじょう》して使《つか》われています。後手《ごて》の上《うえ》に一手損《いってそん》して角《かく》を交換《こうかん》するという、従来《じゅうらい》では考《かんが》えられない戦法《せんぽう》がプロ棋士《きし》の間《あいだ》で採用《さいよう》されています。

第《だい》3章《しょう》

手筋《てすじ》と格言《かくげん》で将棋《しょうぎ》に強《つよ》くなる

手筋《てすじ》を覚《おぼ》えて棋力《きりょく》アップ

この章《しょう》では、「①桂《けい》、香《きょう》、金《きん》、銀《ぎん》、角《かく》、飛《ひ》」の手筋《てすじ》、「②歩《ふ》と玉《ぎょく》」の手筋《てすじ》、「③格言《かくげん》いろいろ」の三《みっ》つに分《わ》けて説明《せつめい》しています。

「手筋《てすじ》」とは、簡単《かんたん》に言《い》えば駒《こま》を上手《じょうず》に使《つか》うことです。駒《こま》の上手《じょうず》な使《つか》い方《かた》には、これまでの長《なが》い歴史《れきし》の中《なか》で名人《めいじん》や達人《たつじん》が作《つく》り上《あ》げたものがあり、それが定跡《じょうせき》と呼《よ》ばれるものです。手筋《てすじ》や定跡《じょうせき》を覚《おぼ》えても、実戦《じっせん》ではその通《とお》りにはならないと反論《はんろん》する人《ひと》もいます。

もちろん、実戦《じっせん》は生《い》きものですから当《あた》り前《まえ》なのですが、だから手筋《てすじ》を覚《おぼ》えても意味《いみ》がないということにはなりません。実戦《じっせん》でそのまま活《い》かせる手筋《てすじ》もありますし、形《かたち》を覚《おぼ》えていることで応用《おうよう》できることもあります。**手筋《てすじ》という形《かたち》から入《はい》って、その意味《いみ》を知《し》れば、駒《こま》の上手《じょうず》な使《つか》い方《かた》を広《ひろ》げることができます。**それが棋力《きりょく》アップにつながります。

A図《ず》

9 8 7 6 5 4 3 2 1
一
二
三
四
と
歩

B図《ず》

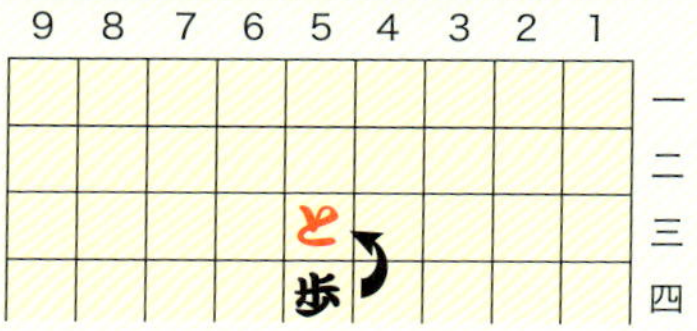
9 8 7 6 5 4 3 2 1
一
二
三
四
と
歩

例《れい》を上《あ》げましょう。手筋《てすじ》として知《し》っている人《ひと》には当《あ》たり前《まえ》ですが、知《し》らない人《ひと》には新鮮《しんせん》に見《み》えるはずです。実戦中《じっせんちゅう》に5筋《すじ》に成《な》り歩《ふ》を作《つく》れる状況《じょうきょう》があったとします。☗5三歩《さんふ》と打《う》って、☗5二歩成《にふなり》にするという考《かんが》えしか持《も》てない人《ひと》もいます。実《じつ》は、☗5四歩《よんふ》と打《う》って、☗5三歩成《さんふなり》にできます。5二歩成《にふなり》が有利《ゆうり》か、5三歩成《さんふなり》が有利《ゆうり》かは、実戦《じっせん》の状況《じょうきょう》によりますが基本的《きほんてき》には5三歩成《さんふなり》が有利《ゆうり》の場合《ばあい》が多《おお》いはずです。

もっと恐《こわ》いのは5三歩成《さんふなり》だから勝《か》ったとすれば、それを自然《しぜん》に使《つか》える人《ひと》と知《し》らない人《ひと》では、あまりにも差《さ》が大《おお》きいということです。

1 桂《けい》、香《きょう》、金《きん》、銀《ぎん》、角《かく》、飛《ひ》の手筋《てすじ》

桂《けい》、香《きょう》、金《きん》、銀《ぎん》、角《かく》、飛《ひ》、駒《こま》の種類《しゅるい》は多《おお》いのですが、簡単《かんたん》な手筋《てすじ》は意外《いがい》と少《すく》ないものです。複雑《ふくざつ》な手筋《てすじ》はもちろんいろいろとありますが、ここでは基本的《きほんてき》な手筋《てすじ》を紹介《しょうかい》します。

手筋《てすじ》を覚《おぼ》えて、実戦《じっせん》で使《つか》う機会《きかい》を重《かさ》ねることができれば、将棋《しょうぎ》はますます面白《おもしろ》くなります。

[桂《けい》の手筋《てすじ》]その1

第《だい》1図《ず》、第《だい》2図《ず》

㋐ふんどしの桂《けい》

桂《けい》の独特《どくとく》の動《うご》きを活《い》かした、ふんどしの桂《けい》。ふんどしの形《かたち》に似《に》ていることからついた名前《なまえ》です。初心者《しょしんしゃ》でも上級者《じょうきゅうしゃ》でも、**ふんどしの桂《けい》で両取《りょうど》り**というのは単純《たんじゅん》だけれど、嬉《うれ》しい手筋《てすじ》。

第《だい》1図《ず》では、☗3四桂《よんけい》として王手《おうて》・飛車取《ひしゃど》りにした場面《ばめん》。

第《だい》2図《ず》では、3七《なな》にあった桂《けい》を☗4五桂《ごけい》とはねて、金《きん》・銀《ぎん》の両取《りょうど》りにしたところです。

第《だい》1図《ず》　☗3四桂《よんけい》まで

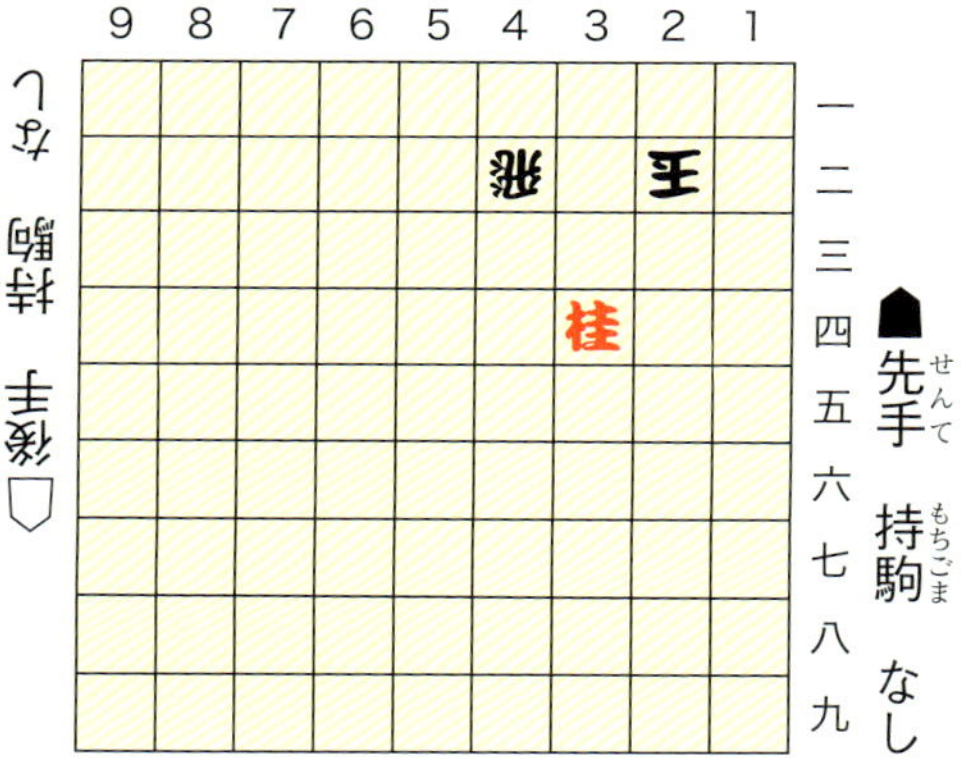
9 8 7 6 5 4 3 2 1
一 二 三 四 五 六 七 八 九
飛
玉
桂
☗先手《せんて》 持駒《もちごま》 なし
☖後手《ごて》 持駒《もちごま》 なし

第《だい》2図《ず》　☗4五桂《ごけい》まで

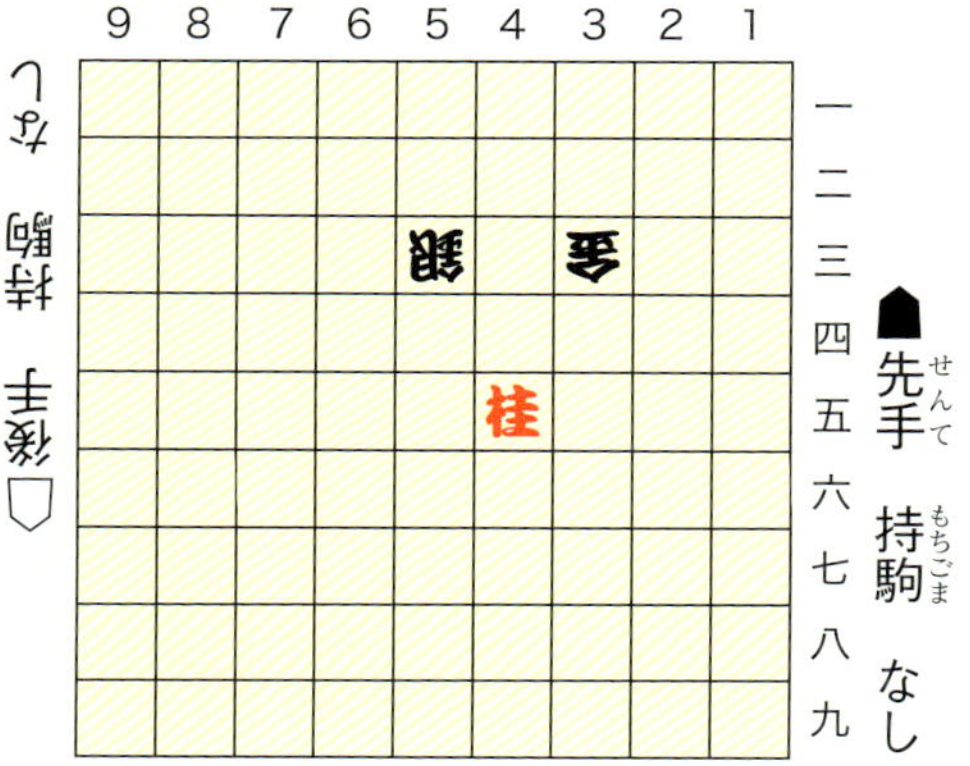
9 8 7 6 5 4 3 2 1
一 二 三 四 五 六 七 八 九
銀
金
桂
☗先手《せんて》 持駒《もちごま》 なし
☖後手《ごて》 持駒《もちごま》 なし

相手《あいて》が桂《けい》を持《も》ったら、両取《りょうど》りされないようにふんどしの桂《けい》にあたる地点《ちてん》に駒《こま》を2枚置《まいお》かないよう気《き》をつけよう！
桂

桂《けい》の力《ちから》は将棋《しょうぎ》の中《なか》でも特別《とくべつ》！

第3図《だいず》

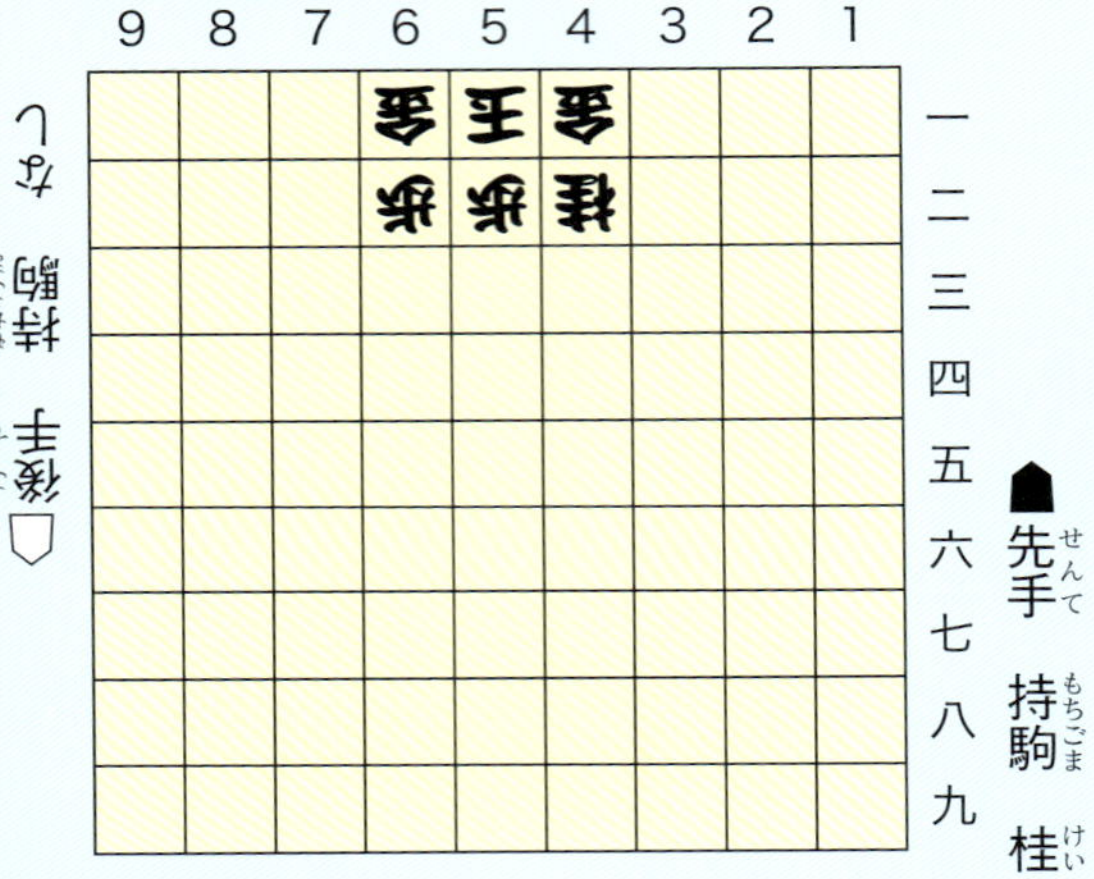

第4図《だいず》 ☗4三桂《さんけい》まで

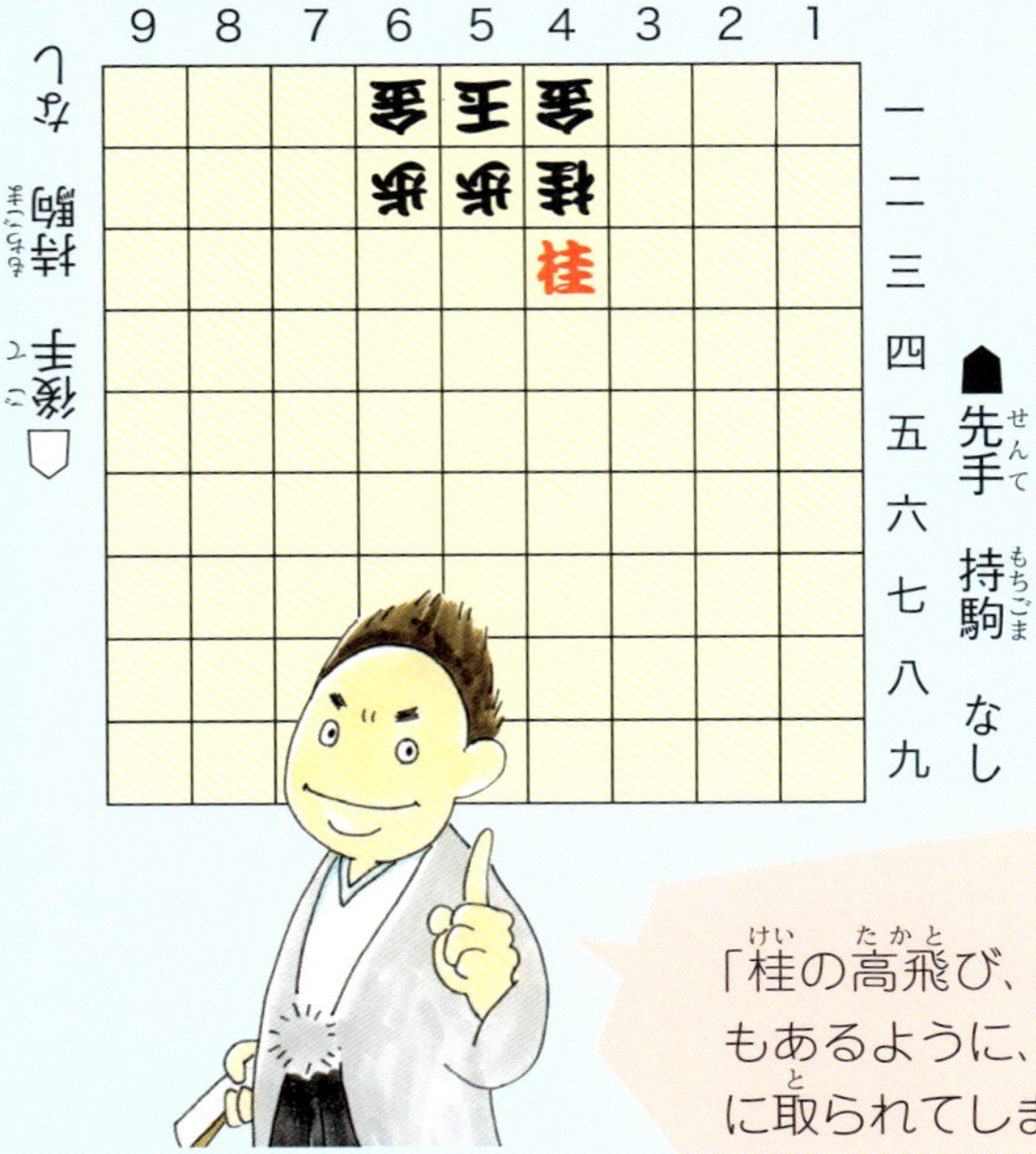

「三桂《さんけい》あって詰《つ》まぬことなし」という格言《かくげん》があります。手駒《てごま》に3枚《まい》の桂《けい》を持《も》っていれば、詰《つ》まないことはないという意味《いみ》ですが、これは桂《けい》の持《も》つ特殊《とくしゅ》な攻撃力《こうげきりょく》を評価《ひょうか》したものです。

第3図《だいず》のような場面《ばめん》があったとします。この時《とき》に桂《けい》を持《も》っていれば、相手《あいて》の玉《ぎょく》は詰《つ》んでいます。☗4三桂《さんけい》（第4図《だいず》）とすればいいのです。

敵《てき》の駒《こま》でも、味方《みかた》の駒《こま》でもトビ越《こ》えて利《き》かすことができる、桂《けい》の特別《とくべつ》な動《うご》き。

いろいろな場面《ばめん》を学《まな》ぶほど、その重要性《じゅうようせい》がわかります。

「桂《けい》の高飛《たかと》び、歩《ふ》の餌食《えじき》」という格言《かくげん》もあるように、上手《じょうず》に使《つか》わないと簡単《かんたん》に取《と》られてしまうので気《き》をつけてね。

[桂《けい》の手筋《てすじ》]その2
第《だい》5図《ず》、第《だい》6図《ず》

㋑つなぎ桂《けい》

つなぎ桂《けい》とは、桂《けい》の利《き》いているところにもう1枚《まい》の桂《けい》を打《う》つことをいいます。この二枚《にまい》の桂《けい》は、思《おも》いのほかに力《ちから》を発揮《はっき》します。
第《だい》5図《ず》は、先手《せんて》が☗5五桂《ごけい》と打《う》ったとき、後手《ごて》が6三《さん》にあった銀《ぎん》を☖5四銀《よんぎん》と上《あ》げて逃《に》げたところです。

ここで☗6三桂打《さんけいうち》（第《だい》6図《ず》）と二枚目《にまいめ》の桂《けい》を打《う》ちます。これがつなぎの桂《けい》です。一枚目《いちまいめ》の☗5五桂《ごけい》は、この二枚目《にまいめ》の桂《けい》を打《う》つための準備《じゅんび》（布石《ふせき》）でもあったのです。

第《だい》5図《ず》　☖5四銀《よんぎん》まで

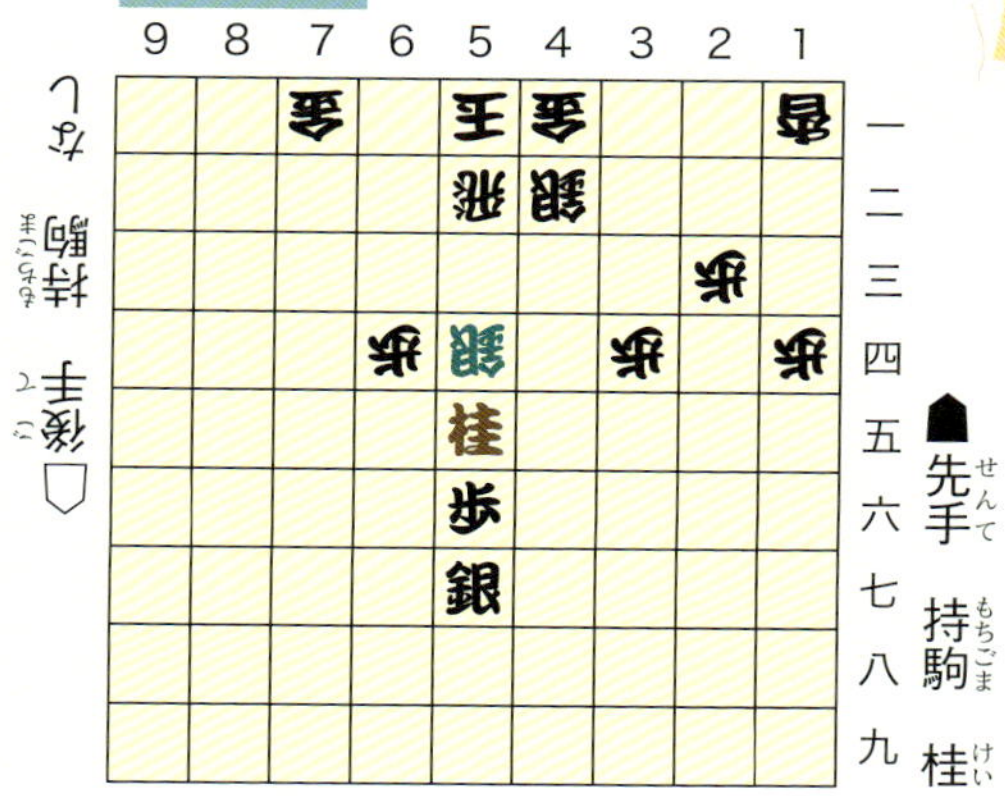
9 8 7 6 5 4 3 2 1
一 二 三 四 五 六 七 八 九
☖後手《ごて》 持駒《もちごま》 なし
☗先手《せんて》 持駒《もちごま》 桂《けい》

第《だい》6図《ず》　☗6三桂打《さんけいうち》まで

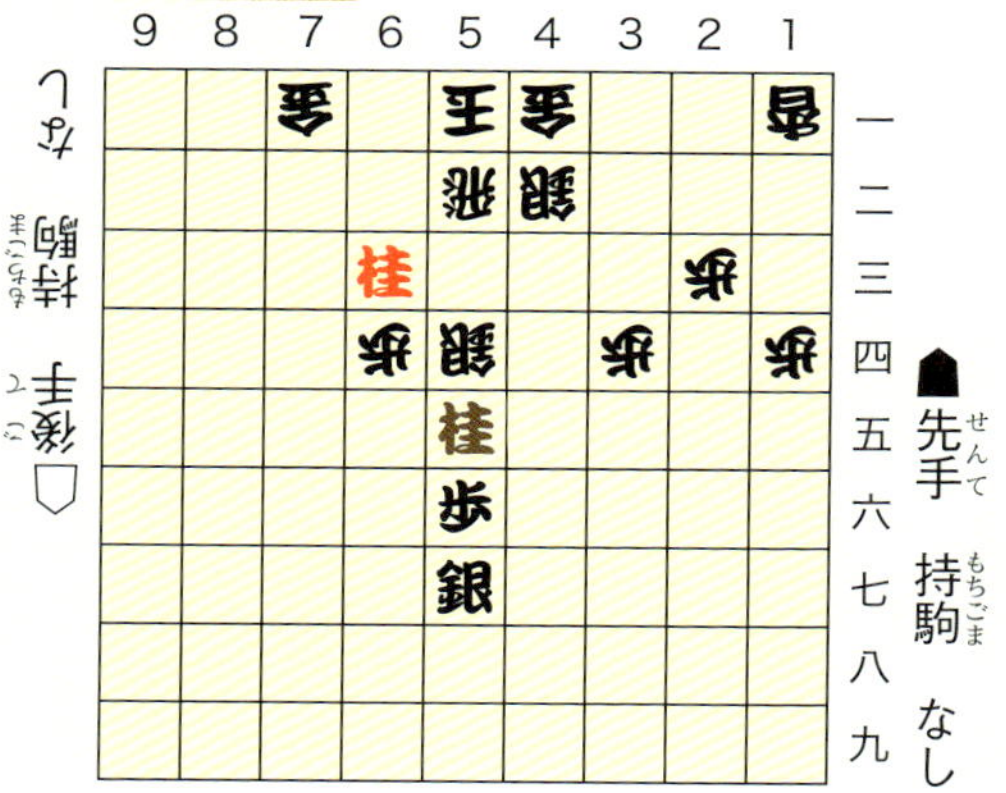
9 8 7 6 5 4 3 2 1
一 二 三 四 五 六 七 八 九
☖後手《ごて》 持駒《もちごま》 なし
☗先手《せんて》 持駒《もちごま》 なし

しかも☗6三桂打《さんけいうち》は王手《おうて》ですから、後手《ごて》は絶対《ぜったい》に取《と》らなければなりません。第7図《だいず》は後手《ごて》が仕方《しかた》なく☖6三銀《さんぎん》とこの二枚目《にまいめ》の桂《けい》を取《と》ったところです。

ここで一枚目《いちまいめ》の☗5五桂《ごけい》が力《ちから》を発揮《はっき》します。この☗5五桂《ごけい》は後手《ごて》の銀《ぎん》を取《と》りながら、☗6三桂《さんけい》（第8図《だいず》）不成《ならず》と飛《と》びます。（ここで成《な》るとミスになります）この第8図《ず》の状態《じょうたい》を見《み》てください。

また王手《おうて》・金取《きんど》りです。ここでは、つなぎ桂《けい》だけではなく、「成《な》らずの桂《けい》」が敵陣《てきじん》に大《おお》きな打撃《だげき》を与《あた》えています。

第7図《だいず》　☖6三銀《さんぎん》まで

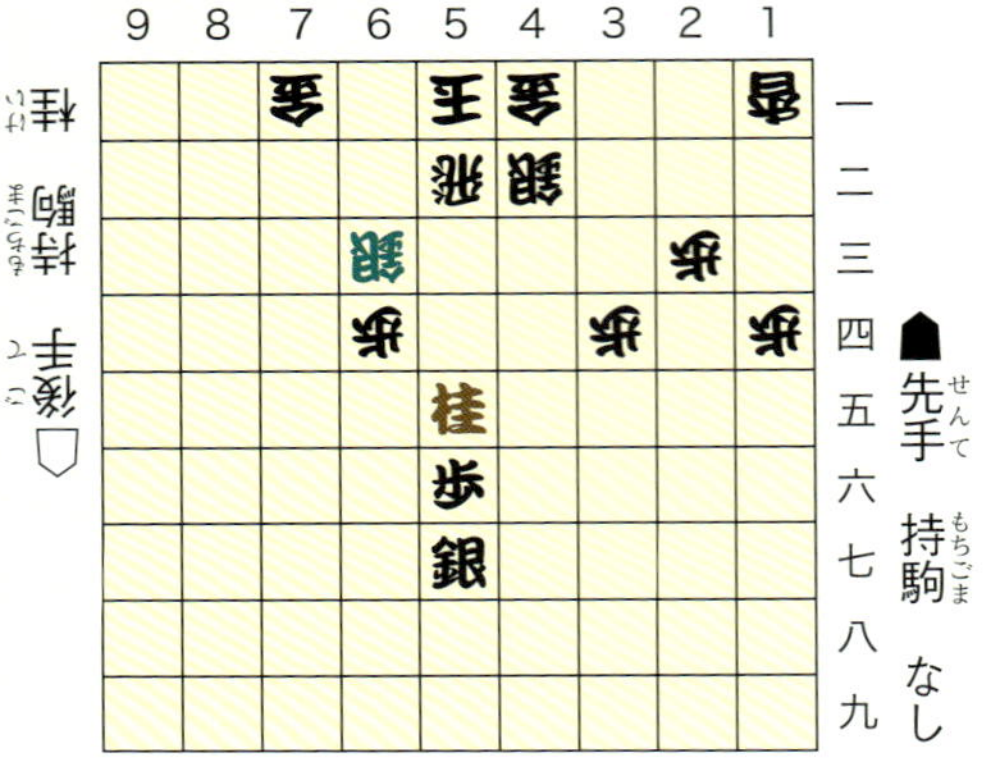

第8図《だいず》　☗6三桂不成《さんけいならず》まで

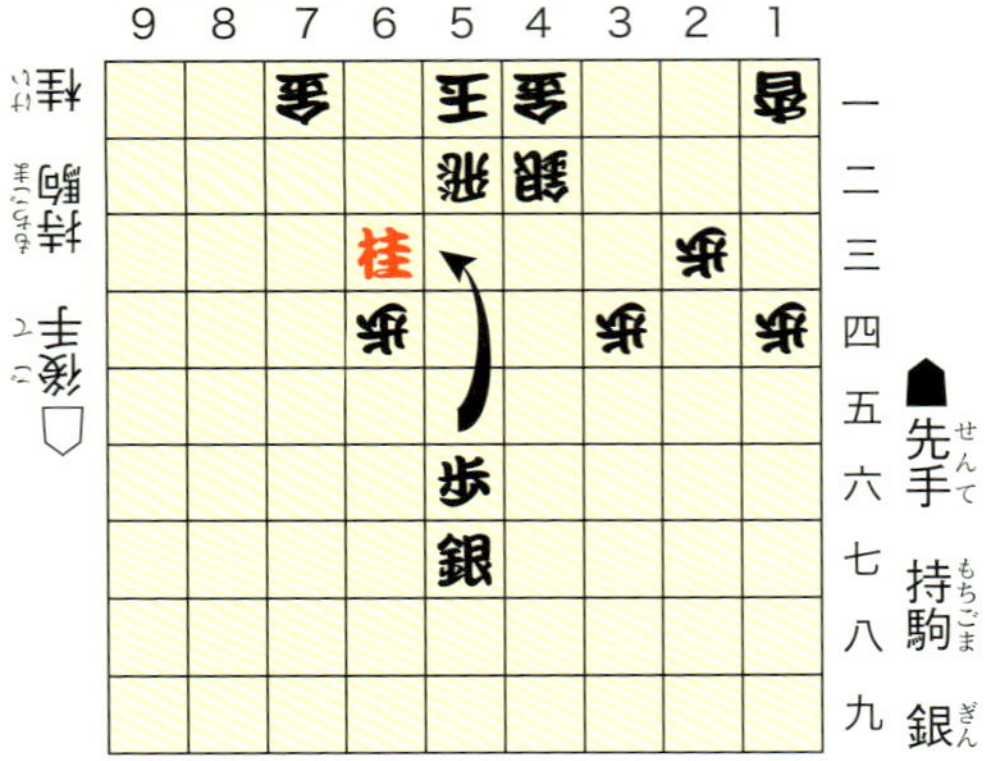

MEMO

「三桂《さんけい》あって詰《つ》まぬことなし」ではないですが、ここでもう1枚桂《まいけい》を持《も》っていたなら、また☗5五桂《ごけい》と打《う》ち、次《つぎ》に6三《さん》の地点《ちてん》に持駒《もちごま》の銀《ぎん》か金《きん》を打《う》てば、相当敵陣《そうとうてきじん》に迫《せま》ることができます。

桂《けい》は成《な》らない方《ほう》が、威力《いりょく》を発揮《はっき》することがあるから覚《おぼ》えておこう！

[桂《けい》の手筋《てすじ》]その3

第《だい》9図《ず》、第《だい》10図《ず》

㋒ 控《ひか》えの桂《けい》

第《だい》9図《ず》では、☗3四桂《よんけい》と打《う》てれば王手《おうて》・金《きん》取《ど》りですが、そこに相手《あいて》の歩《ふ》があるので打《う》てません。

しかし、2六《ろく》(または4六《ろく》)に桂《けい》を控《ひか》えて打《う》てば、次《つぎ》に☗3四桂《よんけい》と跳《は》ねることができます。

このように自分《じぶん》の打《う》ちたい場所《ばしょ》に相手《あいて》の駒《こま》があるとき、そこに跳《は》ねられるように打《う》つ桂馬《けいま》のことを「控《ひか》えの桂《けい》」といいます。ここでは☗2六桂《ろくけい》(第《だい》10図《ず》)と打《う》つとします。

しかもこのケースでは、相手《あいて》が☗3四桂《よんけい》の両取《りょうど》りを避《さ》けようとして、玉《ぎょく》が3一《いち》や1二《に》に逃《に》げるともっとひどいことになります。かまわず☗3四桂《よんけい》と進《すす》み、次《つぎ》に持駒《もちごま》の金《きん》を2二《に》に打《う》つことができれば玉《ぎょく》が詰《つ》んでしまうからです。

第《だい》9図《ず》

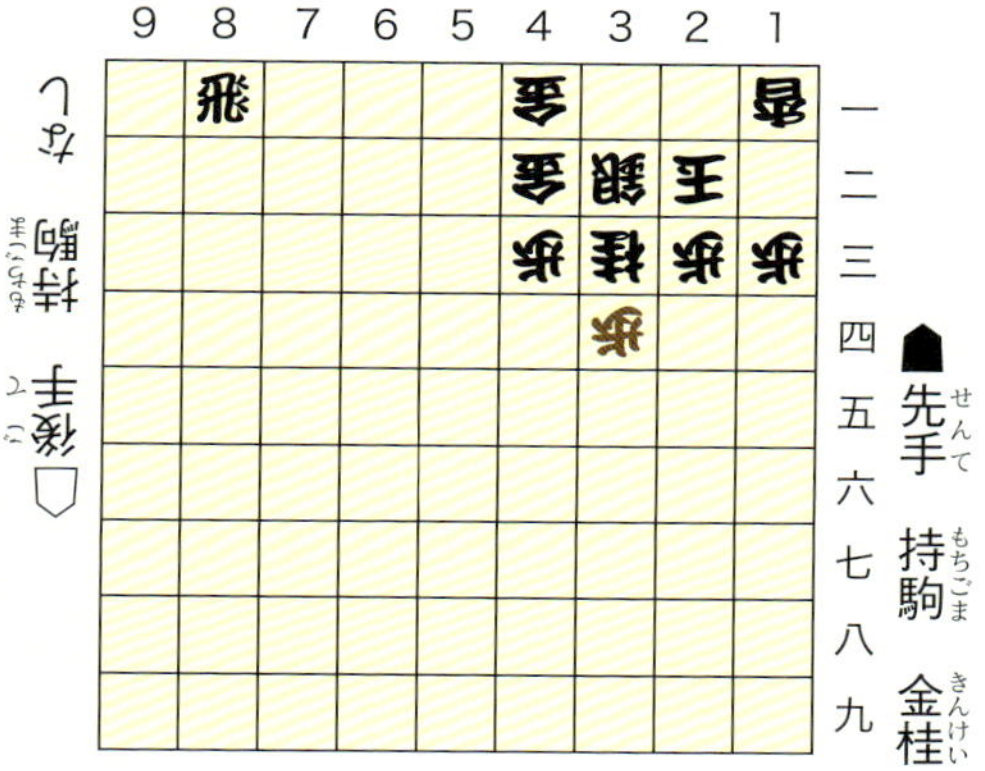
9 8 7 6 5 4 3 2 1
一 二 三 四 五 六 七 八 九
☗先手《せんて》 持駒《もちごま》 金桂《きんけい》
☖後手 持駒 なし

第《だい》10図《ず》　☗2六桂打《ろくけいうち》ちまで

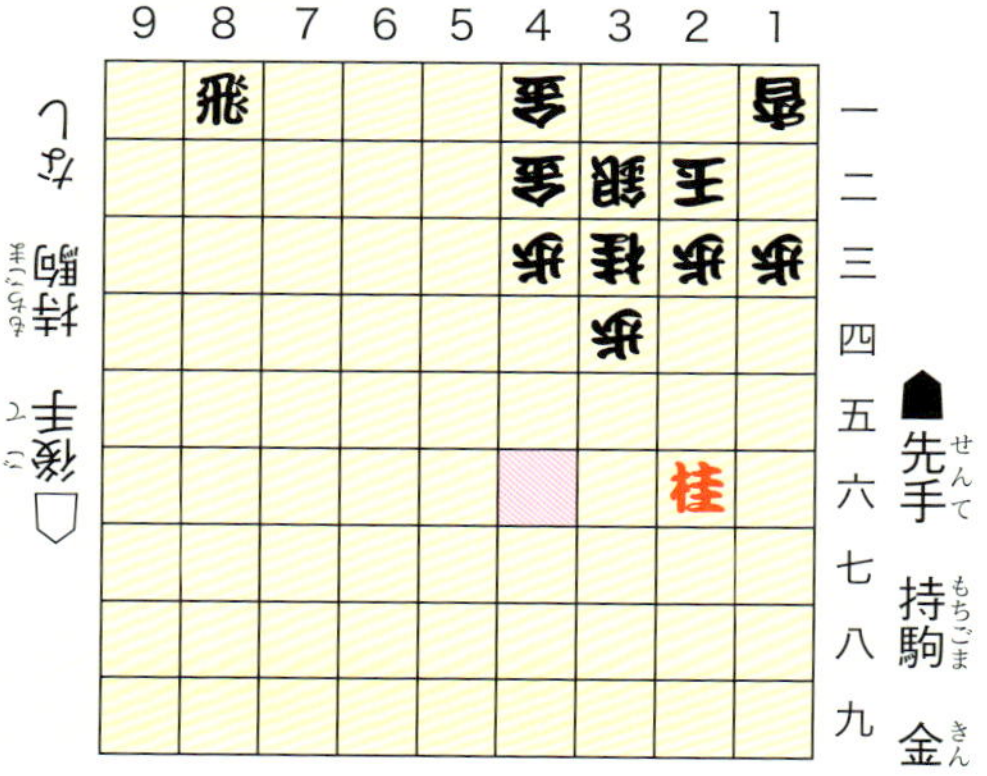
9 8 7 6 5 4 3 2 1
一 二 三 四 五 六 七 八 九
☗先手《せんて》 持駒《もちごま》 金《きん》
☖後手 持駒 なし

［香《きょう》の手筋《てすじ》］その1
第《だい》1図《ず》～第《だい》4図《ず》

㋐ 下段《げだん》の香《きょう》に力《ちから》あり

香車《きょうしゃ》の動《うご》きの特徴《とくちょう》は、一直線《いっちょくせん》にどこまでも前《まえ》に進《すす》めること（進《すす》む先《さき》に駒《こま》がない場合《ばあい》）。これを活《い》かすには、下《した》の方《ほう》から打《う》った方《ほう》が働《はたら》く力《ちから》が大《おお》きくなることはわかります。

これは下段《げだん》の香《きょう》が力《ちから》を発揮《はっき》するときの例《れい》です。図《ず》のような場面《ばめん》で先手《せんて》は持駒《もちごま》の香《きょう》を飛車《ひしゃ》の下《した》にあたる9九《きゅう》に打《う》ちます（第《だい》1図《ず》）。

この一手《いって》は実《じつ》に強力《きょうりょく》です。

第《だい》1図《ず》 ☗9九香《きゅうきょう》まで

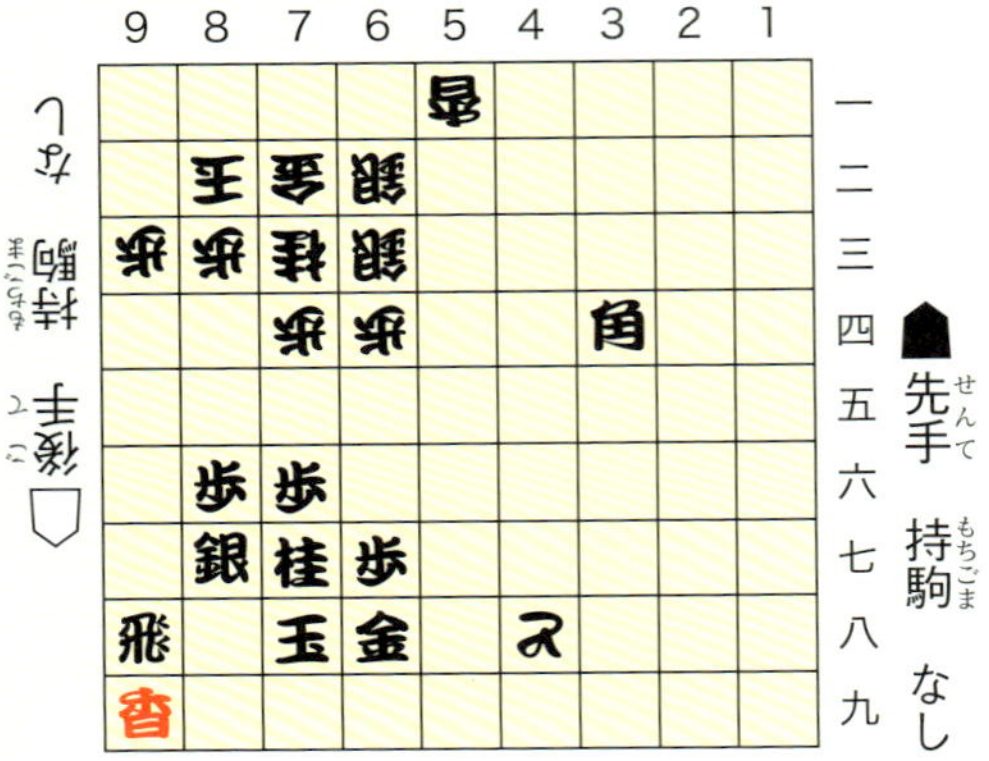

これに対《たい》し、後手《ごて》は☖5八《はち》と（第《だい》2図《ず》）、香《きょう》の力《ちから》を活《い》かし先手《せんて》の金《きん》を取《と》りにいったとします。

第《だい》2図《ず》 ☖5八《はち》とまで

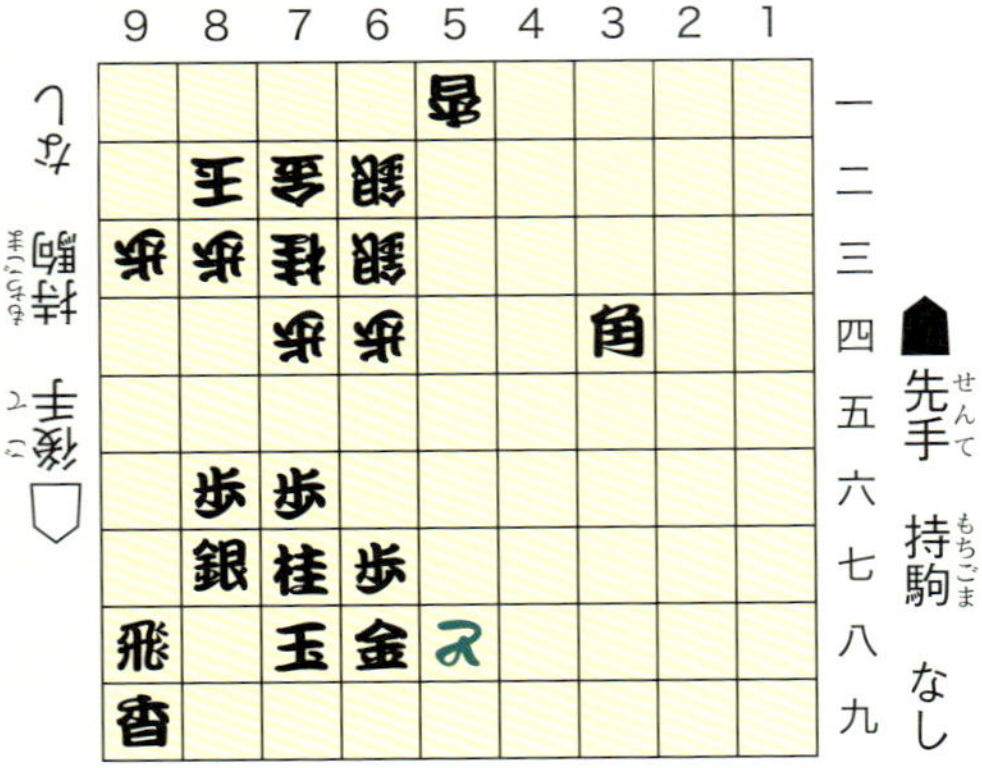

ここで先手《せんて》は下段《げだん》の香《きょう》の利《き》きを活《い》かして、▲9三飛成《さんひなり》（第《だい》3図《ず》）とします。龍《りゅう》の威力《いりょく》で王手《おうて》をかけます。後手《ごて》は△7一玉《いちぎょく》（第《だい》4図《ず》）と逃《に》げます。（もちろん△8一玉《いちぎょく》と逃《に》げても結果《けっか》は同《おな》じです）

この後《あと》は、▲9一龍《いちりゅう》と入《はい》れば、後手《ごて》は持駒《もちごま》もなく、合《あ》いゴマもできないため後手《ごて》の王《おう》は詰《つ》んでいます。

一直線《いっちょくせん》に進《すす》める下段《げだん》の香車《きょうしゃ》と飛車《ひしゃ》の組《く》み合《あ》わせが、見事《みごと》に成功《せいこう》した例《れい》ですがつまり▲9九香《きゅうきょう》とした時点《じてん》で、先手《せんて》の勝《か》ちは見《み》えていたことになります。

第《だい》3図《ず》　▲9三飛成《さんひなり》まで

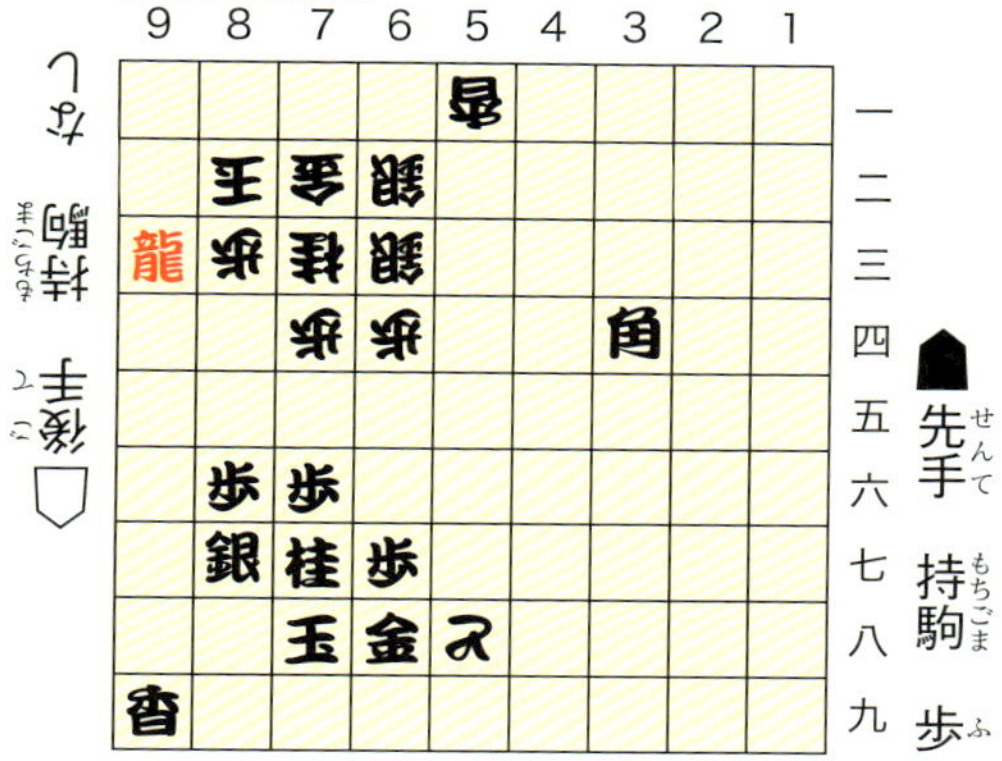

第《だい》4図《ず》　△7一玉《いちぎょく》まで

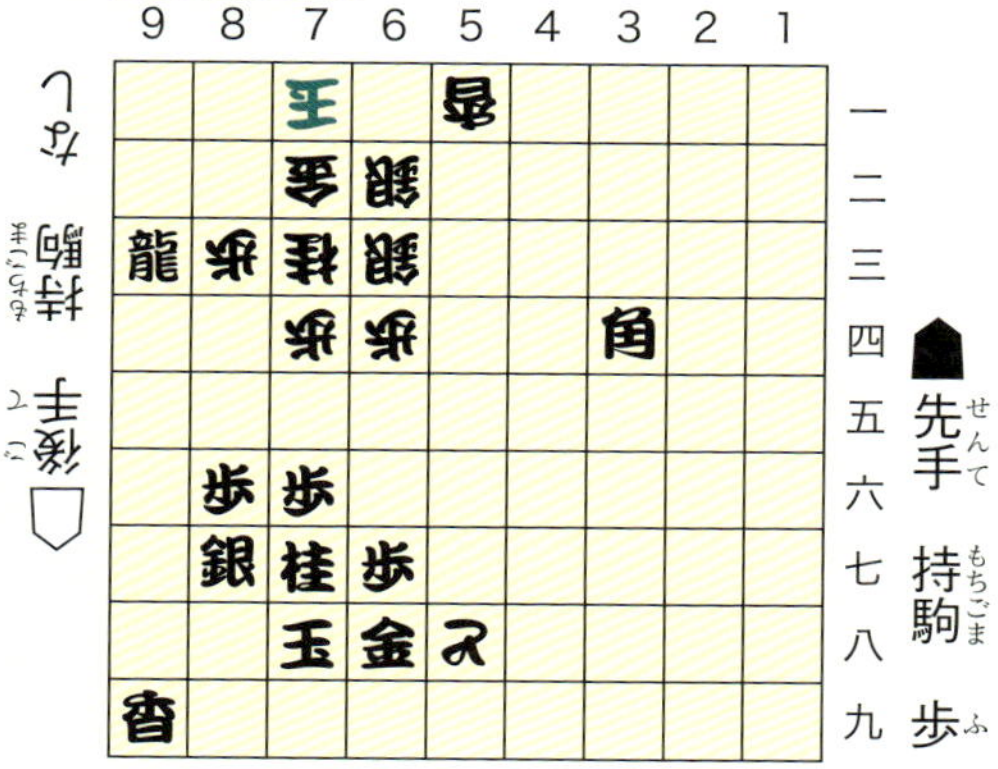

後手《ごて》が△5八《はち》と（第《だい》2図《ず》）とせずに、△7一玉《いちぎょく》と早逃《はやにげ》げしても先手《せんて》の3四角《よんかく》が利《き》いており、▲9三飛成《さんひなり》で有利《ゆうり》に展開《てんかい》できます。

[香《きょう》の手筋《てすじ》]その2

第《だい》5図《ず》、第《だい》6図《ず》

㋑香《きょう》の田楽刺《でんがくざ》し

桂馬《けいま》を使《つか》った両取《りょうど》りと同《おな》じように、「田楽《でんがく》刺《ざ》し」は気持《きも》ちのいい一手《いって》です。第《だい》5図《ず》（☗3六香打《ろくきょうう》ち）のように、持駒《もちごま》の香《きょう》を3六《ろく》と角《かく》の前《まえ》に打《う》てば、角《かく》か飛車《ひしゃ》のどちらかを取《と》れます。

頭《あたま》が丸《まる》い角《かく》（まっすぐ一《いち》コマ前《まえ》に進《すす》むことができないこと、桂《けい》も同《おな》じです）の後《うし》ろに

大駒《おおごま》や金銀《きんぎん》などがあったときなどは、気分《きぶん》のいい田楽刺《でんがくざ》しのチャンスになります。次《つぎ》の図《ず》も田楽刺《でんがくざ》しです。自陣《じじん》の歩《ふ》の上《うえ》から☗5五香打《ごきょうう》ち（第《だい》6図《ず》）、王手《おうて》ですから、玉《ぎょく》は逃《に》げるしかなく、5一《いち》にいる飛車《ひしゃ》がタダで取《と》れます。

第《だい》5図《ず》 ☗3六香《ろくきょう》まで

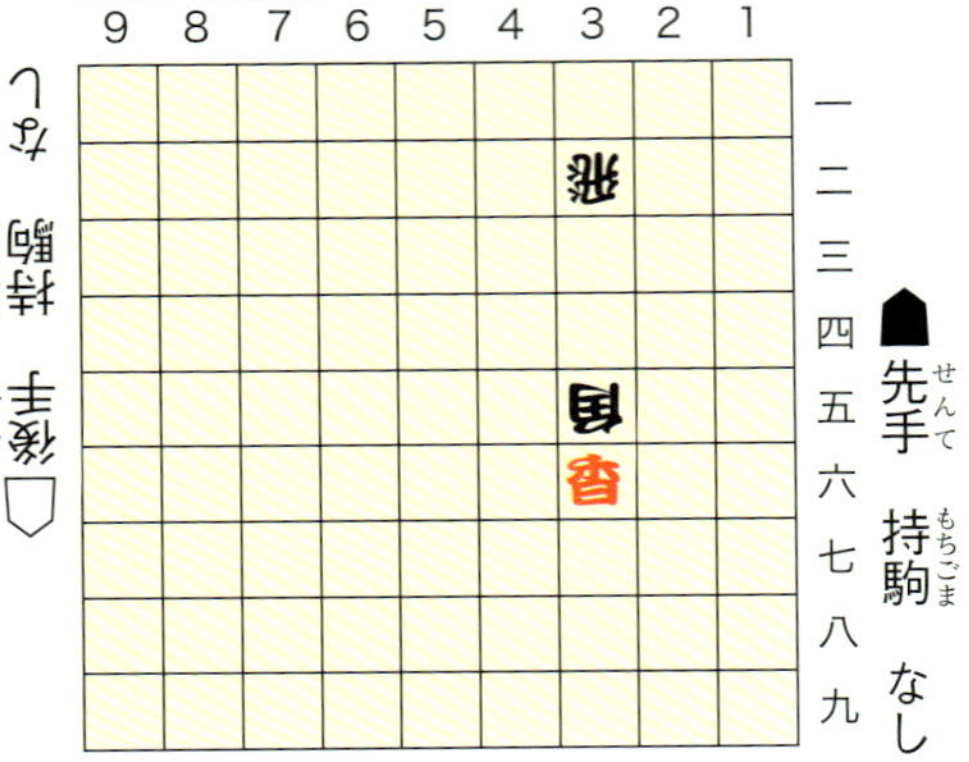

第《だい》6図《ず》 ☗5五香《ごきょう》まで

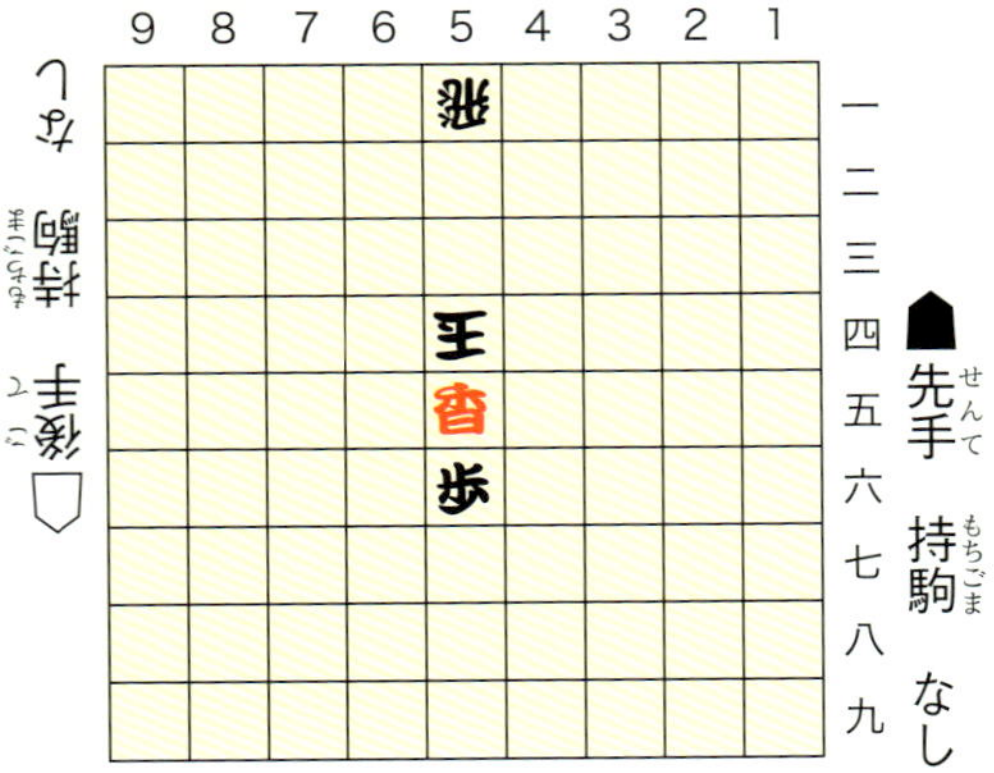

※田楽《でんがく》という言葉《ことば》は、平安時代中期《へいあんじだいちゅうき》に流行《りゅうこう》した農耕行事《のうこうぎょうじ》の歌《うた》と舞《まい》に由来《ゆらい》しています。さらに、みそ田楽《でんがく》という豆腐《とうふ》やコンニャク、ナスやサトイモなどを「串《くし》」に刺《さ》し、みそを塗《ぬ》って焼《や》いた料理《りょうり》があります。この「串《くし》」に刺《さ》すことが、「香《きょう》の田楽刺《でんがくざ》し」につながったようです。

[香《きょう》の手筋《てすじ》]その3 ㋒実戦《じっせん》に見《み》る"香打《きょうう》ち"。

第《だい》7図《ず》 歩《ふ》の合《あ》いゴマがないときに「香《きょう》」を使《つか》おう

第《だい》7図《ず》　▲4九香《きゅうきょう》まで

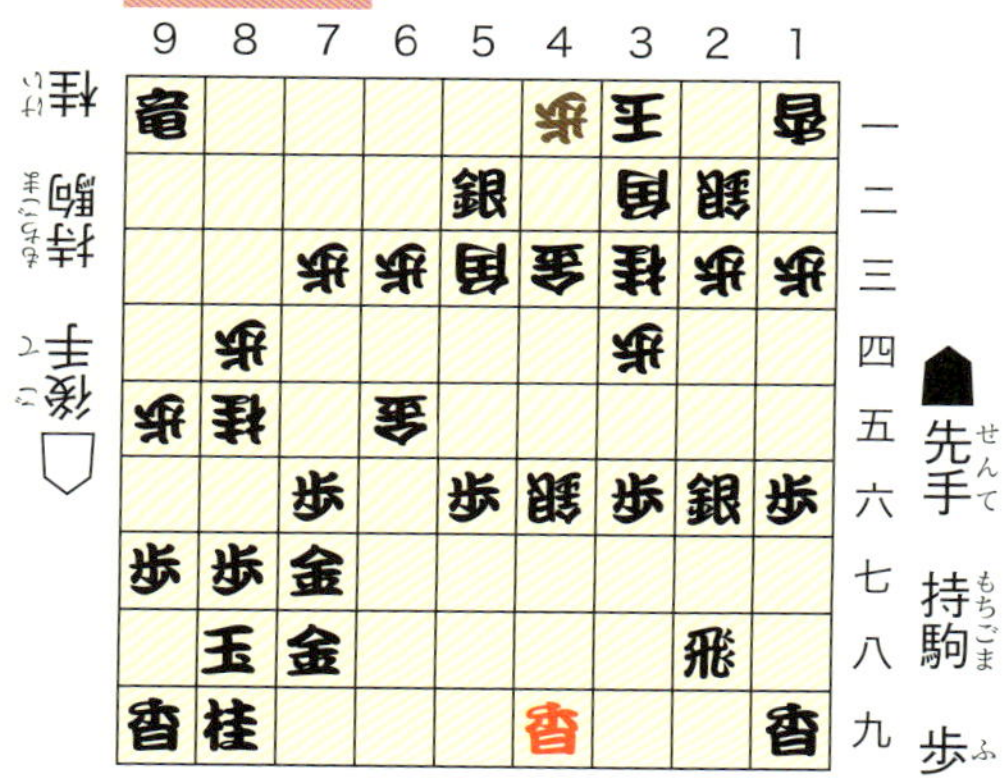

この図《ず》はプロの対局《たいきょく》の中盤《ちゅうばん》です。先手《せんて》が▲4九香《きゅうきょう》（第《だい》7図《ず》）としたところです。

この手《て》を可能《かのう》にしたのは、後手《ごて》が△4一歩《いちふ》と底歩《そこふ》を使《つか》っているからです。つまり、4筋《すじ》に歩《ふ》を打《う》つことができないからです。

ありえないことですが、△4一歩《いちふ》がなく▲4九香《きゅうきょう》なら△4八歩《はちふ》、▲同香《どうきょう》、△4七歩《ななふ》で香《きょう》が苦労《くろう》もなく手《て》に入《はい》ります。

香《きょう》の大敵《たいてき》は歩《ふ》であることを知《し》っておきましょう。

実戦《じっせん》では、後手《ごて》が銀取《ぎんど》りを防《ふせ》ぐため仕方《しかた》なく△4七桂《ななけい》と打《う》ちます。先手《せんて》はこの桂《けい》をすぐには取《と》りません。いつでも取《と》ることができるからです。数手先《すうてさき》に、この桂《けい》を取《と》りますが、この取《と》った桂《けい》をうまく使《つか》うことで先手《せんて》の勝《か》ちとなります。

MEMO

香打《きょうう》ちを有効《ゆうこう》にするポイントは歩《ふ》の合《あ》いゴマが利《き》かないときに使《つか》うことです。（敵《てき》が歩切《ふぎ》れのときや二歩《にふ》になってしまう時《とき》です）

［金《きん》の手筋《てすじ》］その1

第《だい》1図《ず》、第《だい》2図《ず》

ア 詰《つ》めの基本《きほん》、「頭金《あたまきん》」

第《だい》1図《ず》のような状態《じょうたい》で、持駒《もちごま》に金《きん》があれば相手《あいて》の玉《ぎょく》を詰《つ》ます絶好《ぜっこう》のチャンスです。第《だい》2図《ず》のように5二金《にきん》と打《う》てば、玉《ぎょく》を詰《つ》ますことができます。

このように相手《あいて》の玉《ぎょく》の頭《あたま》に自分《じぶん》の金《きん》を持《も》ってくることで詰《つ》ますことを「頭金《あたまきん》」と呼《よ》んでいます。とっても簡単《かんたん》な詰《つ》みの形《かたち》であることから、基本中《きほんちゅう》の基本《きほん》ともいわれています。

これは詰《つ》ますときの「金《きん》」の威力《いりょく》を物語《ものがた》るもので、もしこれが銀《ぎん》ならば、5二銀《にぎん》と打《う》っても、6二《に》や4二《に》に玉《ぎょく》は逃《に》げることができます。なお、「頭金《あたまきん》」以外《いがい》にも「腹金《はらきん》」「尻金《しりきん》」などの呼《よ》び名《な》の使《つか》い方《かた》もあります。

第《だい》1図《ず》

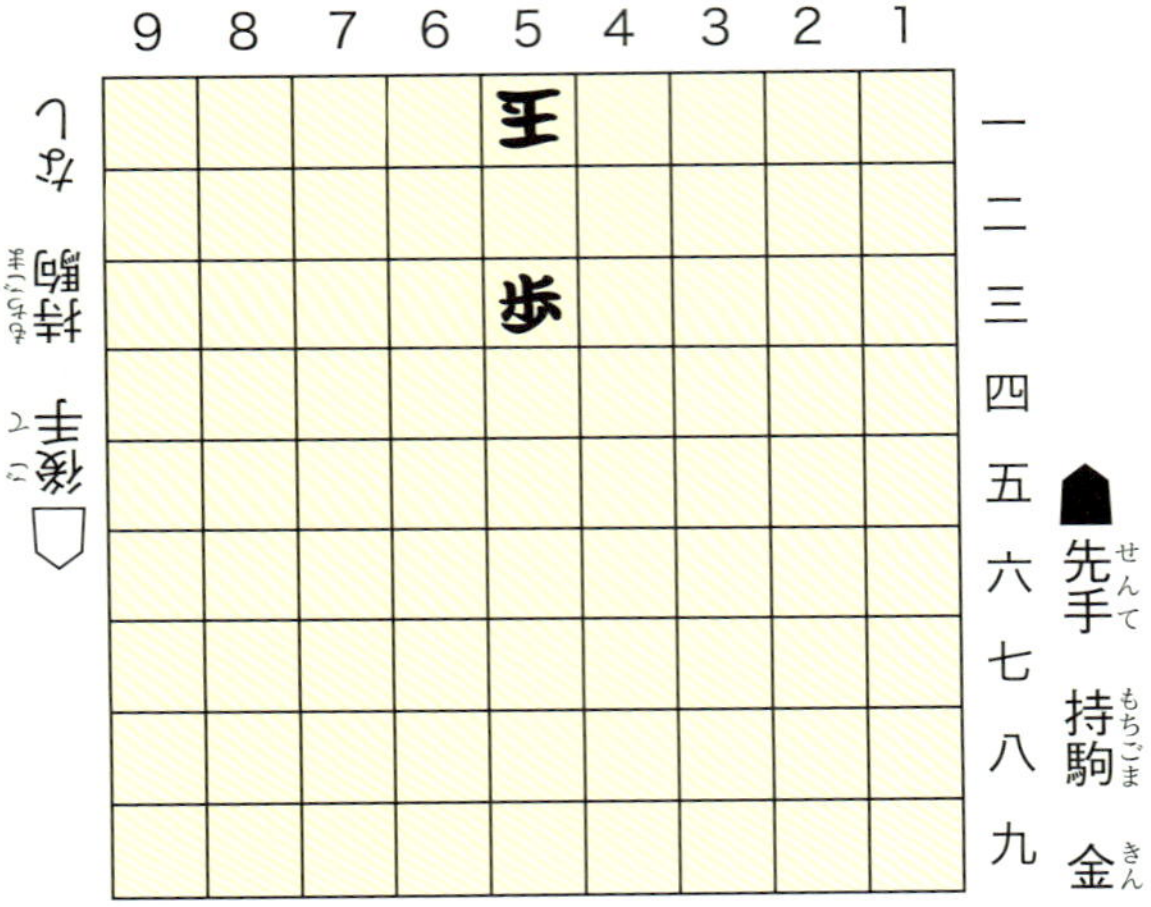

9 8 7 6 5 4 3 2 1
一 二 三 四 五 六 七 八 九
玉
歩
☗先手《せんて》 持駒《もちごま》 金《きん》
☖後手《ごて》 持駒《もちごま》 なし

第《だい》2図《ず》 ☗5二金《にきん》まで

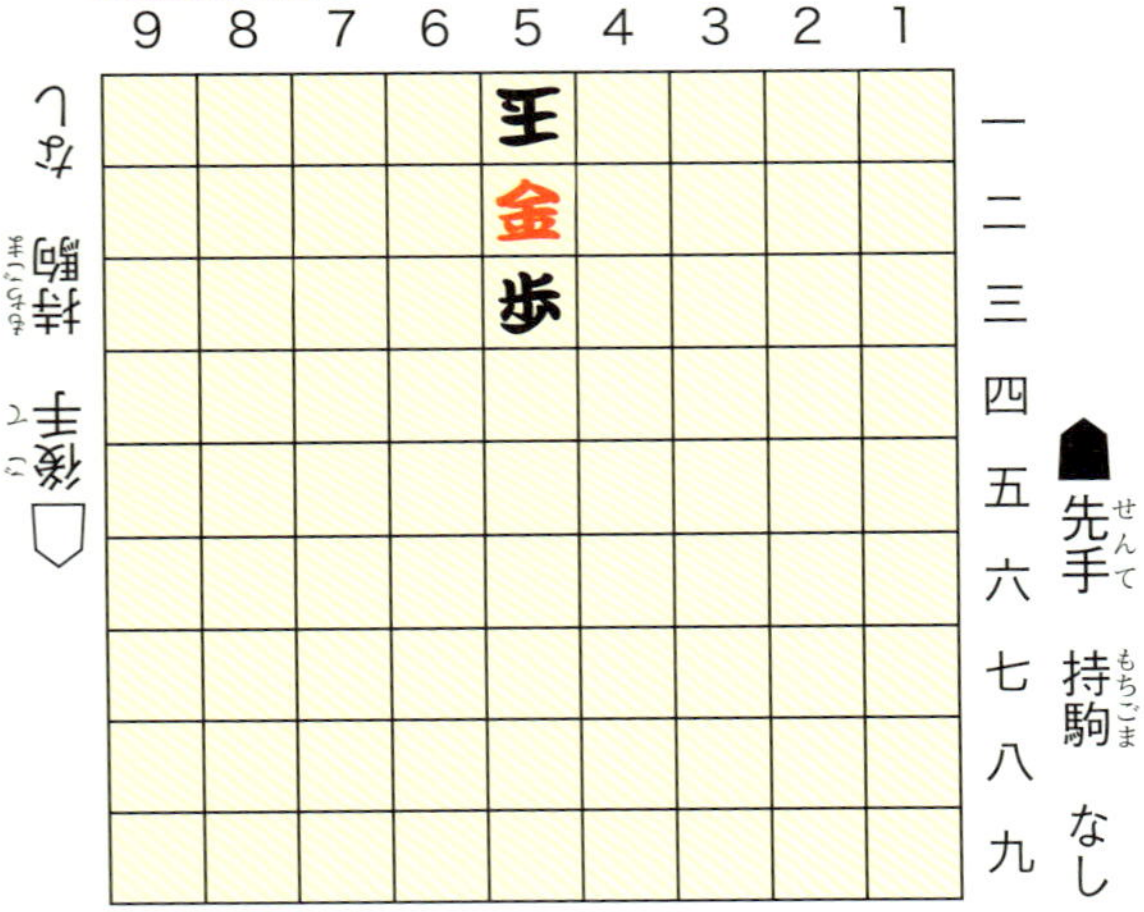

9 8 7 6 5 4 3 2 1
一 二 三 四 五 六 七 八 九
玉
金
歩
☗先手《せんて》 持駒《もちごま》 なし
☖後手《ごて》 持駒《もちごま》 なし

[金《きん》の手筋《てすじ》]その2

第《だい》3図《ず》～第《だい》8図《ず》

㋑ 送《おく》りの金《きん》（手筋《てすじ》）で即詰《そくつ》み

送《おく》りの手筋《てすじ》というのは、龍《りゅう》（飛車《ひしゃ》）と玉《ぎょく》の間《あいだ》に守備《しゅび》の駒《こま》（ここでは金《きん》）が一枚《いちまい》しかない場合《ばあい》、守備《しゅび》の金《きん》とは反対方向《はんたいほうこう》に金《きん》を打《う》って、玉《ぎょく》を送《おく》りだすことです。第《だい》3図《ず》のような局面《きょくめん》になったとき、送《おく》りの金《きん》を使《つか》う手筋《てすじ》がすぐに浮《う》かぶことが大切《たいせつ》です。第《だい》4図《ず》（☗2二金《にきん》）のように持駒《もちごま》の金《きん》を2二《に》に打《う》つ、これが送《おく》りの手筋《てすじ》で、この一手《いって》がすべてであると言《い》ってもいいでしょう。

第《だい》3図《ず》

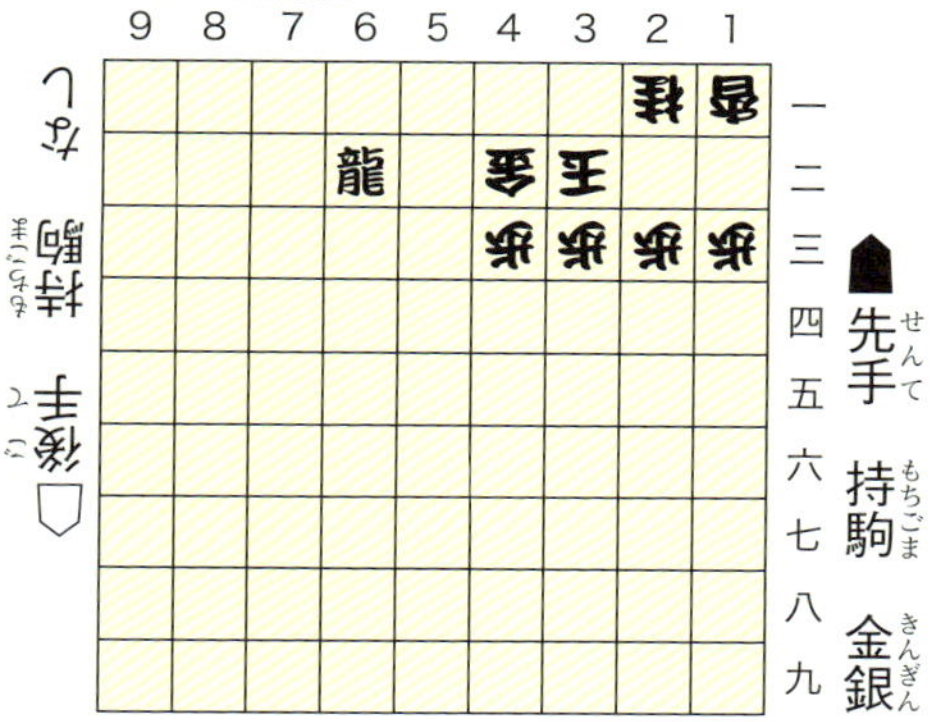
☗先手《せんて》 持駒《もちごま》 金《きん》銀《ぎん》
☖後手《ごて》 持駒《もちごま》 なし

第《だい》4図《ず》　☗2二金《にきん》まで

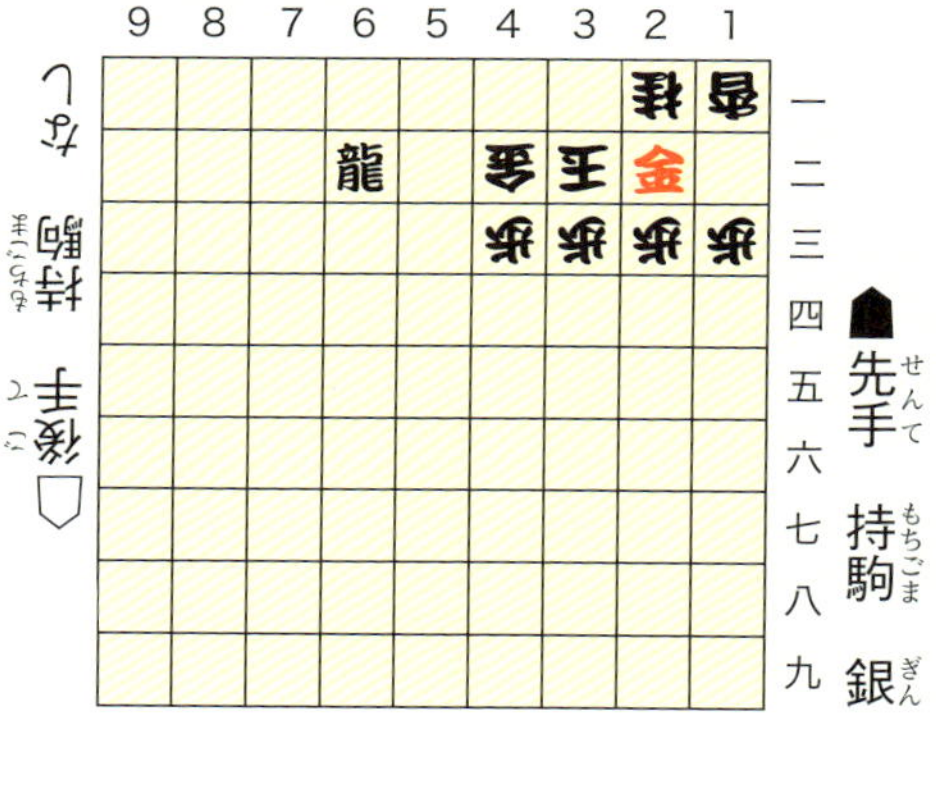
☗先手《せんて》 持駒《もちごま》 銀《ぎん》
☖後手《ごて》 持駒《もちごま》 なし

第《だい》5図《ず》　☖同玉《どうぎょく》まで

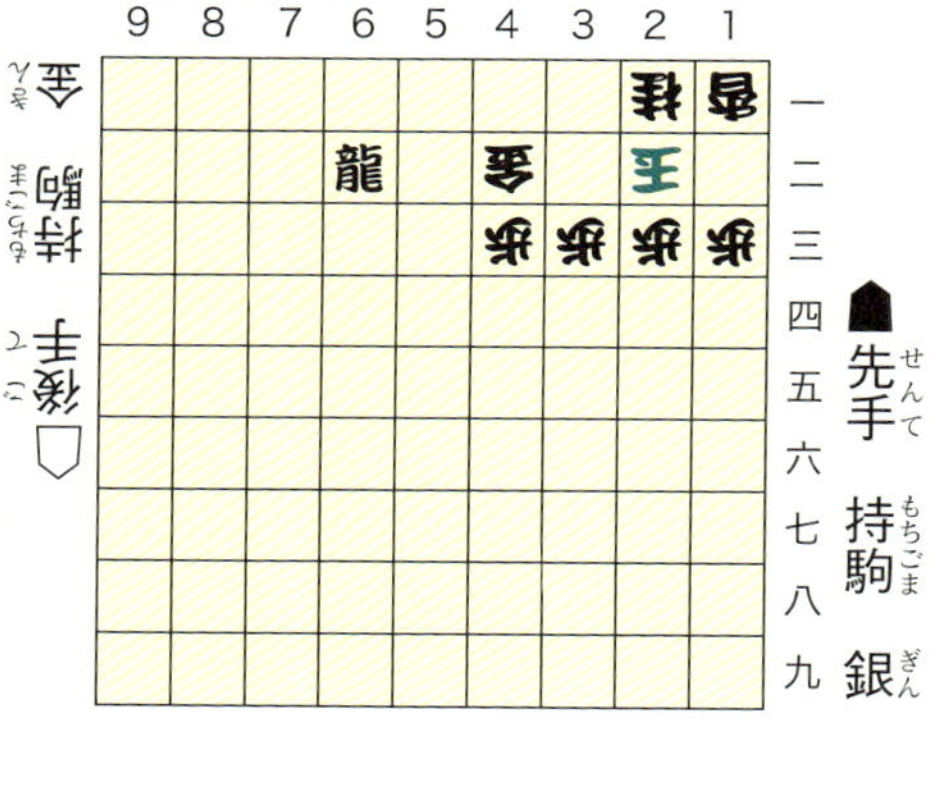
☗先手《せんて》 持駒《もちごま》 銀《ぎん》
☖後手《ごて》 持駒《もちごま》 金《きん》

後手《ごて》は同玉《どうぎょく》（第《だい》5図《ず》）と応《おう》じるしかありません。もし☖4一玉《いちぎょく》なら☗3二銀《にぎん》以下《いか》詰《つ》みになります。ここで☗4二龍《にりゅう》（第《だい》6図《ず》）と後手《ごて》の金《きん》を取《と》りながら、王手《おうて》をかけます。後手《ごて》は☖3二金《にきん》（第《だい》7図《ず》）と合《あ》いゴマをしますが、☗3一銀《いちぎん》（第《だい》8図《ず》）とすれば詰《つ》みになります。☖同金《どうきん》は龍《りゅう》が横《よこ》に利《き》いているので取《と》れません。☖1二玉《にぎょく》も☗3二龍《にりゅう》と寄《よ》れば、即詰《そくづ》みです。

第《だい》3図《ず》で送《おく》りの手筋《てすじ》の☗2二金《にきん》ではなく、☗5三銀《さんぎん》や☗5一銀《いちぎん》などにすれば、後手《ごて》に☖2四歩《よんふ》と玉《ぎょく》の逃《に》げ道《みち》を作《つく》られ、即詰《そくづ》みはなくなります。

第《だい》6図《ず》 ☗4二龍《にりゅう》まで

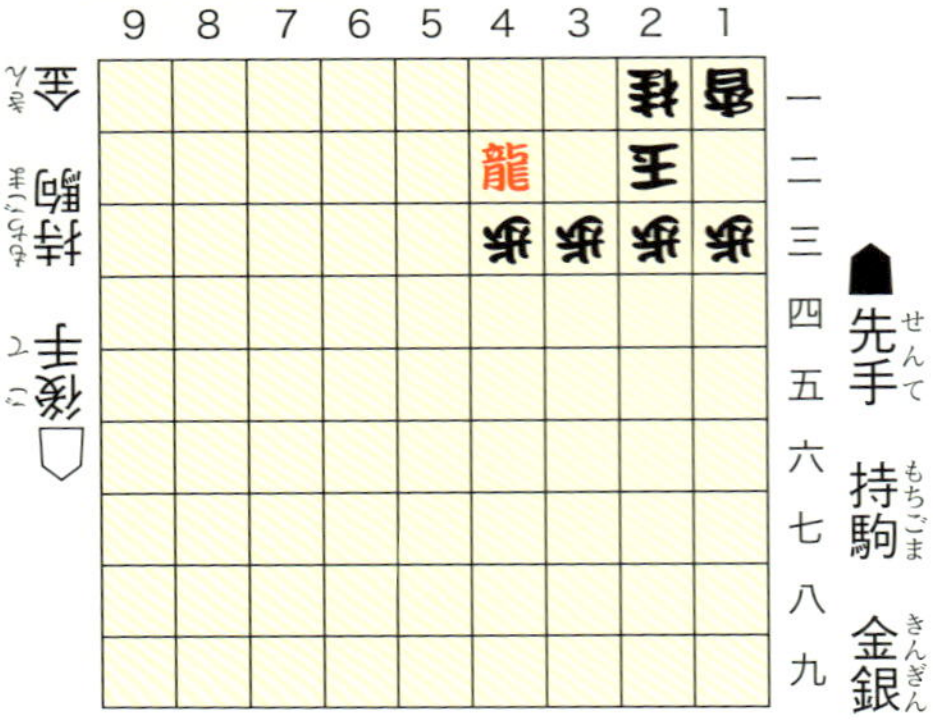

第《だい》7図《ず》 ☖3二金《にきん》まで

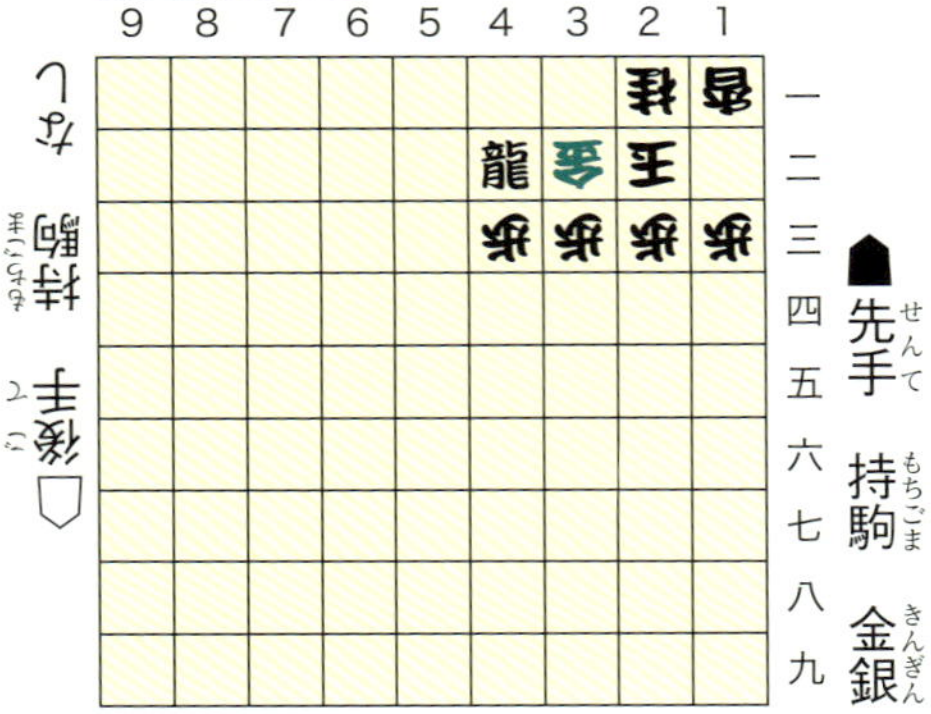

第《だい》8図《ず》 ☗3一銀《いちぎん》まで

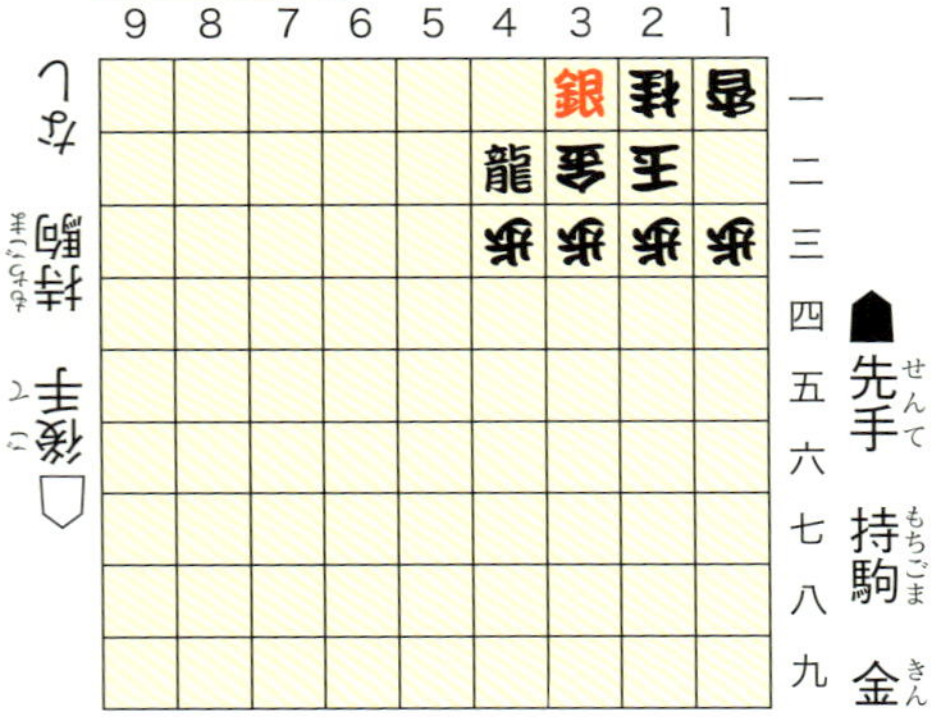

［金《きん》の手筋《てすじ》］その3
格言《かくげん》1、2
第《だい》9図《ず》～第《だい》12図《ず》

㋒金《きん》なし将棋《しょうぎ》に受《う》け手《て》なし、金《きん》なし将棋《しょうぎ》に詰《つ》め手《て》なし

このふたつの格言《かくげん》は、受《う》けにも攻《せ》めにも「金《きん》」が重要《じゅうよう》であることを教《おし》えてくれるものです。

まず**「金《きん》なし将棋《しょうぎ》に受《う》け手《て》なし」**の簡《かん》単《たん》な例《れい》を紹介《しょうかい》しますが、実戦《じっせん》の終盤《しゅうばん》では「金《きん》」が持駒《もちごま》としてあるかどうかが、攻守《こうしゅ》に影響《えいきょう》してくることを覚《おぼ》えておきましょう。

第《だい》9図《ず》は、後手《ごて》に☖7七歩成《ななふなり》とされたところで、第《だい》1図《ず》（P68）と同《おな》じような形《かたち》でこのままなら後手《ごて》からの「頭金《あたまきん》」で詰《つ》まされてしまいます。先手《せんて》には、金《きん》、銀《ぎん》、香《きょう》、歩《ふ》という持駒《もちごま》があります。

第《だい》9図《ず》　☖7七歩成《ななふなり》まで

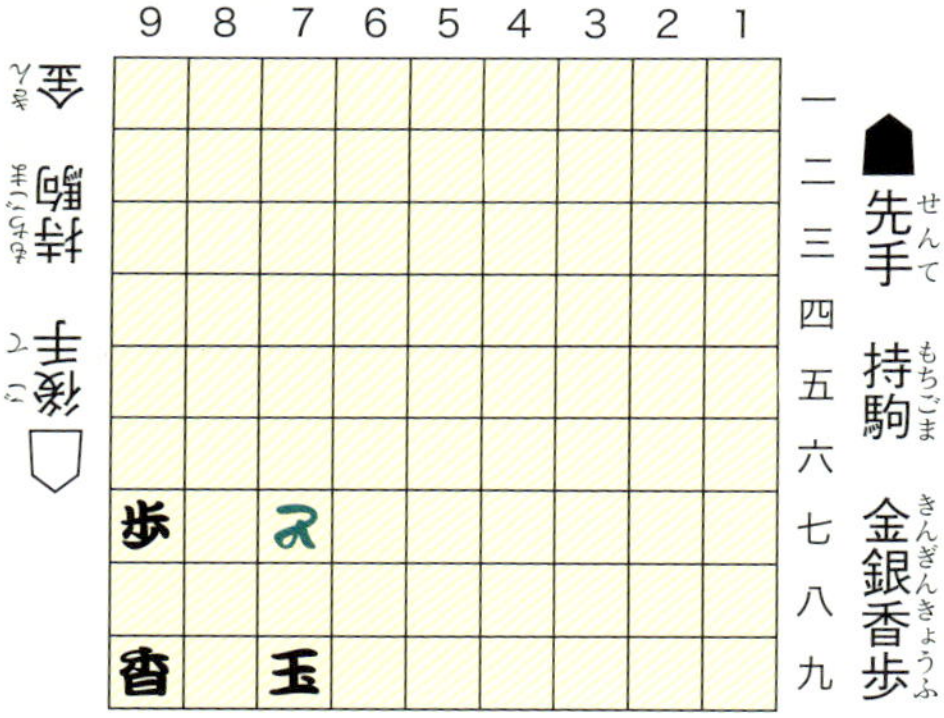

第《だい》10図《ず》　☗7八金《はちきん》まで

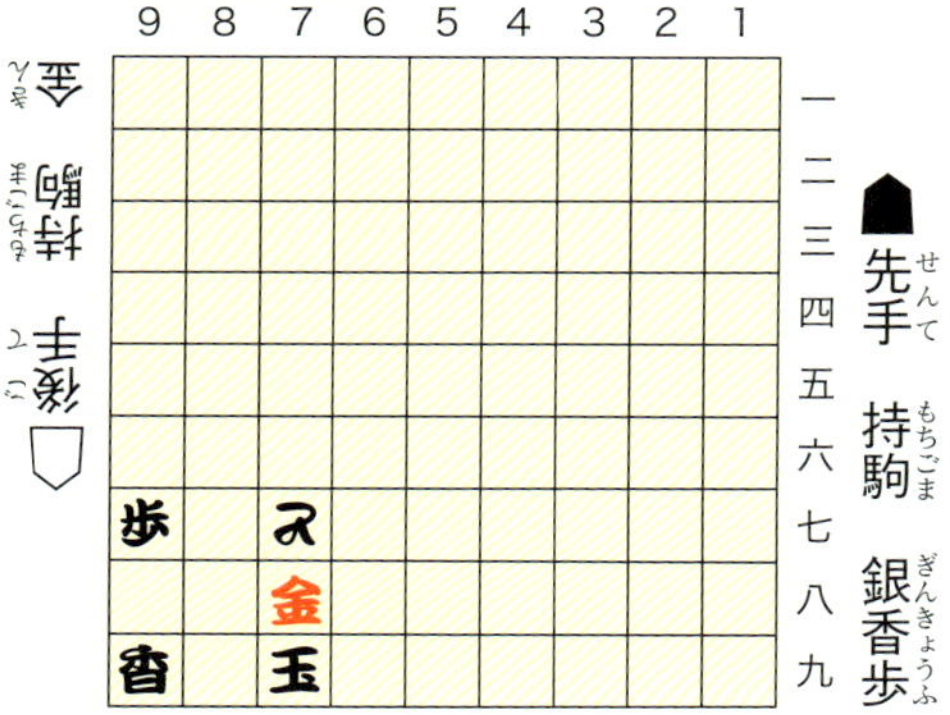

ここで☗7八金《はちきん》（第《だい》10図《ず》）とすれば、後《ご》手《て》が6八《はち》や8八《はち》に金《きん》を打《う》っても取《と》ることができます。

歩《ふ》や銀《ぎん》では横《よこ》（6八《はち》や8八《はち》）に利《き》いていないので、後手《ごて》から☖6八金《はちきん》とされると、詰《つ》んでしまいます。金《きん》が持駒《もちごま》にあることで守《まも》りに大《おお》きな力《ちから》を発揮《はっき》しています。

次《つぎ》に「**金《きん》なし将棋《しょうぎ》に詰《つ》め手《て》なし**」の例《れい》を見《み》てみましょう。

第《だい》11図《ず》は、持駒《もちごま》が金二枚《きんにまい》なら頭《あたま》から金《きん》を並《なら》べ打《う》ちすれば詰《つ》みになります。いま持駒《もちごま》は金《きん》と銀《ぎん》ですが、これでも詰《つ》むことができます。（詰《つ》め将棋《しょうぎ》と同《おな》じです）

まず☗2三銀《さんぎん》と打《う》ちます。後手《ごて》は☖1三玉《さんぎょく》と逃《に》げますが、ここで☗1二銀成《にぎんなり》（第《だい》12図《ず》）と銀《ぎん》を捨《す》てるのが上手《じょうず》な一手《いって》です。後手《ごて》が☖同玉《どうぎょく》でも☖同香《どうきょう》でも、☗2三金打《さんきんうち》で詰《つ》みになります。最初《さいしょ》に金二枚《きんにまい》なら詰《つ》みと言《い》いましたように、最初《さいしょ》に☗2三金打《さんきんうち》では☖3一玉《いちぎょく》と逃《に》げられ、このあと銀《ぎん》では☗3二銀《にぎん》と打《う》っても詰《つ》みません。もちろん銀《ぎん》ではなく金《きん》なら詰《つ》み。

第《だい》11図《ず》

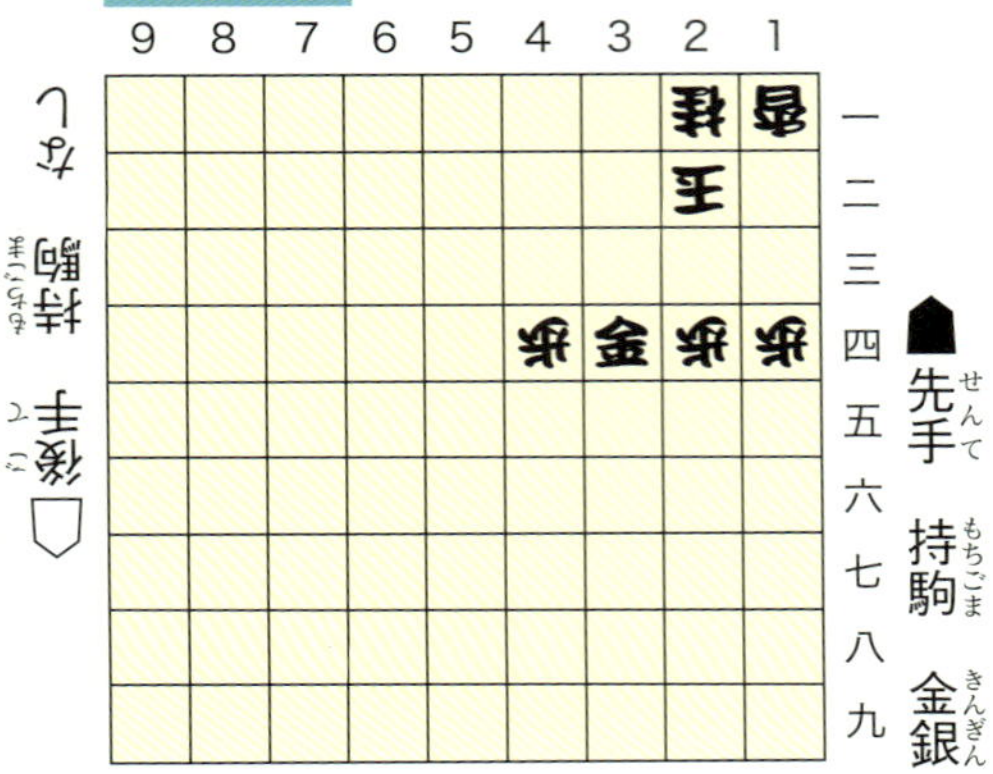
9 8 7 6 5 4 3 2 1
一 二 三 四 五 六 七 八 九
香 桂 玉 歩 歩 金 歩
☗先手《せんて》 持駒《もちごま》 金銀《きんぎん》
☖後手《ごて》 持駒《もちごま》 なし

第《だい》12図《ず》 ☗1二銀成《にぎんなり》まで

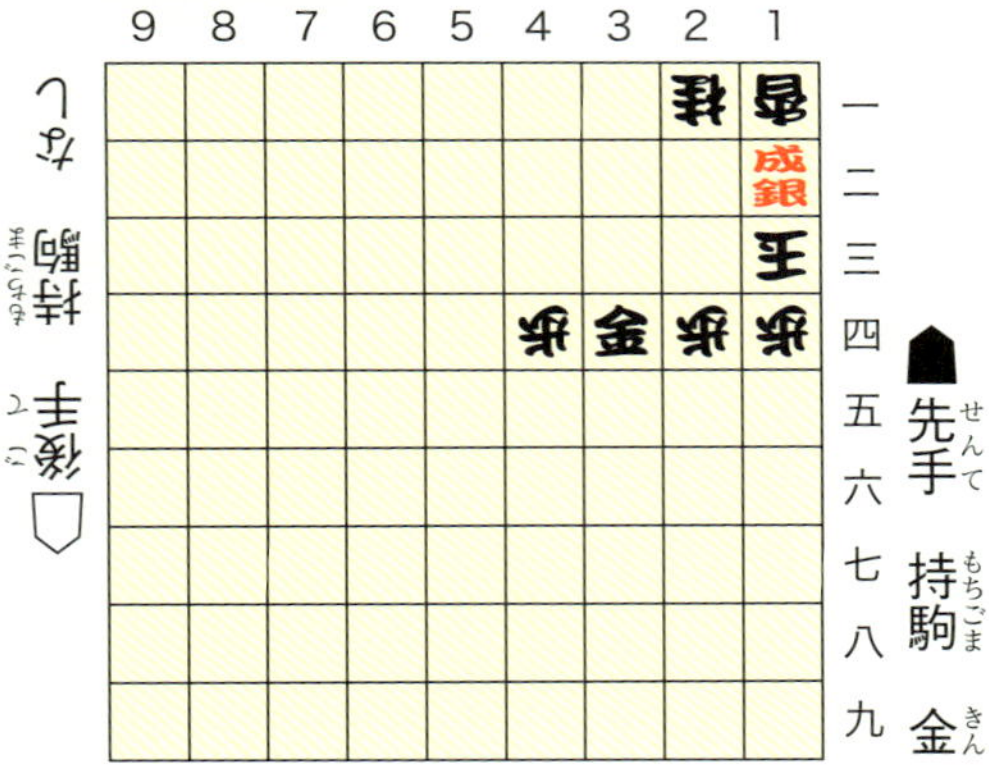
9 8 7 6 5 4 3 2 1
一 二 三 四 五 六 七 八 九
香 桂 成銀 玉 歩 歩 金 歩
☗先手《せんて》 持駒《もちごま》 金《きん》
☖後手《ごて》 持駒《もちごま》 なし

詰《つ》めに役立《やくだ》つ金《きん》の威力《いりょく》がわかったかな？

［銀《ぎん》の手筋《てすじ》］その1
第《だい》1図《ず》～第《だい》6図《ず》

㋐王《おう》の腹《はら》から"銀《ぎん》"を打《う》て！〈腹銀《はらぎん》〉

金《きん》が詰《つ》めに威力《いりょく》を持《も》つことは説明《せつめい》をしましたが、第《だい》1図《ず》のような局面《きょくめん》では銀《ぎん》のほうが金《きん》よりも優《すぐ》れた働《はたら》きをします。

さらに王《おう》の腹《はら》（横《よこ》のこと）に銀《ぎん》を打《う》つ、この腹銀《はらぎん》は王手《おうて》ではありませんが、実戦《じっせん》では王手《おうて》よりも「こわい手《て》」になることが多《おお》くあります。

第《だい》1図《ず》から、王《おう》の腹《はら》である3二《に》に銀《ぎん》を打《う》ちます（第《だい》2図《ず》）。後手《ごて》が☖1四歩《よんふ》（第《だい》3図《ず》）と玉《ぎょく》が上《あ》がれる場所《ばしょ》を作《つく》ったとします。実際《じっさい》には、この一手《いって》は効果《こうか》がありません。

第《だい》1図《ず》

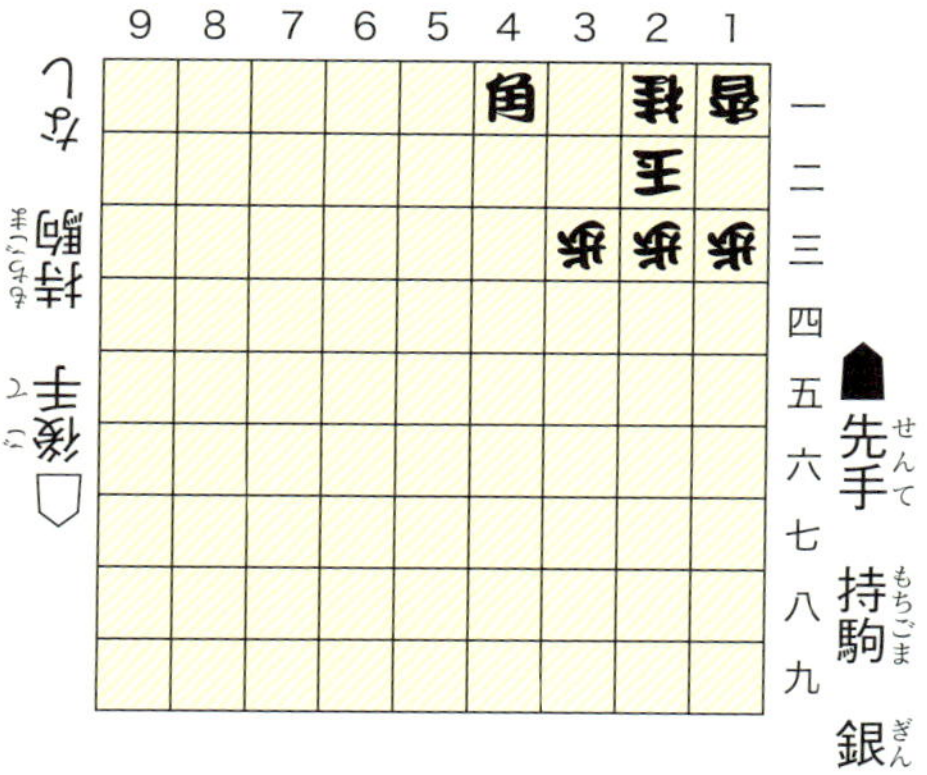

第《だい》2図《ず》　☗3二銀《にぎん》まで

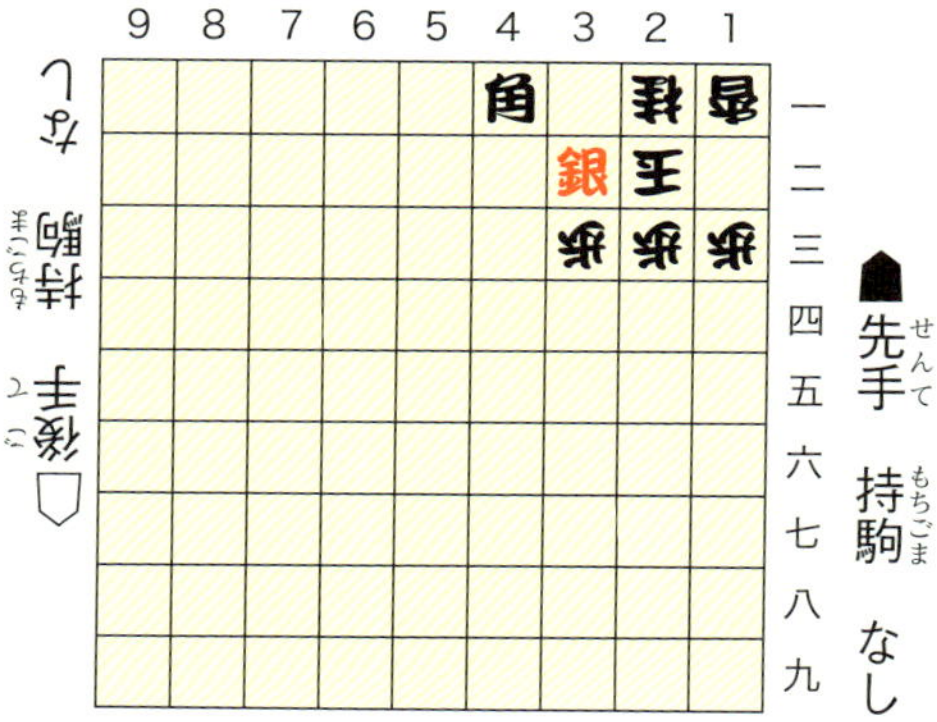

第《だい》3図《ず》　☖1四歩《よんふ》まで

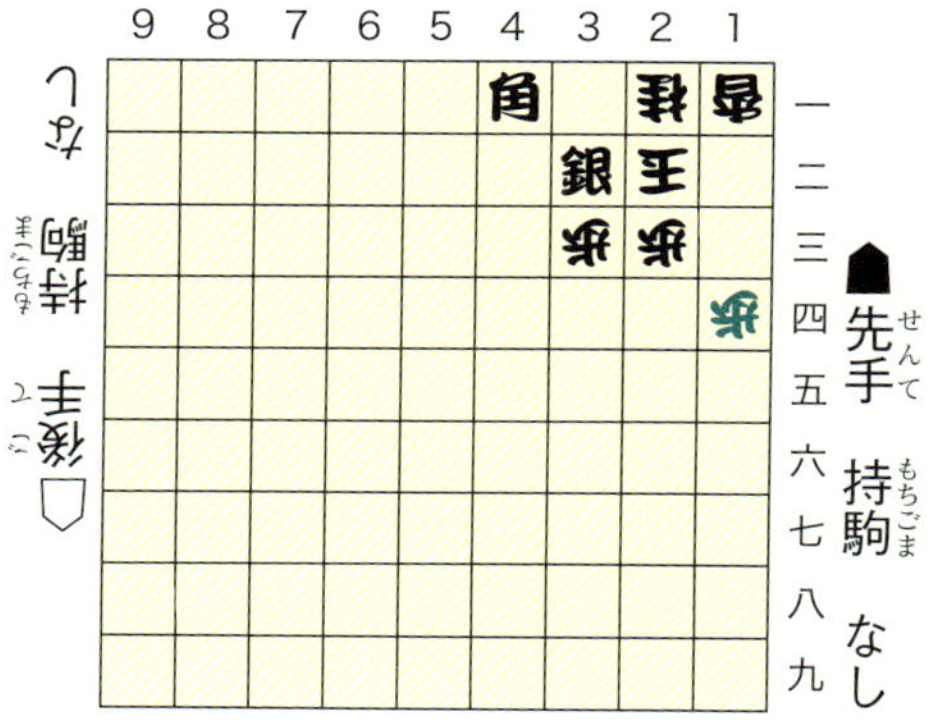

先手《せんて》の次《つぎ》の一手《いって》は、強力《きょうりょく》な☗2三銀成《さんぎんなり》（第《だい》4図《ず》）です。

後手《ごて》はまだ☖3一玉《いちぎょく》（第《だい》5図《ず》）と逃《に》げることができますが、☗3二角成《にかくなり》（第《だい》6図《ず》）と馬《うま》を作《つく》れば後手玉《ごてぎょく》は詰《つ》みとなります。このように腹銀《はらぎん》が打《う》てる局面《きょくめん》ができれば、必至《ひっし》がかかるケースが多《おお》くなることを覚《おぼ》えておきましょう。

もし第《だい》1図《ず》で持駒《もちごま》が金《きん》ならば☗3二金《にきん》と打《う》っても、☖1二玉《にぎょく》と逃《に》げられるだけであとが続《つづ》きません。このとき4一《いち》の角《かく》がもし馬《うま》ならば、☗3一馬《いちうま》と寄《よ》れば必至《ひっし》になります。

第《だい》4図《ず》 ☗2三銀成《さんぎんなり》まで

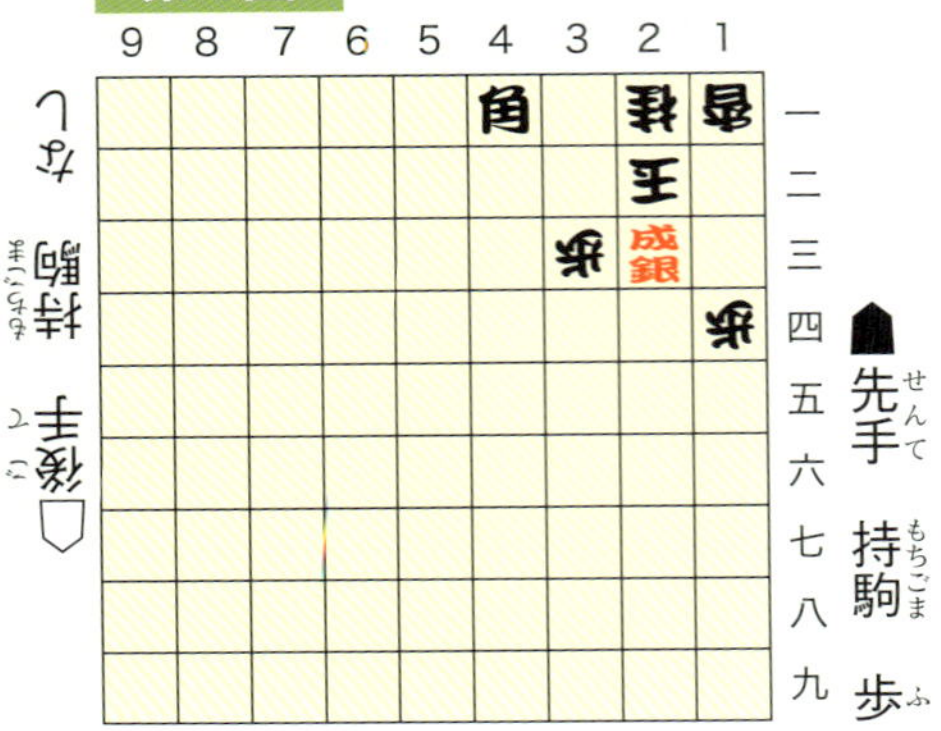

第《だい》5図《ず》 ☖3一玉《いちぎょく》まで

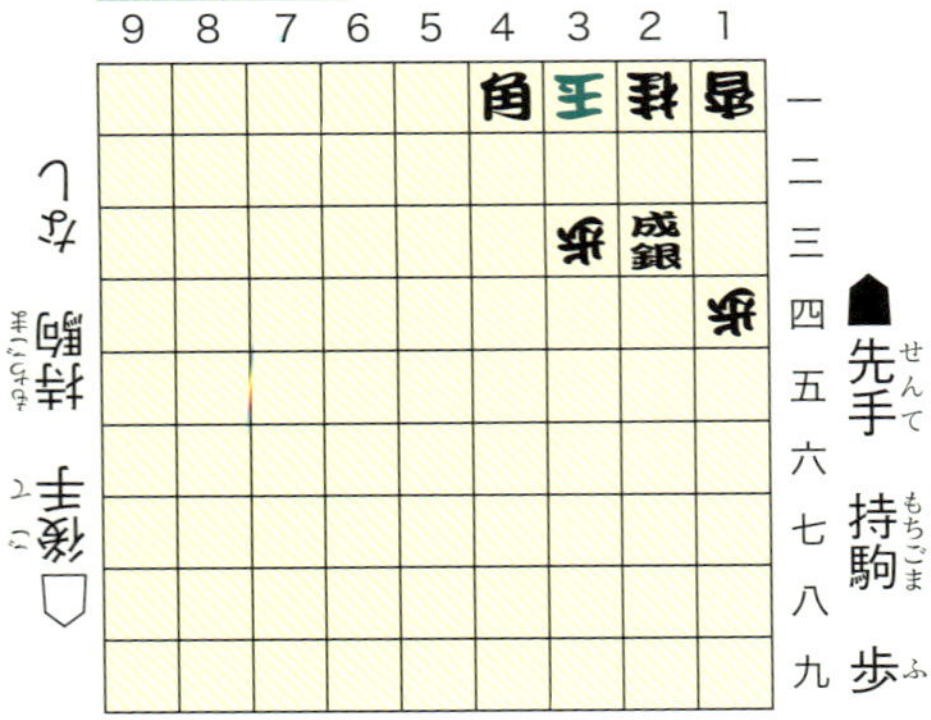

第《だい》6図《ず》 ☗3二角成《にかくなり》まで

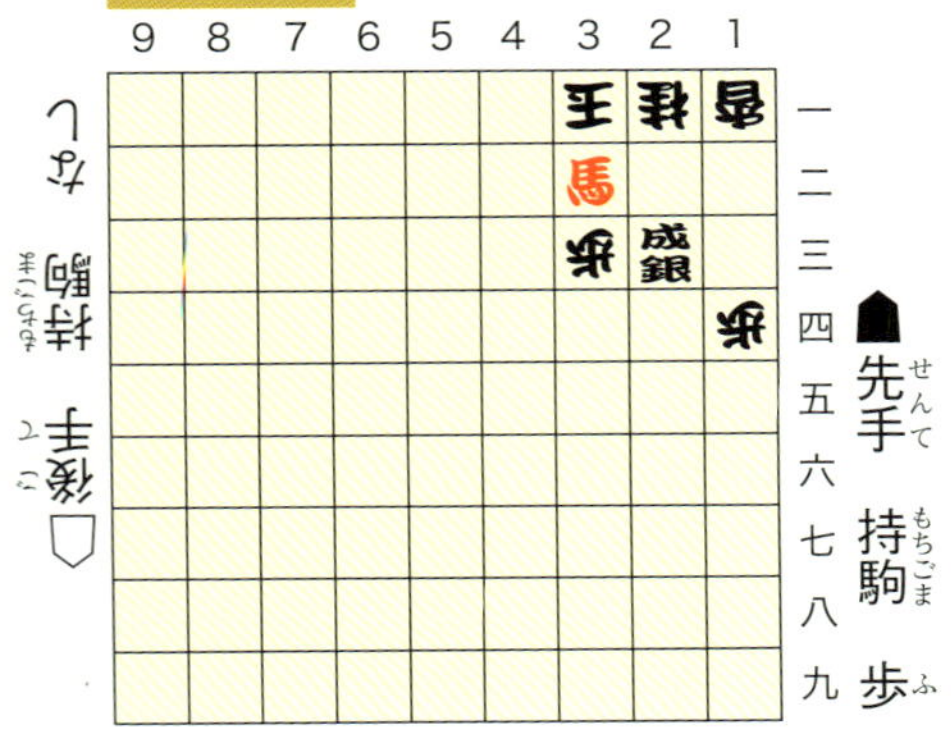

[銀《ぎん》の手筋《てすじ》]その2
第《だい》7図《ず》、第《だい》8図《ず》

㋑割《わ》り打《う》ちの銀《ぎん》とナナメの動《うご》き

桂《けい》や香《きょう》による両取《りょうど》りがありましたが、**一段目《いちだんめ》に銀《ぎん》を打《う》って両取《りょうど》りをかけるのが「割《わ》り打《う》ちの銀《ぎん》」**です。

第《だい》7図《ず》に表《あらわ》した▲4一銀《いちぎん》が割《わ》り打《う》ちです。

これで飛車《ひしゃ》か金《きん》のどちらかが取《と》れます。

この場合《ばあい》、飛車《ひしゃ》が逃《に》げますが後手《ごて》の守《まも》りの金《きん》を取《と》ることができます。

第《だい》7図《ず》　▲4一銀《いちぎん》

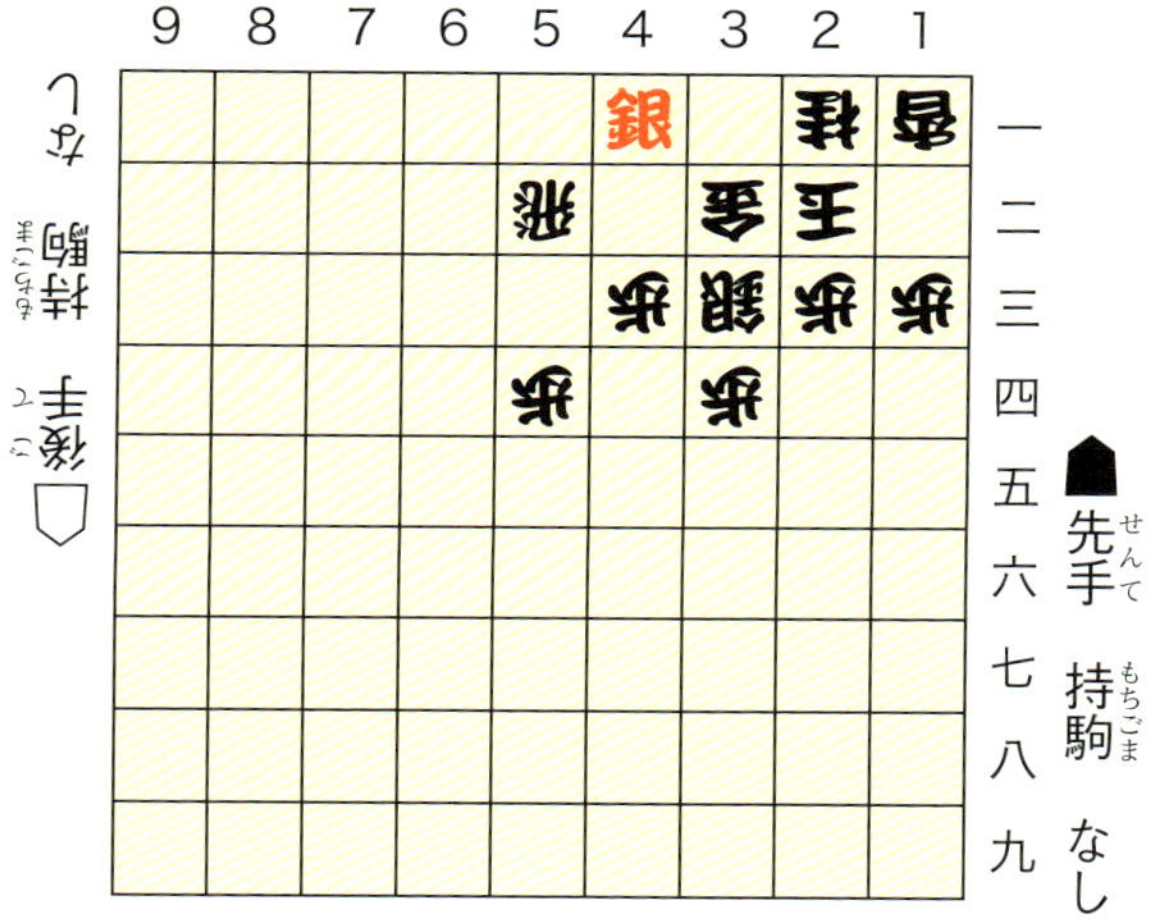

飛車《ひしゃ》と金《きん》の弱点《じゃくてん》をついた銀《ぎん》の手筋《てすじ》が**第《だい》8図《ず》**です。

相手《あいて》が銀《ぎん》を持《も》っているときには飛車《ひしゃ》と金《きん》の位置関係《いちかんけい》をチェックしておかないと、銀《ぎん》のナナメの動《うご》きを活《い》かした両取《りょうど》りをかけられてしまうので気《き》をつけましょう。

第《だい》8図《ず》

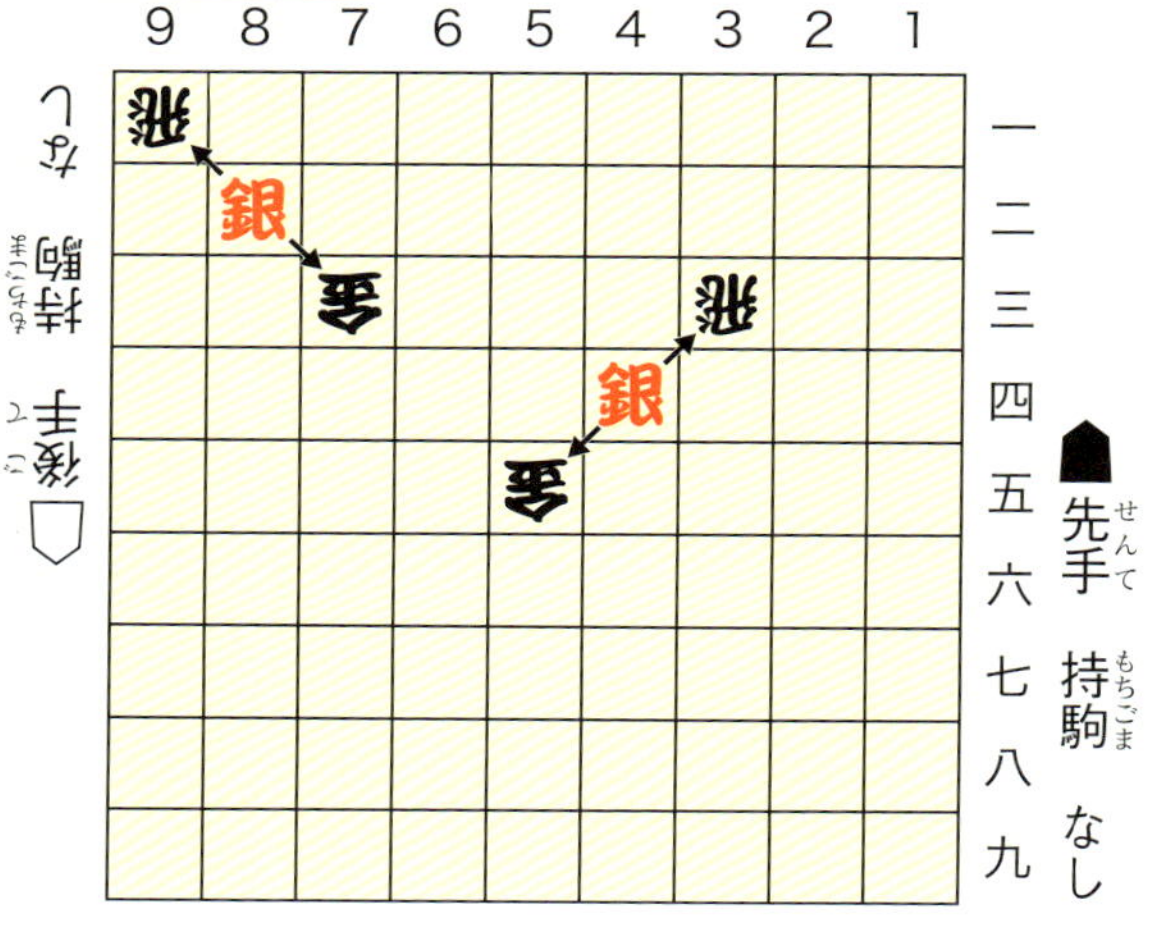

[角《かく》の手筋《てすじ》]その1
第1図《だいず》、第2図《だいず》

ア 角《かく》で王手飛車《おうてびしゃ》の両取《りょうど》り

両取《りょうど》りの中《なか》でも一番厳《いちばんきび》しいのが「王手《おうて》飛車《びしゃ》」。これが決《き》まる局面《きょくめん》はいろいろとありますが、角《かく》を使《つか》った「王手飛車《おうてびしゃ》」は実戦《じっせん》でも登場《とうじょう》します。

第1図《だいず》(△8六飛《ろくひ》)では、後手《ごて》が△8六飛《ろくひ》と先手《せんて》の8筋《すじ》の歩《ふ》を取《と》ったところです。ここで▲9五角《ごかく》(第2図《だいず》)と打《う》てば、見事《みごと》な「王手飛車《おうてびしゃ》」。後手《ごて》は王手《おうて》から逃《のが》れるしかないので、先手《せんて》には後手《ごて》の飛車《ひしゃ》が手《て》に入《い》りダンゼン有利《ゆうり》に勝負《しょうぶ》を進《すす》めることができます。後手側《ごてがわ》からすれば8六《ろく》の歩《ふ》は取《と》れないということであり、また居玉《いぎょく》という悪《わる》い形《かたち》にしていることを解消《かいしょう》すべきだったということになります。

第1図《だいず》 ▲8六飛《ろくひ》まで

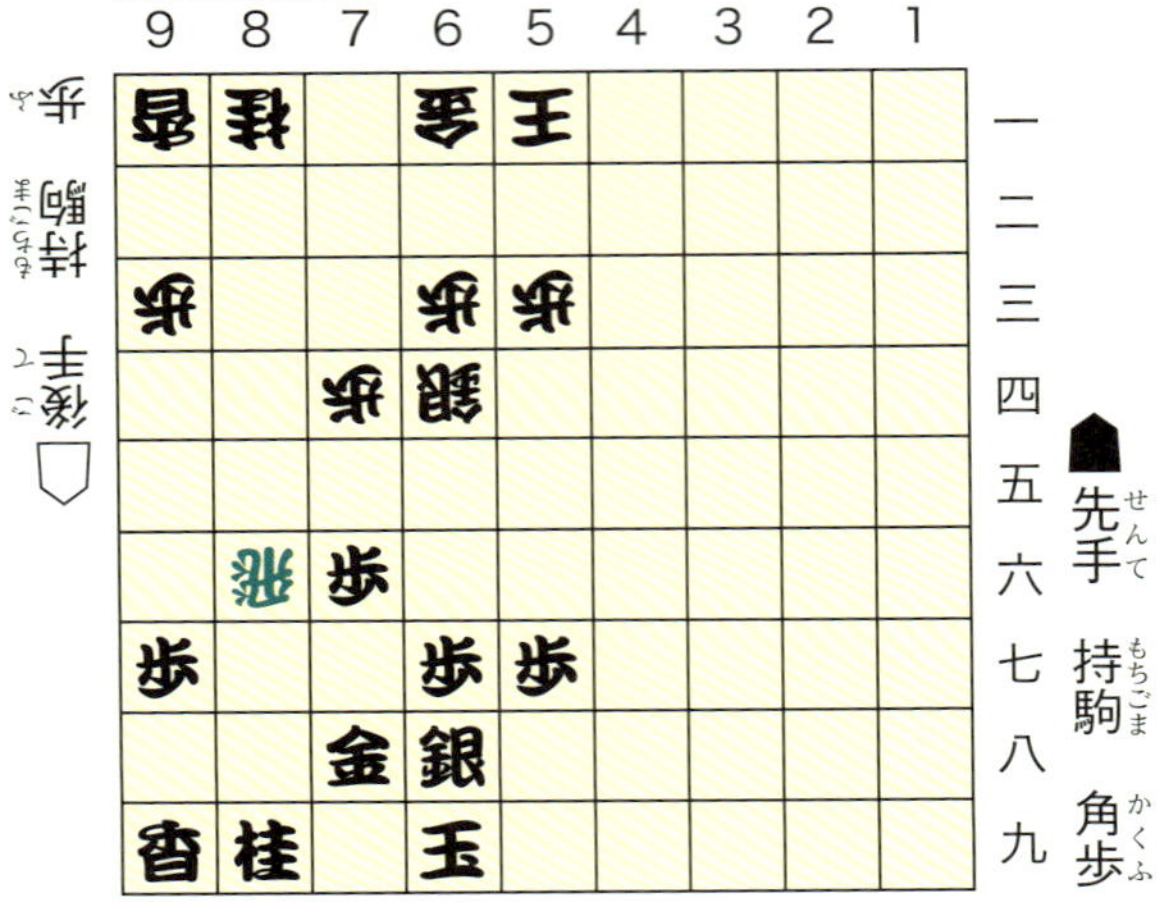

9 8 7 6 5 4 3 2 1
一 二 三 四 五 六 七 八 九
△後手《ごて》 持駒《もちごま》 歩《ふ》
▲先手《せんて》 持駒《もちごま》 角歩《かくふ》

第2図《だいず》 ▲9五角《ごかく》まで

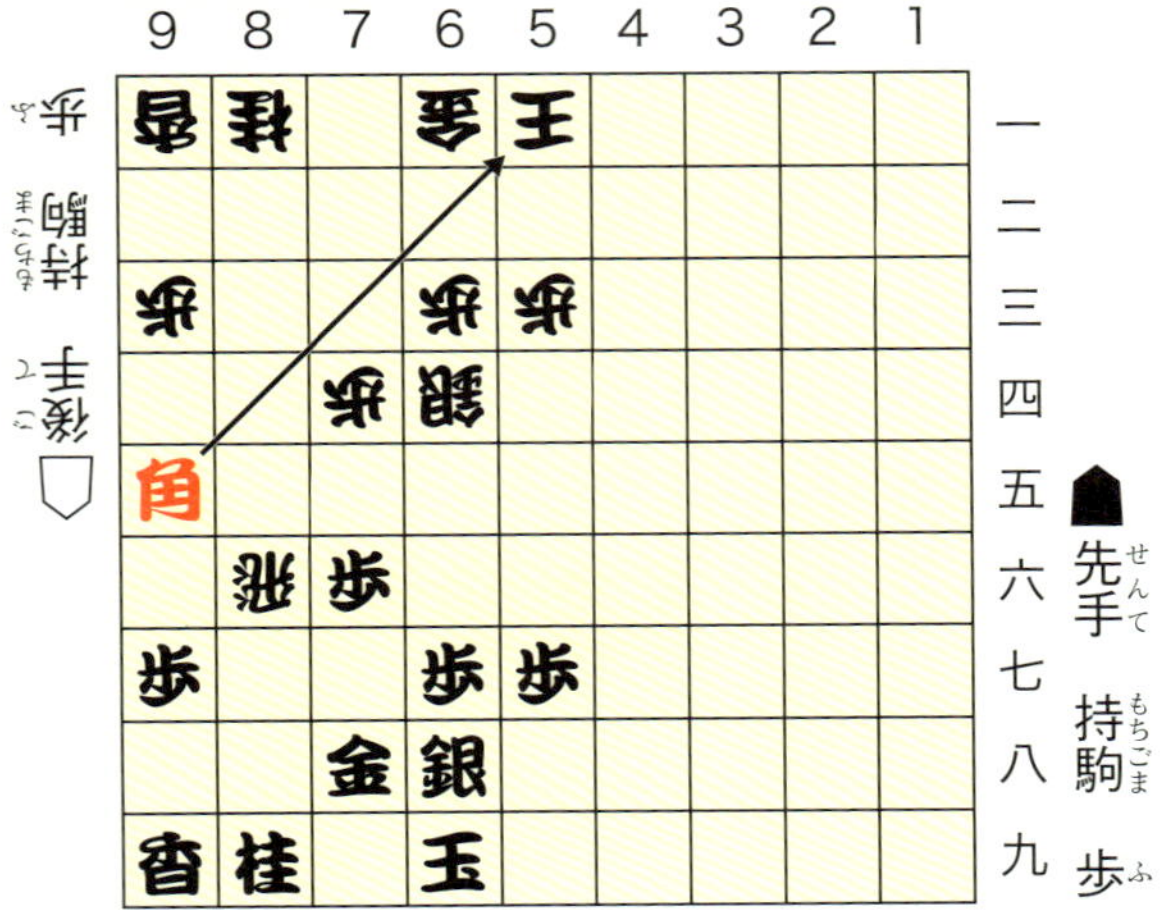

9 8 7 6 5 4 3 2 1
一 二 三 四 五 六 七 八 九
△後手《ごて》 持駒《もちごま》 歩《ふ》
▲先手《せんて》 持駒《もちごま》 歩《ふ》

[角《かく》の手筋《てすじ》]その2
第《だい》3図《ず》、第《だい》4図《ず》

㋑ 馬《うま》の守《まも》りは金銀三枚《きんぎんさんまい》

角《かく》が成《な》ると「馬《うま》」になります。**「龍《りゅう》は敵陣《てきじん》に、馬《うま》は自陣《じじん》に」**という格言《かくげん》もあり、守《まも》りながら攻《せ》めに参加《さんか》できるように「馬《うま》」を自陣《じじん》に引《ひ》けば、大《おお》きな力《ちから》を発揮《はっき》します。第《だい》3図《ず》は、矢倉囲《やぐらがこ》いに▲6八馬《はちうま》と引《ひ》いたところです。金《きん》とダブルで利《き》いているところもありますが、赤《あか》の濃《こ》いマス目《め》5つに馬《うま》が利《き》いています。特《とく》に、6九《きゅう》、5八《はち》に5九《きゅう》の馬《うま》が利《き》いているため、後手《ごて》はここに攻《せ》めの拠点《きょてん》をつくることができません。さらに、馬《うま》がナナメに進《すす》めるピンクのマス目《め》の利《き》きも大《おお》きく、後手《ごて》の☖4六《ろく》や☖3五《ご》からの桂打《けいう》ちを防《ふせ》いでいます。この6八《はち》の馬《うま》を▲4六馬《ろくうま》としたところが第《だい》4図《ず》です。敵陣《てきじん》の9一《いち》まで馬《うま》が利《き》き、攻《せ》めに使《つか》うことができます。

第《だい》3図《ず》　▲6八馬《はちうま》まで

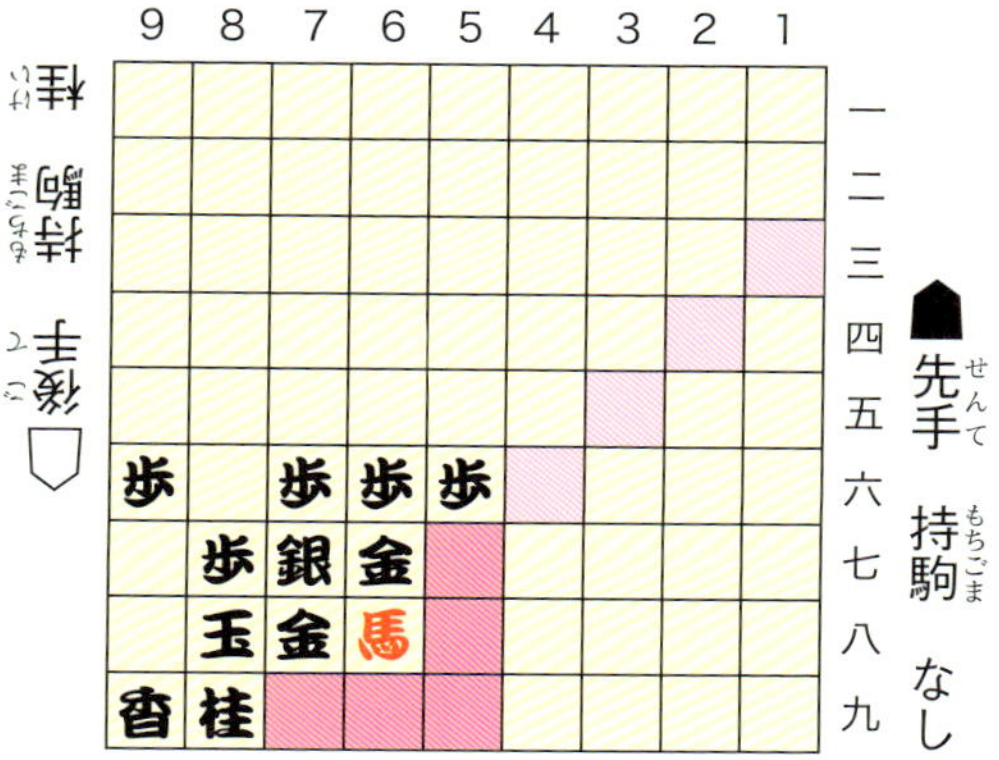

第《だい》4図《ず》　▲4六馬《ろくうま》まで

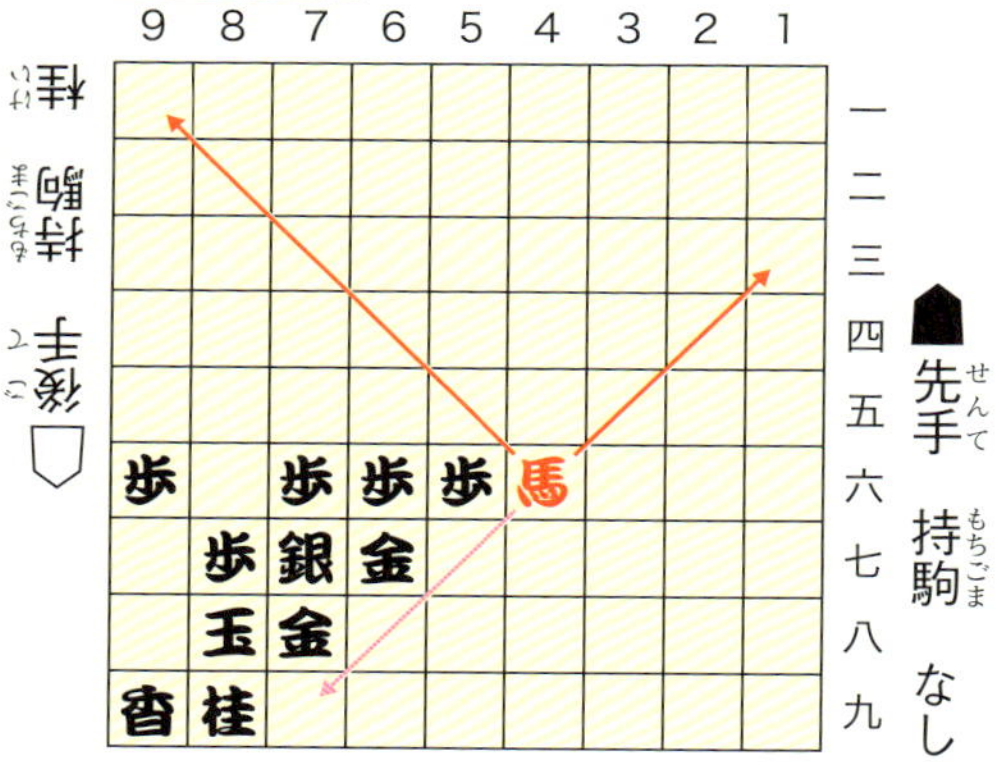

[飛《ひ》の手筋《てすじ》]その1

第《だい》1図《ず》、第《だい》2図《ず》

㋐十字飛車《じゅうじびしゃ》で両取《りょうど》り

第《だい》1図《ず》は先手《せんて》が☗2四歩《よんふ》と飛車先《ひしゃさき》の歩《ふ》をついたところです。この歩《ふ》をほうっておくと☗2三歩成《さんふなり》、☖同金《どうきん》のあと、☗2四歩《よんふ》と打《う》たれて王《おう》が危《あぶ》ない状態《じょうたい》になります。

後手《ごて》は☖2四同歩《よんどうふ》と応《おう》じます。先手《せんて》が☗2四同飛《よんどうひ》としたところが、第《だい》2図《ず》です。

飛車《ひしゃ》のタテの利《き》きは王手《おうて》になっていて、ヨコの利《き》きは銀取《ぎんど》りになっています。

後手《ごて》は☖2三歩《さんふ》などで、王手《おうて》を防《ふせ》ぐしかなく、先手《せんて》は5四《よん》にある後手《ごて》の銀《ぎん》をタダで取《と》ることができます。

このように飛車《ひしゃ》のタテとヨコの利《き》きで、両取《りょうど》りをかけることを「十字飛車《じゅうじびしゃ》」と呼《よ》んでいます。

第《だい》1図《ず》 ☗2四歩《よんふ》まで

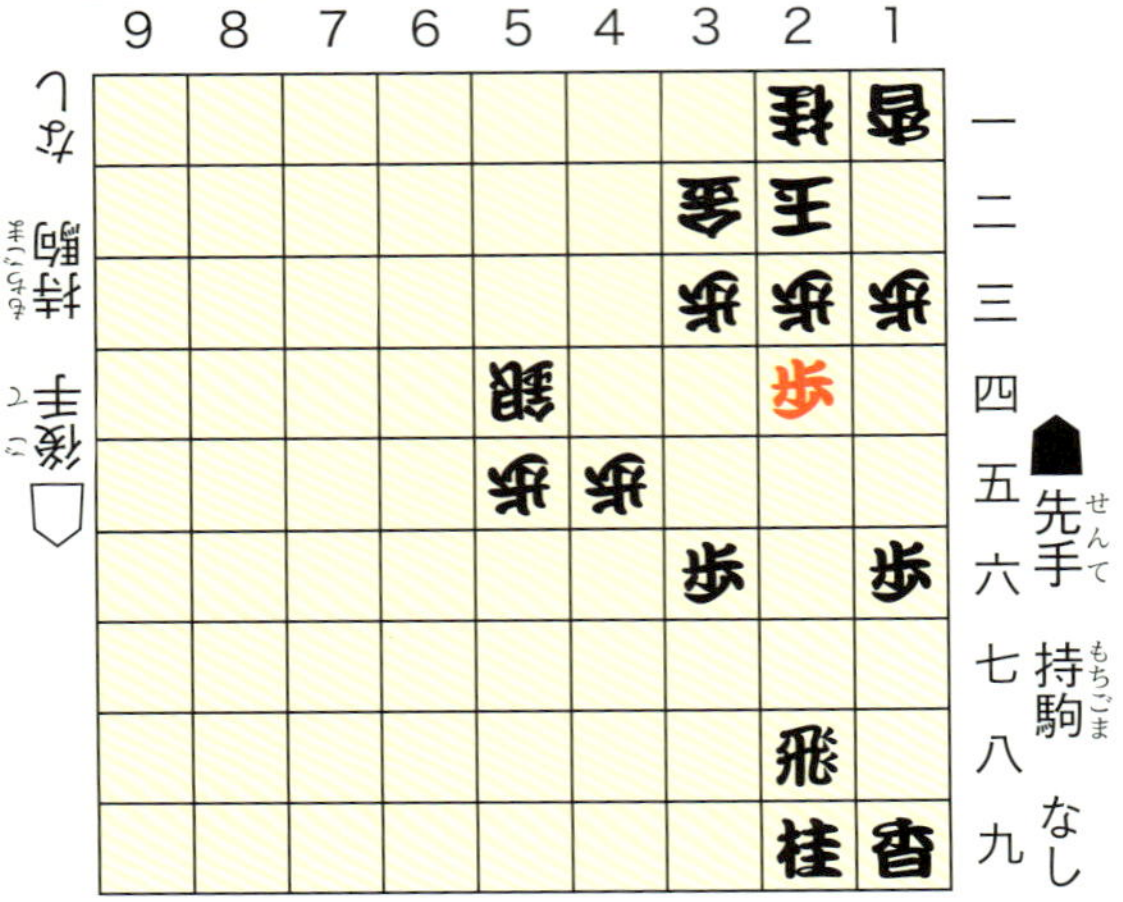

第《だい》2図《ず》 ☗2四同飛《よんどうひ》まで

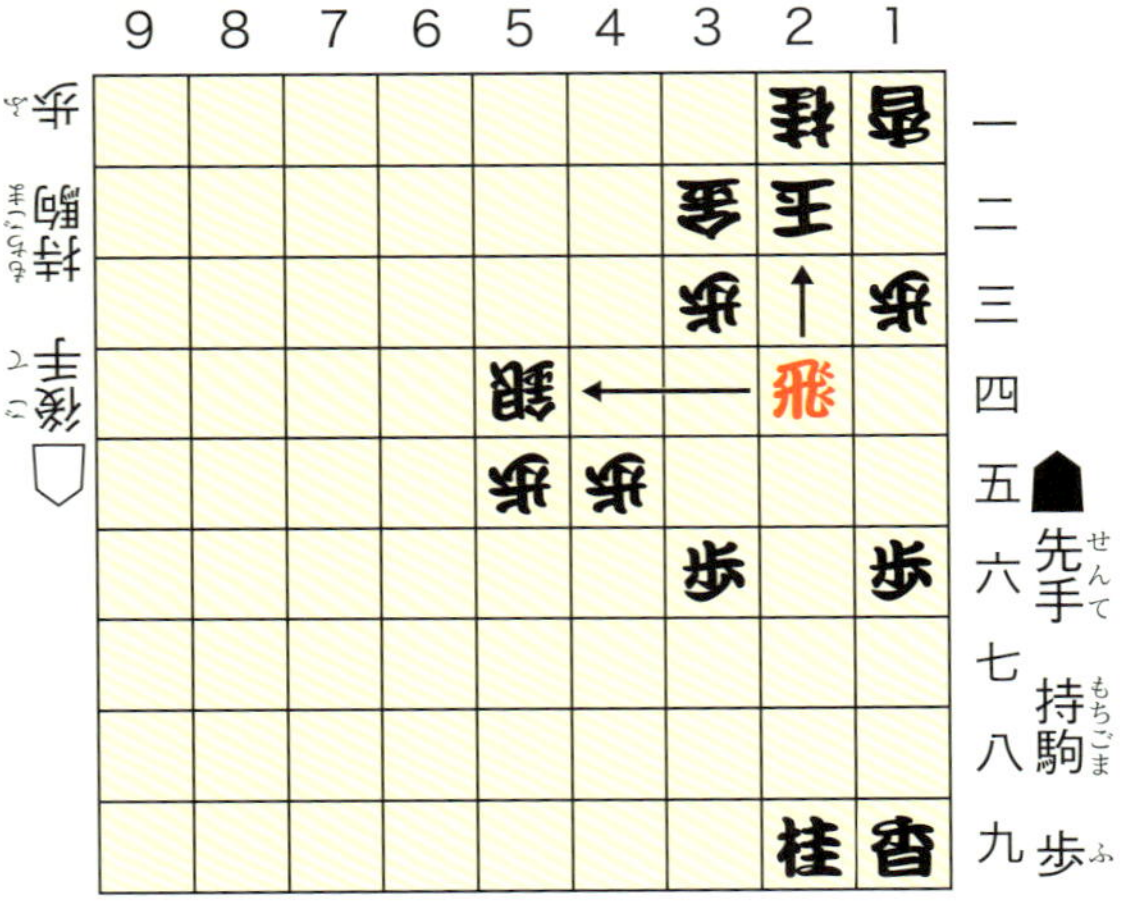

［飛《ひ》の手筋《てすじ》］その2
第《だい》3図《ず》〜第《だい》6図《ず》

㋑大駒《おおごま》は離《はな》して打《う》て

第《だい》3図《ず》

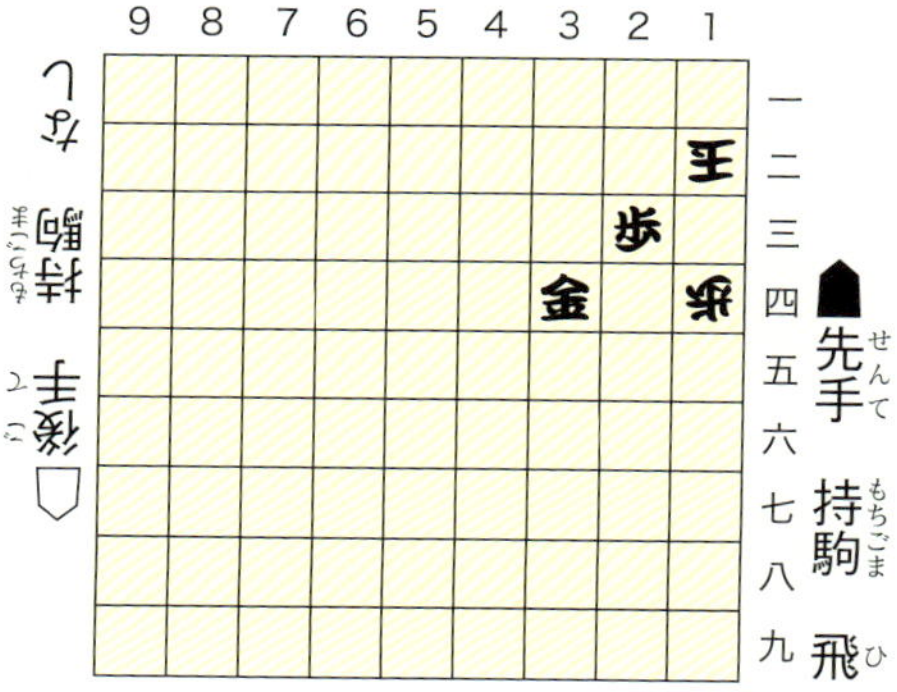

第《だい》4図《ず》　▲3二《に》飛《ひ》まで

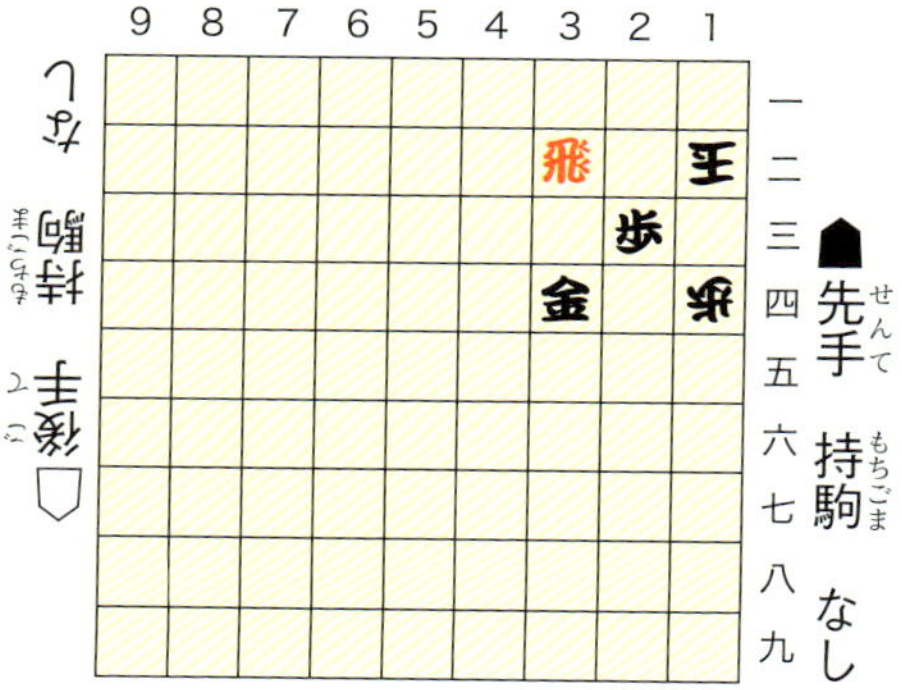

第《だい》5図《ず》　▲2二《に》飛《ひ》成《なり》

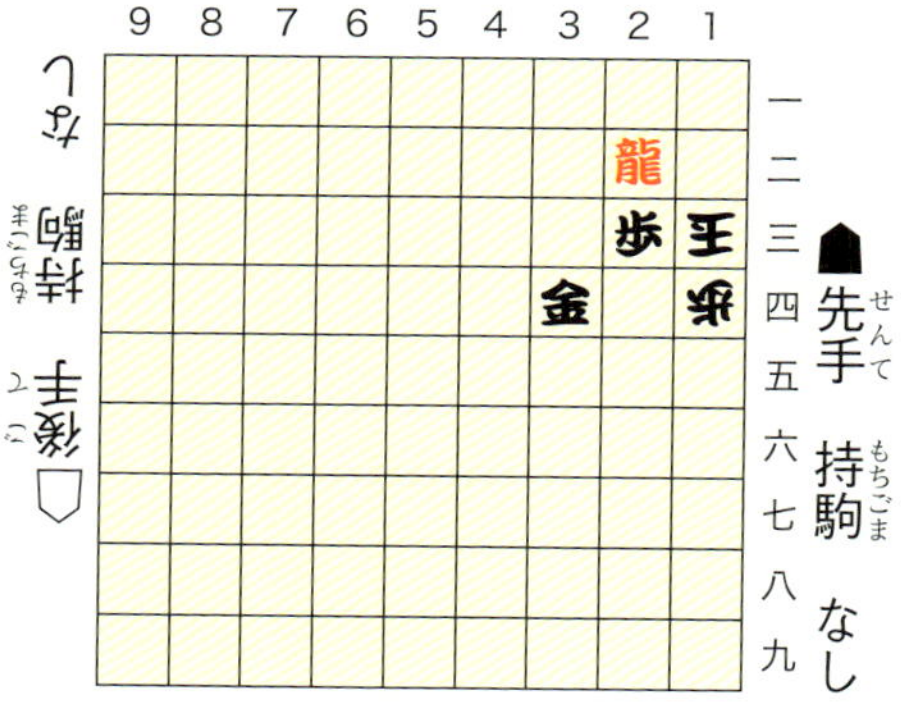

第《だい》6図《ず》　▲2二《に》飛《ひ》まで

飛車《ひしゃ》と角《かく》の大駒《おおごま》は、離《はな》して打《う》つ方《ほう》が好手《こうしゅ》となることが多《おお》いです。第《だい》3図《ず》から▲3二《に》飛《ひ》（第《だい》4図《ず》）と打《う》てば、後手《ごて》の玉《ぎょく》は△1一《いち》か△1三《さん》に動《うご》きますが、▲2二《に》飛《ひ》成《なり》（第《だい》5図《ず》）で龍《りゅう》となり詰《つ》みます。

もし▲2二《に》飛《ひ》（第《だい》6図《ず》）と打《う》ってしまったら、後手《ごて》の玉《ぎょく》は△1一《いち》か△1三《さん》に動《うご》き、逃《に》げられてしまい玉《ぎょく》は詰《つ》まなくなります。これは大失敗《だいしっぱい》となりますので気《き》をつけましょう。

2 歩《ふ》、玉《ぎょく》の手筋《てすじ》

いよいよ「歩《ふ》」の手筋《てすじ》です。将棋《しょうぎ》の中《なか》で一番多《いちばんおお》く表《あら》われる手筋《てすじ》は「歩《ふ》」を使《つか》ったものでしょう。「歩《ふ》」という駒《こま》は、駒《こま》の中《なか》でも力《ちから》が弱《よわ》く、枚数《まいすう》も18枚《まい》と一番多《いちばんおお》くあります。しかし、大駒《おおごま》を含《ふく》めほかの駒《こま》をより効率《こうりつ》よく働《はたら》かせるために「歩《ふ》」の力《ちから》が欠《か》かせないことが多《おお》くあります。まさに「一歩千金《いちふせんきん》」ということがあるのです。

㋐ 単打《たんだ》の歩《ふ》(たたきの歩《ふ》)

単打《たんだ》の歩《ふ》とは、相手《あいて》の駒《こま》の前《まえ》(頭《あたま》)に歩《ふ》を打《う》つことです。駒《こま》の頭《あたま》に歩《ふ》を打《う》つことから、たたきの歩《ふ》ともいわれます。

もちろん単打《たんだ》の歩《ふ》は、意味《いみ》(効果《こうか》)があるから打《う》つわけで、その威力《いりょく》は非常《ひじょう》に大《おお》きいです。

実戦《じっせん》では、「ここでたたきの歩《ふ》だ」と気《き》づく、局面《きょくめん》が見《み》えることが先決《せんけつ》です。

ここでは4つの「単打《たんだ》の歩《ふ》」を紹介《しょうかい》します。

陣形《じんけい》をよく見《み》よう

この第《だい》1図《ず》を見《み》て、次《つぎ》は▲4四歩《よんふ》(第《だい》2図《ず》)と気《き》づくことが何《なに》より大切《たいせつ》です。この歩《ふ》で後手《ごて》は困《こま》ってしまいます。

△同銀《どうぎん》なら▲5二飛成《にひなり》と金《きん》を取《と》られて龍《りゅう》をつくられてしまいます。そのままにしておけば、もちろん銀《ぎん》が取《と》られてしまいます。

第《だい》1図《ず》

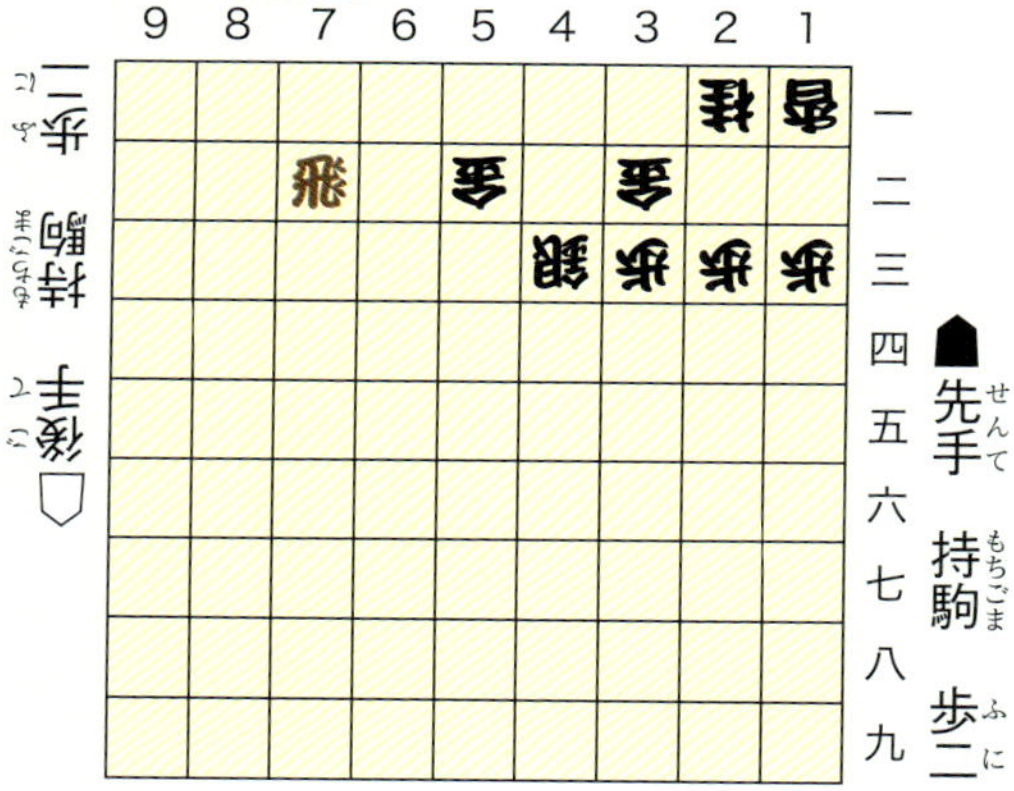
9 8 7 6 5 4 3 2 1
一 二 三 四 五 六 七 八 九
香 桂 飛 金 金 歩 歩 歩 銀
▲先手《せんて》 持駒《もちごま》 歩二《ふに》
△後手《ごて》 持駒《もちごま》 歩二《ふに》

第《だい》2図《ず》　▲4四歩《よんふ》まで

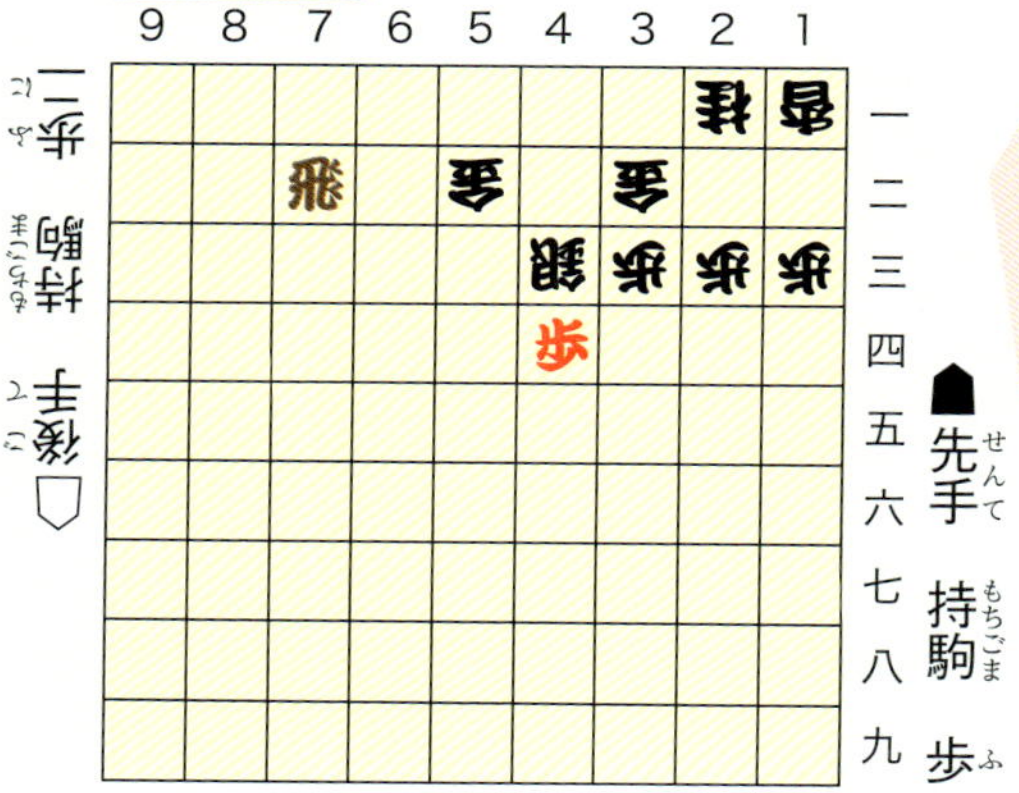
9 8 7 6 5 4 3 2 1
一 二 三 四 五 六 七 八 九
香 桂 飛 金 金 歩 歩 歩 銀 歩
▲先手《せんて》 持駒《もちごま》 歩《ふ》
△後手《ごて》 持駒《もちごま》 歩二《ふに》

実戦《じっせん》では、このような効果的《こうかてき》な所《ところ》に歩《ふ》が打《う》てるようにもってゆくことが大事《だいじ》です。

これが一歩《いっぷ》の力《ちから》

このような第《だい》3図《ず》の局面《きょくめん》では☗5二歩《にふ》（第《だい》4図《ず》）が強力《きょうりょく》な「たたきの歩《ふ》」になります。後手《ごて》が☖同金《どうきん》なら、銀《ぎん》を取《と》って☗4一飛成《いちひなり》、また☖同銀《どうぎん》なら、金《きん》を取《と》って☗5一飛成《いちひなり》です。

後手《ごて》はどちらでも取《と》ることもできないので、そこで☖4二金《にきん》と逃《に》げます。そこで☗4三歩《さんぷ》（第《だい》5図《ず》）とさらに「たたきの歩《ふ》」を使《つか》います。後手《ごて》の金《きん》が逃《に》げても同金《どうきん》としても、先手《せんて》は☗4一飛成《いちひなり》と銀《ぎん》を取《と》ることができます。この流《なが》れは、持駒《もちごま》に歩《ふ》が二枚《にまい》あってこそ実現《じつげん》します。

もし一枚《いちまい》しか歩《ふ》がなければ成立《せいりつ》しない手《て》です。**歩《ふ》が一枚多《いちまいおお》くあるかないかで将棋《しょうぎ》は大《おお》きく変《か》わる**ということです。

第《だい》3図《ず》

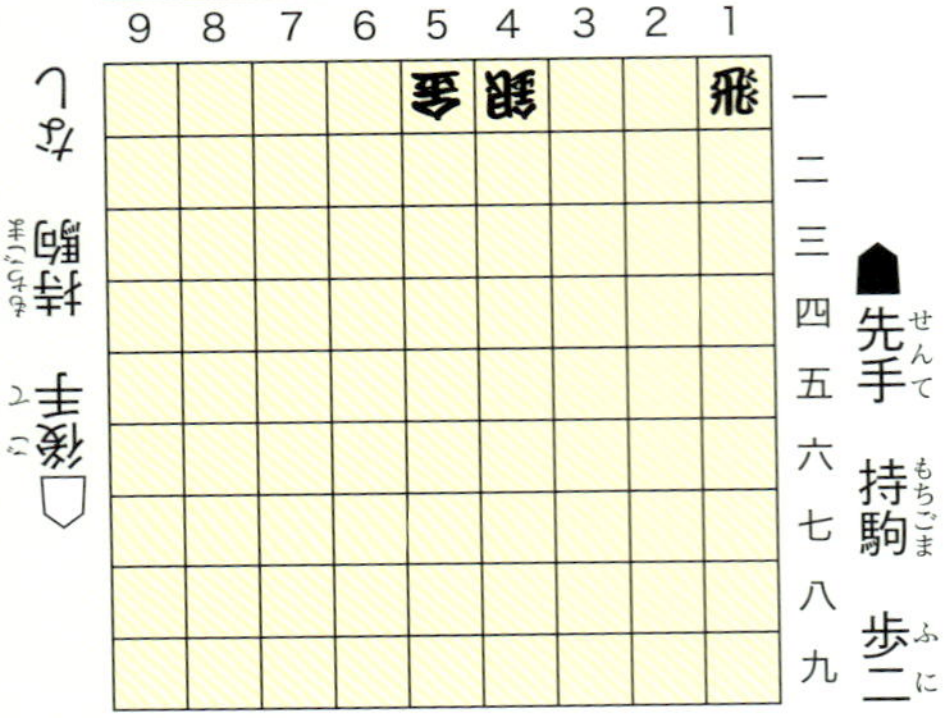

第《だい》4図《ず》　☗5二歩《にふ》まで

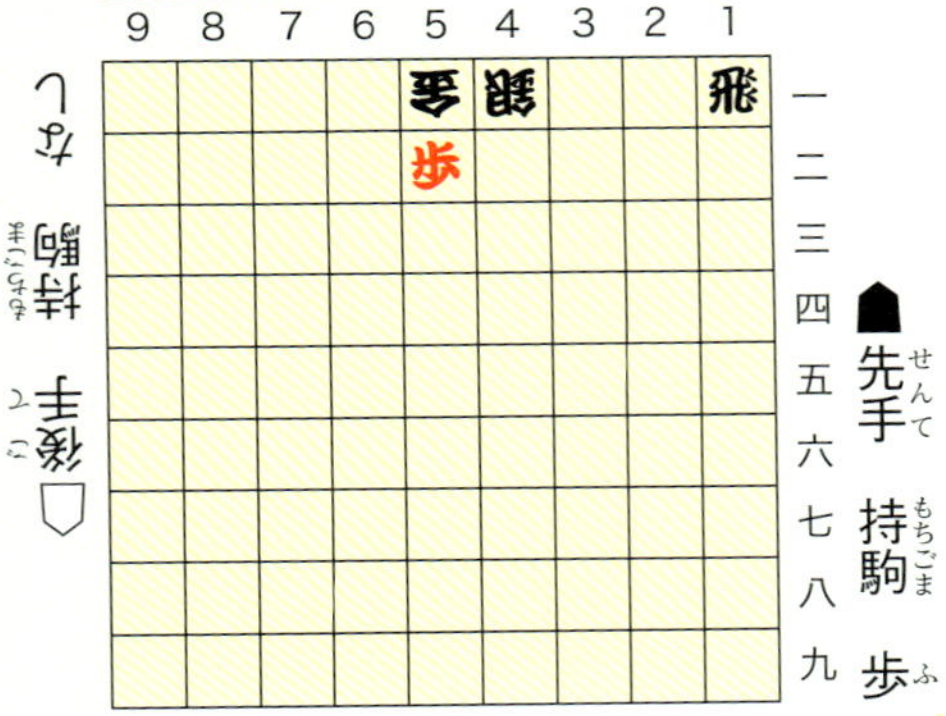

第《だい》5図《ず》　☗4三歩《さんふ》まで

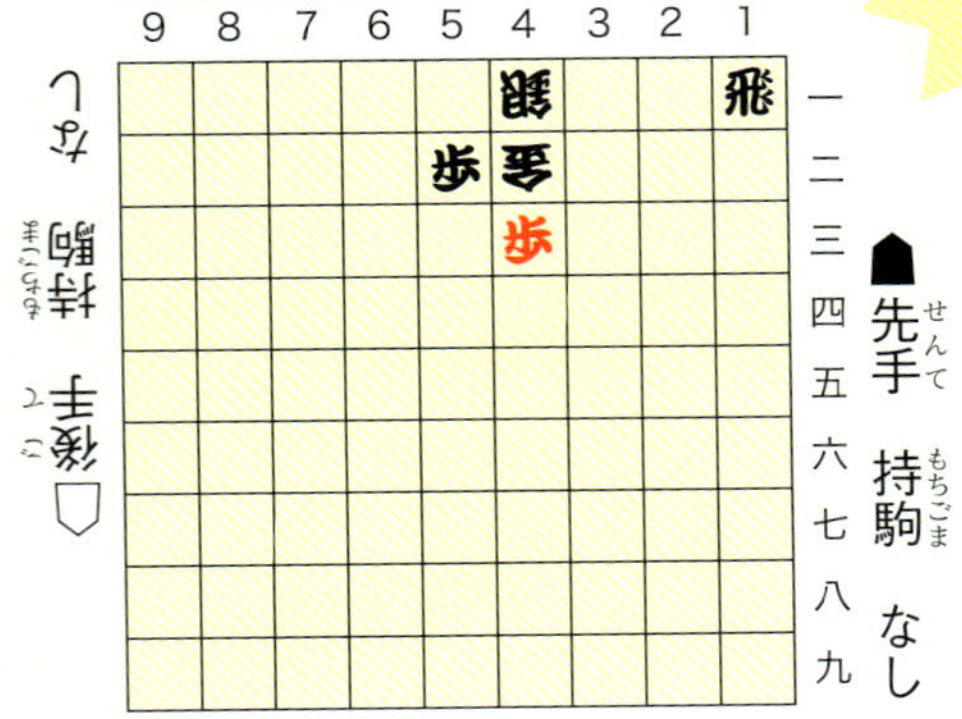

角《かく》との連動《れんどう》

第6図《ず》の局面《きょくめん》では、持駒《もちごま》に角《かく》と歩《ふ》があり相手《あいて》の陣形《じんけい》は飛車《ひしゃ》と金《きん》という角《かく》に弱《よわ》い駒《こま》が揃《そろ》っています。しかも、8筋《すじ》に歩《ふ》がない（歩《ふ》が切《き》れているので打《う》つことが可能《かのう》）という場面《ばめん》です。ここで☗8三歩《さんふ》（第《だい》7図《ず》）という単打《たんだ》の歩《ふ》に気《き》がつけばOKです。これに気《き》がつくためには、「どうしたら角《かく》を有効《ゆうこう》に使《つか》うことができるか？」という考《かんが》えが頭《あたま》の中《なか》にないと浮《う》かびません。

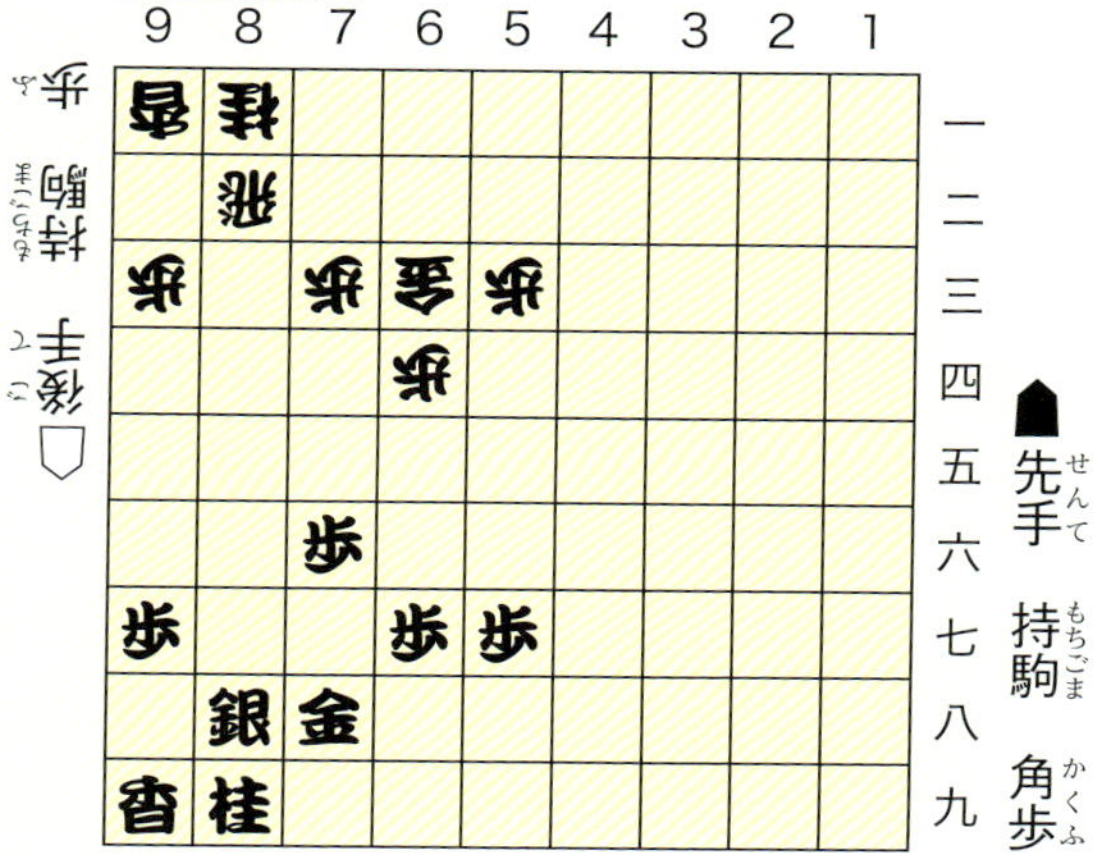
9 8 7 6 5 4 3 2 1
一 二 三 四 五 六 七 八 九
☖後手《ごて》 持駒《もちごま》 歩《ふ》
☗先手《せんて》 持駒《もちごま》 角《かく》歩《ふ》
第《だい》6図《ず》

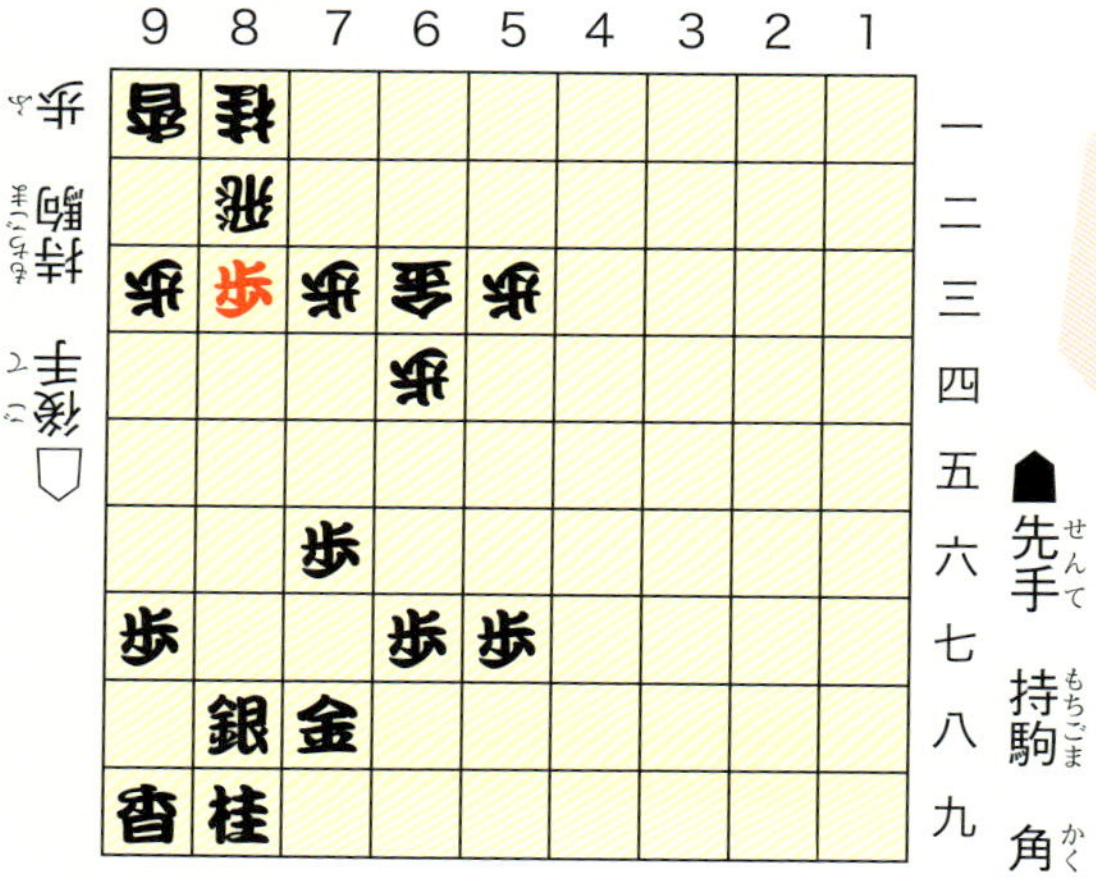
9 8 7 6 5 4 3 2 1
一 二 三 四 五 六 七 八 九
☖後手《ごて》 持駒《もちごま》 歩《ふ》
☗先手《せんて》 持駒《もちごま》 角《かく》
第《だい》7図《ず》 ☗8三歩《さんふ》まで

「歩《ふ》」の力《ちから》は、ホント大《おお》きいなあ～！

△同飛《どうひ》と歩《ふ》を取《と》れば、▲7二角《にかく》（第《だい》8図《ず》）が成立《せいりつ》し、飛車《ひしゃ》と金《きん》の両取《りょうど》りになります。もし▲8三歩《さんふ》に△7二飛《にひ》ならば、▲8二角《にかく》で次《つぎ》に▲9一角成《いちかくなり》で香《きょう》が取《と》れます。

これに対《たい》し△8二同飛《にどうひ》と角《かく》を取《と》るなら、▲8二《に》同歩成《どうふなり》と飛車《ひしゃ》を取《と》りながら「と金《きん》」がつくれます。

第《だい》8図《ず》　▲7二角《にかく》まで

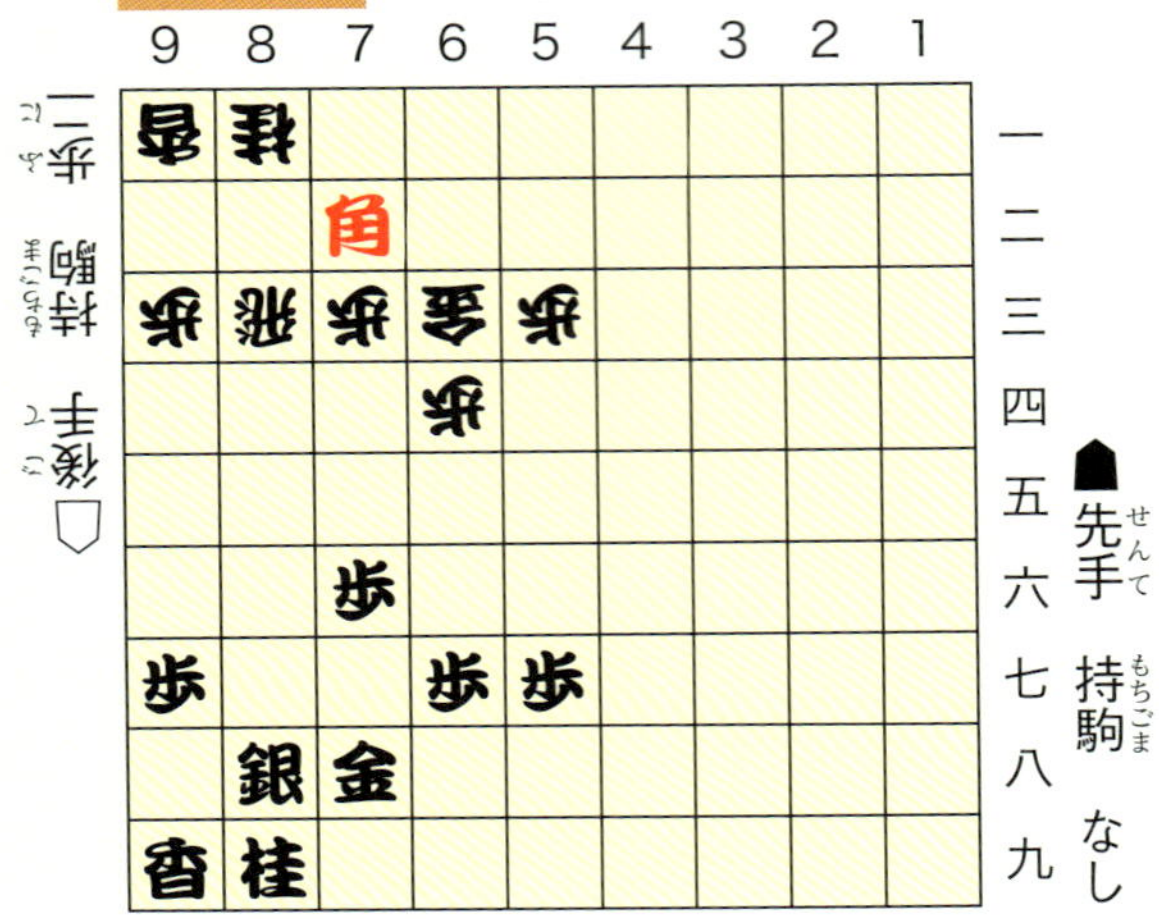

矢倉囲《やぐらがこ》いを「歩《ふ》」でくずす

第《だい》9図《ず》の局面《きょくめん》は、相手《あいて》が矢倉囲《やぐらがこ》いで3筋《すじ》の歩《ふ》が切《き》れている状態《じょうたい》です。ここでは3筋《すじ》に歩《ふ》が立《た》つような局面《きょくめん》をつくり、先手《せんて》が2六《ろく》まで銀《ぎん》を伸《の》ばしていることが「たたきの歩《ふ》」を好手《こうしゅ》にする条件《じょうけん》になっています。

第《だい》9図《ず》

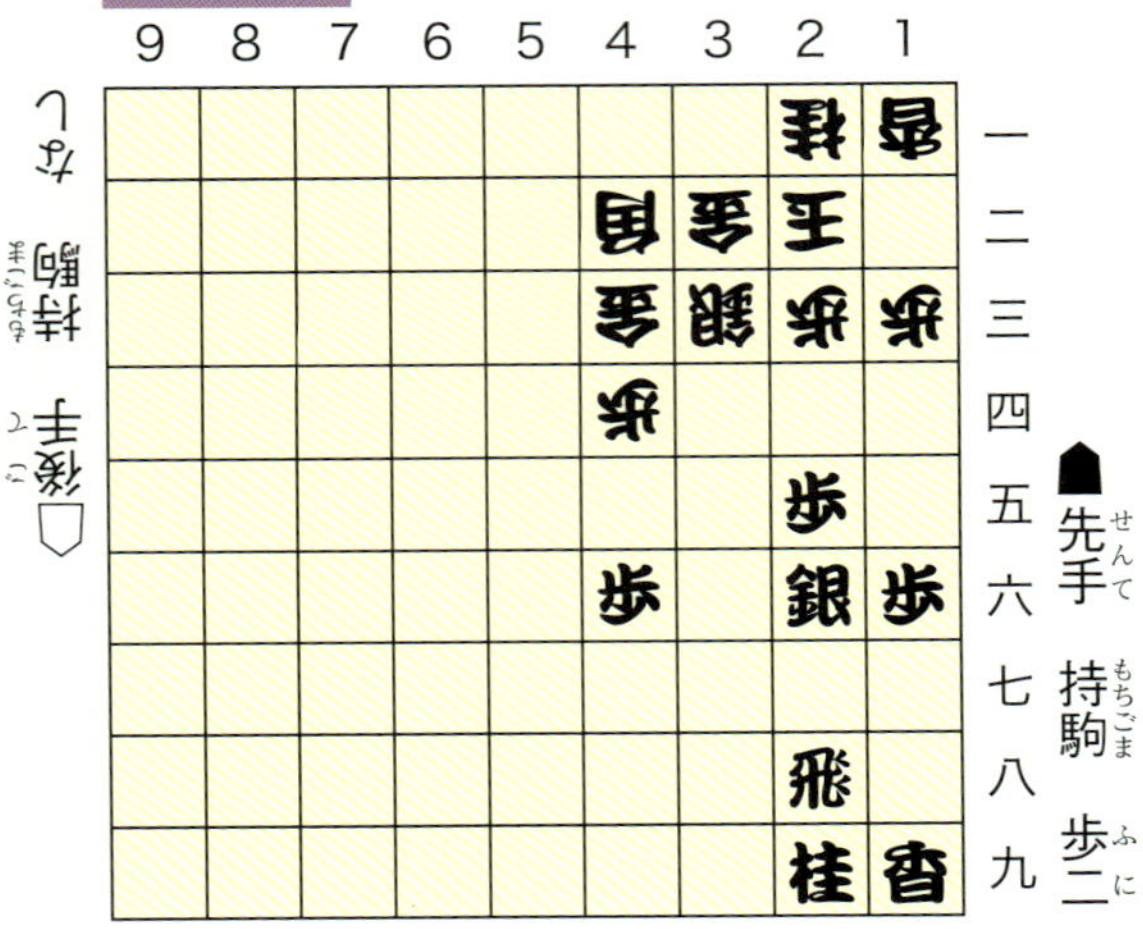

☗3四歩《よんふ》（第《だい》10図《ず》）と銀《ぎん》の頭《あたま》をたたき、☖3四同《よんどう》銀《ぎん》ならば、さらに☗3五歩《ごふ》（第《だい》11図《ず》）とたたけば、銀《ぎん》の行《い》きどころがなくなり銀《ぎん》を取《と》ることができます。

これは☗3四歩《よんふ》に☖3四同金《よんどうきん》でも、やはり☗3五歩《ごふ》で金《きん》が取《と》れます。

なお、この☗3四歩《よんふ》の使《つか》い方《かた》は「焦点《しょうてん》の歩《ふ》」（P95）と呼《よ》ばれるものです。

第《だい》10図《ず》　☗3四歩《よんふ》

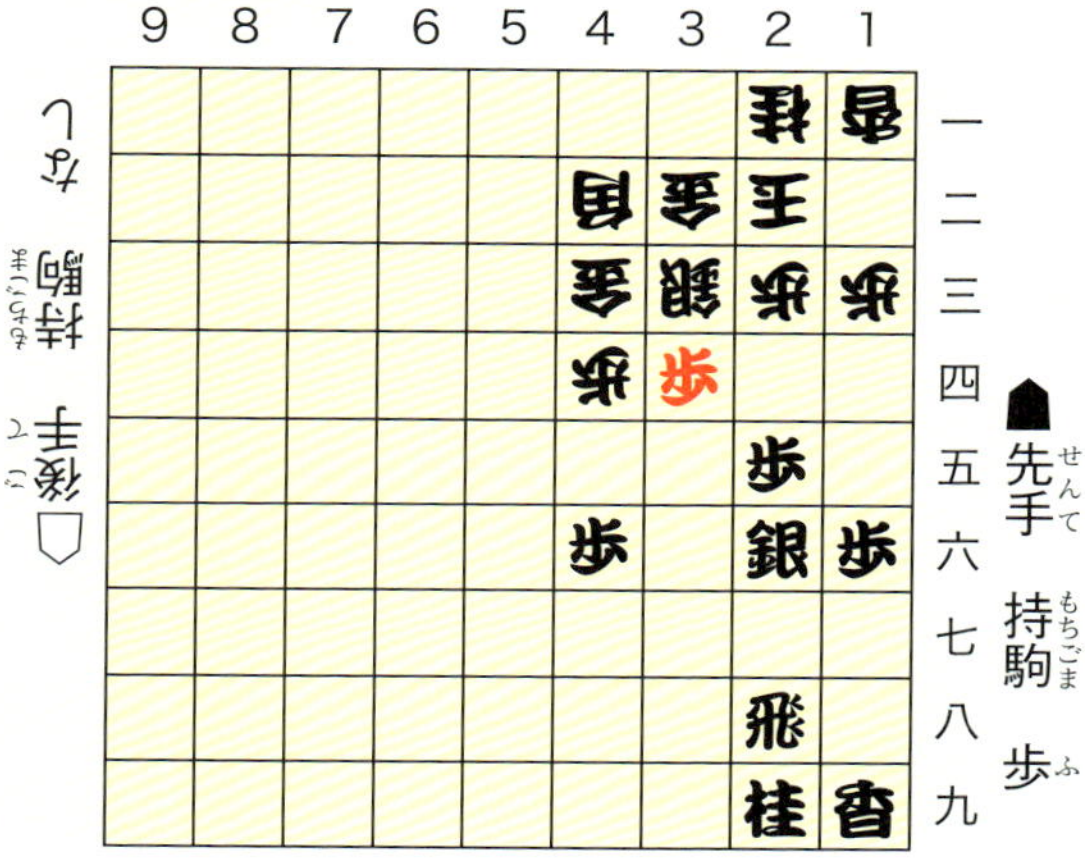

第《だい》11図《ず》　☗3五歩《ごふ》

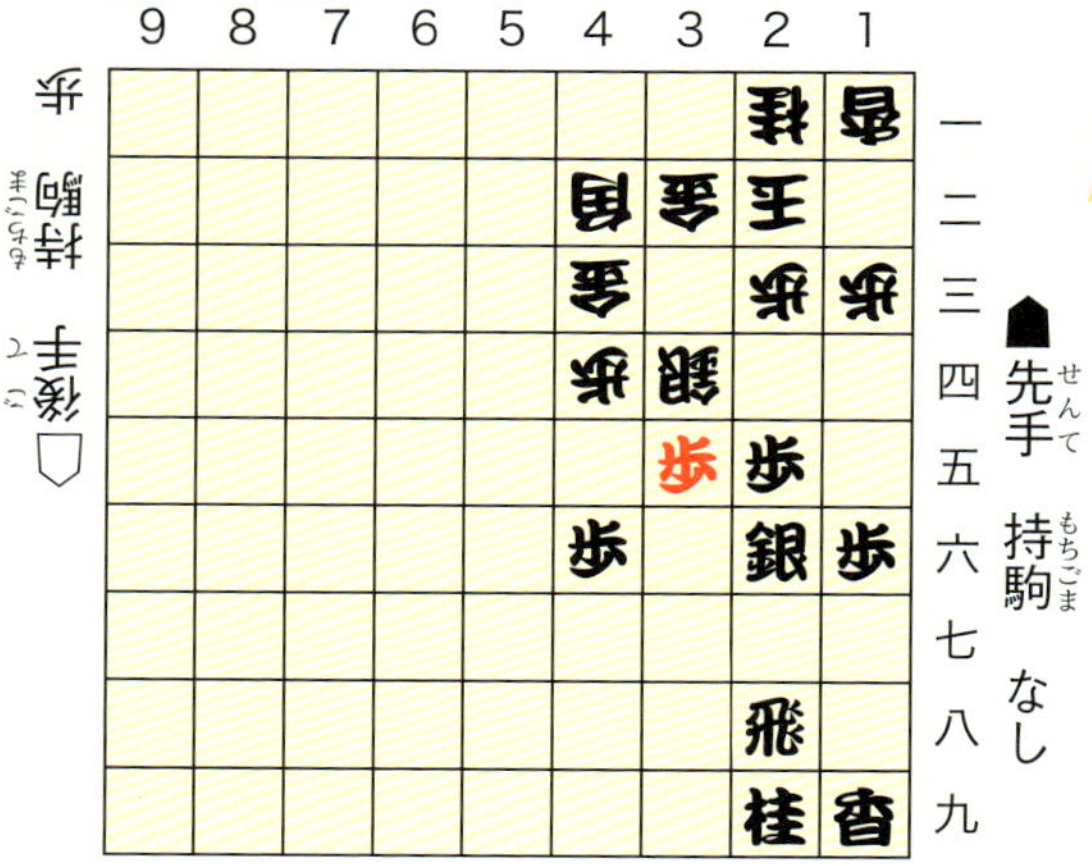

イ 連打《れんだ》の歩《ふ》

たたきの歩《ふ》を2回以上連続《かいいじょうれんぞく》して行《おこな》うことを「連打《れんだ》の歩《ふ》」と呼《よ》んでいます。**特《とく》に飛車《ひしゃ》や香車《きょうしゃ》の前《まえ》に歩《ふ》を連打《れんだ》するときの手筋《てすじ》**のことをいいます。

三歩《さんぶ》の威力《いりょく》

「三歩持《さんぷも》ったら端攻《はしぜ》め」という格言《かくげん》が活《い》かせる局面《きょくめん》が第《だい》1図《ず》です。

「連打《れんだ》の歩《ふ》」を使《つか》うためには、まず▲1五歩《ごふ》と突《つ》き、△1五同歩《ごどうふ》とさせます。このように歩《ふ》を突《つ》き捨《す》てることで、歩《ふ》を打《う》つための準備《じゅんび》をします。

第《だい》1図《ず》

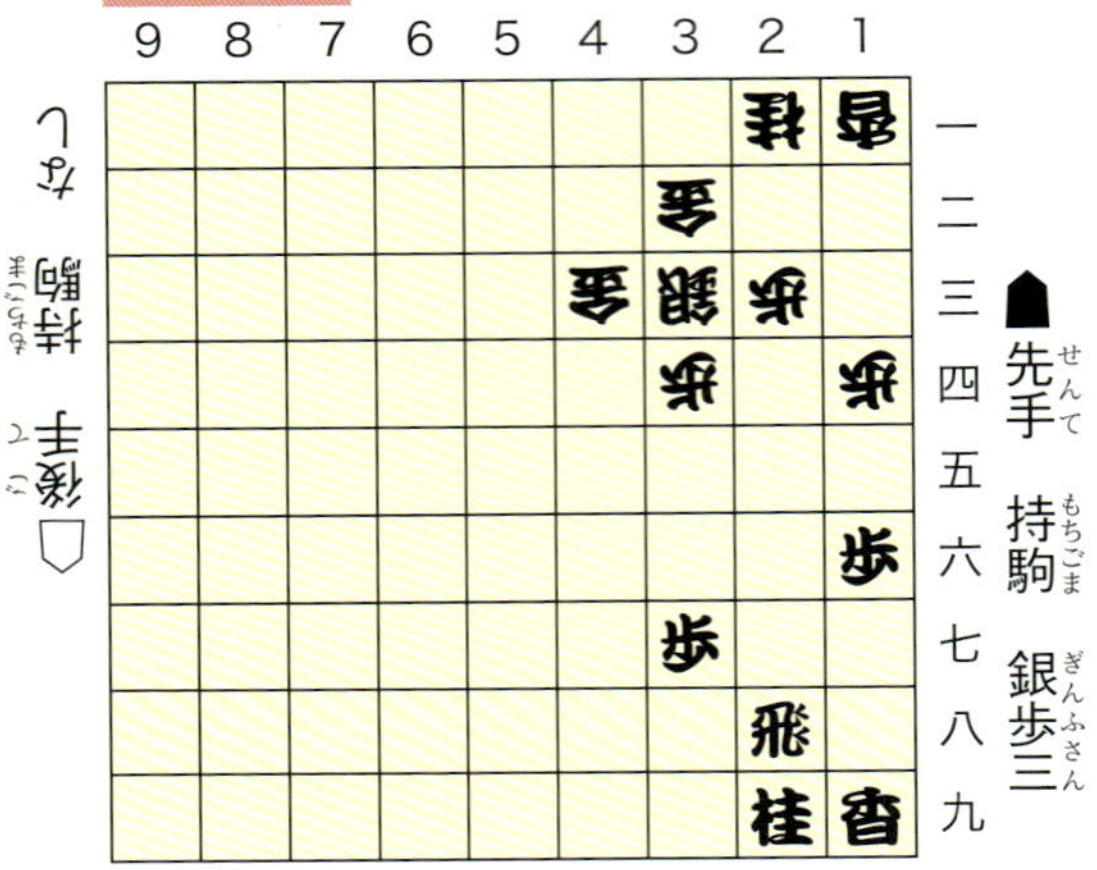

第《だい》2図《ず》 ▲1二歩《にふ》まで

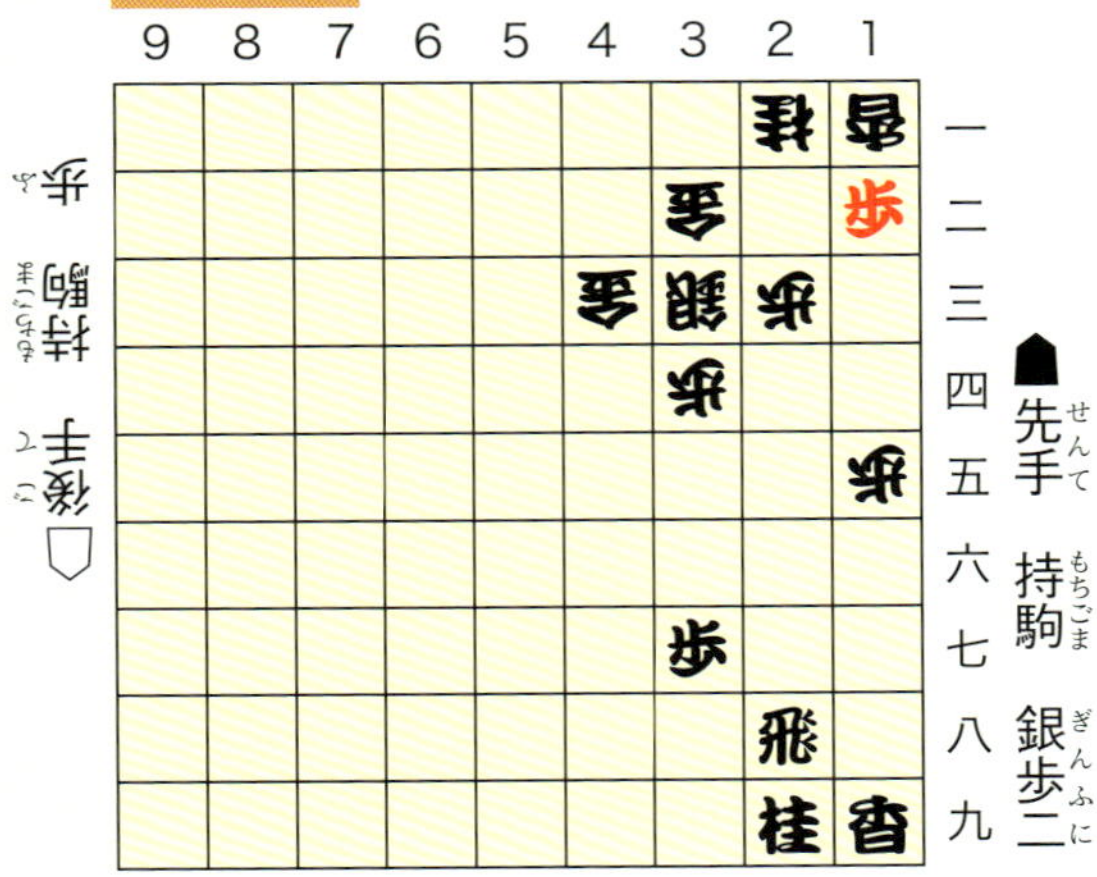

歩《ふ》を使《つか》って、自分《じぶん》が有利《ゆうり》になるところへ、相手《あいて》の駒《こま》を動《うご》かしてみよう!

そこで▲1二歩《にふ》（第《だい》2図《ず》）と打《う》ちます。後手《ごて》は△1二同香《にどうきょう》と応《おう》じるしかありません。先手《せんて》は▲1三歩《さんふ》と連打《れんだ》、また香《きょう》で歩《ふ》を取《と》らせます。さらに、▲1四歩《よんふ》（第《だい》3図《ず》）と連打《れんだ》し、三歩《さんぷ》を使《つか》って香《きょう》を1四《よん》の地点《ちてん》まで上《あ》がらせます。ここで先手《せんて》は▲2五銀《ごぎん》（第《だい》4図《ず》）と打《う》ちます。次《つぎ》に香《きょう》を取《と》れば2三《さん》の地点《ちてん》にも銀《ぎん》が利《き》くという攻《せ》めの形《かたち》がつくれます。

第《だい》3図《ず》　▲1四歩《よんふ》まで

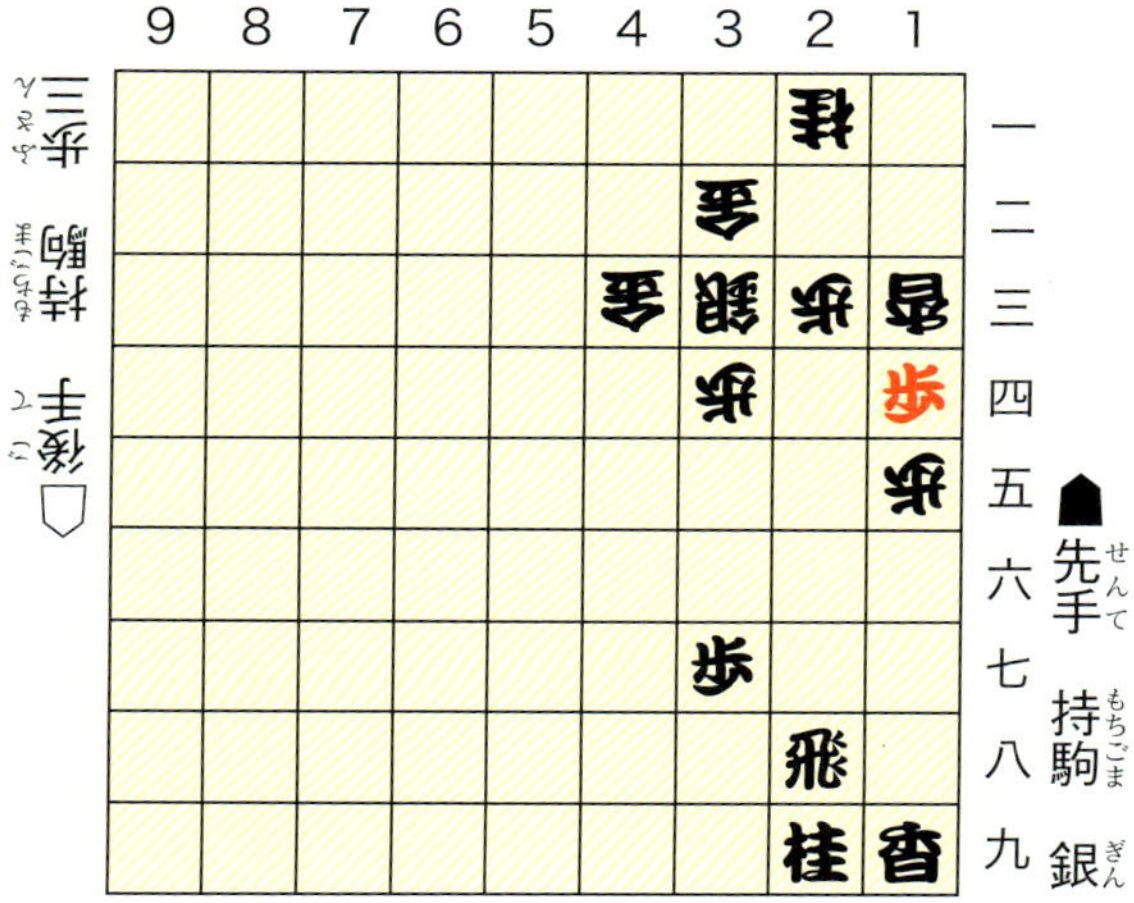

第《だい》4図《ず》　▲2五銀《ごぎん》まで

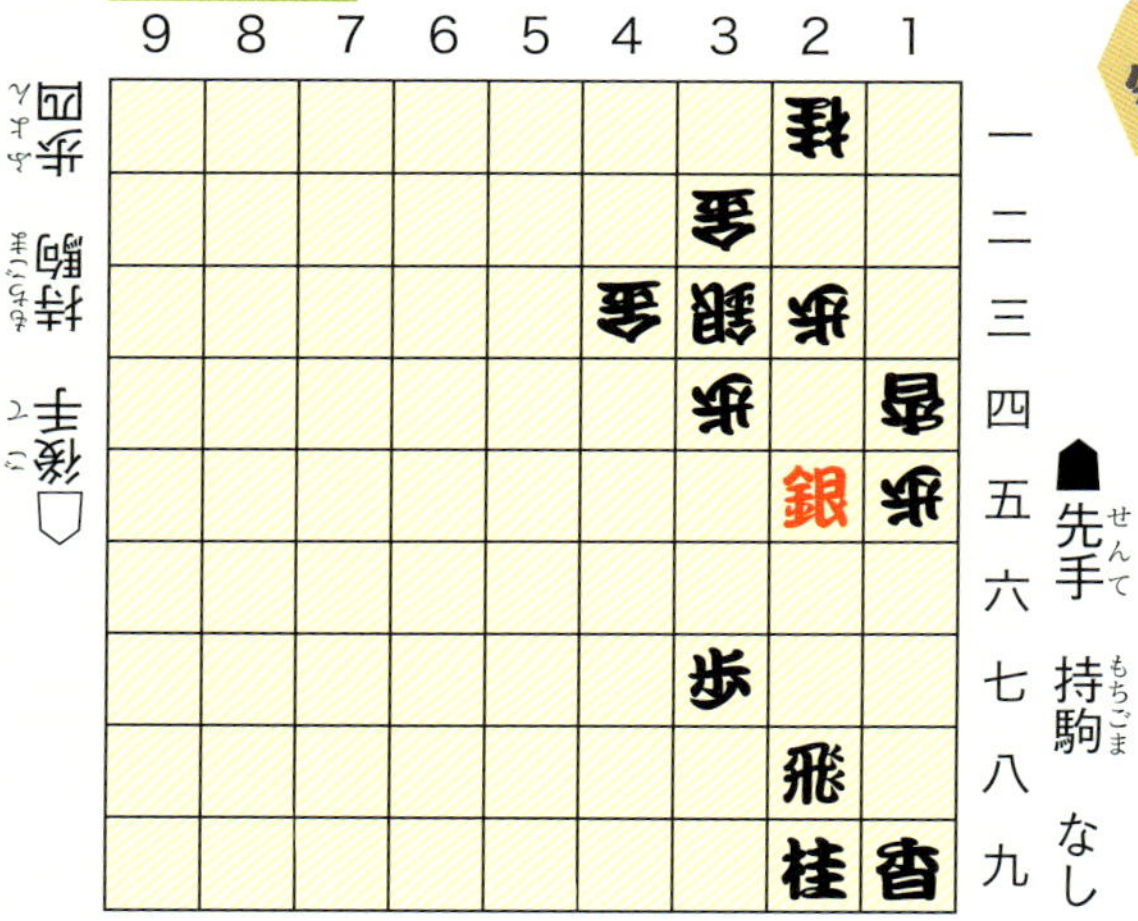

歩二枚《ふにまい》で王手飛車取《おうてひしゃと》り

第《だい》5図《ず》のような局面《きょくめん》では、連打《れんだ》の歩《ふ》を使《つか》えばシビレルような角打《かくう》ちの場面《ばめん》をつくることができます。

第《だい》5図《ず》

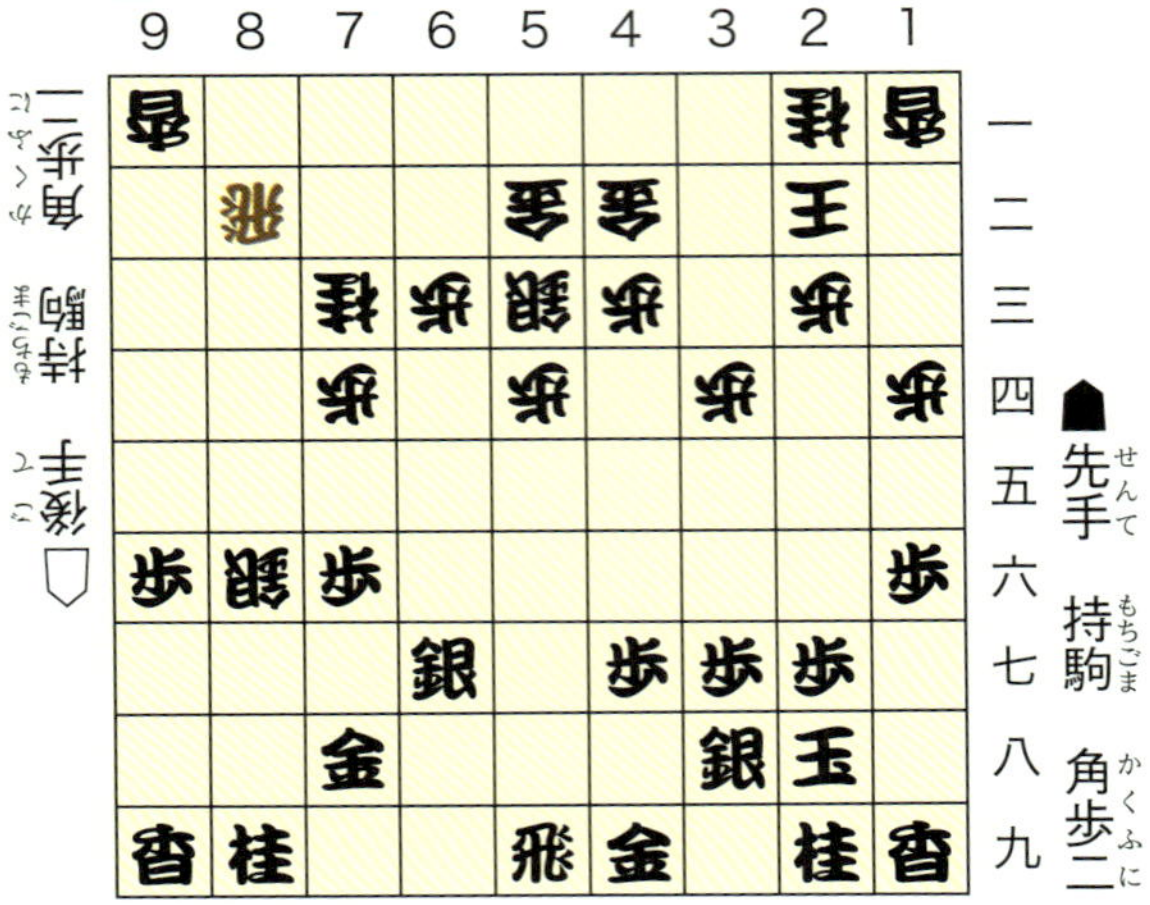
☗先手《せんて》　持駒《もちごま》　角歩二《かくふに》
☖後手《ごて》　持駒《もちごま》　角歩二《かくふに》

それは☗8三歩《さんふ》と打《う》ち、☖8三同飛《さんどうひ》とさせ、さらに連打《れんだ》の歩《ふ》を☗8四歩《よんふ》と打《う》ち☖8四同飛《よんどうひ》とつり上《あ》げます。ここで☗6六角《ろくかく》（第《だい》6図《ず》）と打《う》てば、王手飛車取《おうてひしゃと》り。飛車《ひしゃ》を手《て》にすれば圧倒的《あっとうてき》に有利《ゆうり》な勝負展開《しょうぶてんかい》ができます。

第《だい》6図《ず》　☗6六角《ろくかく》まで

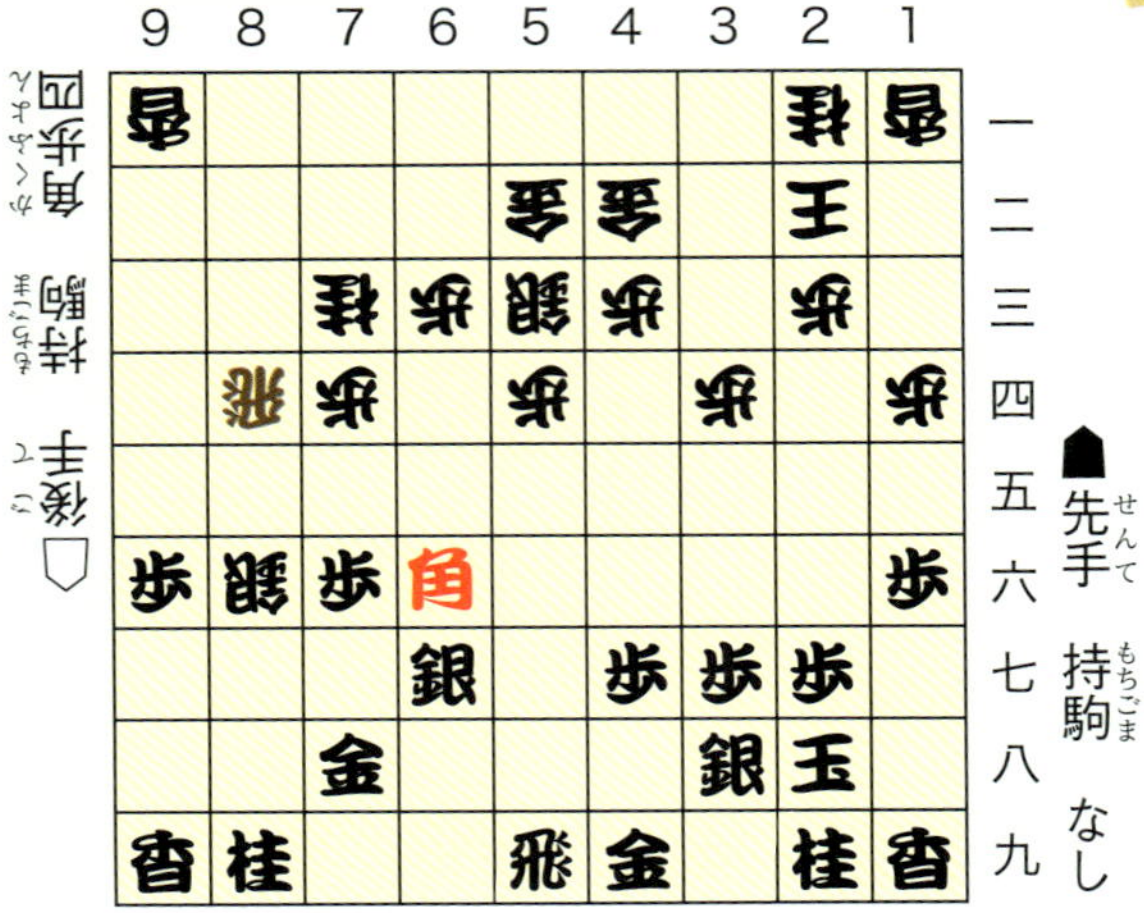
☗先手《せんて》　持駒《もちごま》　なし
☖後手《ごて》　持駒《もちごま》　角歩四《かくふよん》

守《まも》りに使《つか》う、歩《ふ》の連打《れんだ》

第《だい》7図《ず》の局面《きょくめん》で先手《せんて》の手番《てばん》です。このままなら後手《ごて》の成銀《なりぎん》で金《きん》が取《と》られ、後手《ごて》の飛車成《ひしゃなり》も防《ふせ》げません。

先手《せんて》は7七《なな》の桂《けい》が8筋《すじ》に利《き》いている（8五《ご》の地点《ちてん》）ことを活《い》かす、歩《ふ》の連打《れんだ》に気《き》づけば、この状態《じょうたい》を救《すく》うことができます。

まず▲8三歩《さんふ》（第《だい》8図《ず》）と打《う》ちます。

さらに▲8四歩《よんふ》、▲8五歩《ごふ》（第《だい》9図《ず》）と三枚《さんまい》の歩《ふ》を連打《れんだ》して、飛車取《ひしゃと》りにします。後手《ごて》は、飛車《ひしゃ》を渡《わた》すわけにはいかないので逃《に》げる一手《いって》。

そこで、▲8七金《ななきん》と後手《ごて》の成銀《なりぎん》を取《と》れば、形勢《けいせい》を逆転《ぎゃくてん》できることになります。

第《だい》7図《ず》

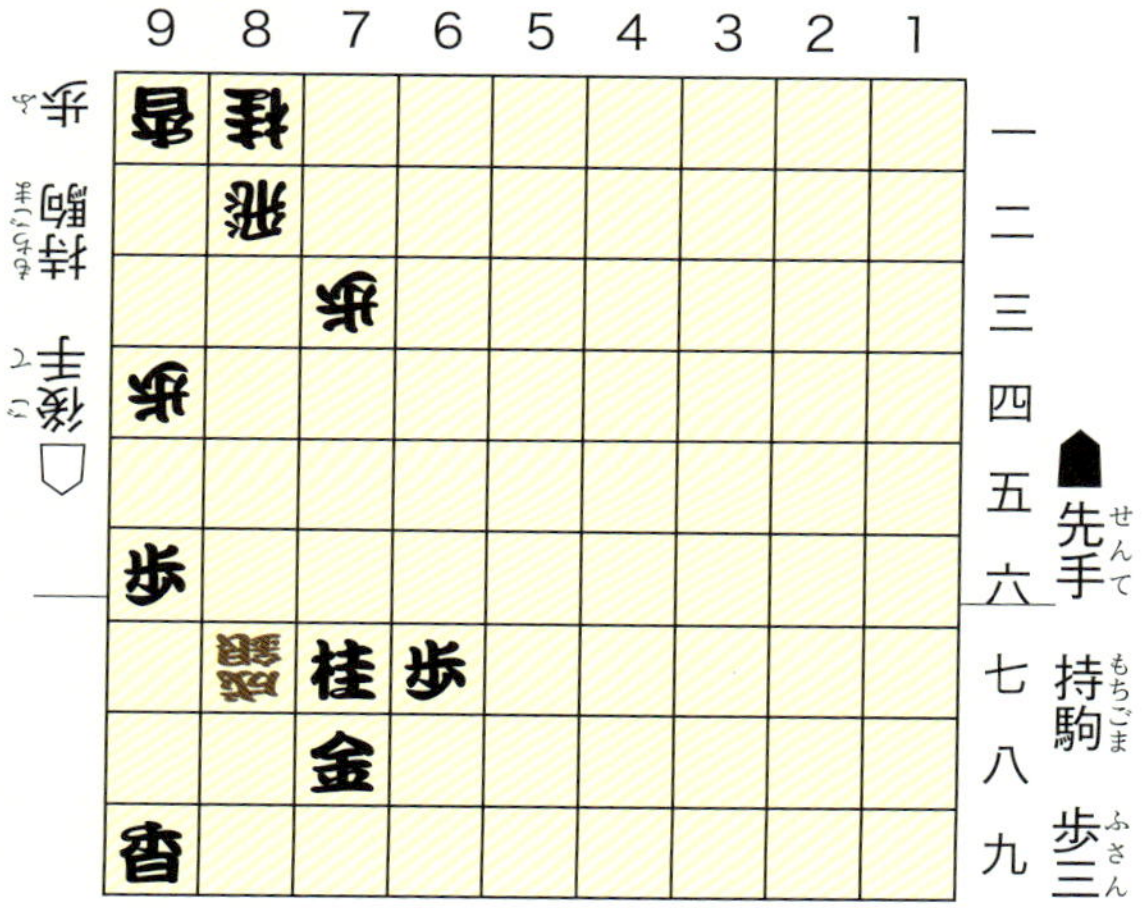

第《だい》8図《ず》

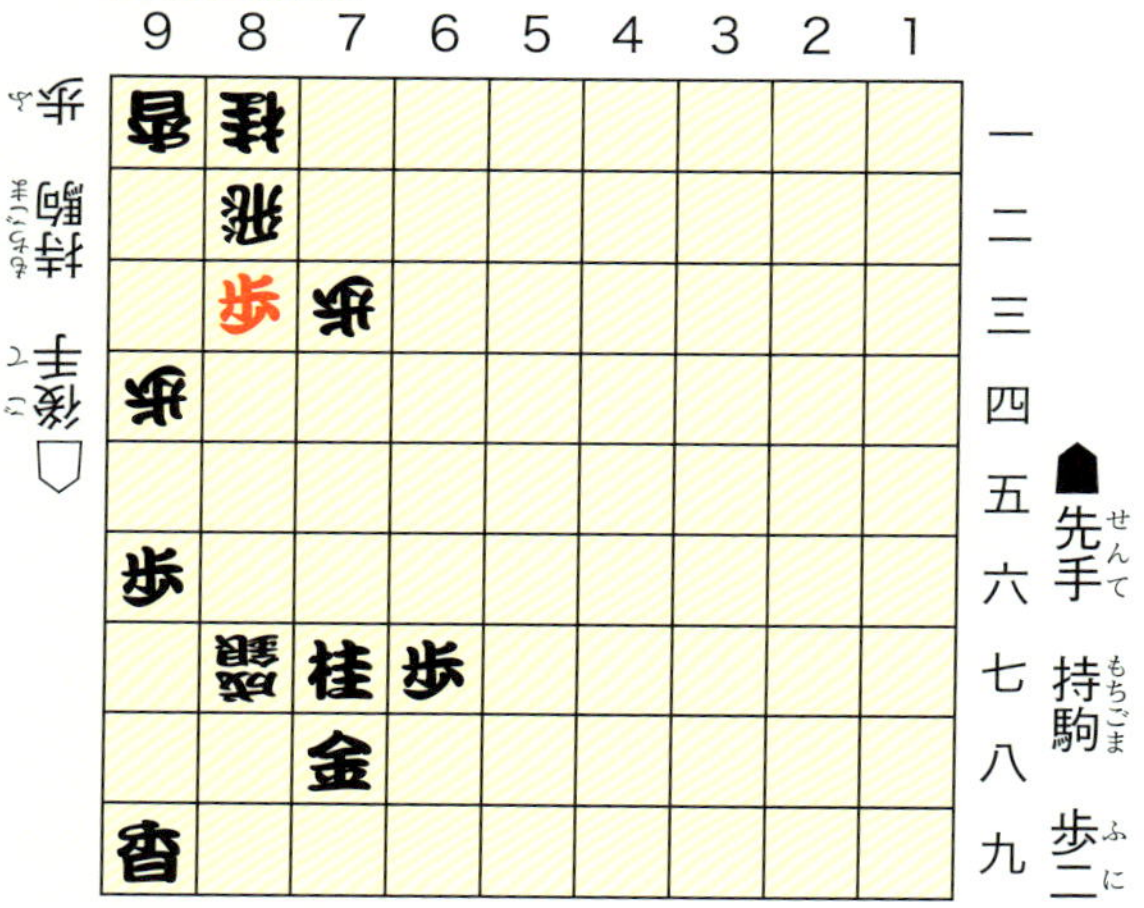

第9図《だいず》

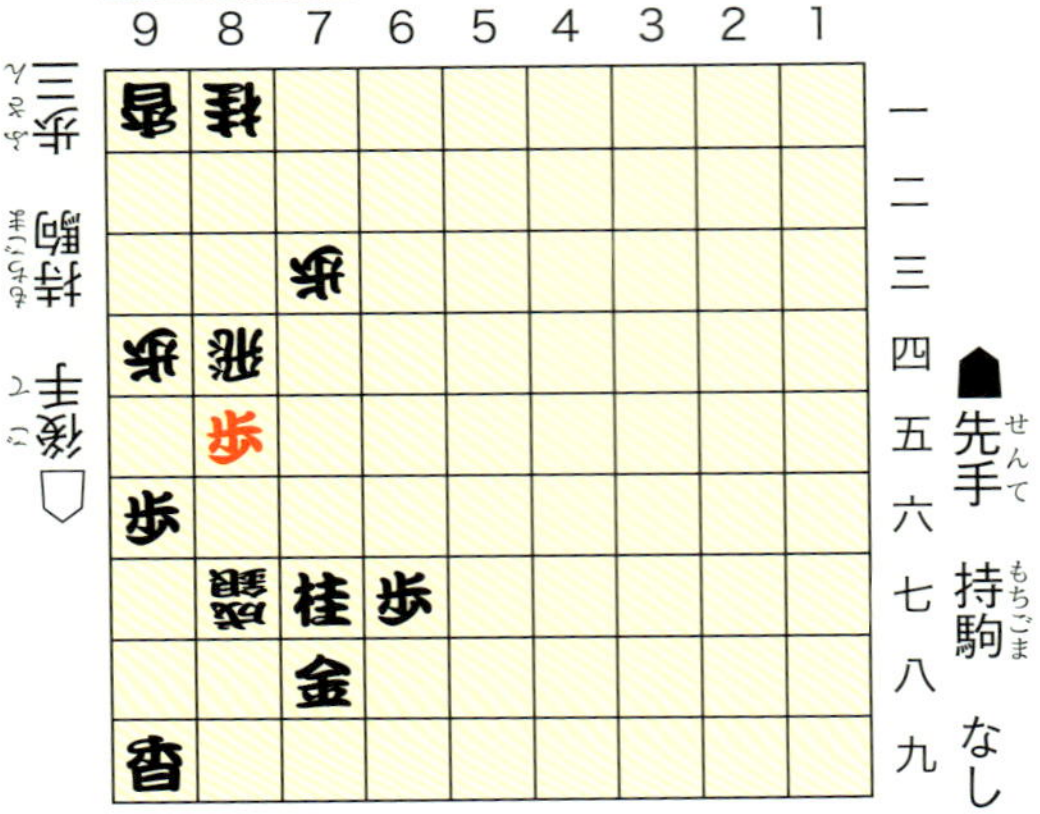

第1図《だいず》　☗2四歩《よんふ》まで

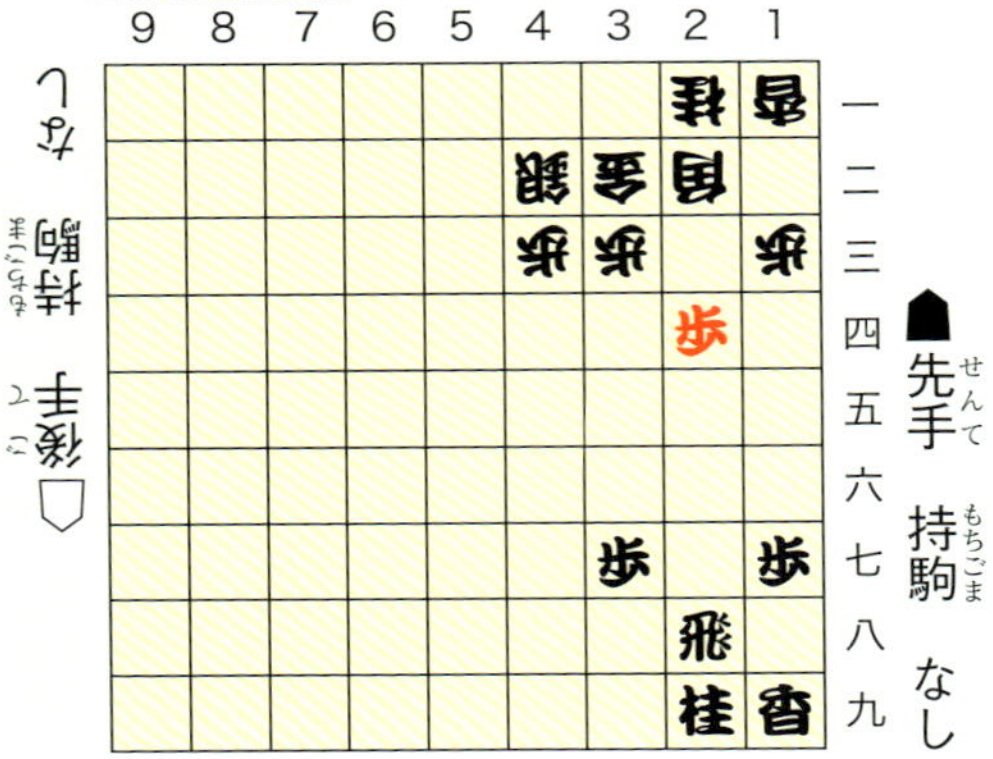

㋒ たれ歩《ふ》

「たれ歩《ふ》」というのは、次《つぎ》に「と金《きん》」に成《な》ることができる歩《ふ》のことを言《い》います。

第《だい》1図《ず》は、先手《せんて》が☗2四歩《よんふ》と打《う》ったところです。後手《ごて》は、次《つぎ》に☗2三歩成《さんふなり》（次《じ》ページ・第《だい》2図《ず》）とされる「と金《きん》」づくりをわかっていても防《ふせ》ぐことはできません。

☗2四歩《よんふ》のときに、☖3一角《いちかく》と逃《に》げても先手《せんて》は金《きん》を取《と》ることができます。

ここで参考図《さんこうず》のように☗2三歩《さんふ》と角取《かくと》りに打《う》ってしまうと、☖3一角《いちかく》と逃《に》げられ、☗2二歩《にふ》と成《な》ったならば角《かく》で取《と》られ、歩一枚《ふいちまい》を損《そん》してしまうだけ終《お》わりです。その点《てん》、☗2四歩《よんふ》の「たれ歩《ふ》」の力《ちから》は絶大《ぜつだい》なのです。

第2図《だいず》　☗2三歩成《さんふなり》まで

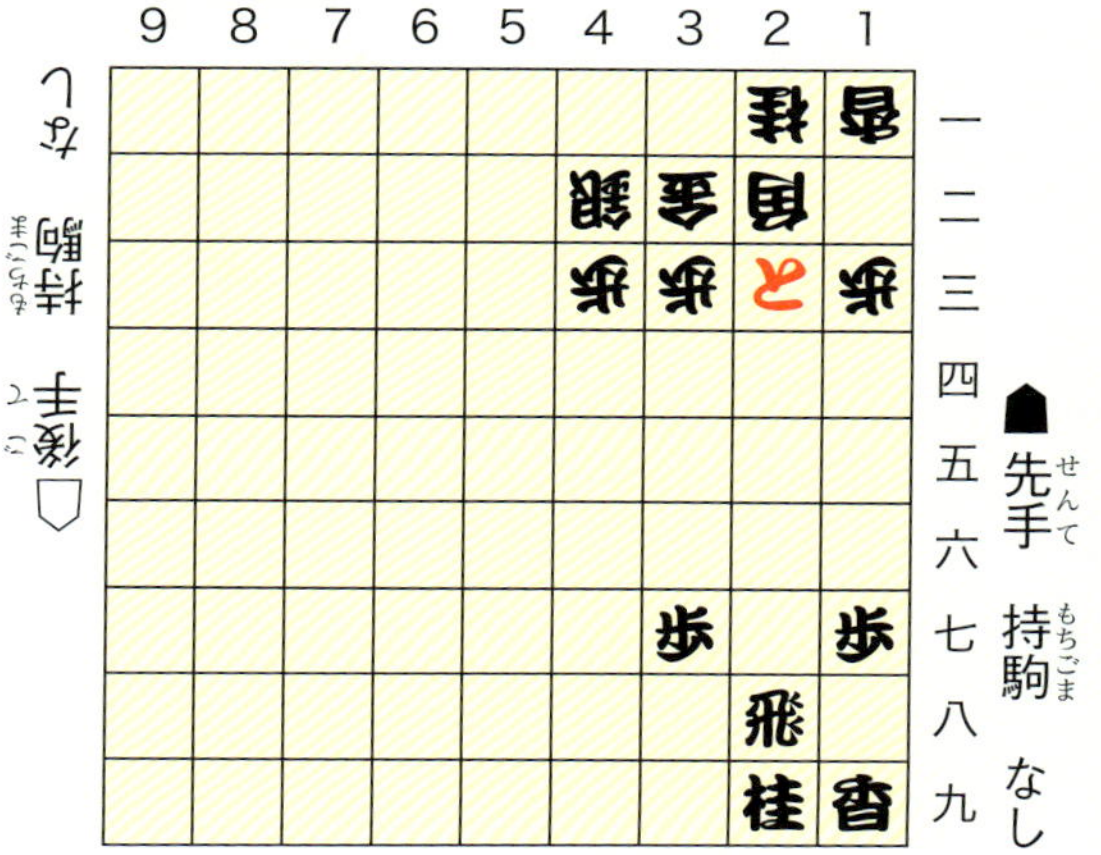

参考図《さんこうず》　☗2三歩《さんふ》まで

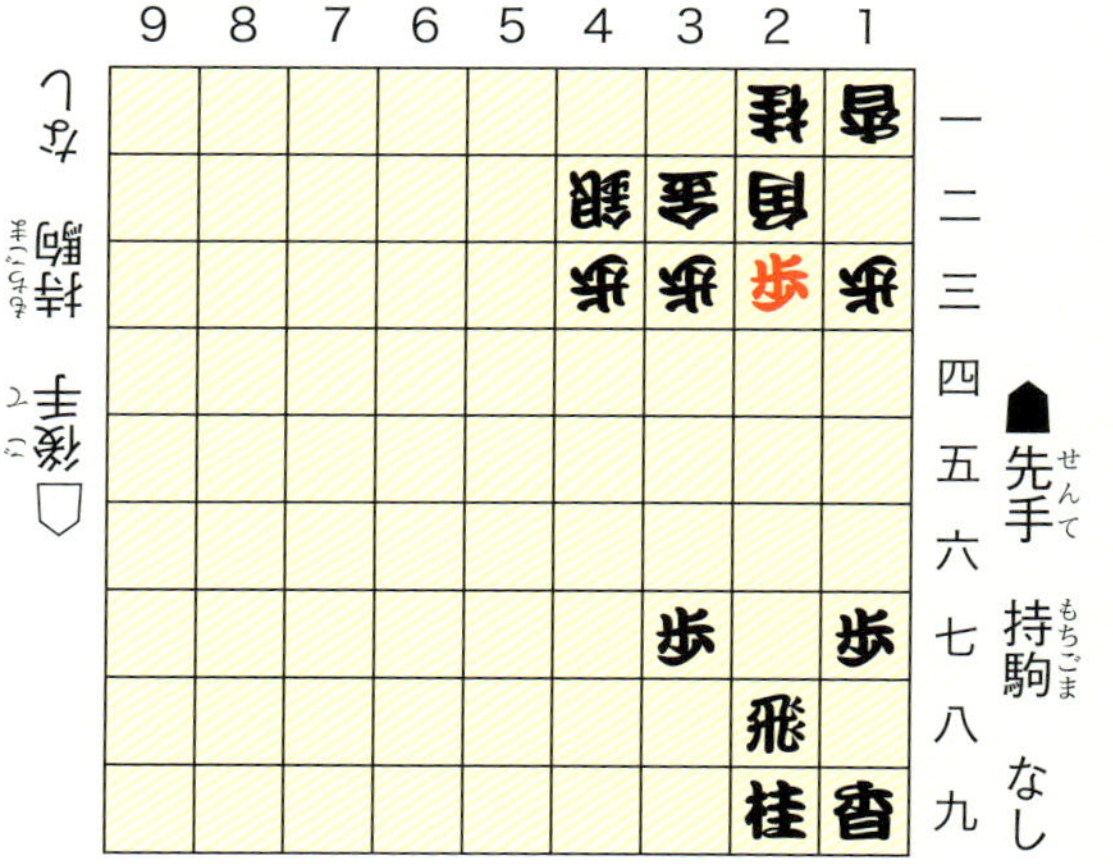

㋓ つぎ歩《ふ》

「つぎ歩《ふ》」とは同《おな》じ筋《すじ》に歩《ふ》を継《つ》ぎ足《た》していくことです。歩《ふ》を継《つ》ぎ足《た》すことで、持駒《もちごま》の歩《ふ》を打《う》つ場所《ばしょ》を作《つく》ったり、攻《せ》め駒《ごま》の働《はたら》きをよくしたりします。

つぎ歩《ふ》＋たれ歩《ふ》＋たたきの歩《ふ》

第《だい》1図《ず》は先手《せんて》が8五《ご》にあった歩《ふ》を▲8四歩《よんふ》と突《つ》き出《だ》したところです。後手《ごて》は△8四同歩《よんどうふ》と応《おう》じますが、先手《せんて》は▲8四同飛《よんどうひ》とはせずに、ここで▲8五歩《ごふ》（第《だい》2図《ず》）と打《う》って「つぎ歩《ふ》」をします。後手《ごて》はやはり△8五同歩《ごどうふ》（第《だい》3図《ず》）と応《おう》じます。これで8四《よん》の地点《ちてん》にすき間《ま》ができます。

第《だい》1図《ず》　▲8四歩《よんふ》まで

△後手《ごて》 持駒《もちごま》 なし

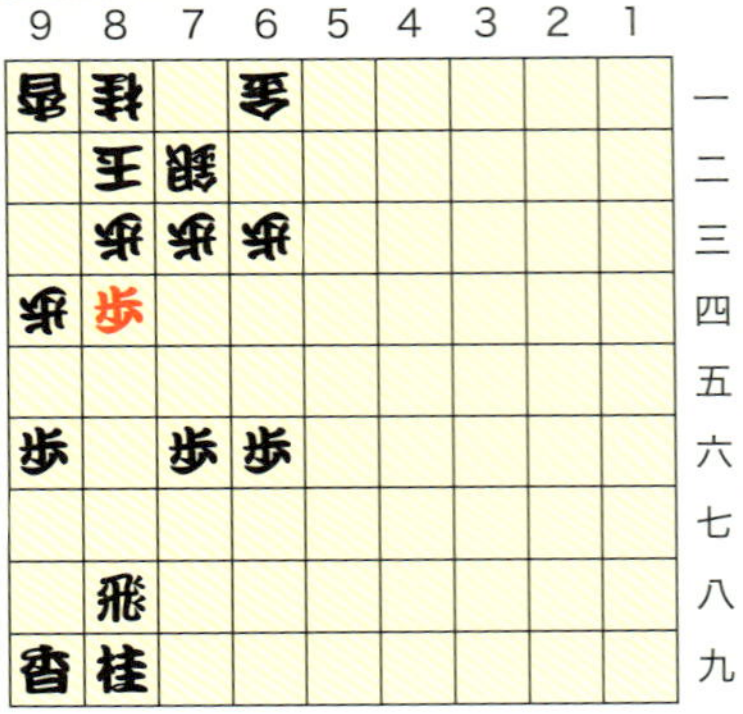

▲先手《せんて》 持駒《もちごま》 銀歩二《ぎんふに》

第《だい》2図《ず》　▲8五歩《ごふ》まで

△後手《ごて》 持駒《もちごま》 歩《ふ》

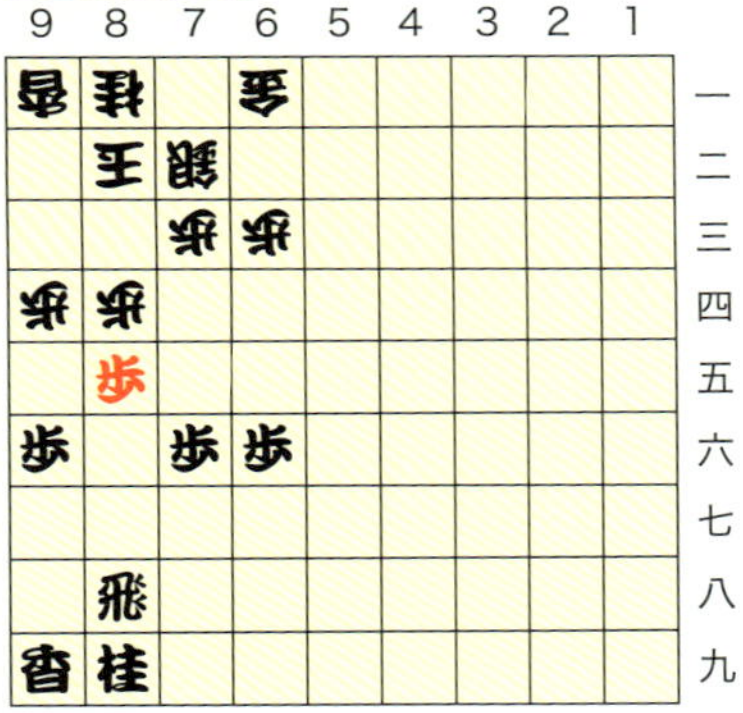

▲先手《せんて》 持駒《もちごま》 銀歩《ぎんふ》

第《だい》3図《ず》　△8五同歩《ごどうふ》まで

△後手《ごて》 持駒《もちごま》 歩二《ふに》

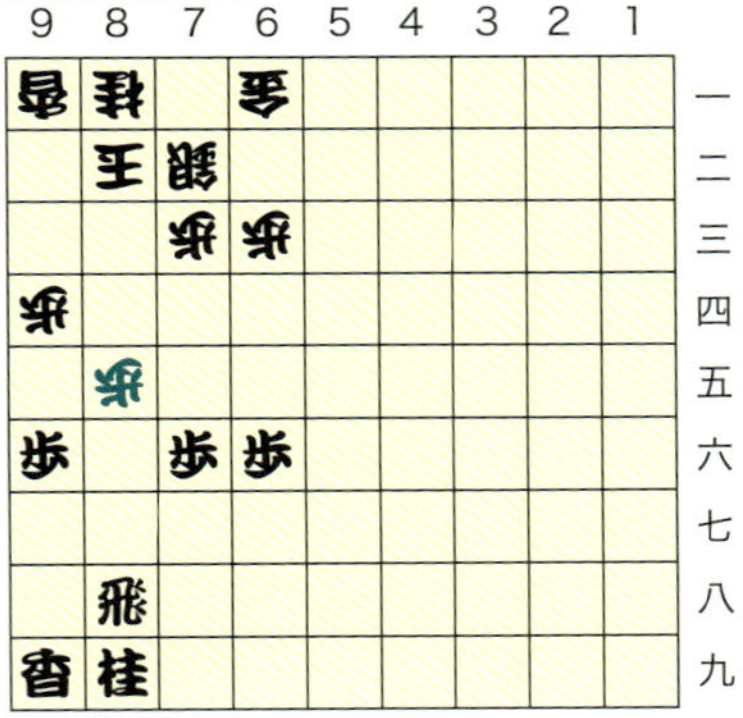

▲先手《せんて》 持駒《もちごま》 銀歩《ぎんふ》

先手《せんて》はすかさず▲8四歩《よんふ》(第《だい》4図《ず》)と「たれ歩《ふ》」を打《う》ちます。「つぎ歩《ふ》」の理由《りゆう》は、この「たれ歩《ふ》」を打《う》つためにあったのです。

後手《ごて》は、6筋《すじ》の方《ほう》へ玉《ぎょく》を逃《に》がすため、△7一玉《いちぎょく》とします。この△7一玉《いちぎょく》と逃《に》げた時点《じてん》で、▲8三銀《さんぎん》と打《う》って銀交換《ぎんこうかん》をして「と金《きん》」をつくるのも有力《ゆうりょく》です。

第《だい》4図《ず》　▲8四歩《よんふ》まで

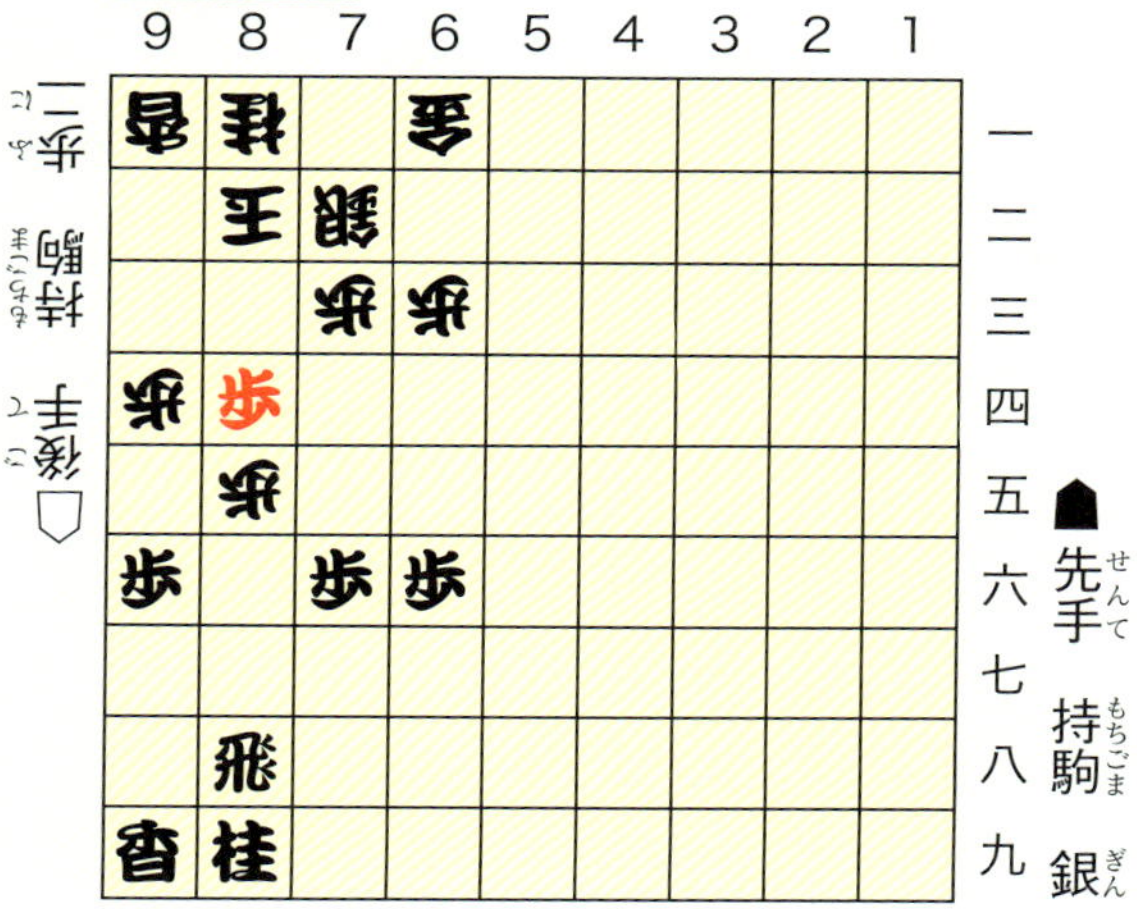

ここでは、▲8五飛《ごひ》と後手《ごて》の歩《ふ》を取《と》ります。これには後手《ごて》は△8二歩《にふ》と対抗《たいこう》します。先手《せんて》は、第《だい》2の攻撃《こうげき》の準備《じゅんび》として▲9五歩《ごふ》と、歩《ふ》を突《つ》き捨《す》てます。これに後手《ごて》が△9五同歩《ごどうふ》としたところが第《だい》5図《ず》です。

第《だい》5図《ず》　△9五歩《ごふ》まで

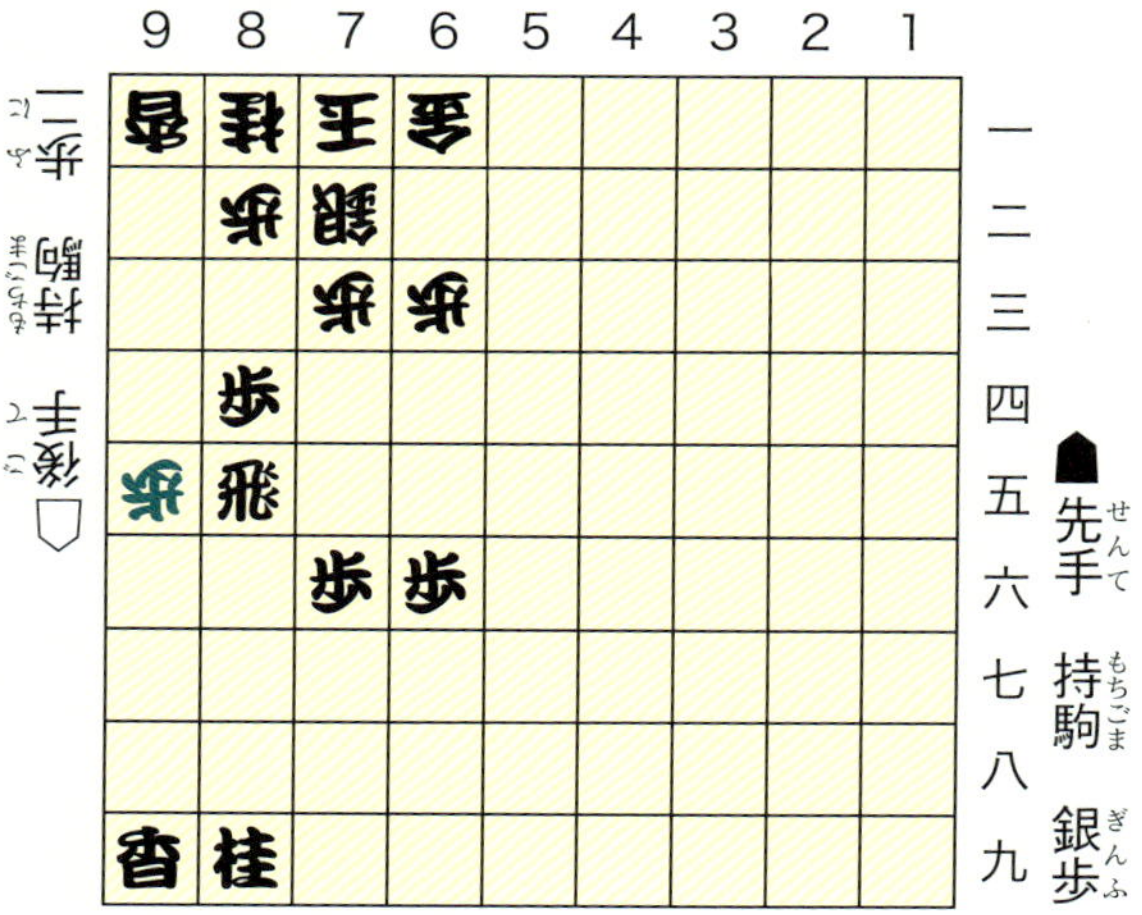

第《だい》6図《ず》　▲8三銀《さんぎん》まで

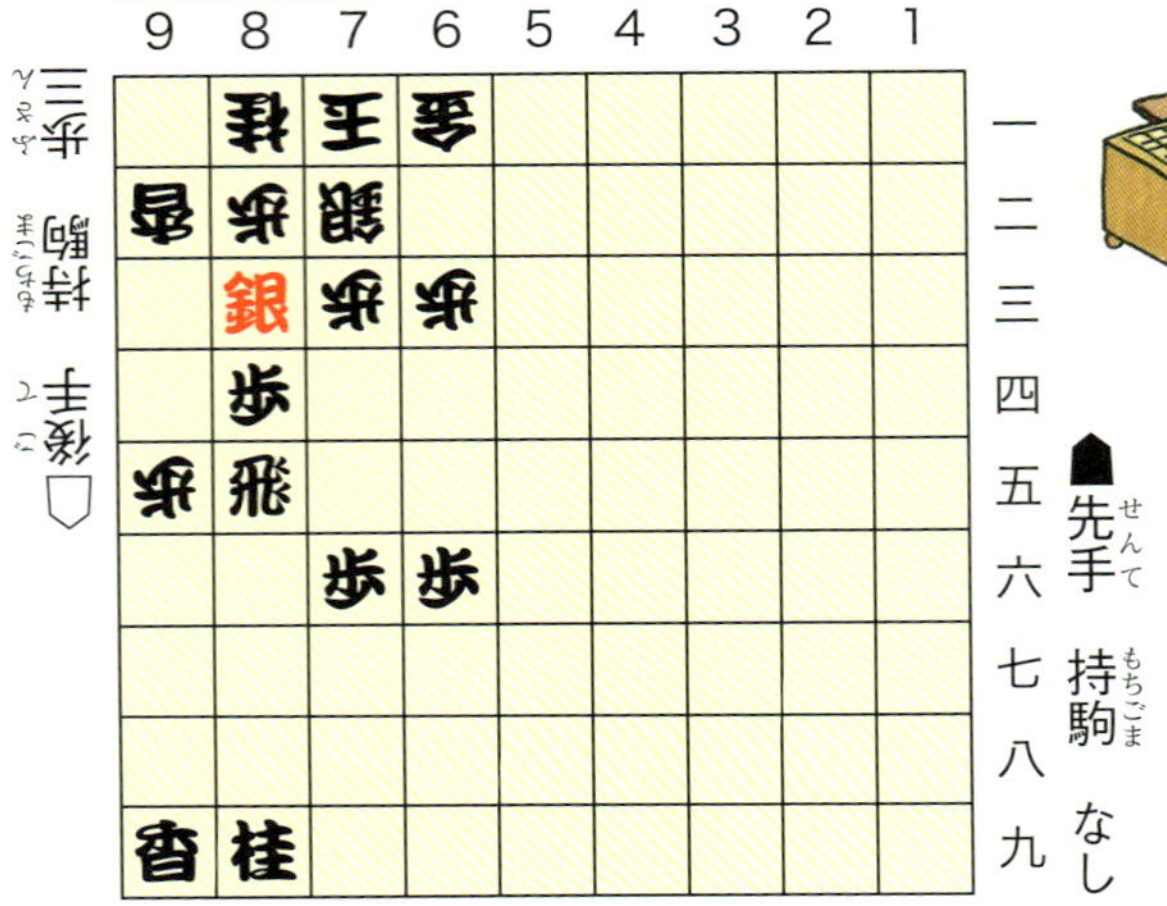

9筋《すじ》の歩《ふ》を突《つ》き捨《す》てたところで、▲9二歩《にふ》と「たたきの歩《ふ》」で香車《きょうしゃ》を9二《に》の地点《ちてん》に上《あ》がらせます。ここで▲8三銀《さんぎん》（第6図《だいず》）と打《う》ちます。

このあと△8三同歩《さんどうふ》、▲8三同歩成《さんどうふなり》、△8三同《さんどう》銀《ぎん》、▲8三同飛成《さんどうひなり》と進《すす》みます。このときに後手《ごて》が△8二銀《にぎん》と応《おう》じたときに、先手《せんて》は▲9二龍《にりゅう》と香車《きょうしゃ》を取《と》ることができます。

オ 焦点《しょうてん》の歩《ふ》

「焦点《しょうてん》の歩《ふ》」とは、相手《あいて》の駒《こま》が二《ふた》つ以上《いじょう》利《き》いている場所《ばしょ》に、単独《たんどく》で歩《ふ》を打《う》つことをいいます。これで相手《あいて》の陣形《じんけい》をみだしたり、有利《ゆうり》に攻撃《こうげき》できたりなどの特徴《とくちょう》があります。

まさに一歩千金《いっぷせんきん》

第《だい》1図《ず》は飛《ひ》、角《かく》、桂《けい》と後手《ごて》の駒《こま》が3つも利《き》いている3三《さん》の地点《ちてん》に、先手《せんて》が☗3三歩《さんふ》と打《う》ったところです。

第《だい》1図《ず》 ☗3四飛《よんひ》

後手《ごて》持駒《もちごま》 歩《ふ》

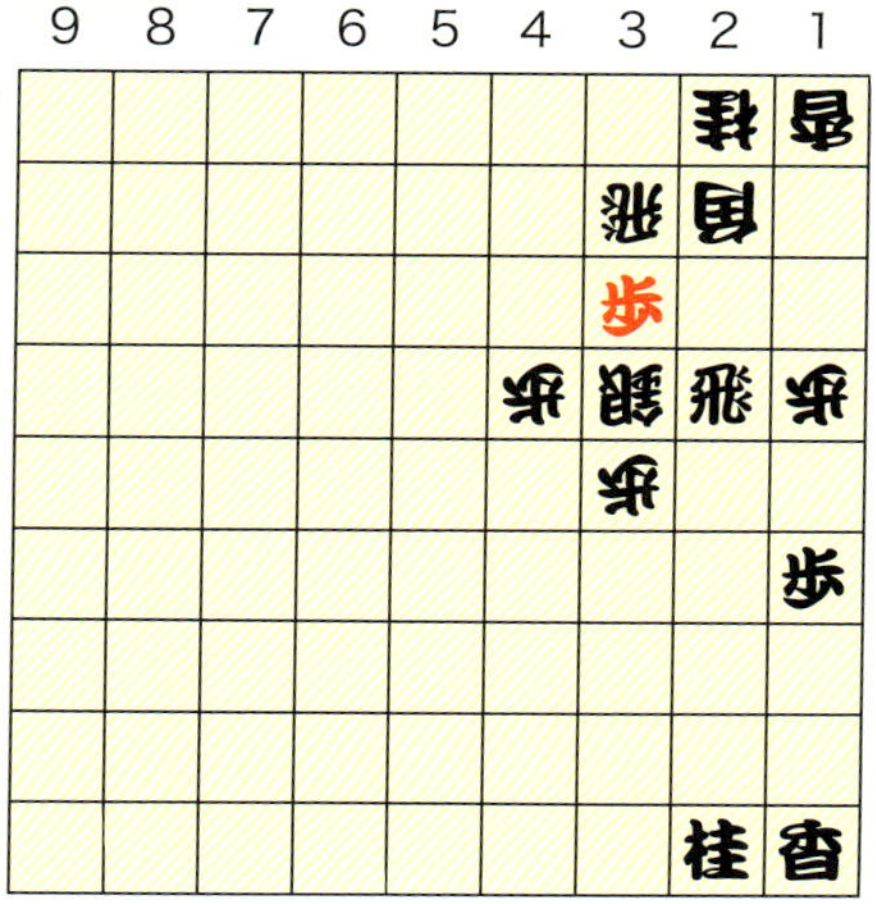

☗先手《せんて》 持駒《もちごま》 歩《ふ》

第《だい》2図《ず》 ☗3四飛《よんひ》

後手《ごて》持駒《もちごま》 歩二《ふに》

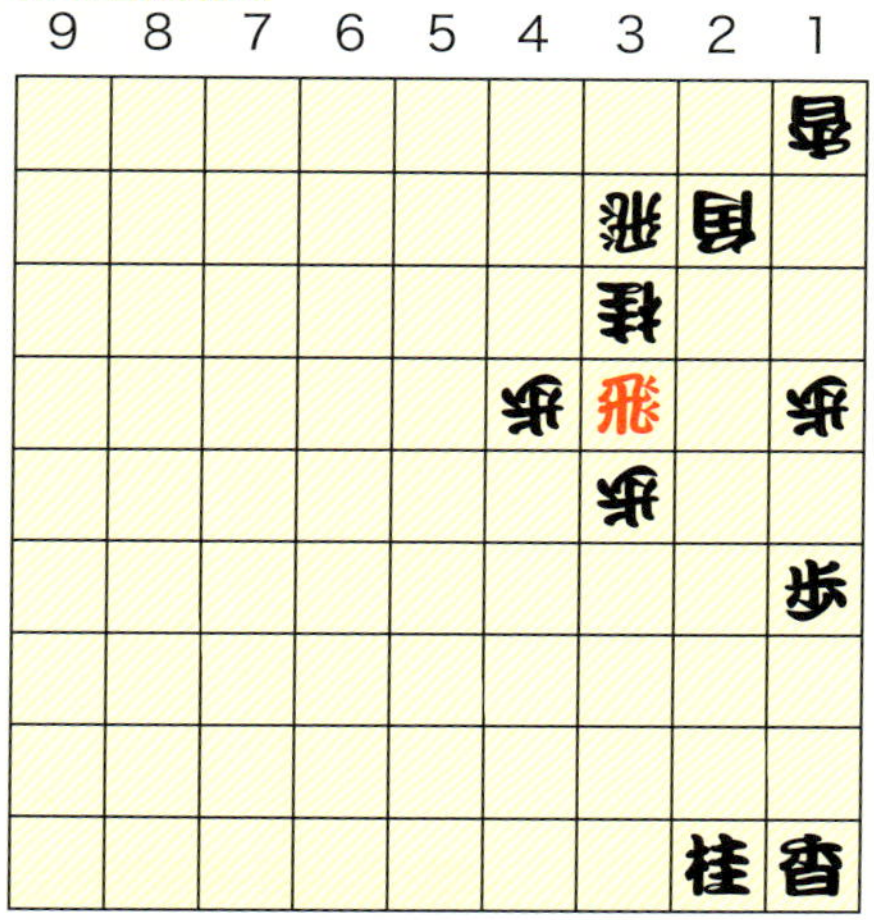

☗先手《せんて》 持駒《もちごま》 銀歩《ぎんふ》

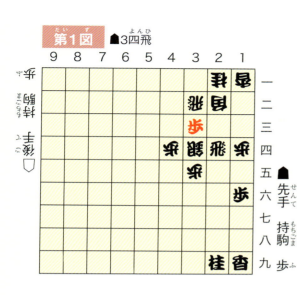

後手《ごて》が△3三同桂《さんどうけい》ならば、▲3四飛《よんひ》（第《だい》2図《ず》）と銀《ぎん》を取《と》ることができます。また、△3三同角《さんどうかく》ならば▲2一飛成《いちひなり》（第《だい》3図《ず》）と桂《けい》を取《と》りながら龍《りゅう》をつくることができます。後手《ごて》はどの駒《こま》で3三《さん》の歩《ふ》を取《と》っても、大変不利《たいへんふり》になります。

第《だい》3図《ず》　▲2一飛成《いちひなり》

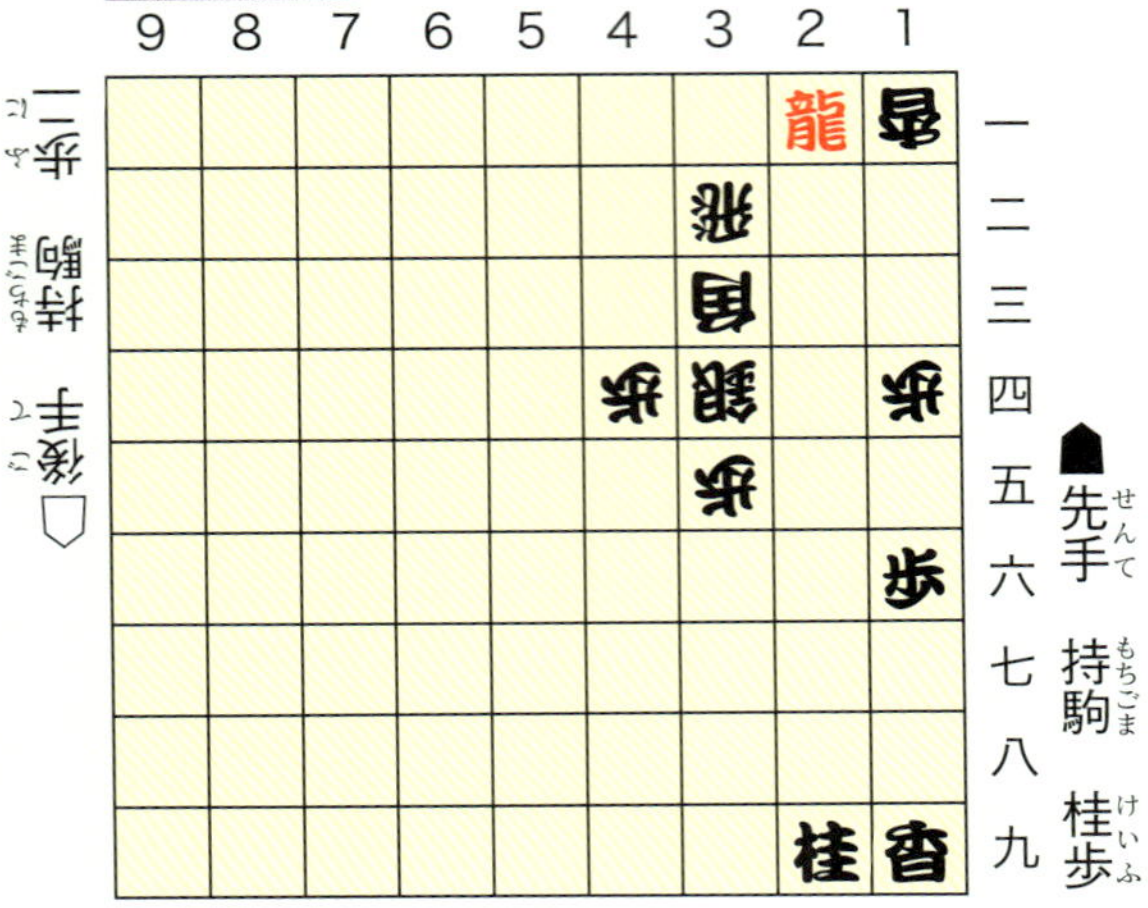
9 8 7 6 5 4 3 2 1
一 二 三 四 五 六 七 八 九
▲先手《せんて》 持駒《もちごま》 桂歩《けいふ》
△後手《ごて》 持駒《もちごま》 歩二《ふた》

どの駒《こま》で取《と》っても…

第《だい》4図《ず》は、桂《けい》、飛《ひ》、角《かく》、銀《ぎん》と4つの駒《こま》が利《き》いている場所《ばしょ》に、▲3三歩《さんぷ》と飛車取《ひしゃと》りに歩《ふ》を打《う》ったところです。

第《だい》4図《ず》　▲3三歩《さんふ》まで

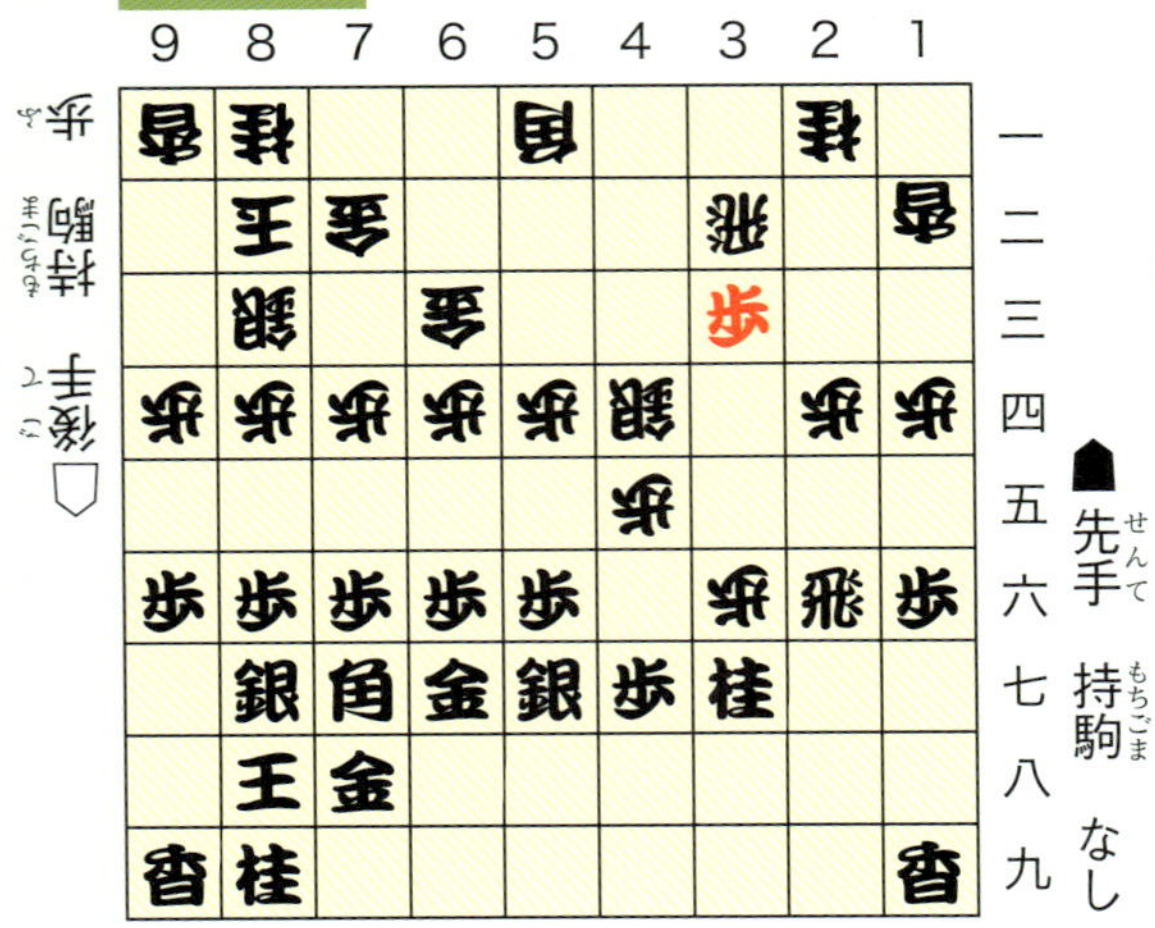
9 8 7 6 5 4 3 2 1
一 二 三 四 五 六 七 八 九
▲先手《せんて》 持駒《もちごま》 なし
△後手《ごて》 持駒《もちごま》 歩《ふ》

この歩《ふ》を△3三同飛《さんどうひ》（第《だい》5図《ず》）とすると最悪《さいあく》でしょう。角《かく》の利《き》きが止《と》まるので先手《せんて》は▲2四飛《よんひ》と歩《ふ》を取《と》りながら出《で》ることができ、桂《けい》と銀《ぎん》の両取《りょうど》りにできます。後手《ごて》が、△3七歩成《ななふなり》と桂《けい》を取《と》って「と金《きん》」をつくっても、▲2一飛成《いちひなり》と桂《けい》を取《と》り返《かえ》しながら、龍《りゅう》をつくり角《かく》と香《きょう》の両取《りょうど》りにできます。

第《だい》5図《ず》　△3三同飛《さんどうひ》まで

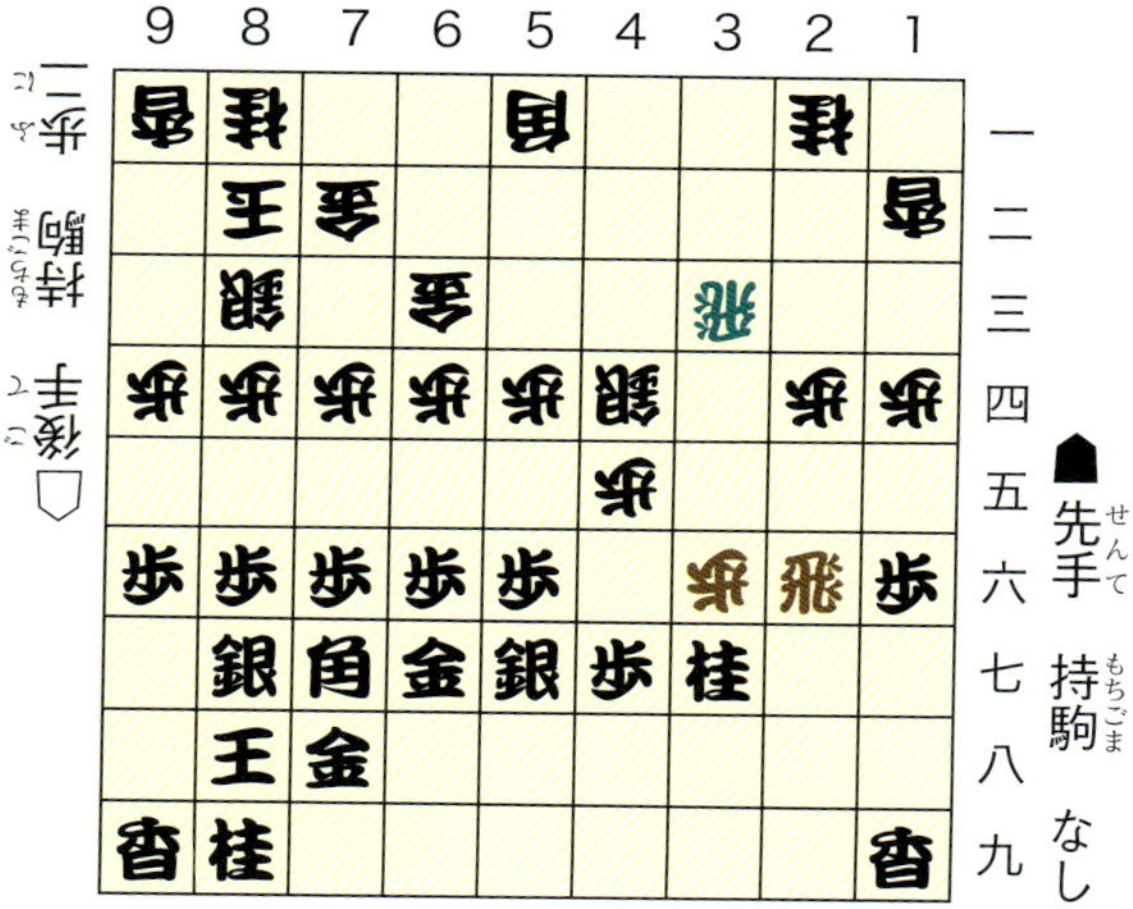

第《だい》6図《ず》は▲3三歩《さんふ》を△3三同銀《さんどうぎん》と取《と》ったところです。これで後手《ごて》の飛《ひ》と角《かく》の道《みち》が止《と》まってしまいます。先手《せんて》は▲3六飛《ろくひ》と後手《ごて》の歩《ふ》を取《と》り、桂取《けいと》りを防《ふせ》げます。なお、この歩《ふ》は角《かく》で取《と》っても飛車《ひしゃ》の利《き》きが止《と》まるので、先手《せんて》は▲3六飛《ろくひ》とすることができます。桂《けい》で取《と》った場合《ばあい》は、角《かく》の利《き》きが止《と》まるので先手《せんて》は▲2四飛《よんひ》です。

第《だい》6図《ず》　△3三同銀《さんどうぎん》まで

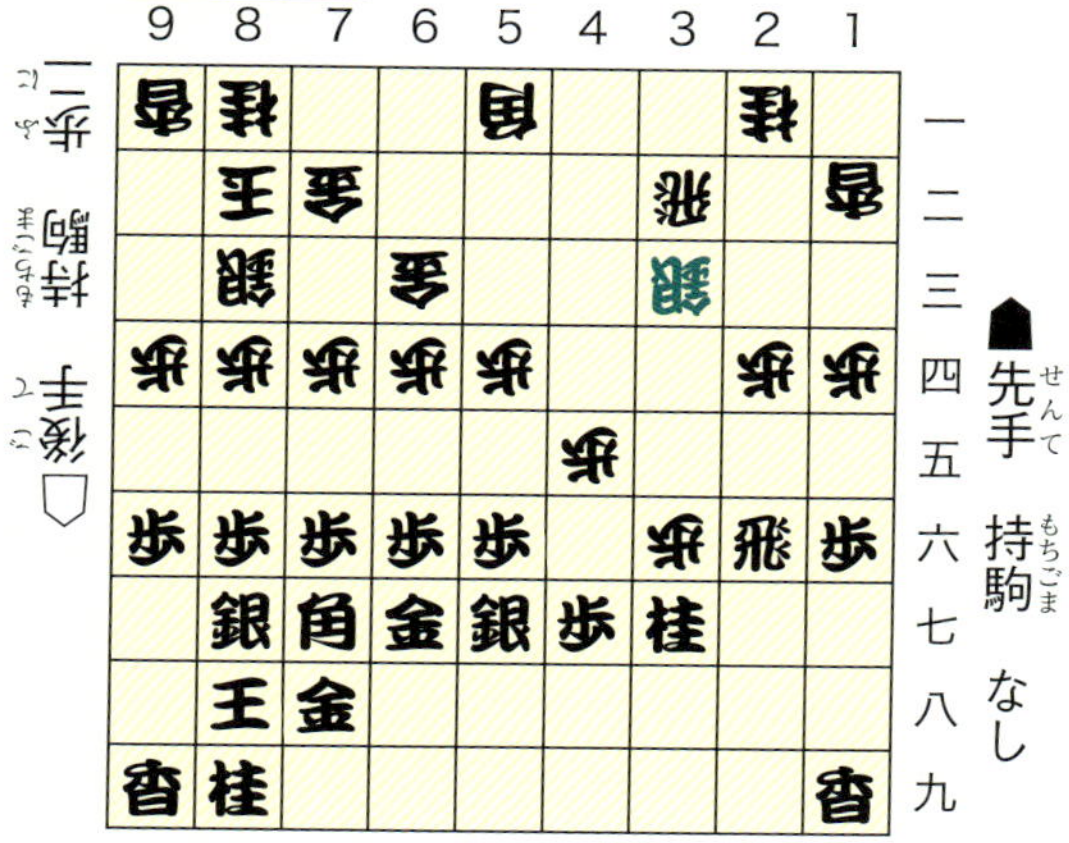

カ 金底《きんぞこ》の歩《ふ》は岩《いわ》より堅《かた》し

底歩《そこふ》というのは、自陣《じじん》の一番下《いちばんした》の段《だん》に打《う》つ歩《ふ》のことです。この底歩《そこふ》が金《きん》の下《した》にある場合《ばあい》、ヨコからの攻《せ》めに大変強《たいへんつよ》くなり、まるで岩《いわ》よりも堅《かた》い守《まも》りになることから生《う》まれた格言《かくげん》です。

一枚《いちまい》の歩《ふ》で〝びくとも〟しない

第《だい》1図《ず》は、後手《ごて》から△3九飛《きゅうひ》と王手《おうて》されたときの局面《きょくめん》です。ここで待《ま》っていましたとばかりに▲5九歩《きゅうふ》と底歩《そこふ》を打《う》てば、飛車一枚《ひしゃいちまい》の攻《せ》めなら〝びくとも〟しない守《まも》りができます。

また、底歩《そこふ》の特徴《とくちょう》は取《と》られても「歩《ふ》」であることです。終盤《しゅうばん》の一手《いって》に大《おお》きな働《はたら》きをする金《きん》や銀《ぎん》を取《と》られるのとは大《おお》きく違《ちが》うということです。第《だい》2図《ず》は美濃囲《みのがこ》いが二枚《にまい》の飛車《ひしゃ》で攻《せ》められている局面《きょくめん》です。元来《がんらい》、ヨコからの攻《せ》めには強《つよ》い美濃囲《みのがこ》いですが、▲5九歩《きゅうふ》と底歩《そこふ》を打《う》てば頑丈《がんじょう》そのもの。二枚《にまい》の飛車《ひしゃ》による攻《せ》めも恐《こわ》くなくなります。

第《だい》1図《ず》　▲5九歩《きゅうふ》まで

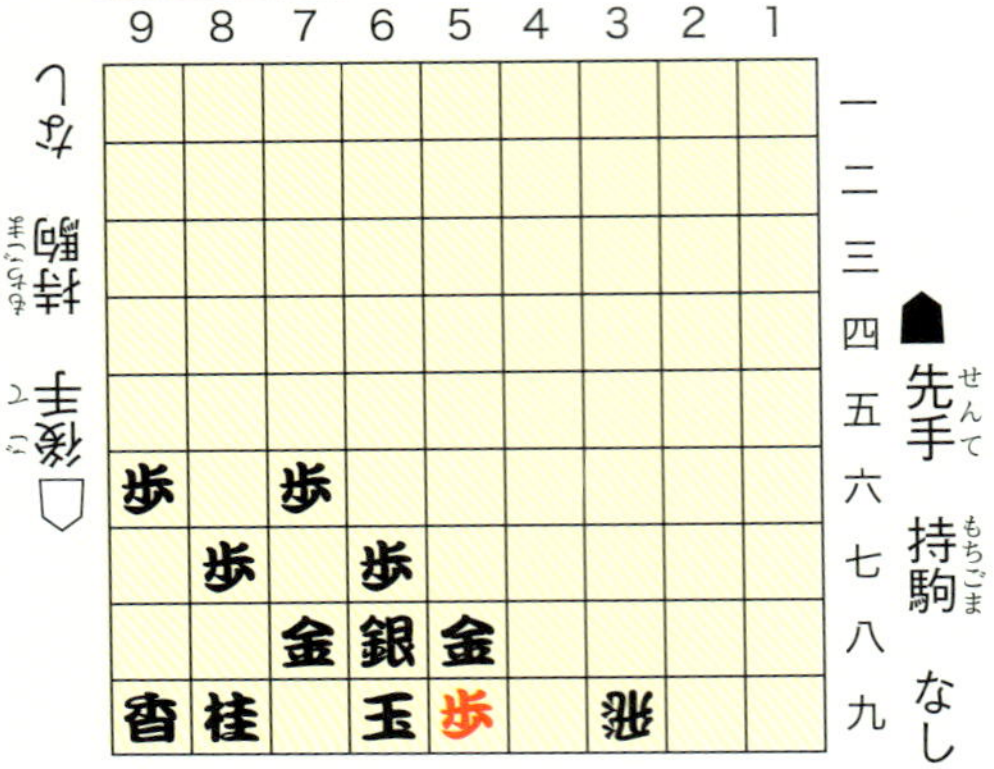

第《だい》2図《ず》　▲5九歩《きゅうふ》まで

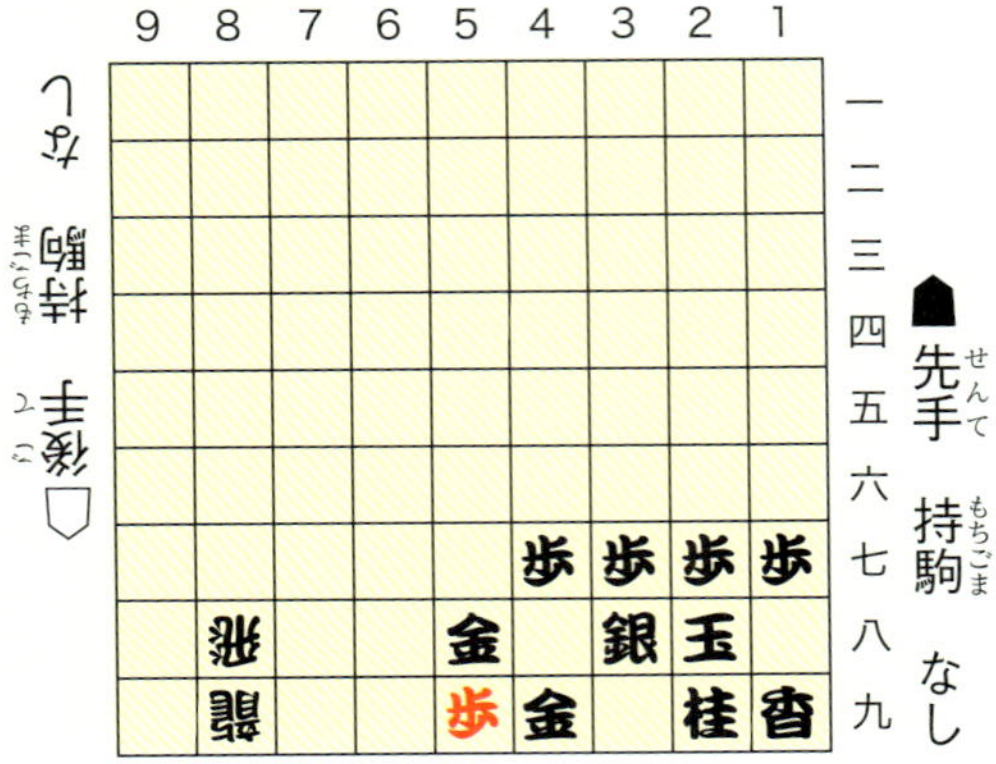

詰《つ》めを防《ふせ》ぐ、底歩《そこふ》

第《だい》3図《ず》（△2九飛成《きゅうひなり》）の局面《きょくめん》では、▲5九歩《きゅうふ》（第《だい》4図《ず》）と底歩《そこふ》を打《う》つことが後手《ごて》の詰《つ》めを消《け》しているという場面《ばめん》です。

参考図《さんこうず》のように後手《ごて》が持駒《もちごま》の金《きん》を△7九《きゅう》に打《う》って王手《おうて》をされると、8筋《すじ》、9筋《すじ》へ玉《ぎょく》が寄《よ》っても、後手《ごて》の金《きん》は玉《ぎょく》を追《お》うことができます。最終的《さいしゅうてき》には、金《きん》に追《お》われ9八《はち》から▲8八玉《はちぎょく》と戻《もど》っても、△8九龍《きゅうりゅうりゅう》で詰《つ》みになります。

第《だい》3図《ず》　△2九飛成《きゅうひなり》まで

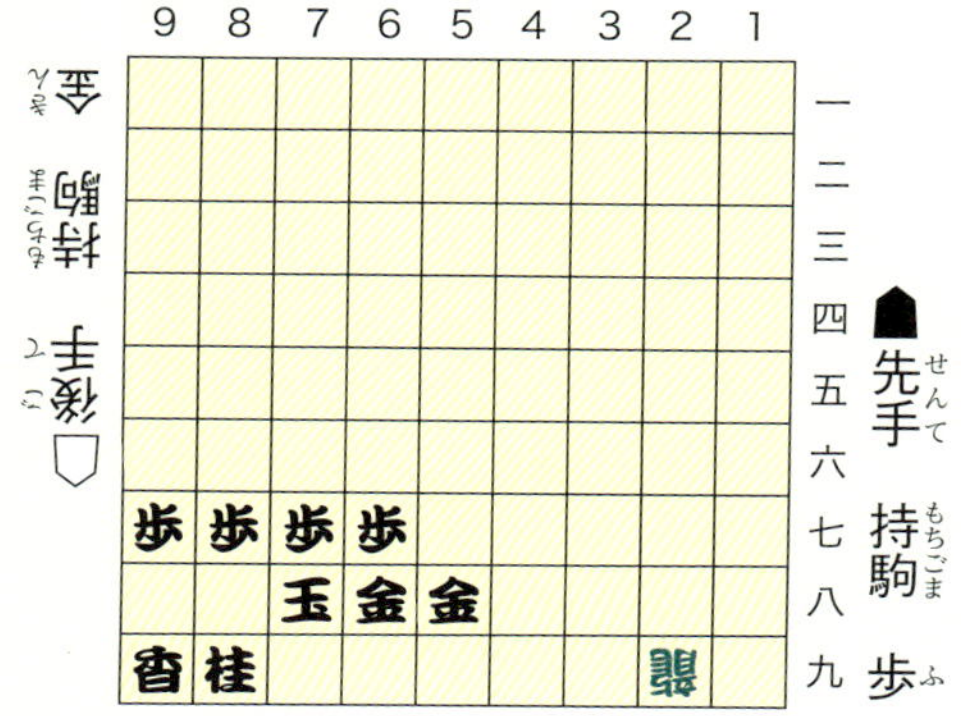

第《だい》4図《ず》　▲5九歩《きゅうふ》まで

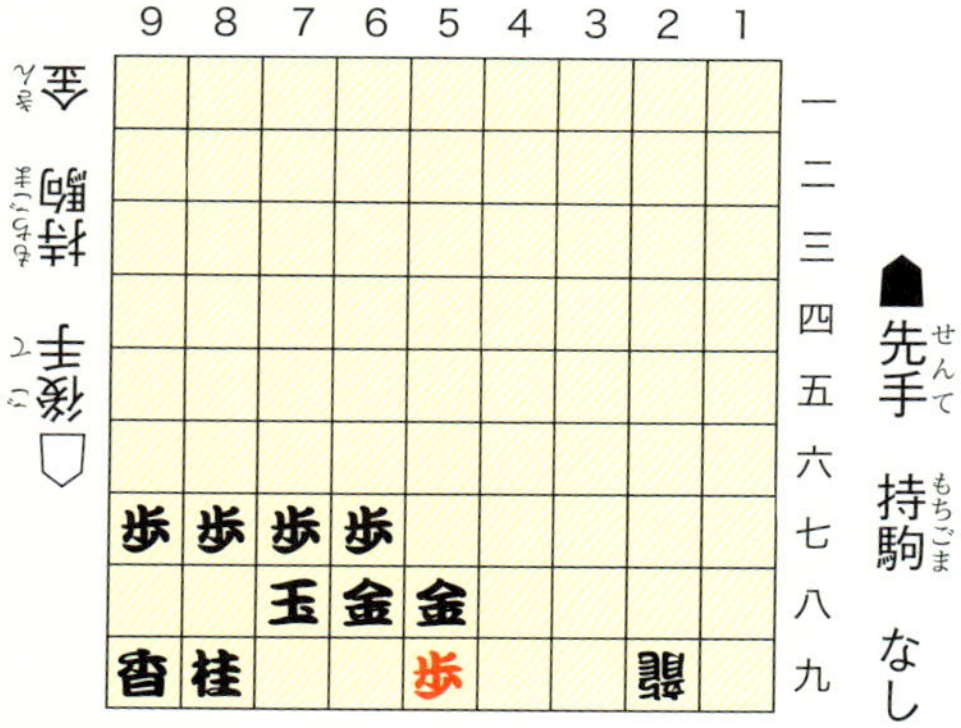

参考図《さんこうず》　△7九金《きゅうきん》まで

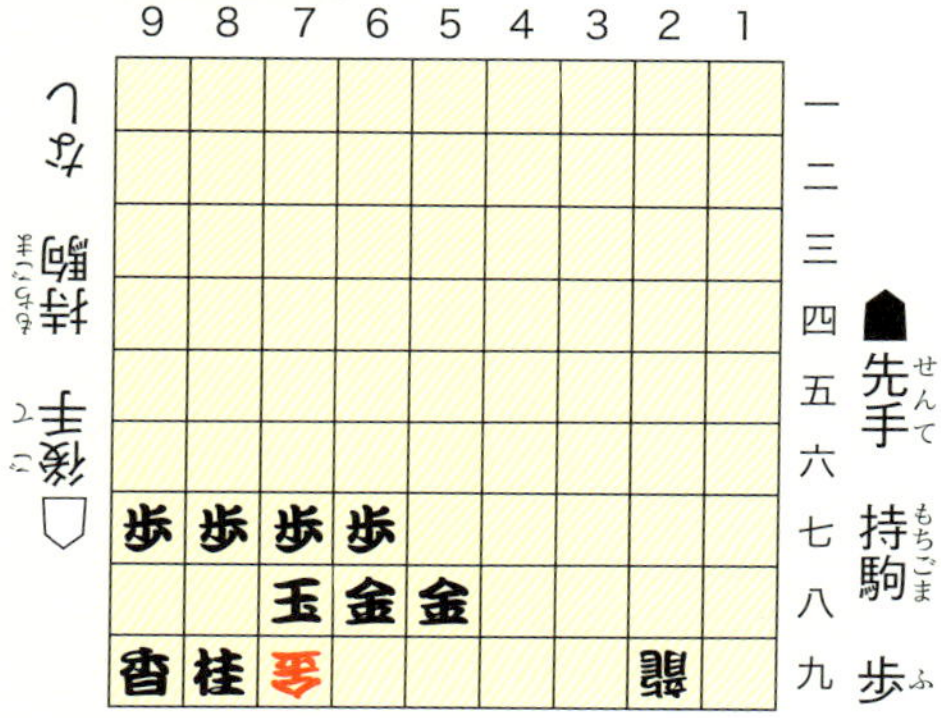

底歩《そこふ》は香車《きょうしゃ》に弱《よわ》い

底歩《そこふ》を打《う》つときは相手《あいて》の持駒《もちごま》に香車《きょうしゃ》があるかないかをチェックしておきましょう。紹介《しょうかい》した図《ず》でも後手《ごて》から△5一香《いちきょう》と打《う》たれたら、歩《ふ》で合《あ》いゴマできないためかなりの痛手《いたで》になります。

底歩《そこふ》は強力《きょうりょく》だが、その筋《すじ》の攻《せ》めに歩《ふ》が使《つか》えなくなることも計算《けいさん》しておこう！

㋖「と金《きん》」のおそはや

「と金《きん》」のおそはやとは、**「と金《きん》」の攻《せ》めは時間《じかん》（手数《てすう》）がかかるように見《み》えるけど、実際《じっさい》には早《はや》い攻《せ》めになる**ことが多《おお》いということです。

「と金《きん》」攻《ぜ》めのすぐれたところは、相手《あいて》が「と金《きん》」を取《と》っても「歩《ふ》」にしかならないことです。

第1図《だいず》

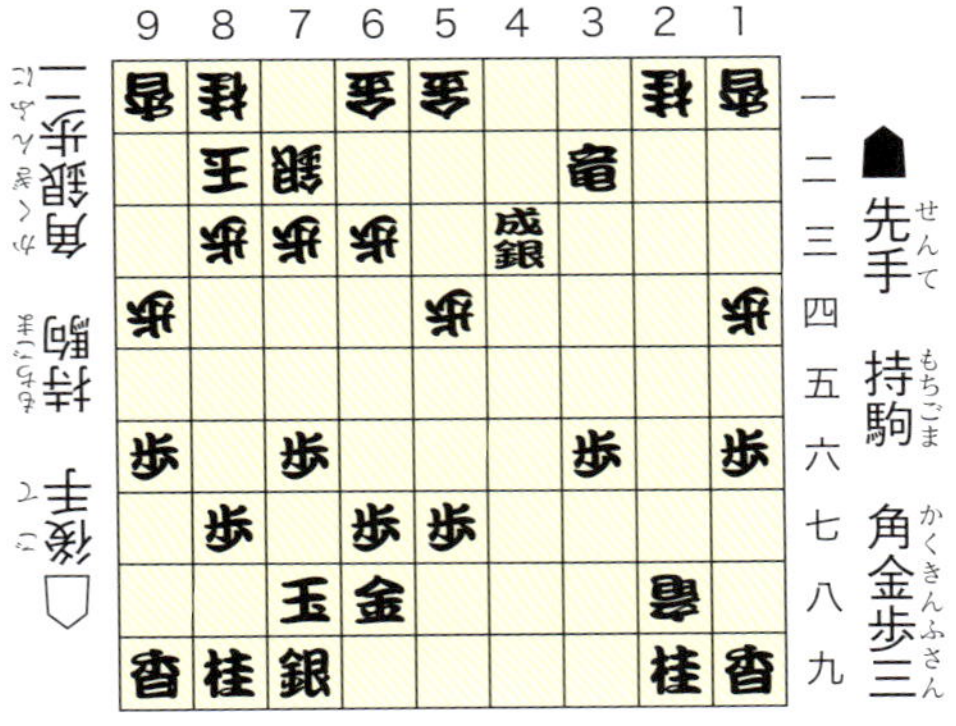
9 8 7 6 5 4 3 2 1
一 二 三 四 五 六 七 八 九
▲先手《せんて》　持駒《もちごま》　角金歩三《かくきんふさん》
△後手《ごて》　持駒《もちごま》　飛銀歩二

この第1図《だいず》は、先手《せんて》からも後手《ごて》からも「と金《きん》」攻《ぜ》めがある例《れい》です。

後手《ごて》からの「と金《きん》」攻《ぜ》め

第《だい》1図《ず》から後手《ごて》の手番《てばん》としましょう。すぐに浮《う》かぶ攻《せ》めは、後手《ごて》△5九銀《きゅうぎん》の手順《てじゅん》です。

第《だい》2図《ず》　▲6九金打《きゅうきんうち》まで

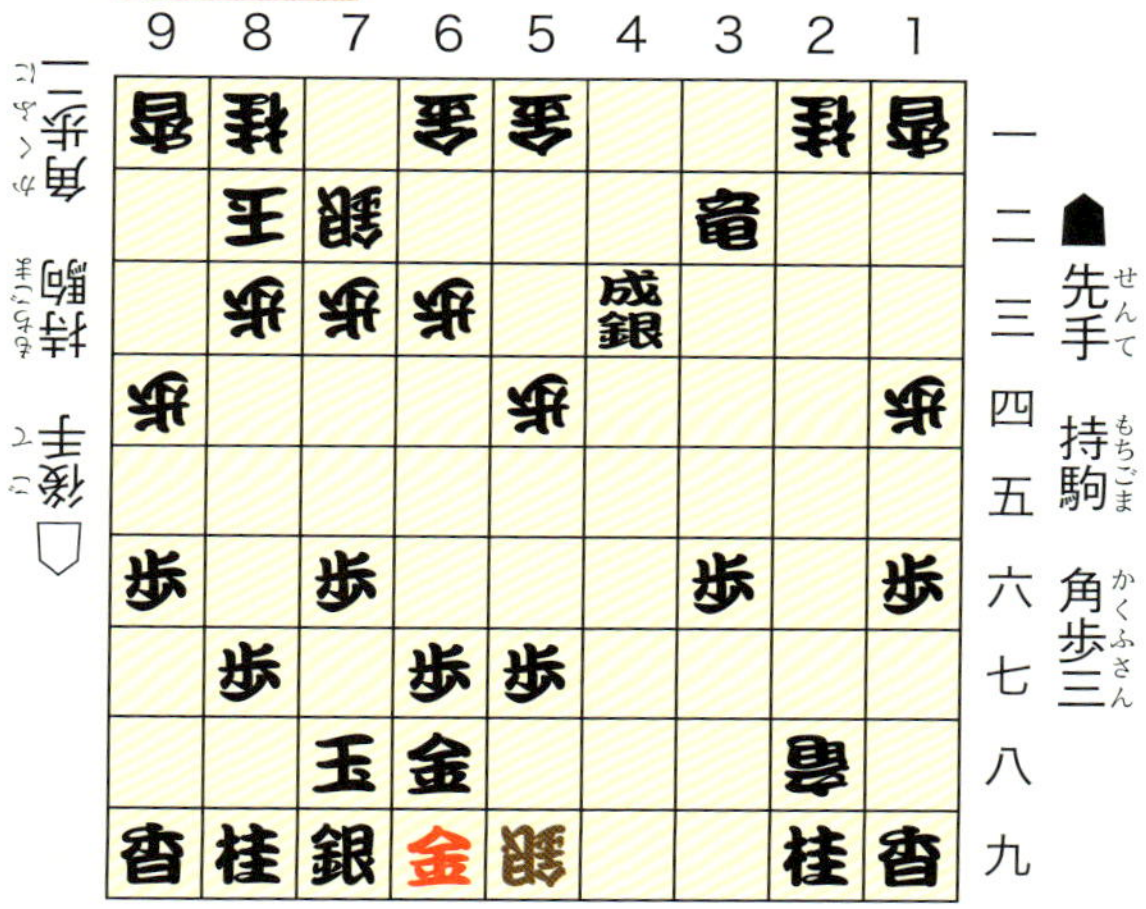

第《だい》3図《ず》　△6八銀成《はちぎんなり》まで

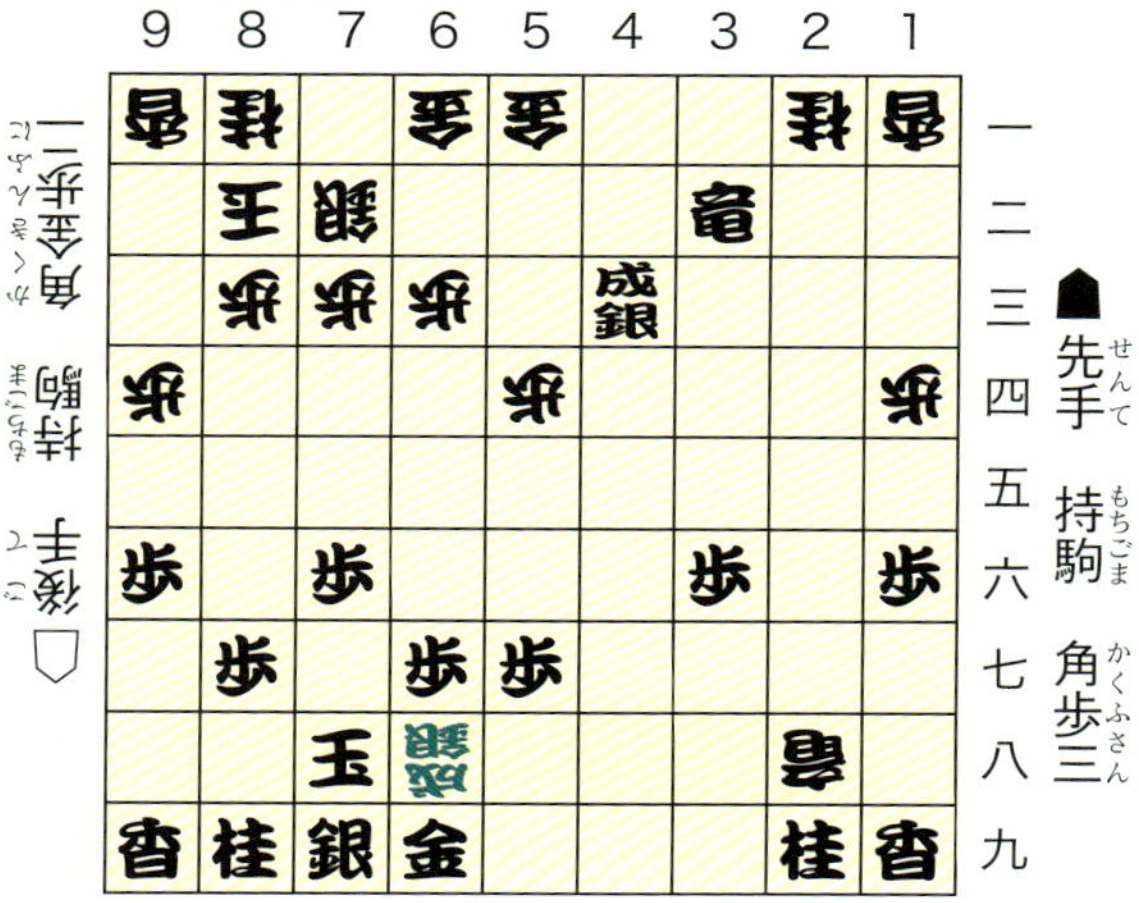

これに対《たい》し先手《せんて》は▲6九金打《きゅうきんうち》（第《だい》2図《ず》）と守《まも》り、後手《ごて》は△6八銀成《はちぎんなり》（第《だい》3図《ず》）と金《きん》を取《と》りますが、先手《せんて》も▲6八同銀《はちどうぎん》（次《じ》ページ・第《だい》4図《ず》）と応《おう》じます。

この攻《せ》めでは後手《ごて》の持駒《もちごま》の銀《ぎん》（第《だい》1図《ず》、P100）が金《きん》に換《か》わり、先手《せんて》の持駒《もちごま》の金《きん》（第《だい》1図《ず》、P100）が銀《ぎん》に換《か》わっただけです。第《だい》4図《ず》からすぐに効果《こうか》があるような後手《ごて》の攻《せ》め手《て》も見当《みあ》たりません。第《だい》1図《ず》（P100）からは☖4六歩《ろくふ》（第《だい》5図《ず》）とたれ歩《ふ》を使《つか》い、「と金《きん》」をつくって攻《せ》めるのが最《もっと》も効果的《こうかてき》です。後手《ごて》だけの手順《てじゅん》でいえば、☖4七歩成《ななふなり》（第《だい》6図《ず》）とし、☖5八《はち》と攻《せ》める手《て》が、まさに「と金《きん》」のおそはやです。

☖4六歩《ろくふ》、☖4七歩成《ななふなり》、☖5八《はち》と、三手《さんて》かかってもこの攻《せ》めが一番早《いちばんはや》いというのが実際《じっさい》です。

第《だい》4図《ず》　☗6八同銀《はちどうぎん》まで

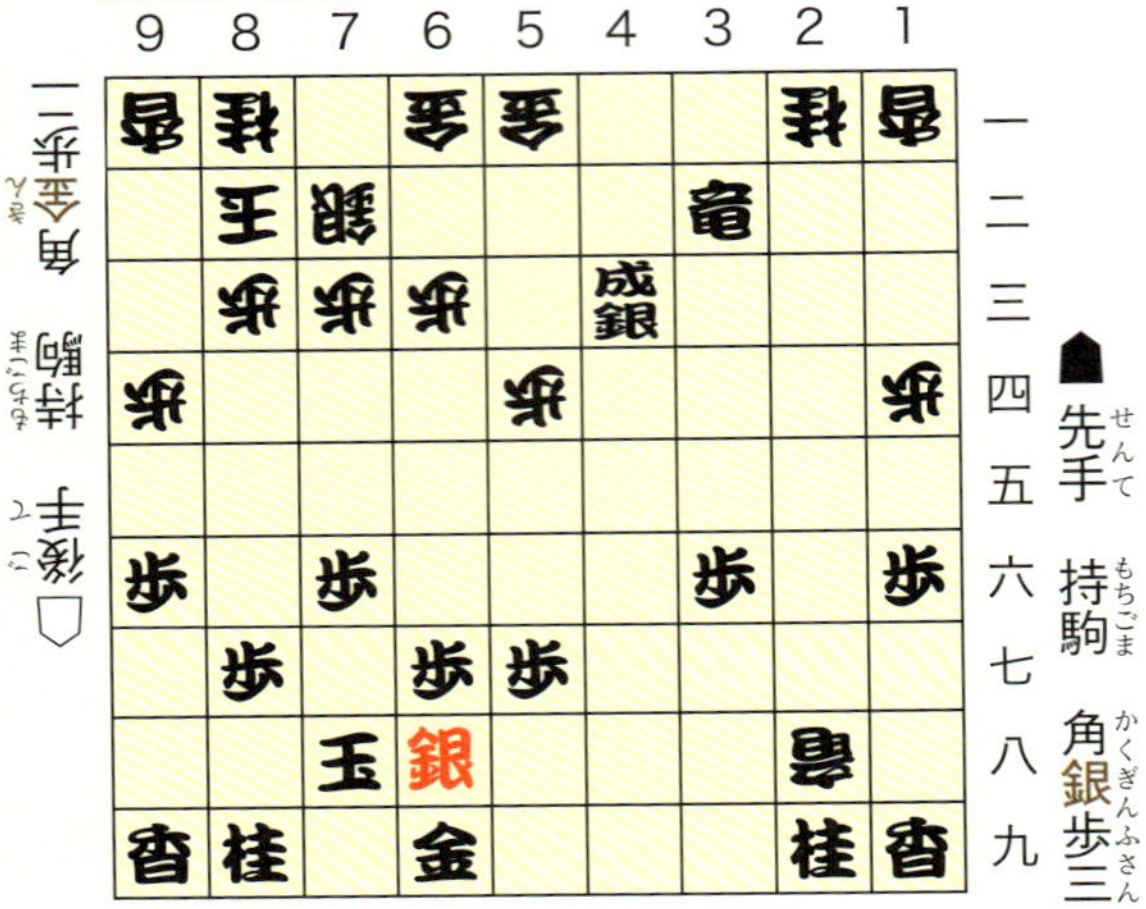
☖後手《ごて》 持駒《もちごま》 角金歩二《かくきんふに》
☗先手《せんて》 持駒《もちごま》 角銀歩三《かくぎんふさん》

第《だい》5図《ず》　☖4六歩《ろくふ》まで

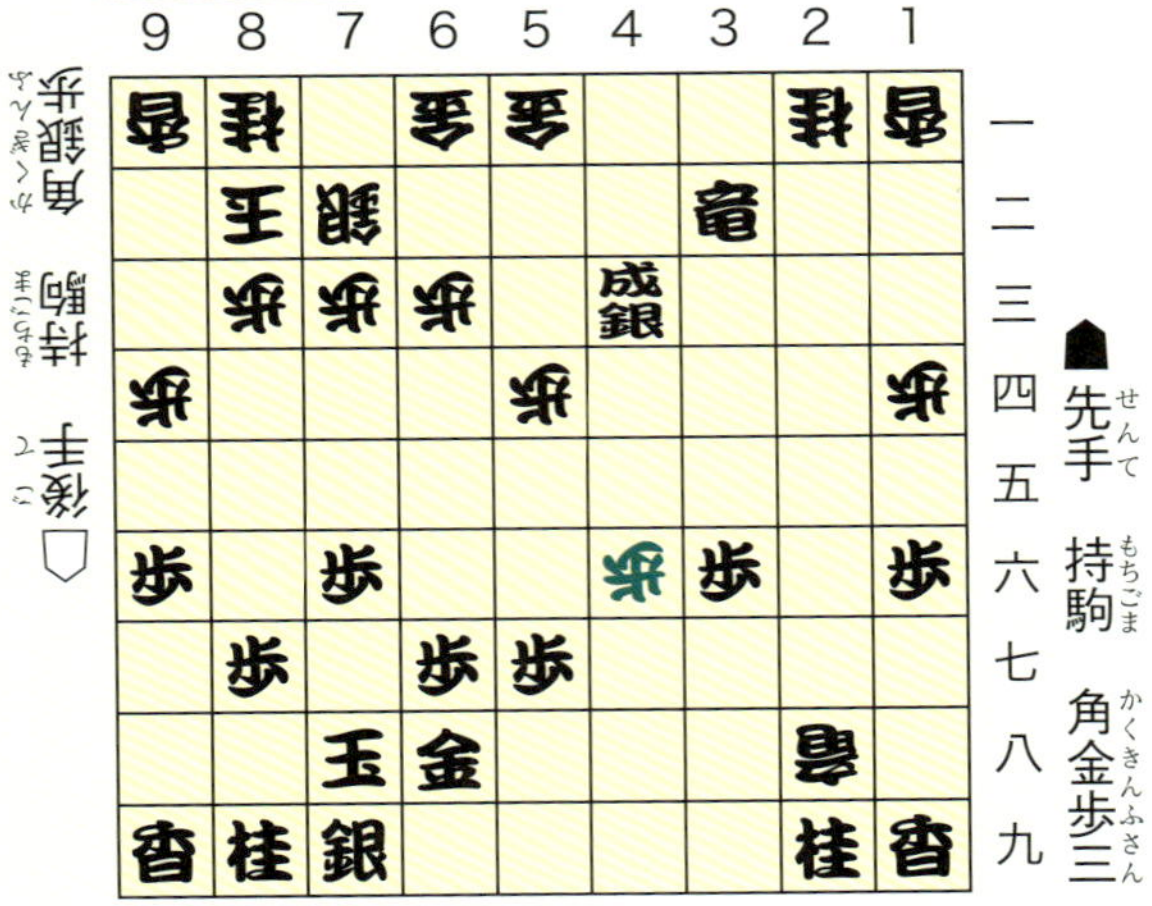
☖後手《ごて》 持駒《もちごま》 角銀歩《かくぎんふ》
☗先手《せんて》 持駒《もちごま》 角金歩三《かくきんふさん》

第《だい》6図《ず》　△4七歩成《ななふなり》まで

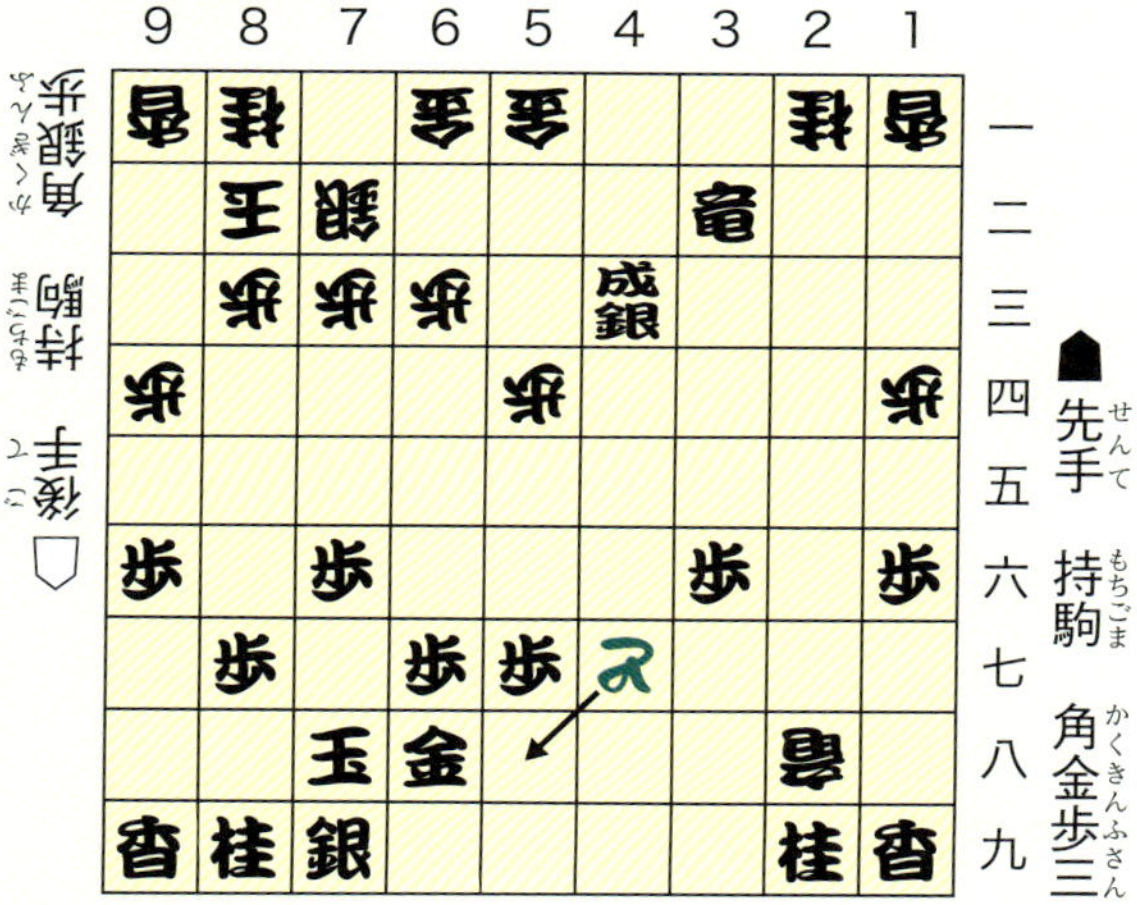
△後手《ごて》 持駒《もちごま》 角銀歩《かくぎんふ》
▲先手《せんて》 持駒《もちごま》 角金歩三《かくきんふさん》

「と金《きん》」で攻《せ》められるのは嫌《いや》ですよね！ 逆《ぎゃく》に言《い》えば、効果満点《こうかまんてん》の攻《せ》めになる！

第《だい》7図《ず》　▲5二金《にきん》まで

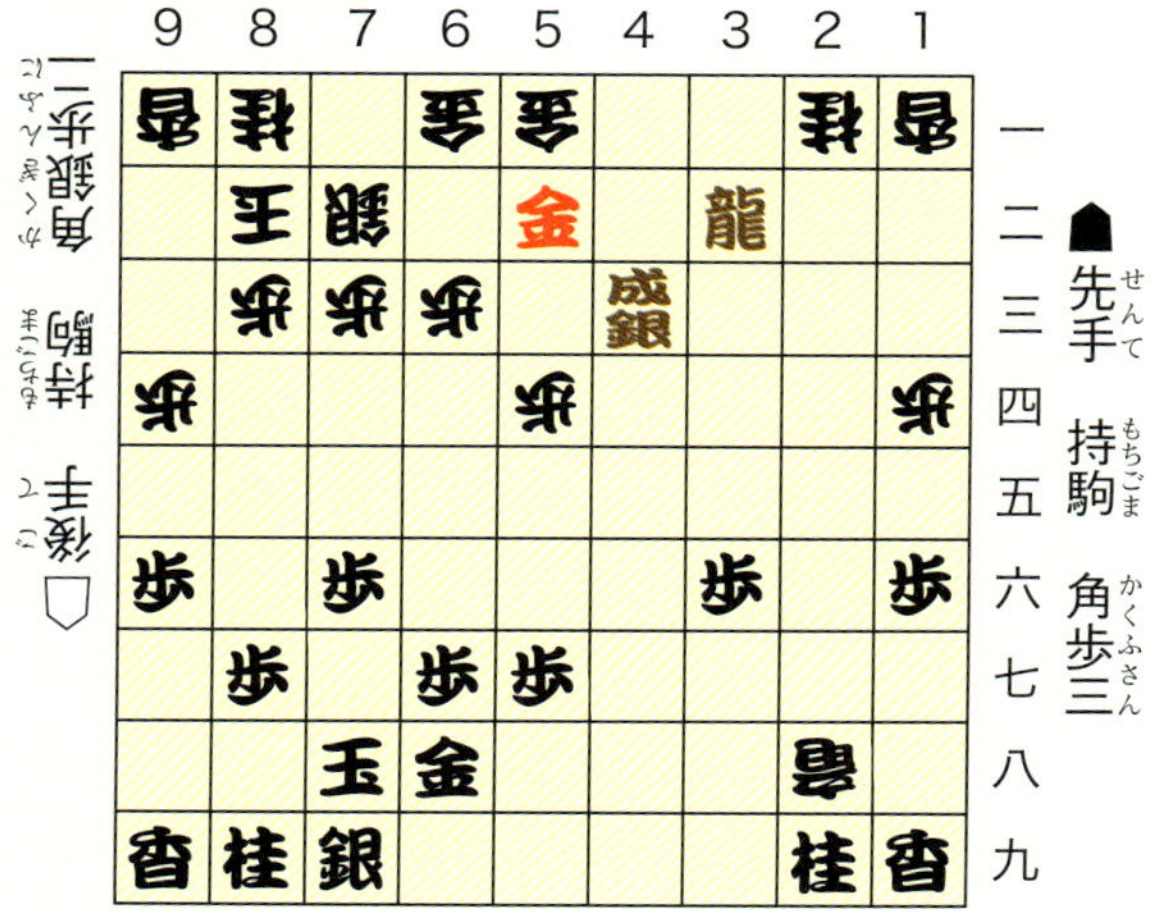
△後手《ごて》 持駒《もちごま》 角銀歩二《かくぎんふに》
▲先手《せんて》 持駒《もちごま》 角歩三《かくふさん》

先手《せんて》からの「と金《きん》」攻《ぜ》めも厳《きび》しいものがある！

今度《こんど》は、第《だい》1図《ず》（P100）から先手《せんて》の手番《てばん》としましょう。まず思《おも》い浮《う》かぶ攻《せ》めは、龍《りゅう》も成銀《なりぎん》も利《き》いている5二《に》に打《う》ち込《こ》む手《て》です。そこで▲5二金《にきん》（第《だい》7図《ず》）とします。

このあとの流《なが》れは、後手《ごて》から☖5二同金左《にどうきんひだり》、☗同成銀《どうなりぎん》、☖同金《どうきん》、☗同龍《どうりゅう》となります。この時点《じてん》で、先手《せんて》は後手《ごて》の金二枚《きんにまい》（攻《せ》める前《まえ》より一枚増《いちまいぞう》）を持駒《もちごま》にし、後手《ごて》は盤上《ばんじょう》の金二枚《きんにまい》を取《と》られましたが金《きん》・銀《ぎん》（各一枚《かくいちまい》）を持駒《もちごま》として増《ふ》やしています。

先手《せんて》の☗5二龍《にりゅう》に、後手《ごて》は持駒《もちごま》の金《きん》を龍《りゅう》にぶつけて☖6一金《いちきん》と打《う》ったところが第8図《だいず》です。

第1図《だいず》（P100）と比《くら》べて先手《せんて》は攻《せ》め駒《ごま》の成銀《なりぎん》を金《きん》と交換《こうかん》しただけで、5二龍《にりゅう》は逃《に》げなければならず手番《てばん》を後手《ごて》に渡《わた》すため大《おお》きな損《そん》になります。

銀将
金
飛

第8図《だいず》　☗6一金《いちきん》まで

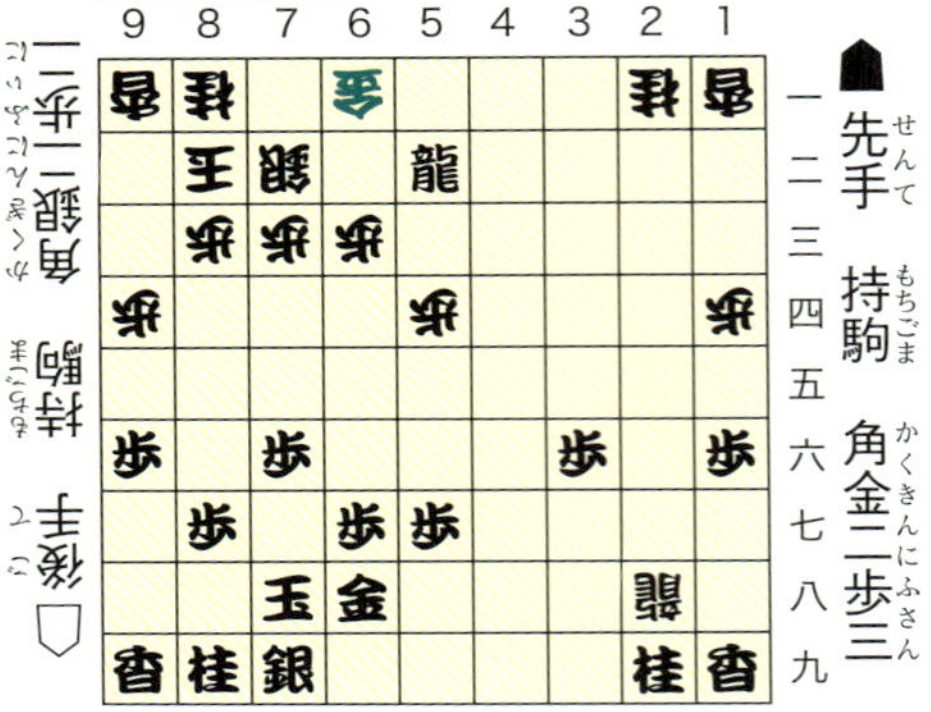
☗先手《せんて》 持駒《もちごま》 角金二歩三《かくきんにふさん》

第9図《だいず》　☖4二歩《にふ》まで

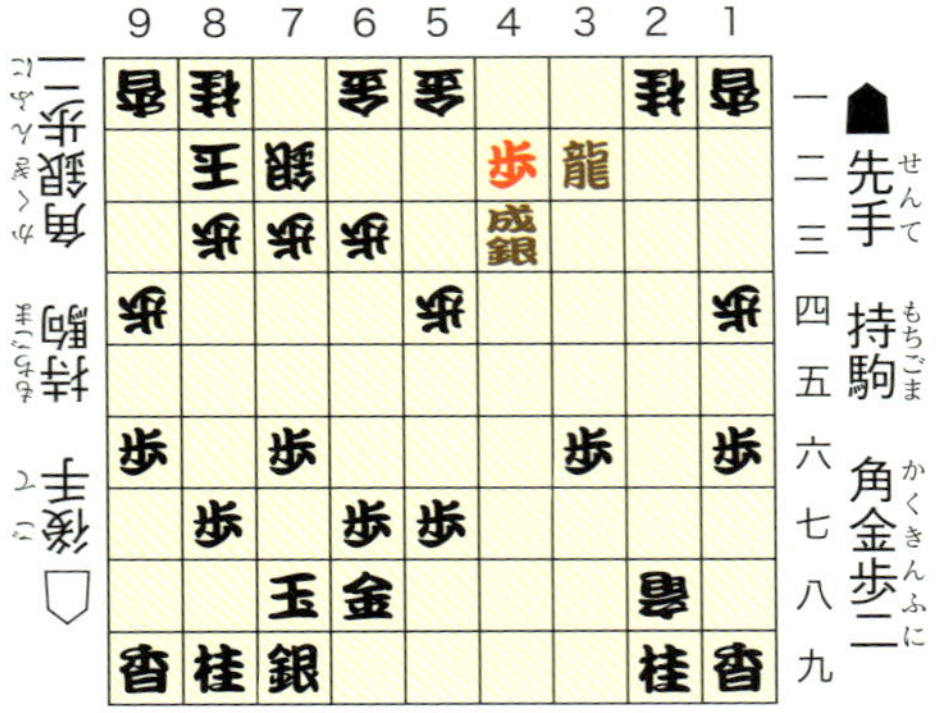
☗先手《せんて》 持駒《もちごま》 角金歩二《かくきんふに》

第10図《だいず》　☗4一歩成《いふなり》まで

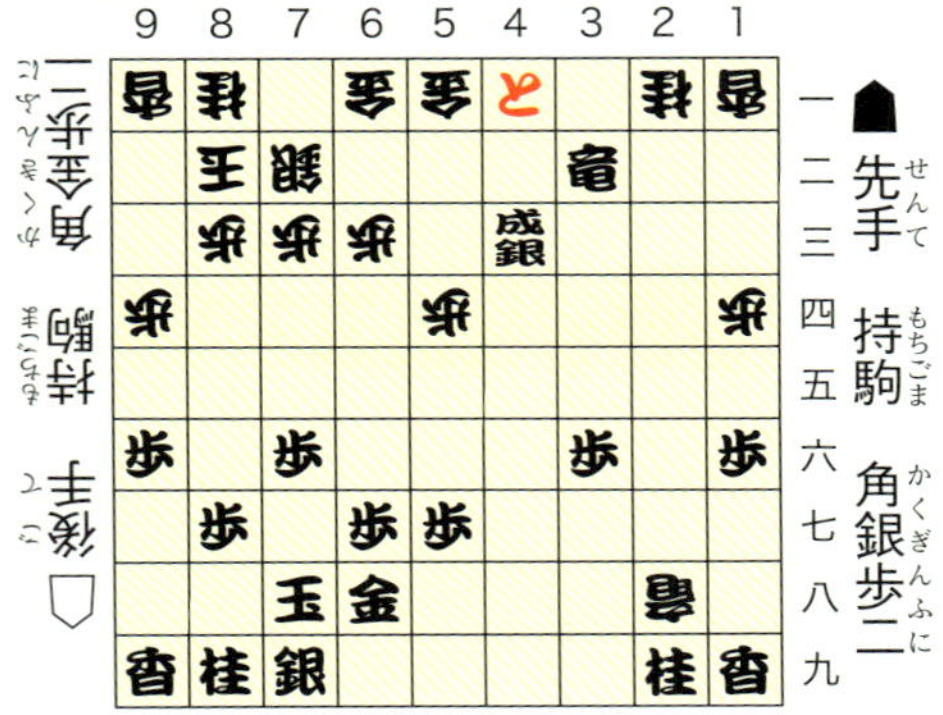
☗先手《せんて》 持駒《もちごま》 角銀歩二《かくぎんふに》

先手《せんて》の正《ただ》しい攻《せ》めの一手《いって》は、☗4二歩《にふ》（第《だい》9図《ず》）のたれ歩《ふ》で、次《つぎ》に☗4一歩成《いちふなり》（第《だい》10図《ず》）と「と金《きん》」をつくります。その「と金《きん》」を☗4二《に》と、と引《ひ》いて使《つか》うのが早《はや》い攻《せ》め手順《てじゅん》です。

この対戦《たいせん》を攻防《こうぼう》の棋譜《きふ》にすると次《つぎ》のようになります。

第《だい》11図《ず》　☖5二同金左《にどうきんひだり》まで

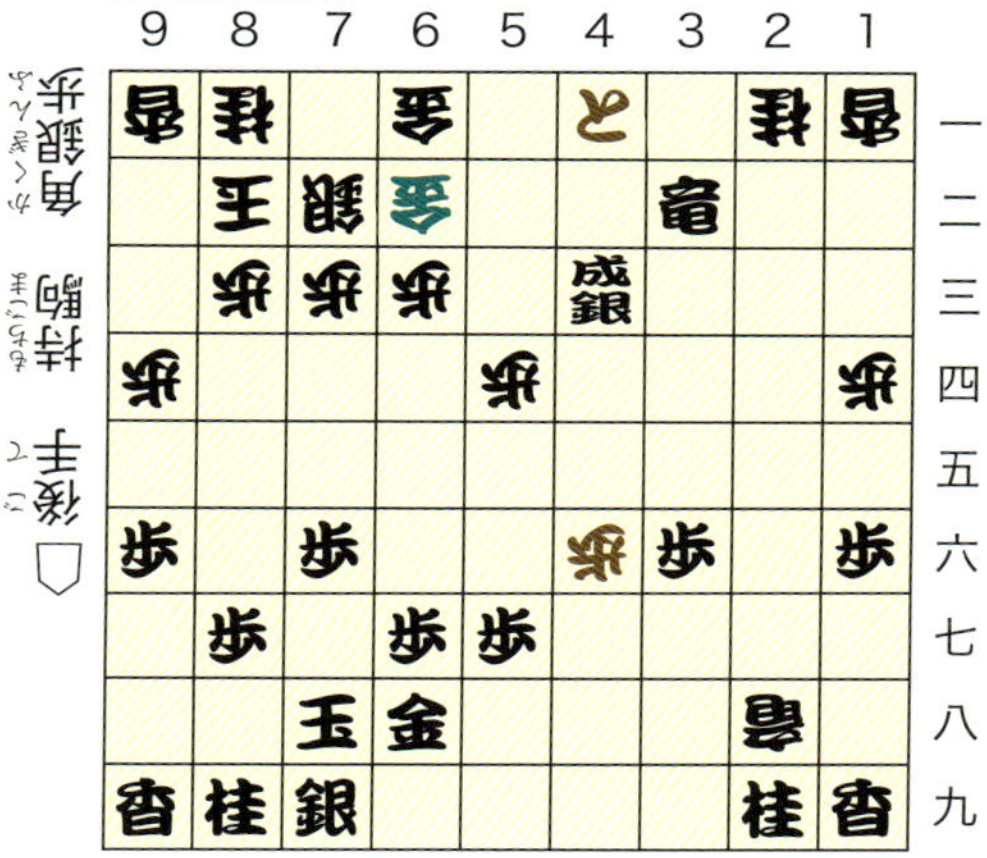

☗先手《せんて》　持駒《もちごま》　角金歩二《かくきんふに》

第《だい》12図《ず》　☗4二《に》とまで

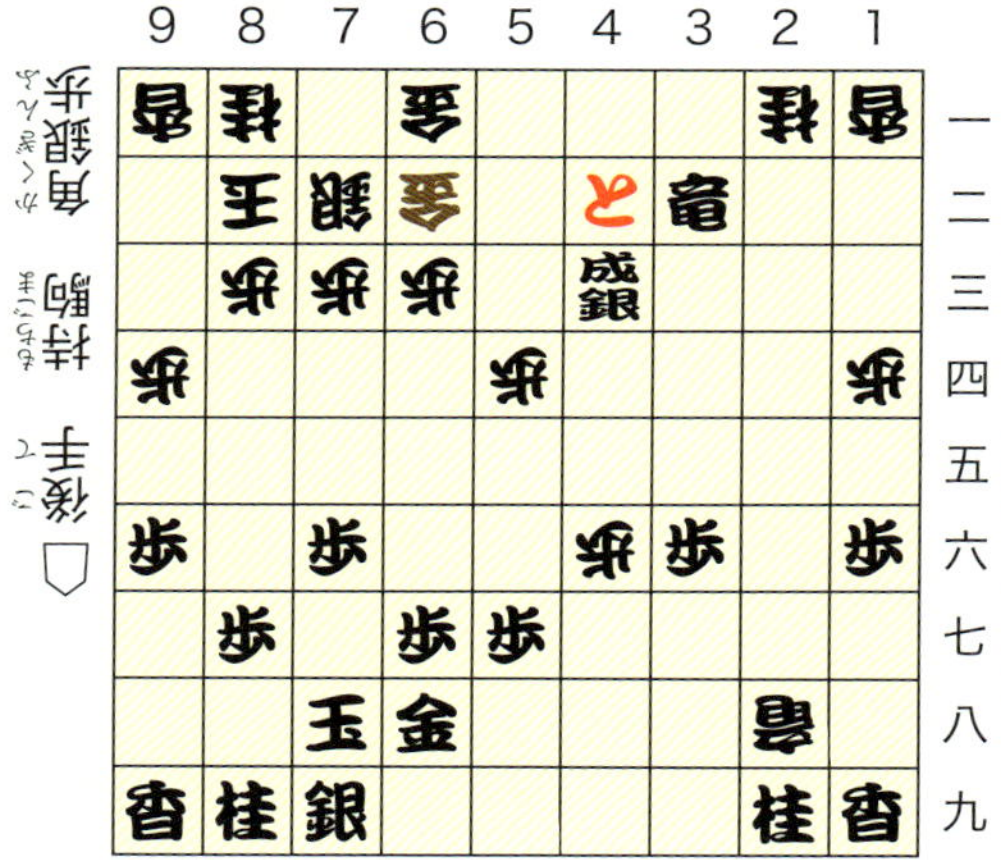

☗先手《せんて》　持駒《もちごま》　角金歩二《かくきんふに》

☗4二歩《にふ》（第《だい》9図《ず》）、☖4六歩《ろくふ》（後手《ごて》も「と金《きん》」づくり、説明済《せつめいず》み）、☗4一歩成《いちふなり》（第《だい》10図《ず》）、☖6二金《にきん》左《ひだり》（第《だい》11図《ず》）と逃《に》げますが、☗4二《に》と（第《だい》12図《ず》）とします。

このあと☖4七歩成《ななふなり》に、☗5二《に》と、と寄《よ》って金《きん》と歩《ふ》の交換《こうかん》になれば先手《せんて》が有利《ゆうり》に展開《てんかい》できるでしょう。

「と金《きん》」の攻《せ》め合《あ》いで、お互《たが》いの攻防《こうぼう》がグーンとおもしろくなるね！

[玉《ぎょく》の手筋《てすじ》]その1
第《だい》1図《ず》～第《だい》4図《ず》

玉《ぎょく》の早逃《はやに》げ八手《はって》のトクあり

第《だい》1図《ず》

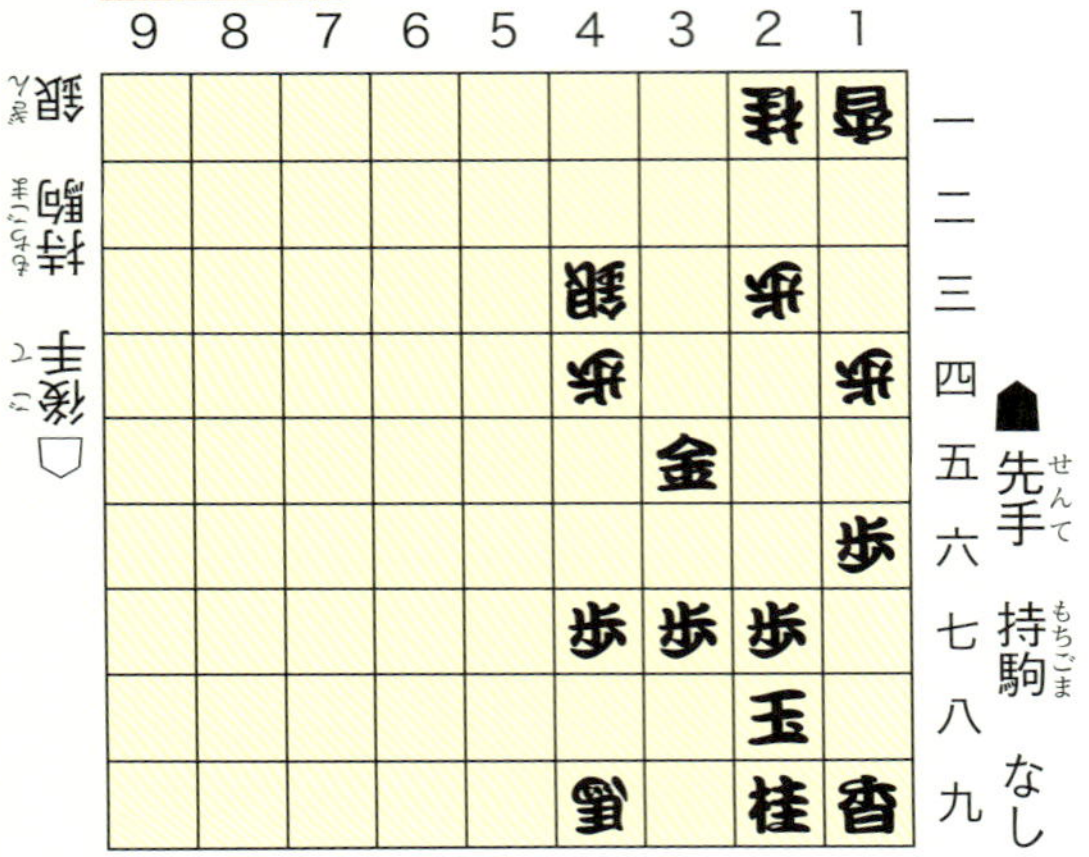

この有名《ゆうめい》な格言《かくげん》は、玉《ぎょく》が詰《つ》まされるなど危《あぶ》ない場面《ばめん》で、先《さき》に玉《ぎょく》を安全《あんぜん》な地点《ちてん》に逃《に》がすことで、とってもトクすることがあるという意味《いみ》です。**八手《はって》に特別《とくべつ》な意味《いみ》はなく、早逃《はやに》げは大変《たいへん》トクであると理解《りかい》した方《ほう》がよいでしょう。**もちろん、局面《きょくめん》で変《か》わるものですが、その例《れい》を2つ紹介《しょうかい》しましょう。

第《だい》2図《ず》 ☗1七玉《ななぎょく》まで

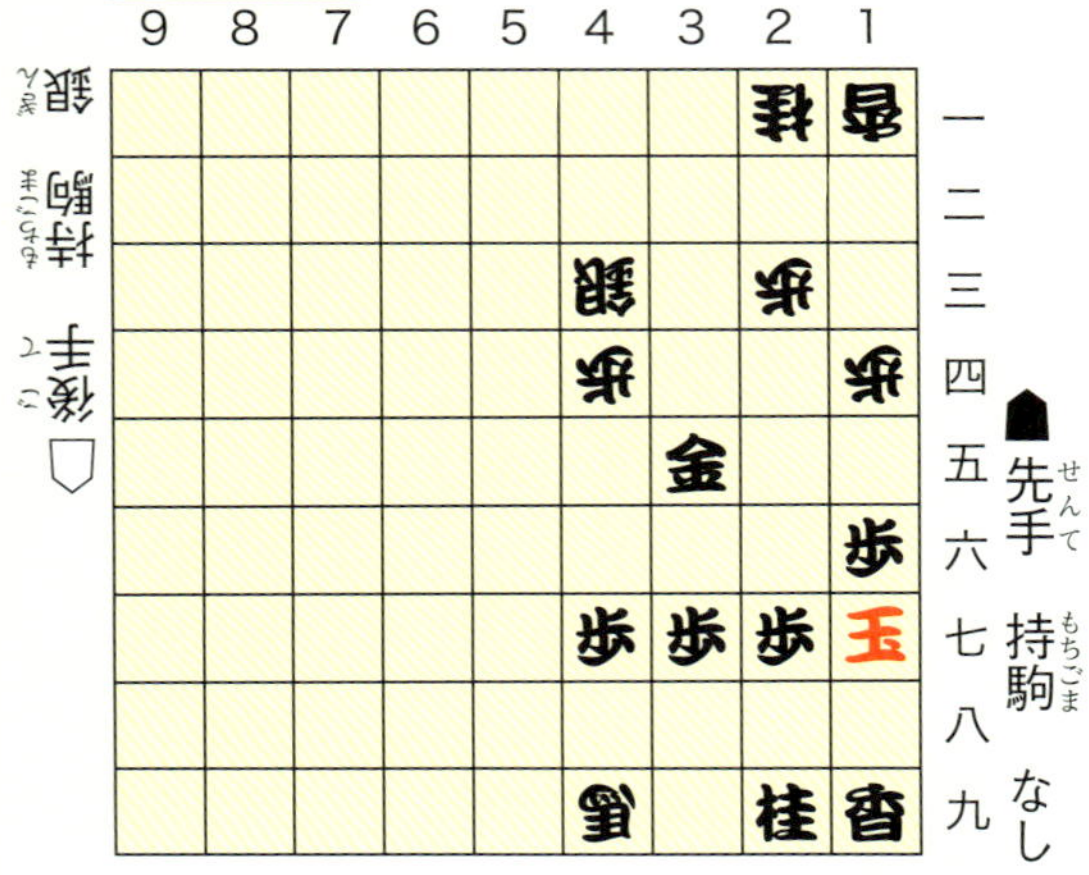

詰《つ》めよを防《ふせ》ぐ「早逃《はやに》げ」

第《だい》1図《ず》では後手《ごて》から☖3八《はち》銀《ぎん》と腹銀《はらぎん》を打《う》たれると、次《つぎ》の☖2七銀成《ななぎんなり》で詰《つ》みになります。持駒《もちごま》もないため腹銀《はらぎん》を止《と》める方法《ほうほう》はありません。

そこで先手《せんて》は☗1七玉《ななぎょく》（第《だい》2図《ず》）と早逃《はやに》げします。それでも後手《ごて》は☖3八銀《はちぎん》（第《だい》3図《ず》）としてきます。そこで☗2六玉《ろくぎょく》とさらに逃《に》げれば、☖2七銀成《ななぎんなり》で王手《おうて》されても、☗2五玉《ごぎょく》や☗3六玉《ろくぎょく》（第《だい》4図《ず》）と逃《に》げることができて詰《つ》みません。

第《だい》3図《ず》　☖3八銀《はちぎん》まで

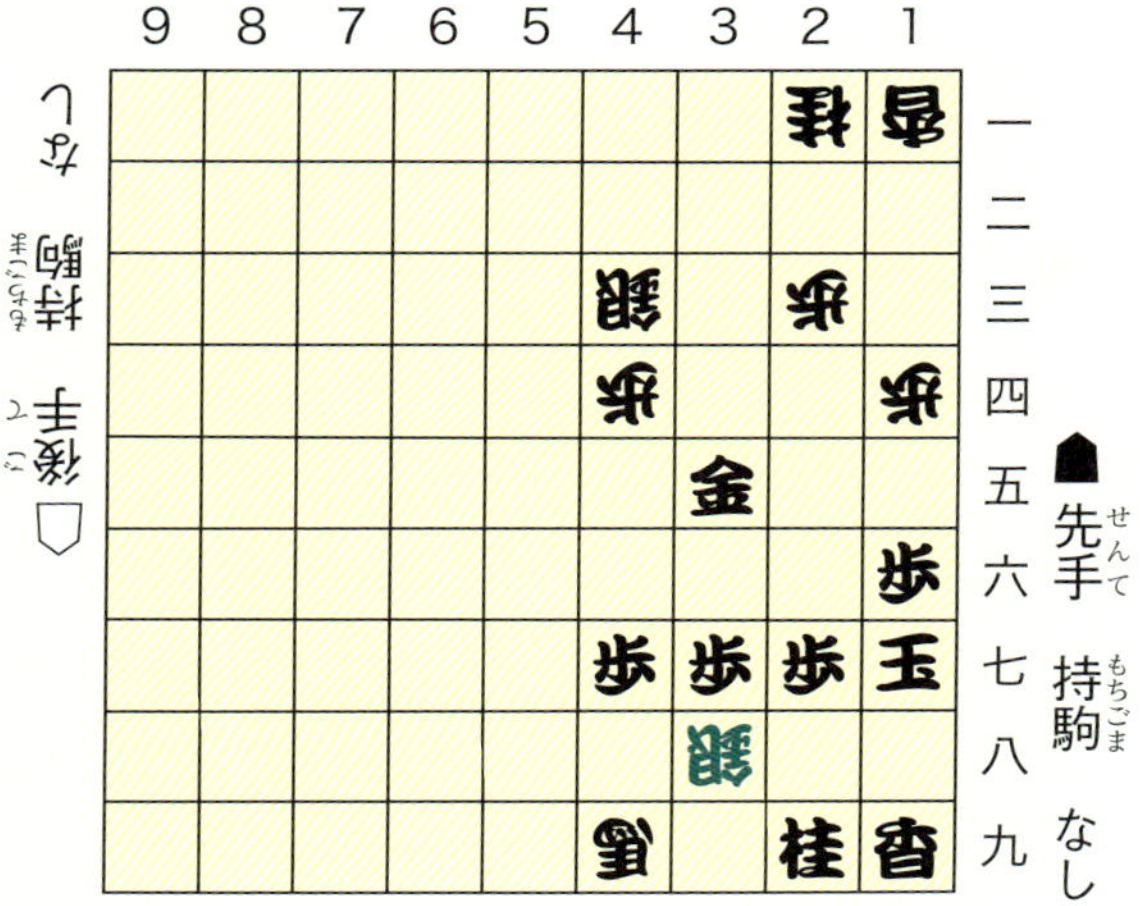

☗先手《せんて》 持駒《もちごま》 なし
☖後手《ごて》 持駒《もちごま》 なし

第《だい》4図《ず》　☗3六玉《ろくぎょく》まで

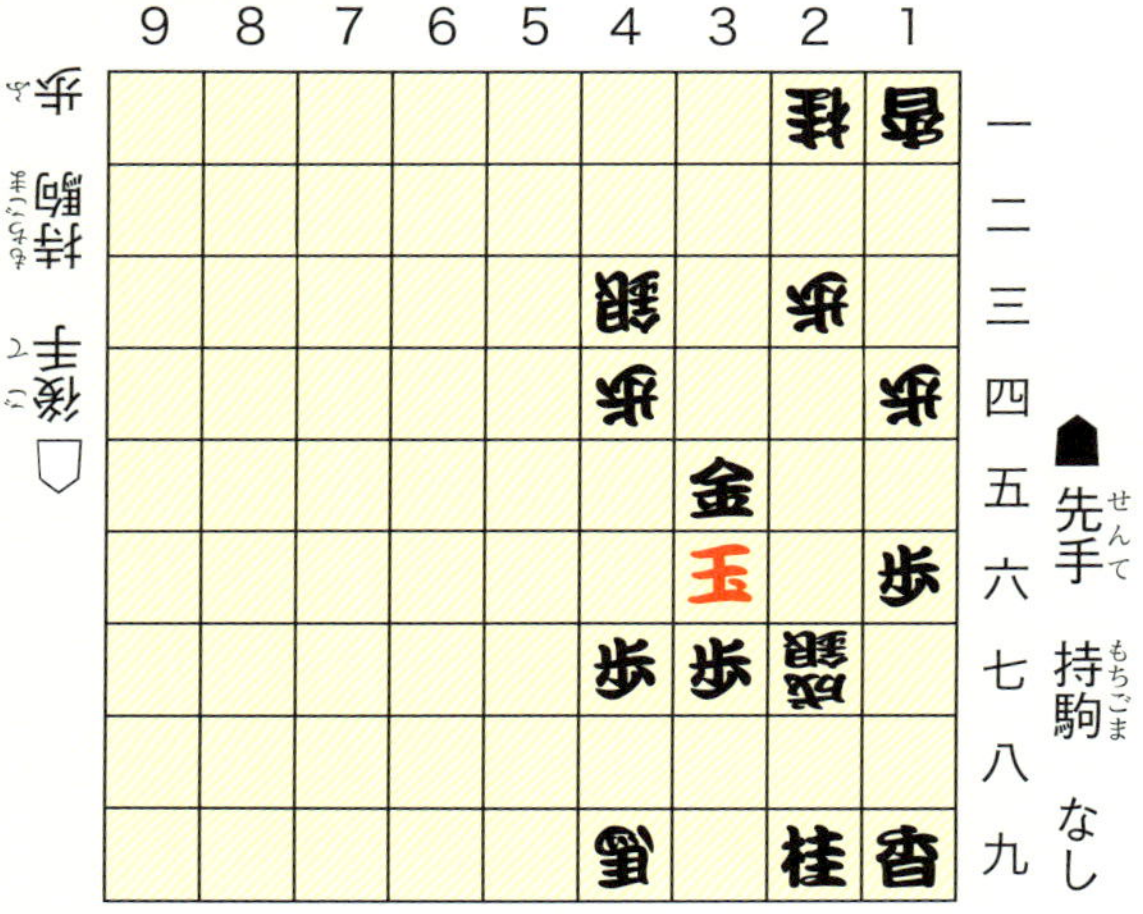

☗先手《せんて》 持駒《もちごま》 なし
☖後手《ごて》 持駒《もちごま》 歩《ふ》

この局面《きょくめん》では先手《せんて》の上部《じょうぶ》が安全《あんぜん》な陣形《じんけい》になっていることも大《おお》きなポイントだ。

一手違《いってちが》いでの「早逃《はやに》げ」は大《おお》きい

第《だい》5図《ず》は終盤《しゅうばん》の局面《きょくめん》で先手《せんて》の手番《てばん》です。もし後手《ごて》の手番《てばん》なら美濃囲《みのがこ》いを詰《つ》ます手筋《てすじ》があります。☖3六桂《ろくけい》（参考図《さんこうず》1）と打《う》たれて王手《おうて》され、玉《ぎょく》はどこに逃《に》げても☖2八金《はちきん》で詰《つ》みです。

先手《せんて》は、☗6四《よん》の歩《ふ》を☗6三歩成《さんふなり》（参考図《さんこうず》2）と「と金《きん》」にすれば、後手《ごて》は受《う》けなしです。

第《だい》5図《ず》

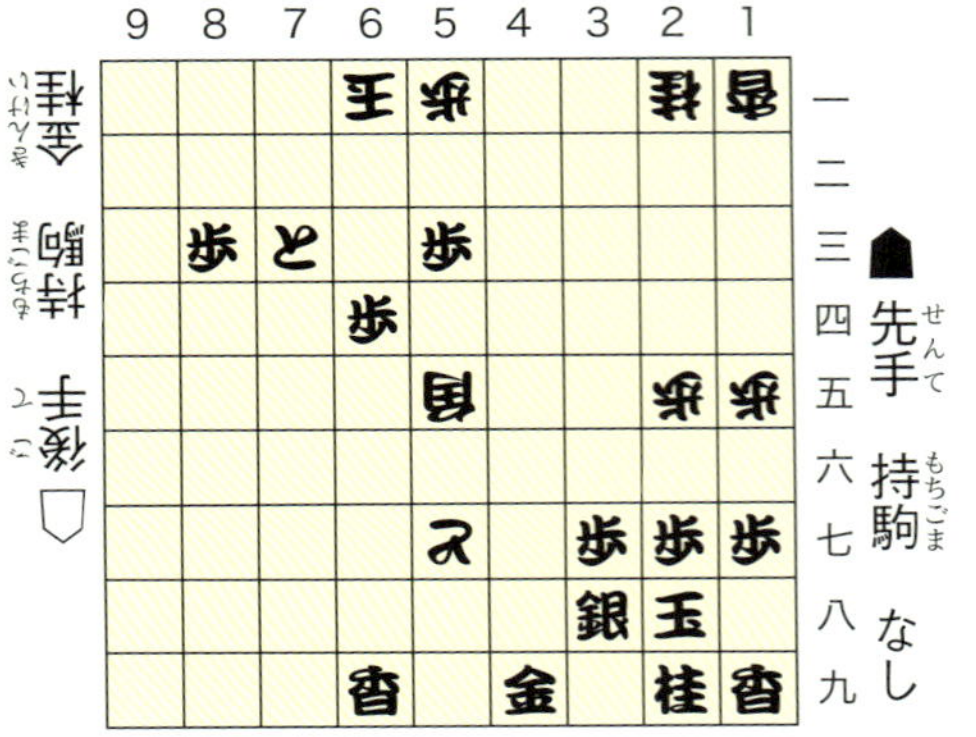
☖後手《ごて》持駒《もちごま》金桂《きんけい》
☗先手《せんて》持駒《もちごま》なし

また玉《ぎょく》は早逃《はやに》げすることもできません。

玉将
飛
金

参考図《さんこうず》1　☖3六桂《ろくけい》まで

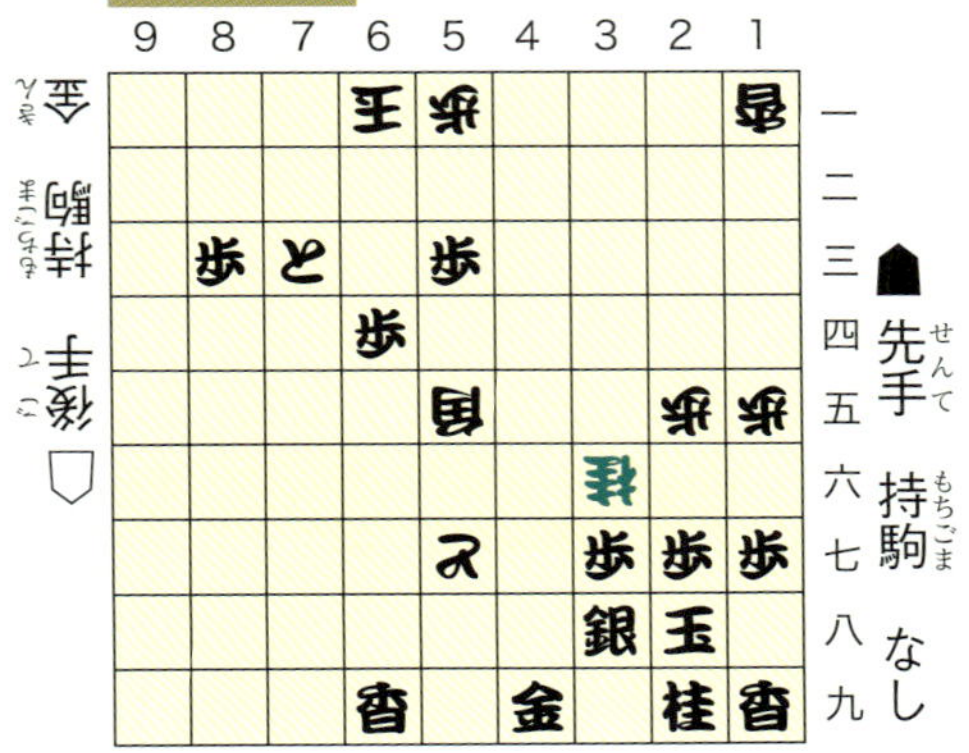
☖後手《ごて》持駒《もちごま》金《きん》
☗先手《せんて》持駒《もちごま》なし

参考図《さんこうず》2　☗6三歩成《さんふなり》まで

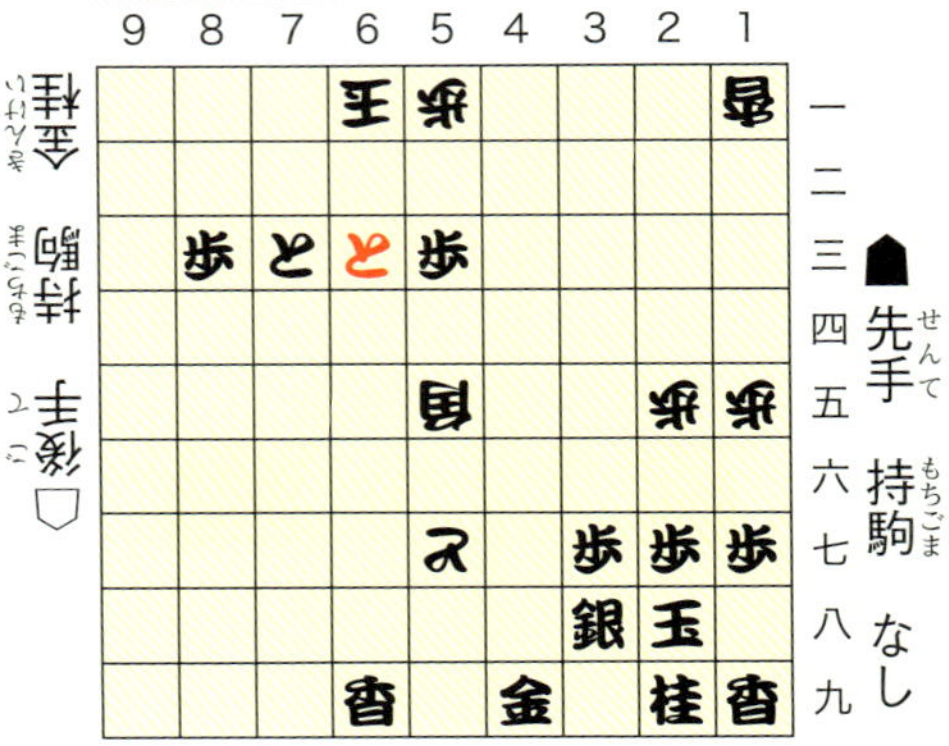
☖後手《ごて》持駒《もちごま》金桂《きんけい》
☗先手《せんて》持駒《もちごま》なし

そこで先手《せんて》が☗1八玉《はちぎょく》（第《だい》6図《ず》）と早逃《はやに》げしたらどうなるでしょうか後手《ごて》が☖3六桂《ろくけい》と攻《せ》めてきても、☗3九金《きゅうきん》（第《だい》7図《ず》）と寄《よ》れば後手《ごて》からの詰《つ》みを防《ふせ》ぐことができます。一手《いって》あけば先手《せんて》は☗6三歩成《さんふなり》として必至《ひっし》をかけます。

後手《ごて》からの詰《つ》み筋《すじ》はなく、結局《けっきょく》**☗1八玉《はちぎょく》の早《はや》逃《に》げが先手《せんて》の勝《か》ちを決《き》める一手《いって》となっているのです。**

第《だい》6図《ず》　☗1八玉《はちぎょく》まで

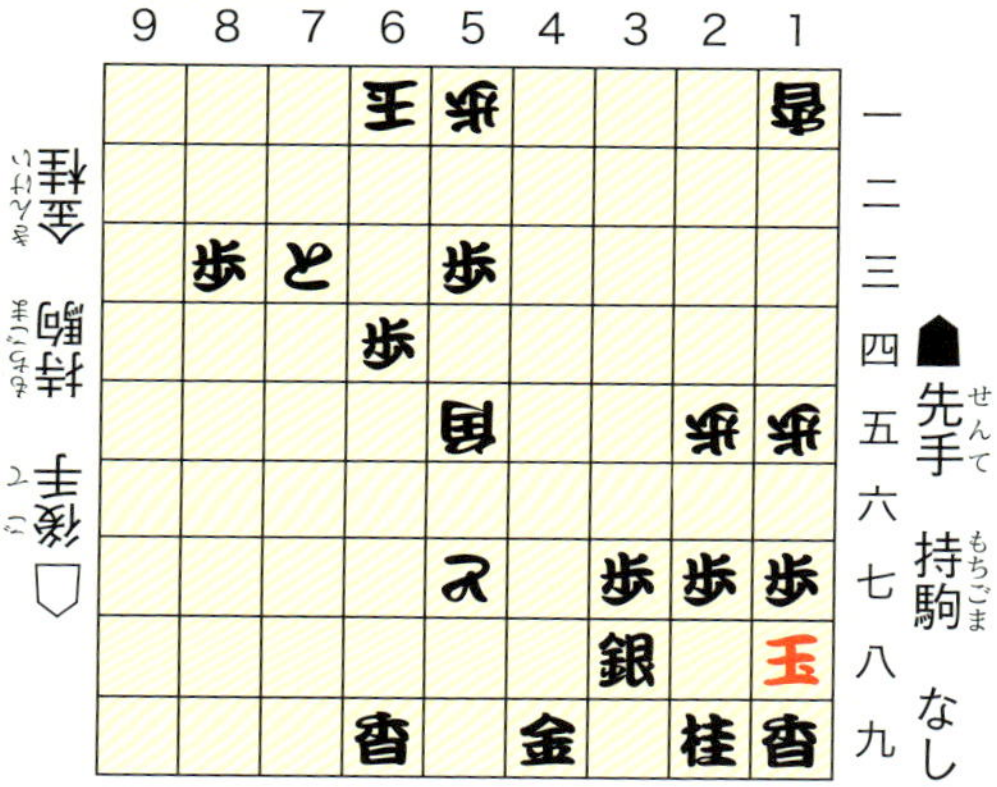
9 8 7 6 5 4 3 2 1
一 二 三 四 五 六 七 八 九
☗先手《せんて》 持駒《もちごま》 なし
☖後手《ごて》 持駒《もちごま》 金桂《きんけい》

第《だい》7図《ず》　☗3九金《きゅうきん》まで

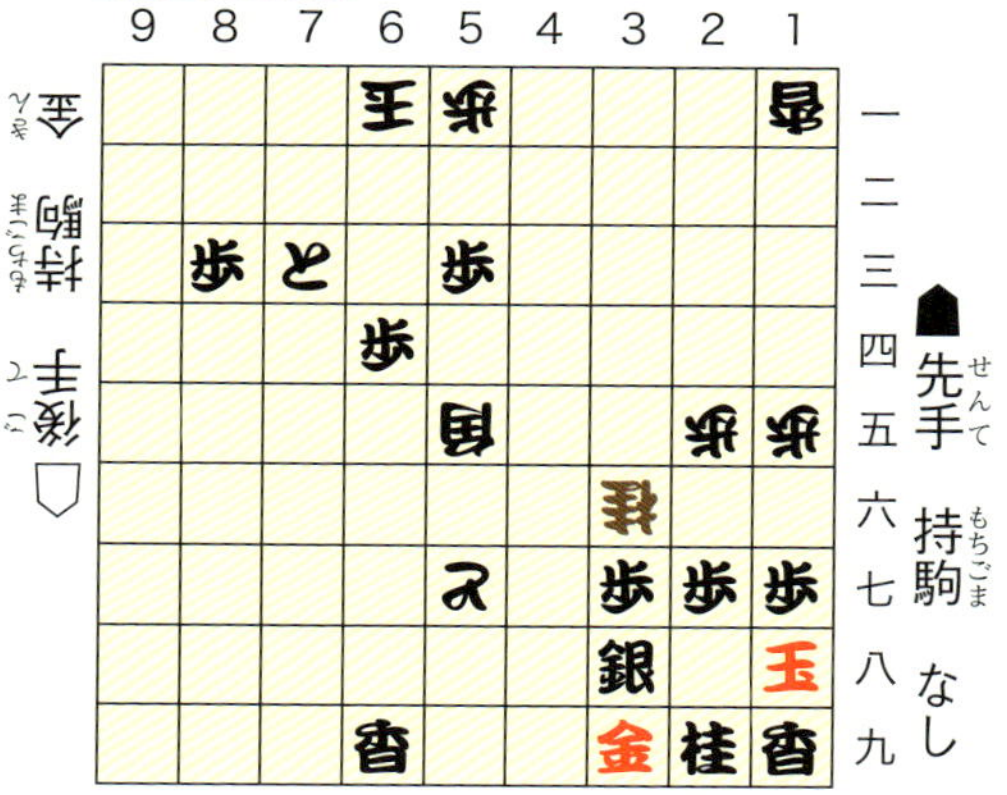
9 8 7 6 5 4 3 2 1
一 二 三 四 五 六 七 八 九
☗先手《せんて》 持駒《もちごま》 なし
☖後手《ごて》 持駒《もちごま》 金《きん》

相手《あいて》の持駒《もちごま》やお互《たが》いの陣形《じんけい》や形勢《けいせい》をしっかり判断《はんだん》して、玉《ぎょく》を早逃《はやに》げすれば、終盤《しゅうばん》だけではなく中盤《ちゅうばん》でも有力《ゆうりょく》な一手《いって》になるぞ！

玉将
玉
金
飛車

3 格言《かくげん》いろいろ

これまでは、桂《けい》、香《きょう》、金《きん》、銀《ぎん》、角《かく》、飛《ひ》、歩《ふ》、玉《ぎょく》と駒《こま》を中心《ちゅうしん》にした手筋《てすじ》や格言《かくげん》を紹介《しょうかい》してきました。ここからは、駒《こま》に関係《かんけい》したそのほかの格言《かくげん》だけではなく、駒《こま》の出《で》てこない格言《かくげん》も紹介《しょうかい》します。

格言《かくげん》を活《い》かすには、実戦《じっせん》のなかで「ここであの格言《かくげん》だ」ということが浮《う》かぶようになることが大切《たいせつ》です。また逆《ぎゃく》に、格言《かくげん》が活《い》かせるように局面《きょくめん》をつくっていくことも大事《だいじ》です。

3つの格言《かくげん》〈勝敗《しょうはい》〉

① 歩《ふ》のない将棋《しょうぎ》は負《ま》け将棋《しょうぎ》
② "5三《さん》と"に負《ま》けなし
③ 三桂《さんけい》あって詰《つ》まぬはなし

格言《かくげん》の中《なか》に「勝《か》ち」という言葉《ことば》が出《で》てくるものは見当《みあ》たりません。勝《か》ちではありませんが、③**「三桂《さんけい》あって詰《つ》まぬはなし」**という格言《かくげん》はあります。

これは「桂《けい》の威力《いりょく》」を表《あらわ》したもので、桂《けい》が持駒《もちごま》に三枚《さんまい》あれば必《かなら》ず勝《か》つということではありません。「負《ま》け」という言葉《ことば》が出《で》てくるのも、この①、②だけでしょう。②**「歩《ふ》のない将棋《しょうぎ》は負《ま》け将棋《しょうぎ》」**は、実戦《じっせん》のなかでもよく表《あら》われます。ここで「歩《ふ》があれば…」という局面《きょくめん》で歩《ふ》のない将棋《しょうぎ》は、攻撃《こうげき》の場合《ばあい》でも守備《しゅび》の場合《ばあい》でもきびしい状況《じょうきょう》に追《お》い込《こ》まれることが多《おお》くあります。

①**「"5三《さん》と"に負《ま》けなし」**（**参考図《さんこうず》ア**）も珍《めずら》しい格言《かくげん》です。

「5三《さん》」という駒《こま》の場所《ばしょ》を示《しめ》しているところもおもしろいです。これは「5三《さん》」という場所《ばしょ》に「と金《きん》」がつくれれば、攻《せ》めの力《ちから》がグーンとあがるという形勢《けいせい》の良《よ》さを表《あらわ》したものでしょう。この二《ふた》つの格言《かくげん》では、**駒《こま》の中《なか》で一番弱《いちばんよわ》いとされる「歩《ふ》」が、一番重要《いちばんじゅうよう》な働《はたら》きをすることがある**という「将棋《しょうぎ》のおもしろさ」を教《おし》えてくれます。

参考図《さんこうず》ア

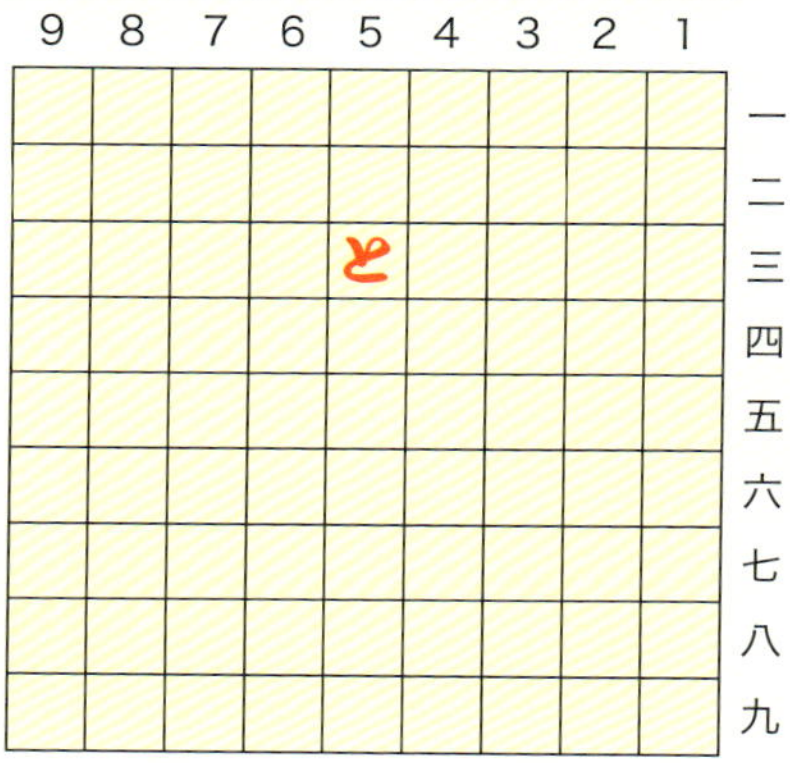

④歩《ふ》ごし銀《ぎん》には歩《ふ》で受《う》けよ！〈銀《ぎん》ばさみ〉とは？

第《だい》1図《ず》、第《だい》2図《ず》

歩《ふ》ごし銀《ぎん》とは、銀《ぎん》が歩《ふ》の上《うえ》に進出《しんしゅつ》することです。参考図《さんこうず》イの先手《せんて》４六《ろく》の銀《ぎん》と後手《ごて》６四《よん》の銀《ぎん》が歩《ふ》ごし銀《ぎん》です。

これに関《かん》した格言《かくげん》が、**「歩《ふ》ごし銀《ぎん》には歩《ふ》で受《う》けよ」**で、うまくさせば「銀《ぎん》ばさみ」（第《だい》１図《ず》、第《だい》２図《ず》）という手筋《てすじ》で銀《ぎん》を取《と》ることができます。第《だい》１図《ず》から▲６六歩《ろくふ》（第《だい》２図《ず》）と打《う》てば、銀《ぎん》が取《と》れます。そのためには、７五《ご》と５五《ご》に歩《ふ》を進《すす》めておき、銀《ぎん》がナナメに下《さ》がることができないようにします。

ふたつの歩《ふ》が銀《ぎん》をはさんでいることがポイントだよ！

参考図《さんこうず》イ

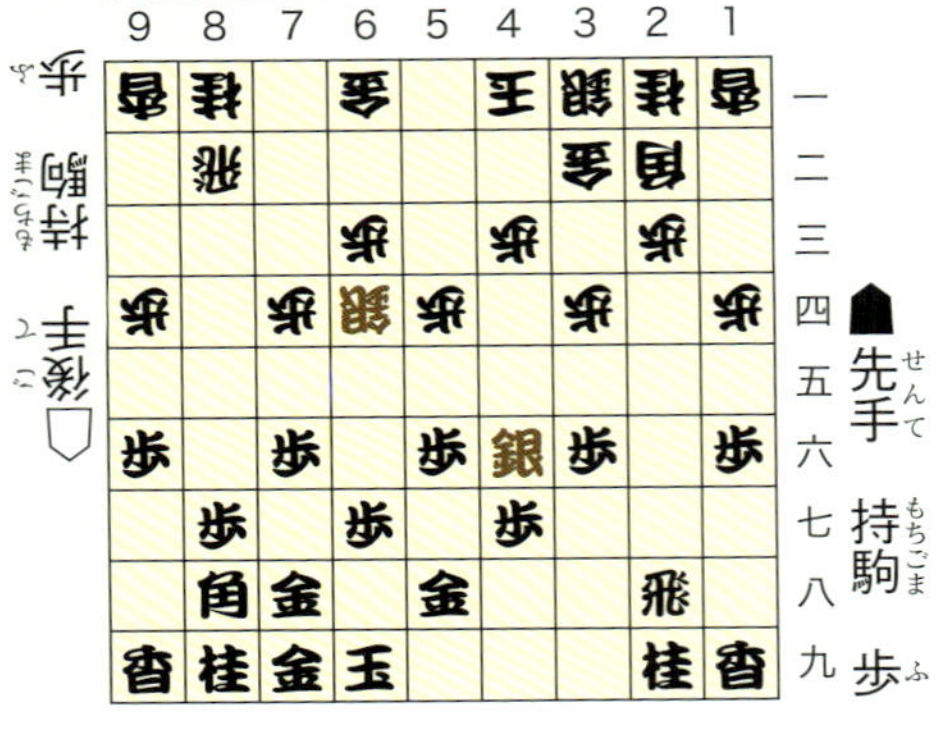

▲先手《せんて》持駒《もちごま》 歩《ふ》
▽後手《ごて》持駒《もちごま》 歩《ふ》

第《だい》1図《ず》

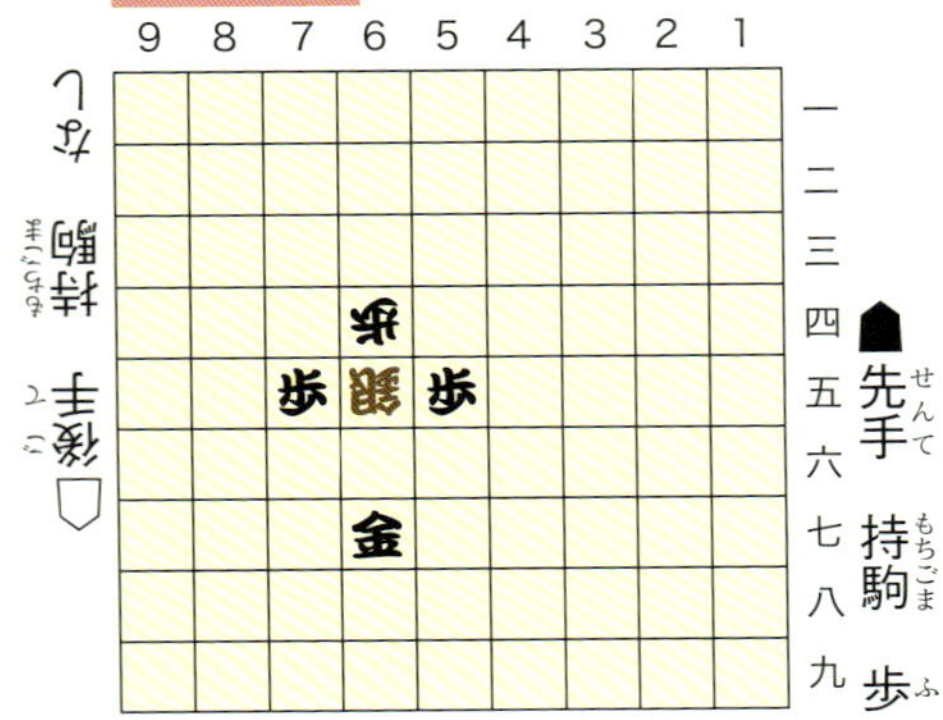

▲先手《せんて》持駒《もちごま》 歩《ふ》
▽後手《ごて》持駒《もちごま》 なし

第《だい》2図《ず》 ▲6六歩《ろくふ》まで

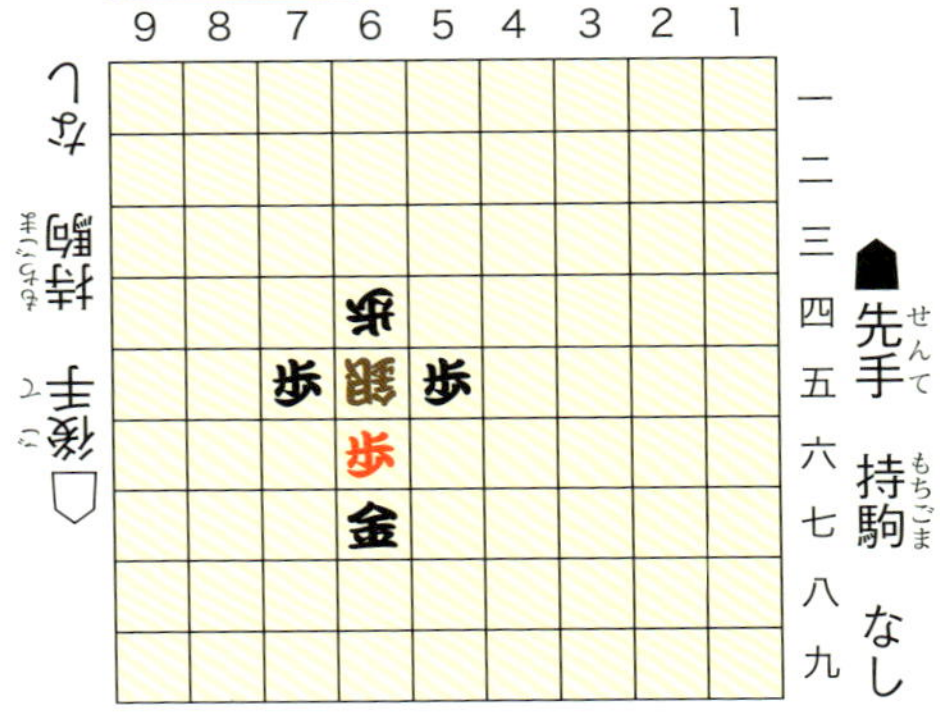

▲先手《せんて》持駒《もちごま》 なし
▽後手《ごて》持駒《もちごま》 なし

⑤大駒《おおごま》は近《ちか》づけて受《う》けよ

A図《ず》

飛車《ひしゃ》の例《れい》

A図《ず》は実戦《じっせん》でも表《あら》われることのある局面《きょくめん》です。ここで後手《ごて》の手番《てばん》。△2二歩《にふ》（参考図《さんこうず》1）打《うち》と受《う》けるのが手筋《てすじ》ですが先手《せんて》が銀《ぎん》を持駒《もちごま》にしているため実際《じっさい》には不利《ふり》になってしまいます。この後《あと》、先手《せんて》▲2二同歩成《にどうふなり》、後手《ごて》△2二同銀《にどうぎん》、先手《せんて》▲2四歩《よんふ》（次《じ》ページ・参考図《さんこうず》2）とたれ歩《ふ》を打《う》たれると、後手《ごて》は受《う》けられなくなってしまいます。

A図《ず》

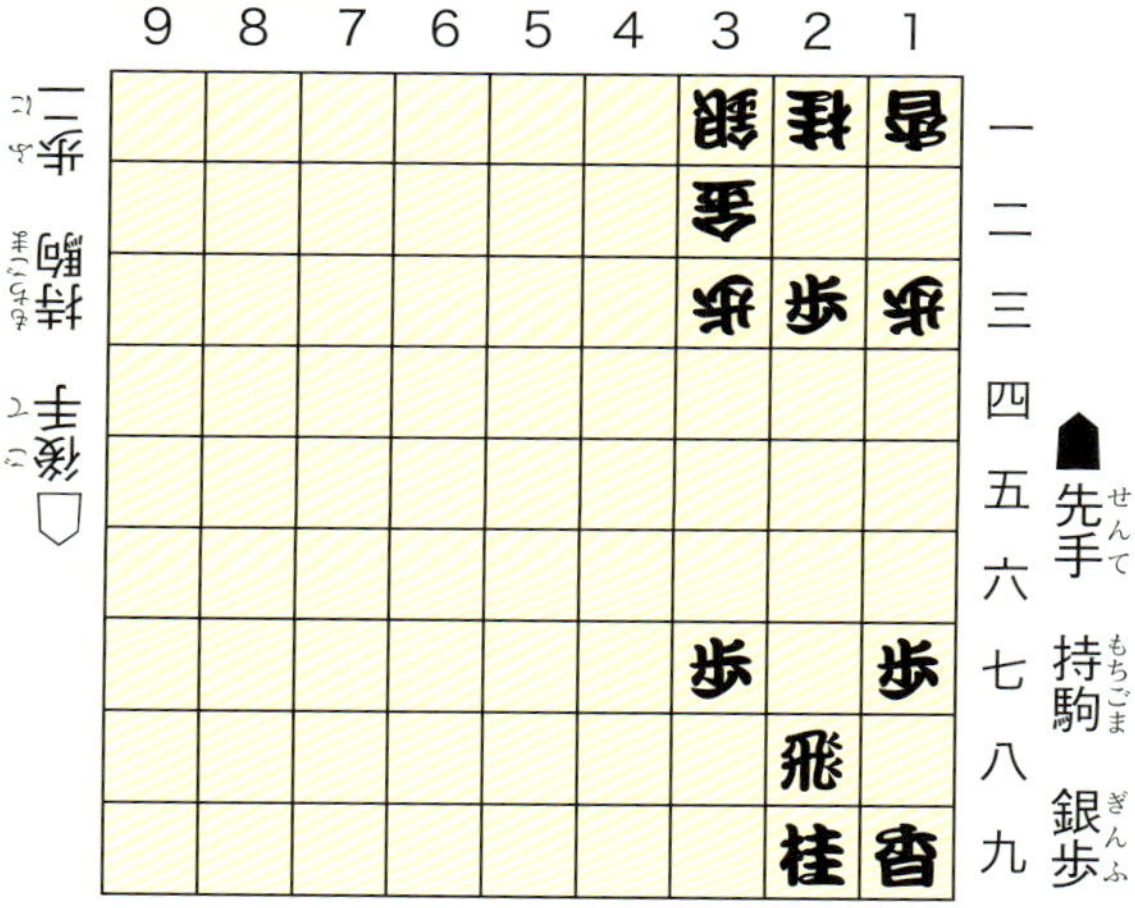

参考図《さんこうず》1　△2二歩《にふ》まで

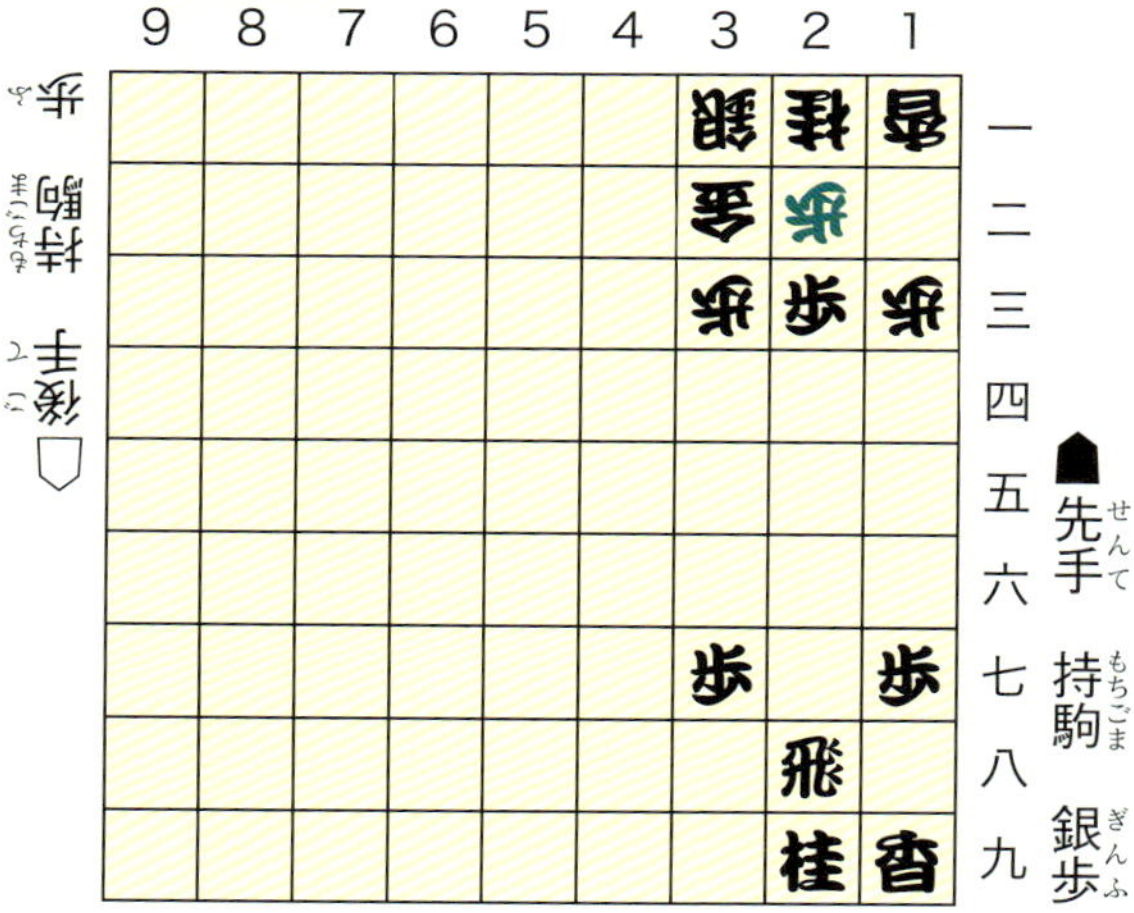

もし後手《ごて》が△２三歩《さんふ》と打《う》っても、先手《せんて》は▲同歩成《どうふなり》、後手《ごて》の△同銀《どうぎん》に、もう一度《いちど》先手《せんて》▲２四歩《よんふ》と打《う》てば、△同銀《どうぎん》には▲同飛《どうひ》で銀《ぎん》が取《と》れます。もし後手《ごて》がこのままほうっておけば、▲２三銀打《さんぎんうち》で断然有利《だんぜんゆうり》になります。

参考図《さんこうず》2　▲2四歩《よんふ》まで

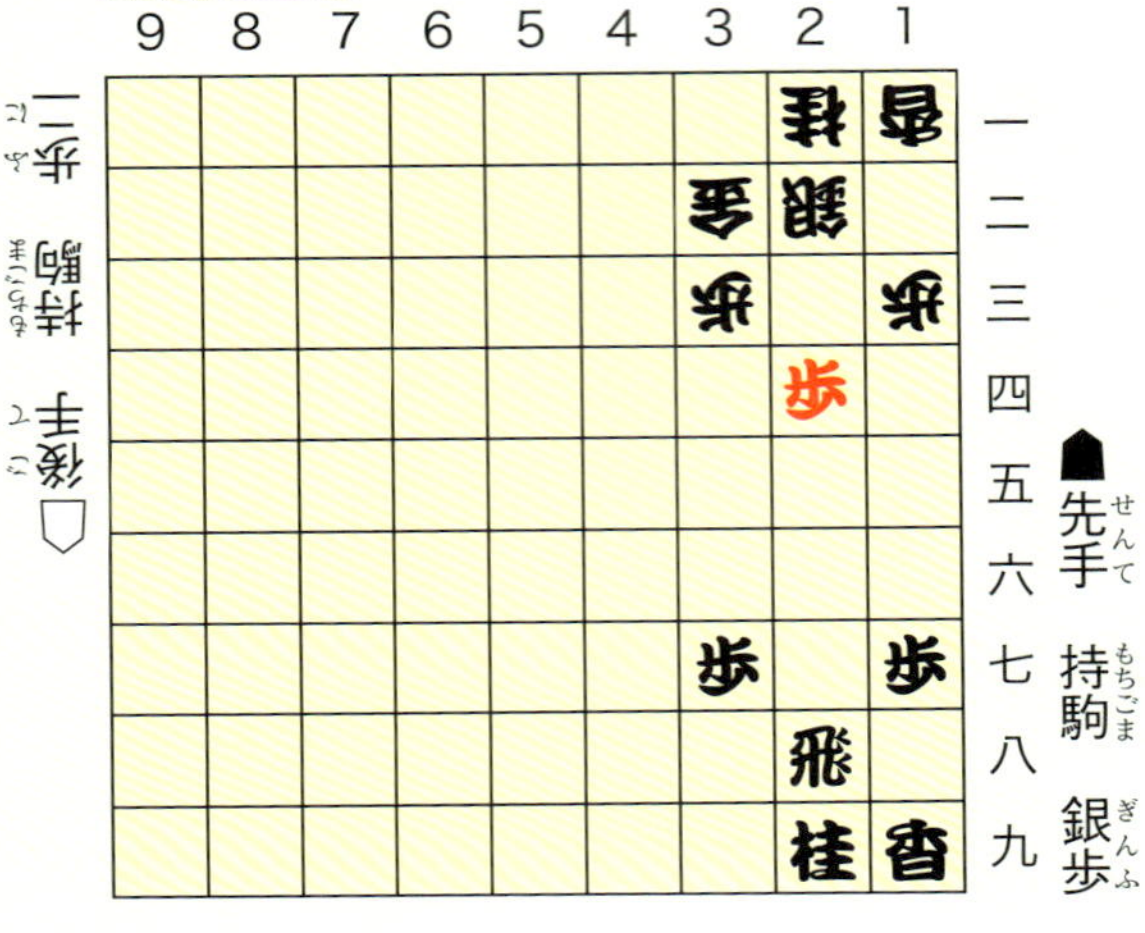

9 8 7 6 5 4 3 2 1
一 二 三 四 五 六 七 八 九
▲先手《せんて》 持駒《もちごま》 銀歩《ぎんふ》
△後手《ごて》 持駒《もちごま》 歩二《ふに》

絶妙《ぜつみょう》の△２四歩打《よんふうち》で先手《せんて》の飛車《ひしゃ》を近《ちか》づける

後手《ごて》はA図《ず》（P113）から△２二歩《にふ》と打《う》たずに、△２四歩《よんふ》（第《だい》１図《ず》）と打《う》ちます。先手《せんて》はこの歩《ふ》を取《と》らないと次《つぎ》に△２三金《さんきん》と歩《ふ》を取《と》られ、攻《せ》めが止《と》められてしまうので▲２四同飛《よんどうひ》（第《だい》２図《ず》）とします。

第《だい》1図《ず》　△2四歩《よんふ》まで

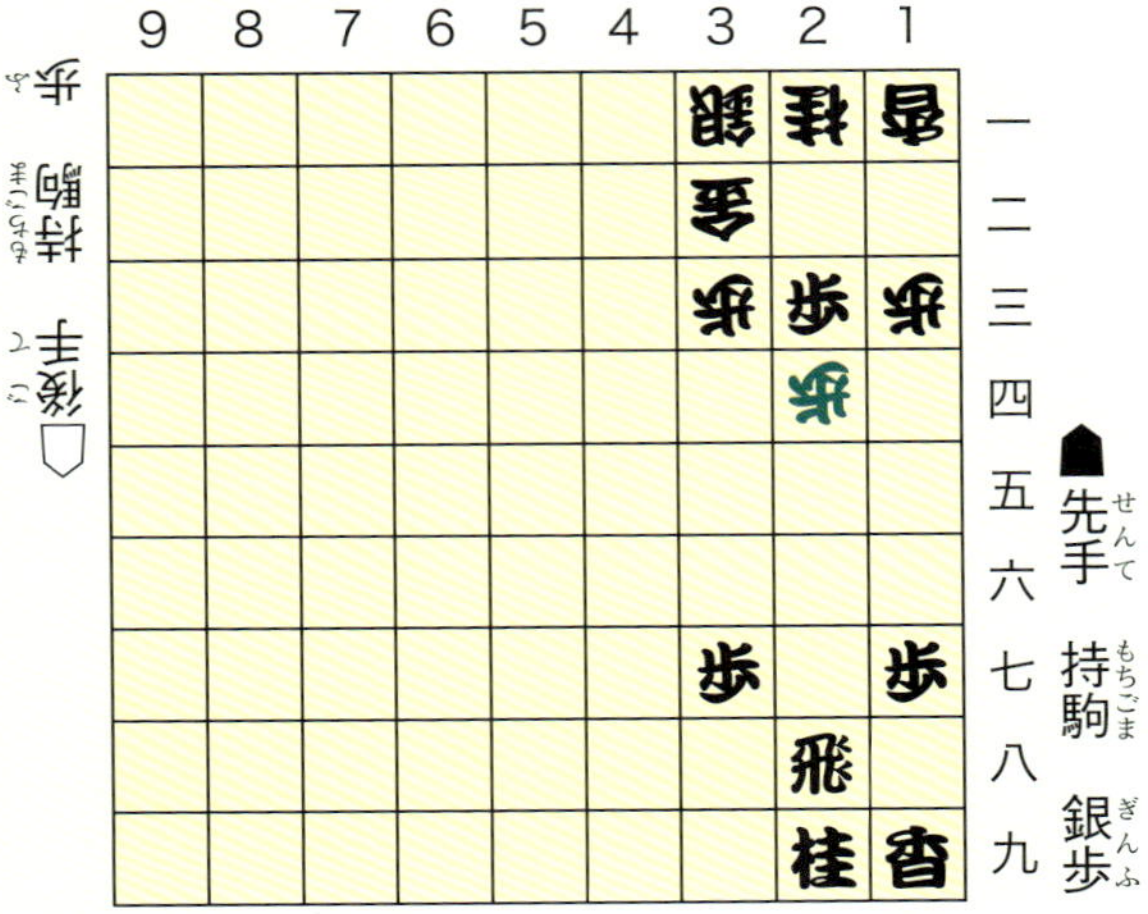

9 8 7 6 5 4 3 2 1
一 二 三 四 五 六 七 八 九
▲先手《せんて》 持駒《もちごま》 銀歩《ぎんふ》
△後手《ごて》 持駒《もちごま》 歩《ふ》

ここで後手《ごて》は☖２二歩《にふ》（第３図《だいず》）と打《う》ちます。

参考図《さんこうず》１（P113）と比《くら》べると、**飛車《ひしゃ》の位置《いち》が違《ちが》うだけですが、この違《ちが》いが展開《てんかい》を大《おお》きく変《か》えます。**

この後《あと》は、参考図《さんこうず》のときと同《おな》じように先手《せんて》☗２二同歩成《にどうふなり》、後手《ごて》☖２二同銀《にどうぎん》（次《じ》ページ・第４図《だいず》）となります。

第２図《だいず》　☗２四同飛《よんどうふ》まで

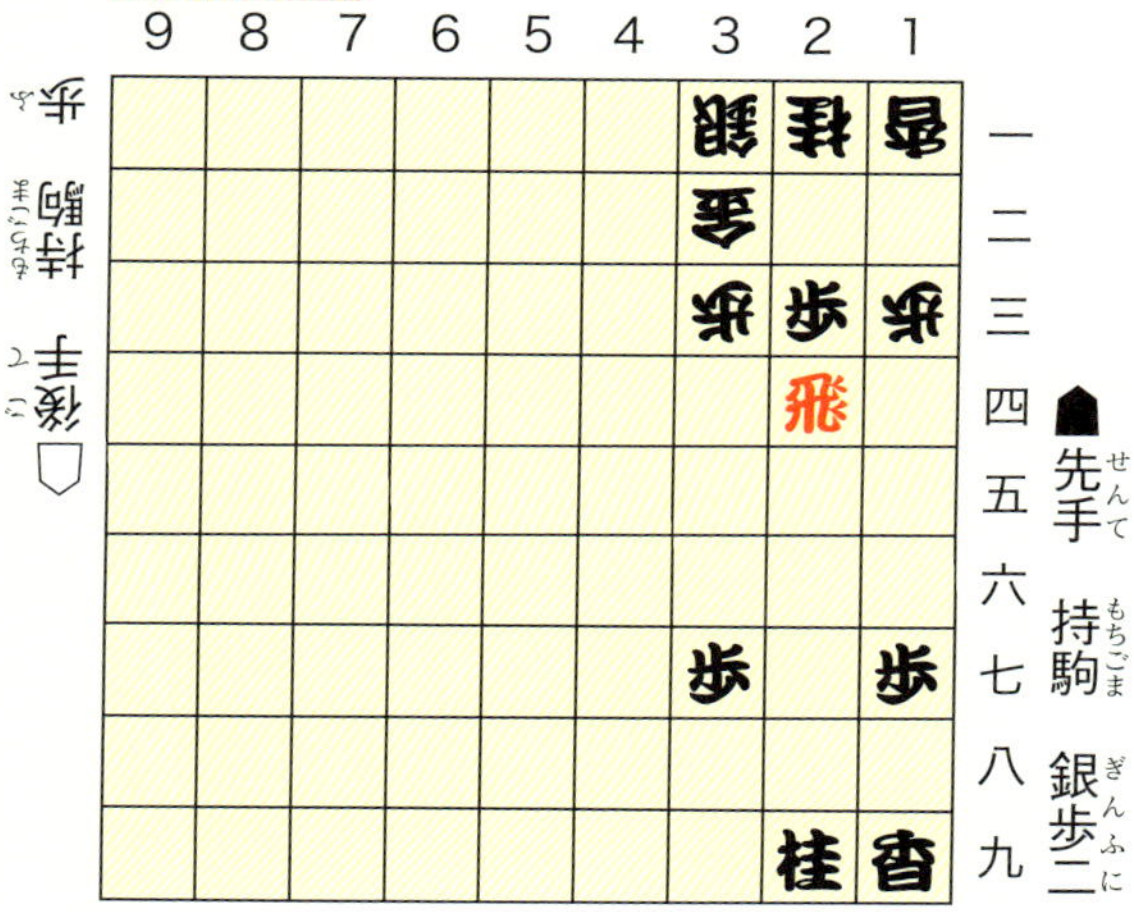

第３図《だいず》　☖２二歩《にふ》まで

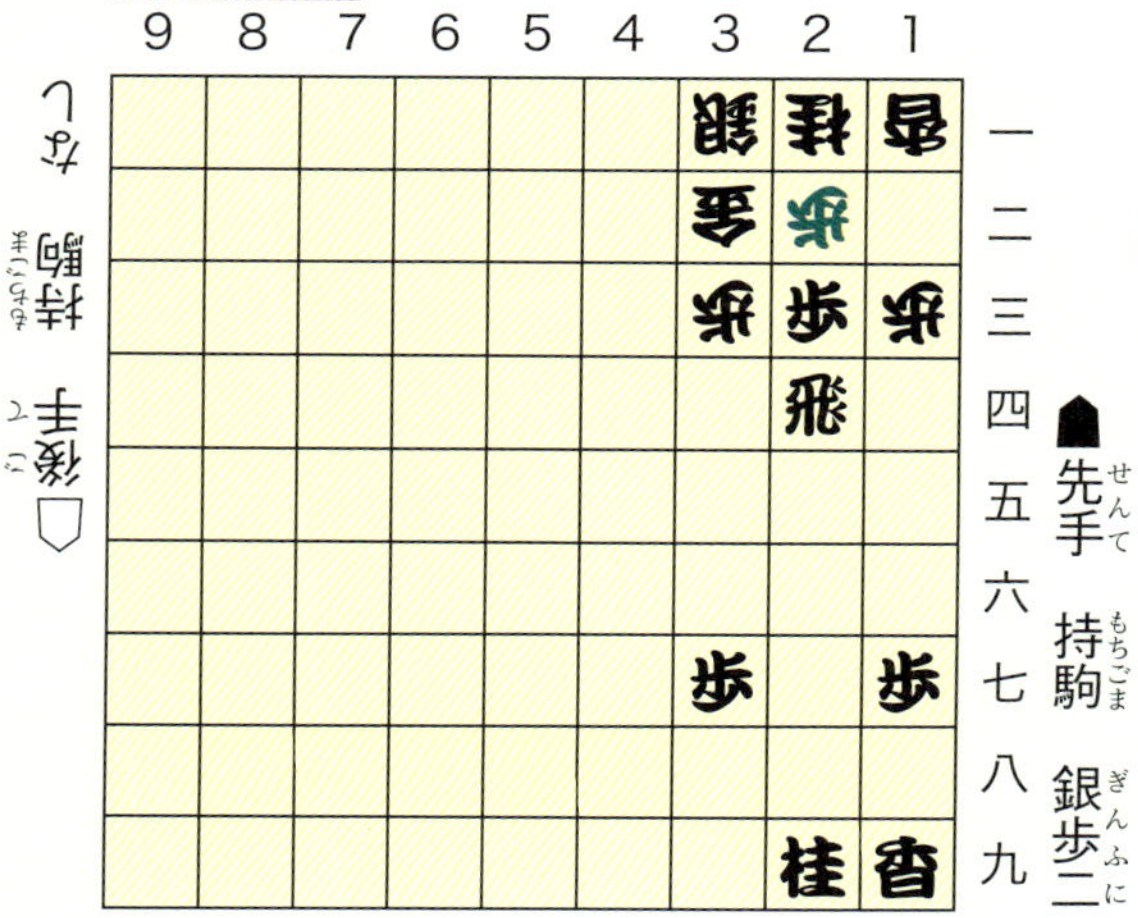

参考図《さんこうず》の攻《せ》めでは、歩《ふ》の手筋《てすじ》でも説明《せつめい》した「たれ歩《ふ》」の威力《いりょく》がスゴイね。

第《だい》4図《ず》を見《み》ると先手《せんて》は参考図《さんこうず》2では☗2四歩《よんふ》と打《う》てたのに、その場所《ばしょ》に飛車《ひしゃ》がいるためもちろん打《う》てません。もし☗2三歩《さんふ》（第《だい》5図《ず》）と打《う》てば、☖同銀《どうぎん》とされるだけで飛車《ひしゃ》は逃《に》げなければなりません。別《べつ》の手《て》を指《さ》すと、逆《ぎゃく》に☖2三歩《さんふ》と打《う》たれやはり飛車取《ひしゃと》りとされます。

第《だい》4図《ず》　☖2二同銀《にどうぎん》まで

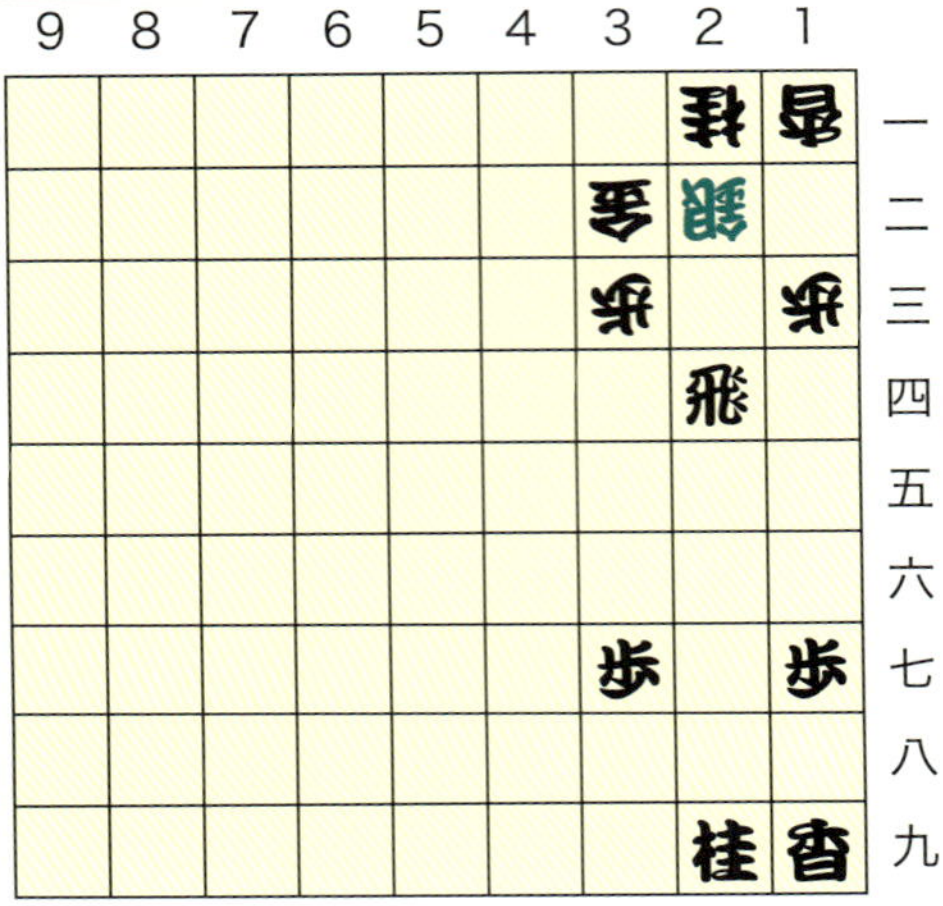

☗先手《せんて》持駒《もちごま》　銀歩三《ぎんふさん》

☖後手《ごて》持駒《もちごま》　歩《ふ》

この局面《きょくめん》は飛車《ひしゃ》を近《ちか》づけるだけで、後手《ごて》は大《だい》逆転《ぎゃくてん》だね。
まさに「大駒《おおごま》は近《ちか》づけて受《う》けよ」の格言通《かくげんどお》りだ。
飛車
歩

第《だい》5図《ず》　☗2三歩《さんふ》まで

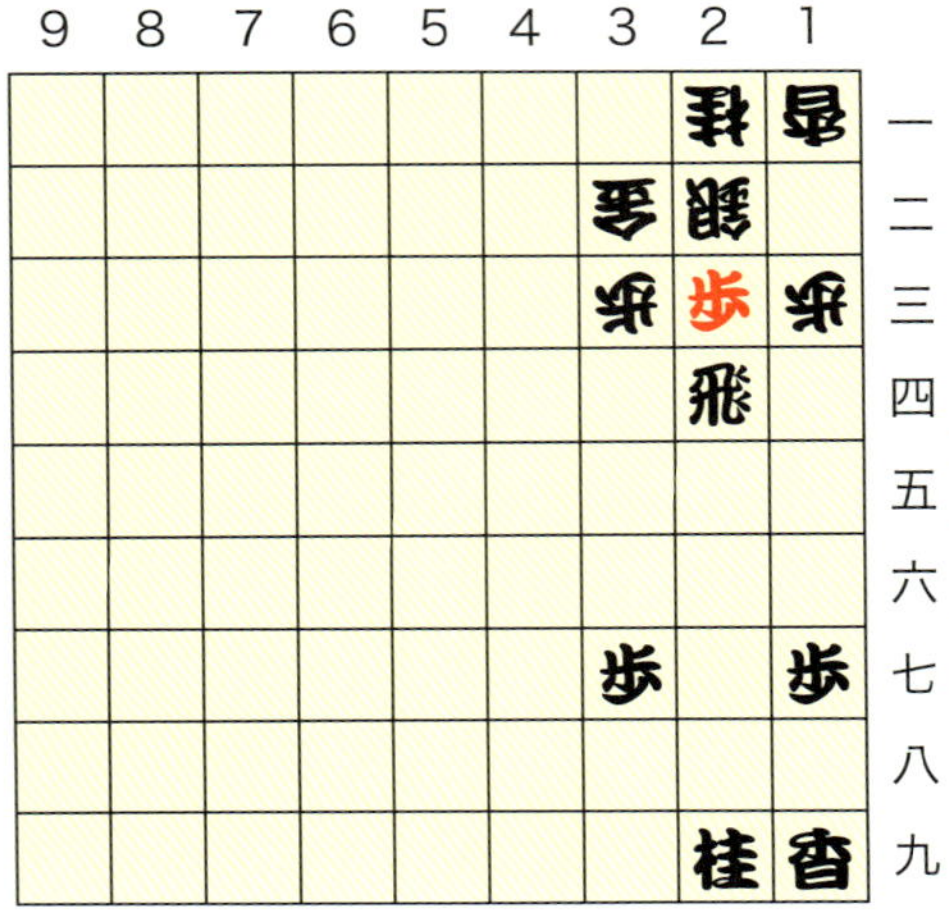

☗先手《せんて》持駒《もちごま》　銀歩二《ぎんふに》

☖後手《ごて》持駒《もちごま》　歩《ふ》

角《かく》の例《れい》

第《だい》6図《ず》は後手《ごて》が△6四角《よんかく》と打《う》ったところです。持駒《もちごま》に金《きん》と桂《けい》があります。美濃囲《みのがこ》いの欠点《けってん》をついて詰《つ》む条件《じょうけん》が揃《そろ》っています（P46参照《さんしょう》）。このままなら後手《ごて》は、次《つぎ》に△3六桂《ろくけい》、先手《せんて》▲3九玉《きゅうぎょく》、△2八金《はちきん》で詰《つ》みます。

第《たい》6図《ず》　△6四角《よんかく》まで

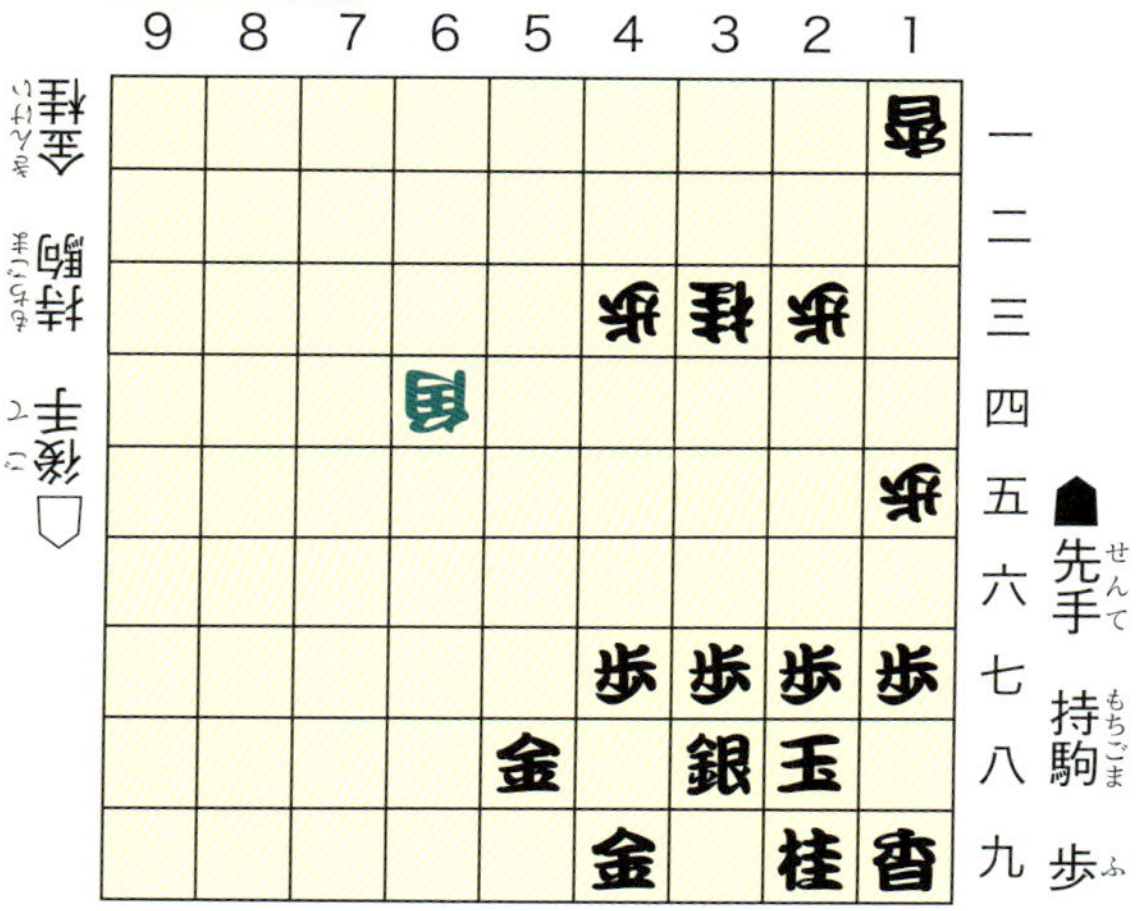

歩《ふ》の突《つ》き捨《す》てで後手《ごて》の角《かく》を近《ちか》づける

この後手《ごて》の攻《せ》めを防《ふせ》ぐ一手《いって》が、▲4六歩《ろくぶ》（第《だい》7図《ず》）です。タダで歩《ふ》を取《と》らせる手《て》で、後手《ごて》は△4六同角《ろくどうかく》（次《じ》ページ・第《だい》8図《ず》）と応《おう》じます。

第《たい》7図《ず》　▲4六歩《ろくふ》まで

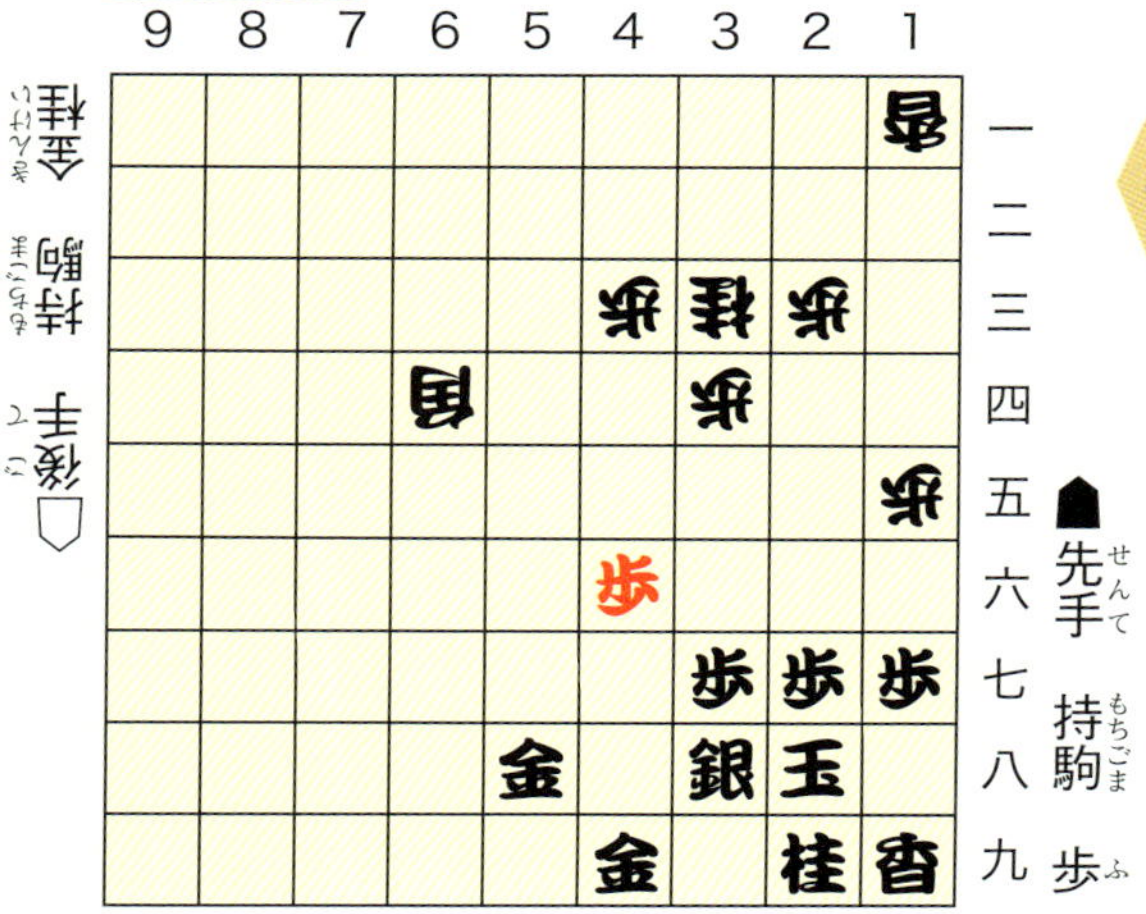

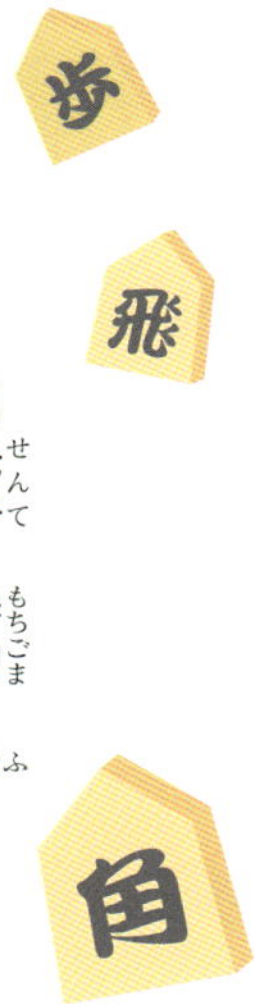

ここで先手《せんて》は☗4七金《ななきん》（第《だい》9図《ず》）と上《あ》がり角《かく》にぶつけます。もし後手《ごて》がここで☖3六桂《ろくけい》としても☗同金《どうきん》とされ、タダで桂《けい》を取《と》られるだけです。角《かく》は逃《に》げるしかありません。

一歩《いちふ》を犠牲《ぎせい》にして、大駒《おおごま》の角《かく》を近《ちか》づけて金《きん》で角取《かくと》りにすることで、後手《ごて》の美濃囲《みのがこ》いくずしを見事《みごと》に防《ふせ》いでいます。

第《だい》8図《ず》　☖4六同角《ろくどうかく》まで

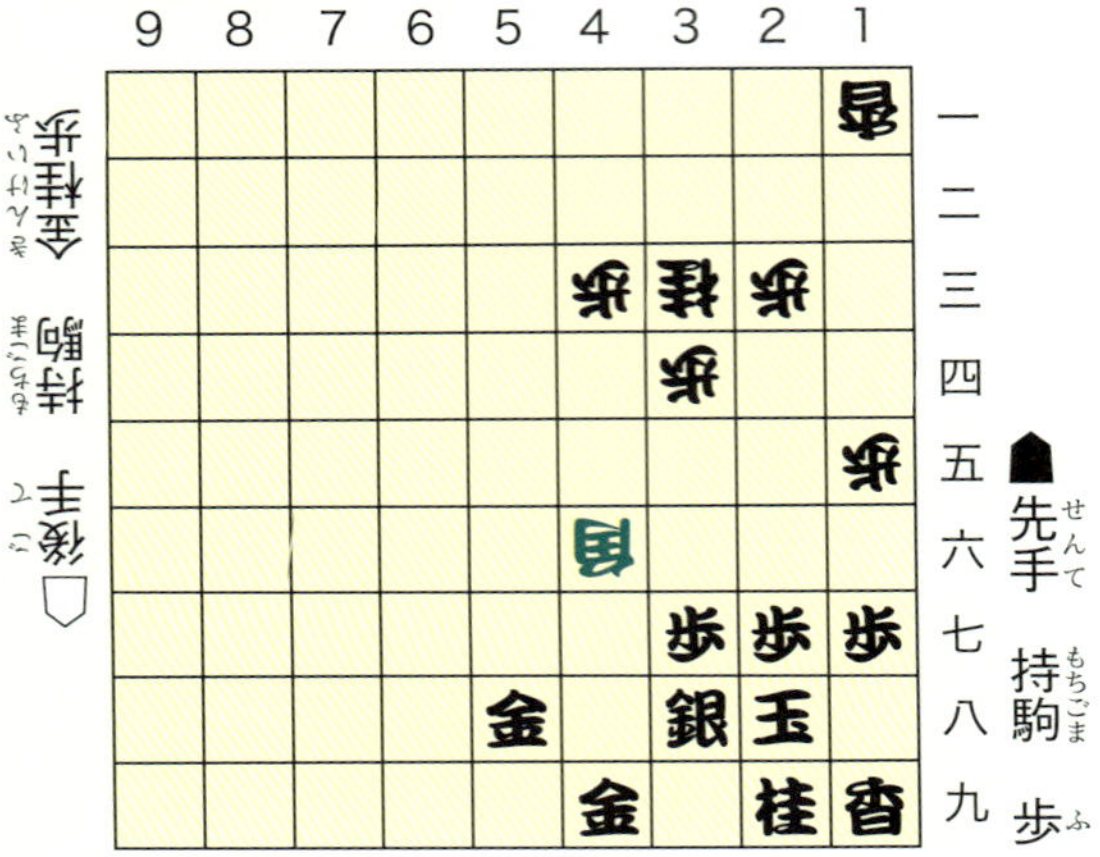
☗先手《せんて》持駒《もちごま》　歩《ふ》
☖後手《ごて》持駒《もちごま》　金桂歩《きんけいふ》

第《だい》9図《ず》　☗4七金《ななきん》まで

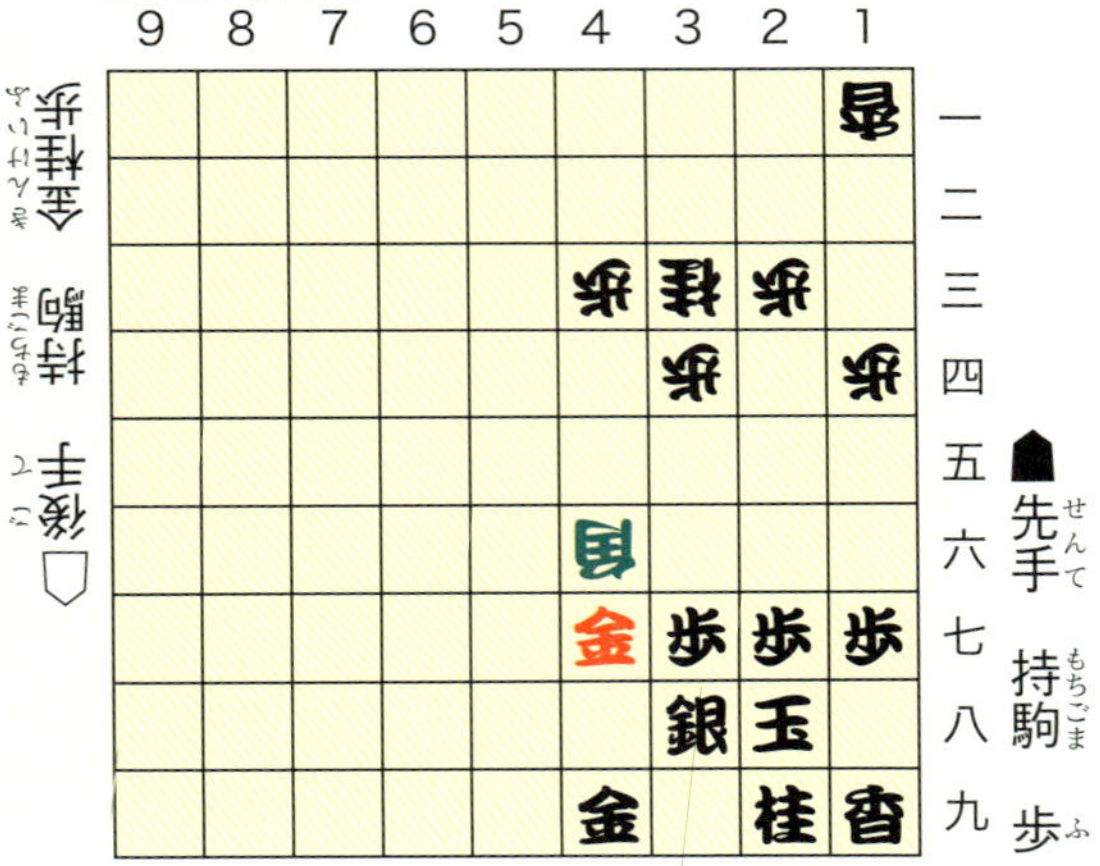
☗先手《せんて》持駒《もちごま》　歩《ふ》
☖後手《ごて》持駒《もちごま》　金桂歩《きんけいふ》

こういう手筋《てすじ》を知《し》っていれば、負《ま》けている将棋《しょうぎ》の逆転《ぎゃくてん》も可能《かのう》だよ。
桂馬
金
角

⑥玉《ぎょく》は下段《げだん》に落《お》とせ！

第《だい》1図《ず》

「玉《ぎょく》は下段《げだん》に落《お》とせ！」は終盤戦《しゅうばんせん》で役立《やくだ》つ格言《かくげん》です。逆《ぎゃく》に言《い》えば、玉《ぎょく》に上《うえ》（上段《じょうだん》）の方《ほう》に逃《に》げられ、入玉模様《にゅうぎょくもよう》になれば「詰《つ》める」ことがむずかしくなるということです。また玉《ぎょく》は一段目《いちだんめ》にいたらそれ以上後《いじょううし》ろには下《さ》がれない、逃《に》げる場所《ばしょ》が少《すく》なくなるということです。

参考図《さんこうず》1は☗3一金《いちきん》と王手《おうて》をした場面《ばめん》ですが、これでは△2三玉《さんぎょく》と玉《ぎょく》を上《うえ》の方《ほう》に逃《に》がしてしまいます。

飛車《ひしゃ》を捨《す》て、玉《ぎょく》を下段《げだん》に落《お》とす

ここでは第《だい》1図《ず》のように☗2一飛成《いちひなり》と桂馬《けいま》を取《と》りながら、玉《ぎょく》を下段《げだん》に落《お》とす手《て》がいい手《て》です。後手《ごて》は△2一同玉《いちどうぎょく》と龍《りゅう》を取《と》るしかありません。

参考図《さんこうず》1　☗3一金《いちきん》まで

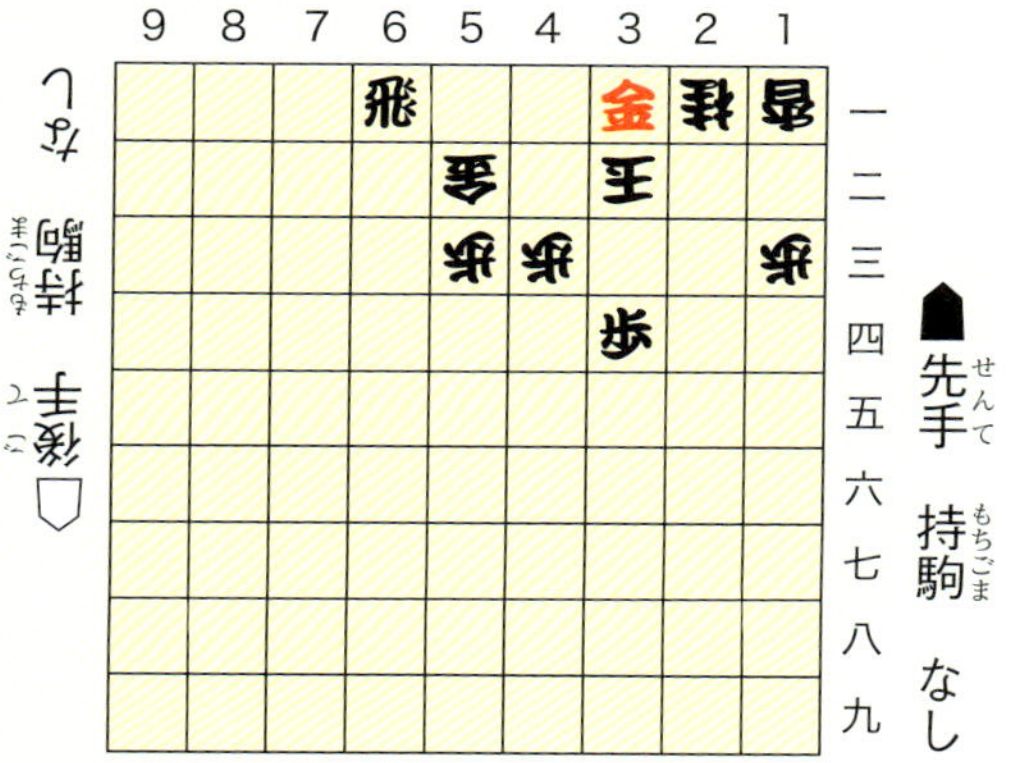

第《だい》1図《ず》　☗2一飛成《いちひなり》まで

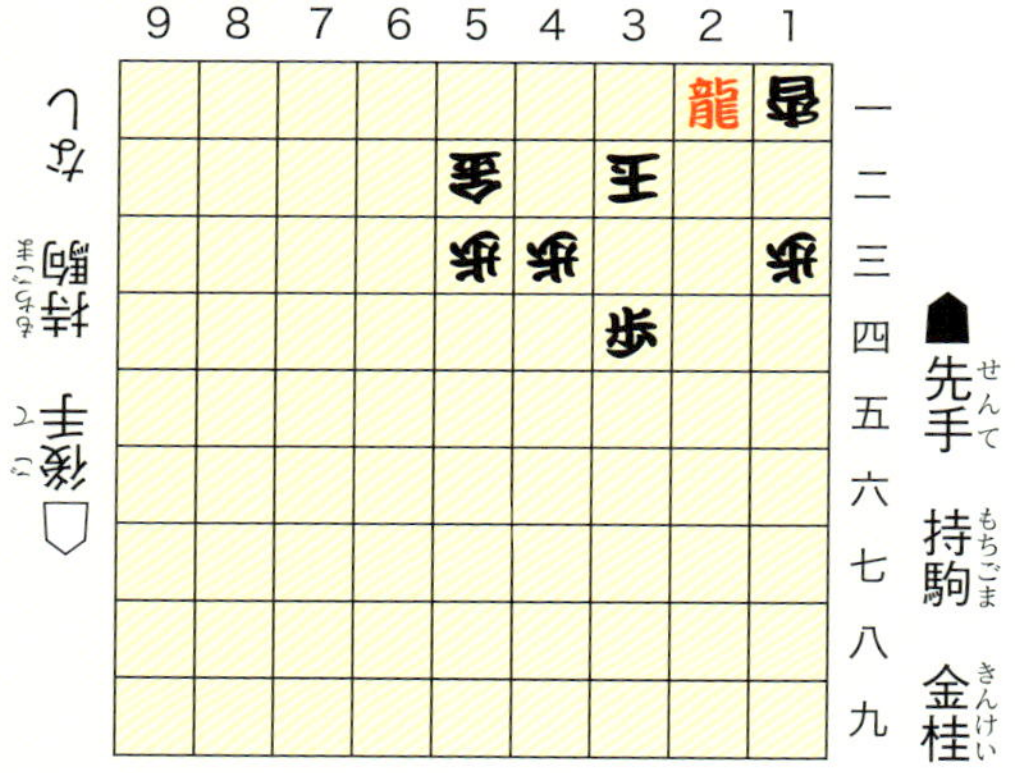

ここで▲3三歩成《さんふなり》（第《だい》2図《ず》）と、玉《ぎょく》を上《うえ》から押《お》さえつけます。

この「と金《きん》」づくりができ、持駒《もちごま》に金《きん》があるから、飛車《ひしゃ》を捨《す》てることができたことも知《し》っておきましょう

後手《ごて》は先手《せんて》の▲2二金《にきん》の頭金《あたまきん》の詰《つ》みを防《ふせ》ぐために、△2二飛《にひ》（第《だい》3図《ず》）と打《う》ちます。先手《せんて》はかまわずに▲2三金《さんきん》（第《だい》4図《ず》）と打《う》ち、後手《ごて》の△2三同飛《さんどうひ》に▲2三同《さんどう》と（第《だい》5図《ず》）します。

第《だい》2図《ず》　▲3三歩成《さんふなり》まで

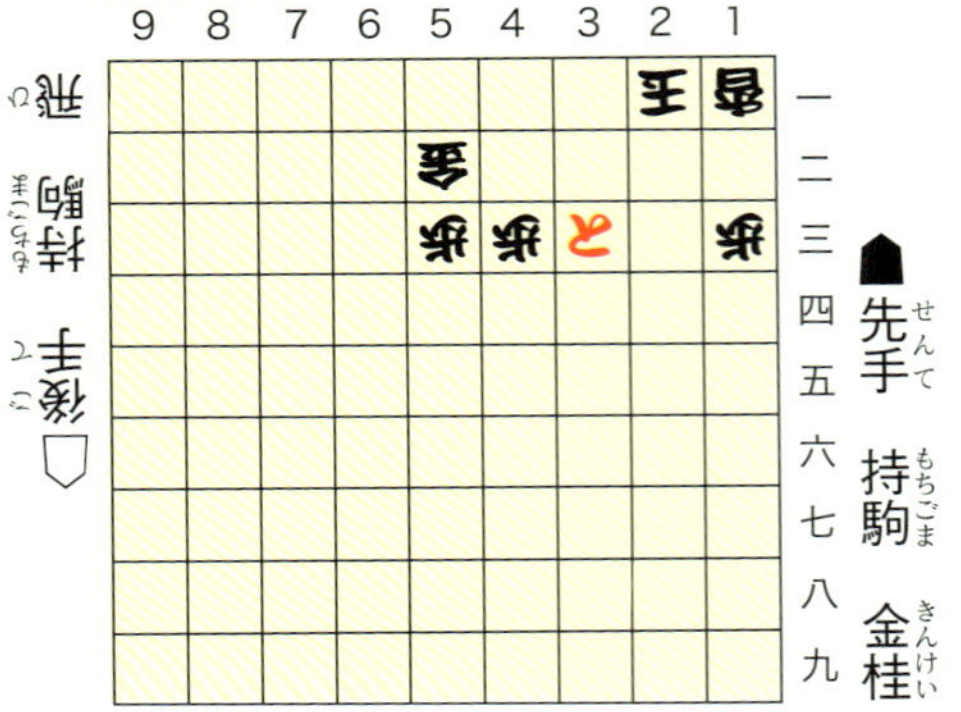

第《だい》3図《ず》　△2二飛《にひ》まで

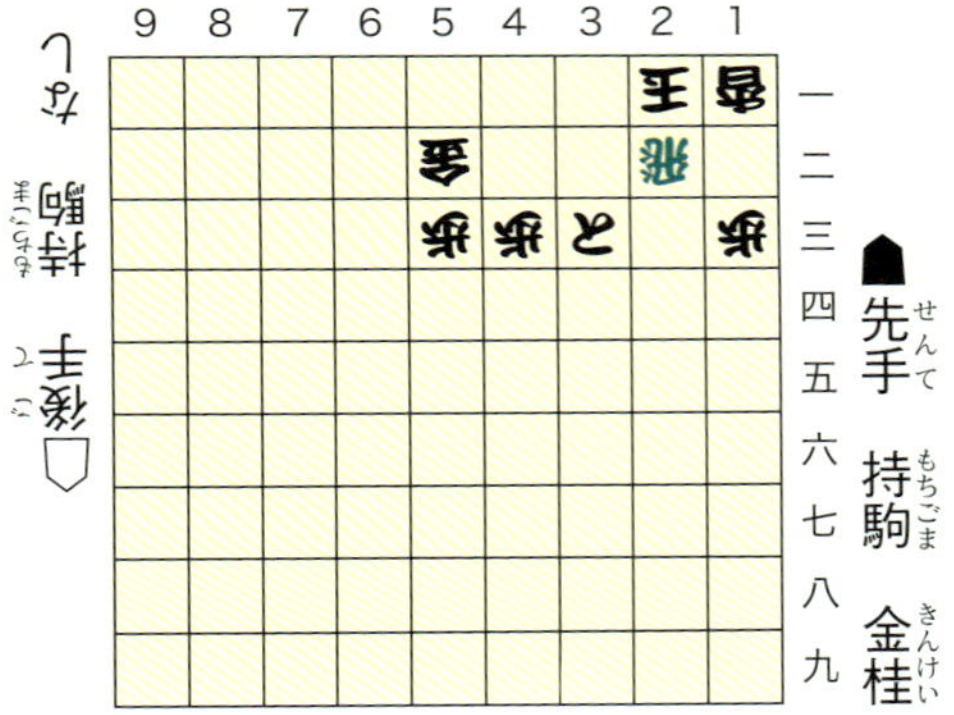

第《だい》4図《ず》　▲2三金《さんきん》まで

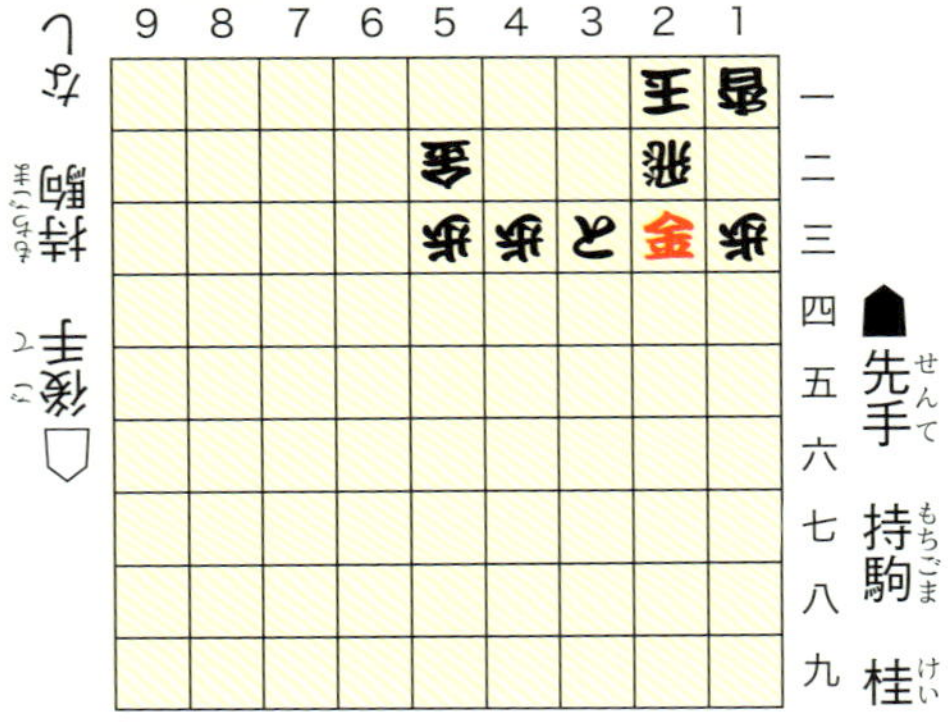

第5図《だいず》で、持駒《もちごま》の金《きん》が飛車《ひしゃ》に変《か》わってしまったが、うまく詰《つ》めるのかな？

第5図《だいず》　☗2三同《さんどう》とまで

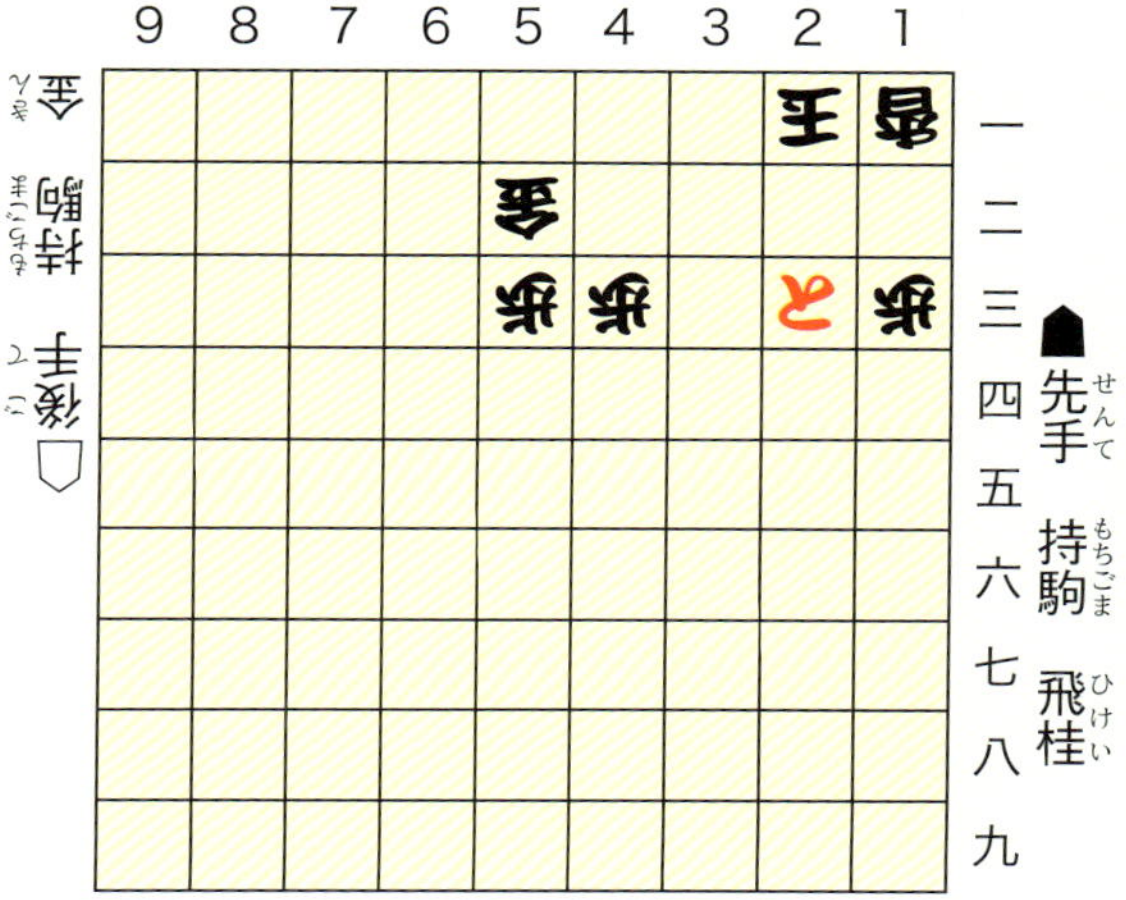

先手《せんて》は3三桂《さんけい》が好手《こうしゅ》

後手《ごて》は先手《せんて》の☗2二飛打《にひうち》の即詰《そくづ》み（☖3一玉《いちぎょく》と逃《に》げても☗3二飛成《にひなり》）を避《さ》け、☖3一玉《いちぎょく》と逃《に》げますが、それでも先手《せんて》は☗3三桂《さんけい》（第6図《だいず》）と打《う》てば必至《ひっし》です。

第6図《だいず》　☗3三桂《さんけい》まで

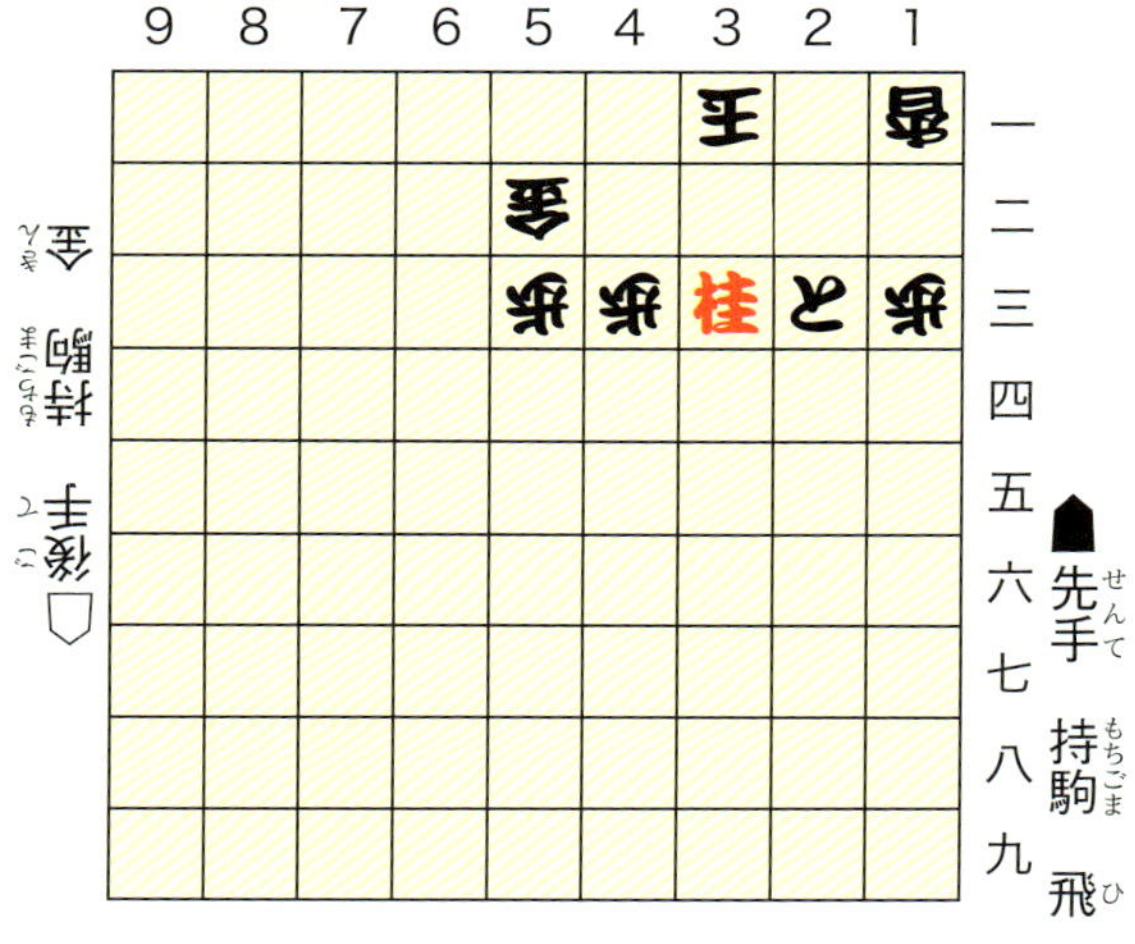

後手《ごて》が☖3二金《にきん》（第7図《だいず》）と守《まも》ったつもりでも、☗4一飛《いちひ》（第8図《だいず》）と打《う》てば、後手《ごて》の玉《ぎょく》は詰《つ》みです。
また☖3二金《にきん》（第7図《だいず》）ではなく☖4一金《いちきん》と打《う》っても、☗2一飛《いちひ》と王手《おうて》すれば、☖4二玉《にぎょく》と逃《に》げたあとに、☗4一飛成《いちひなり》と龍《りゅう》にして詰《つ》みとなります。

第7図《だいず》　☖3二金《にきん》まで

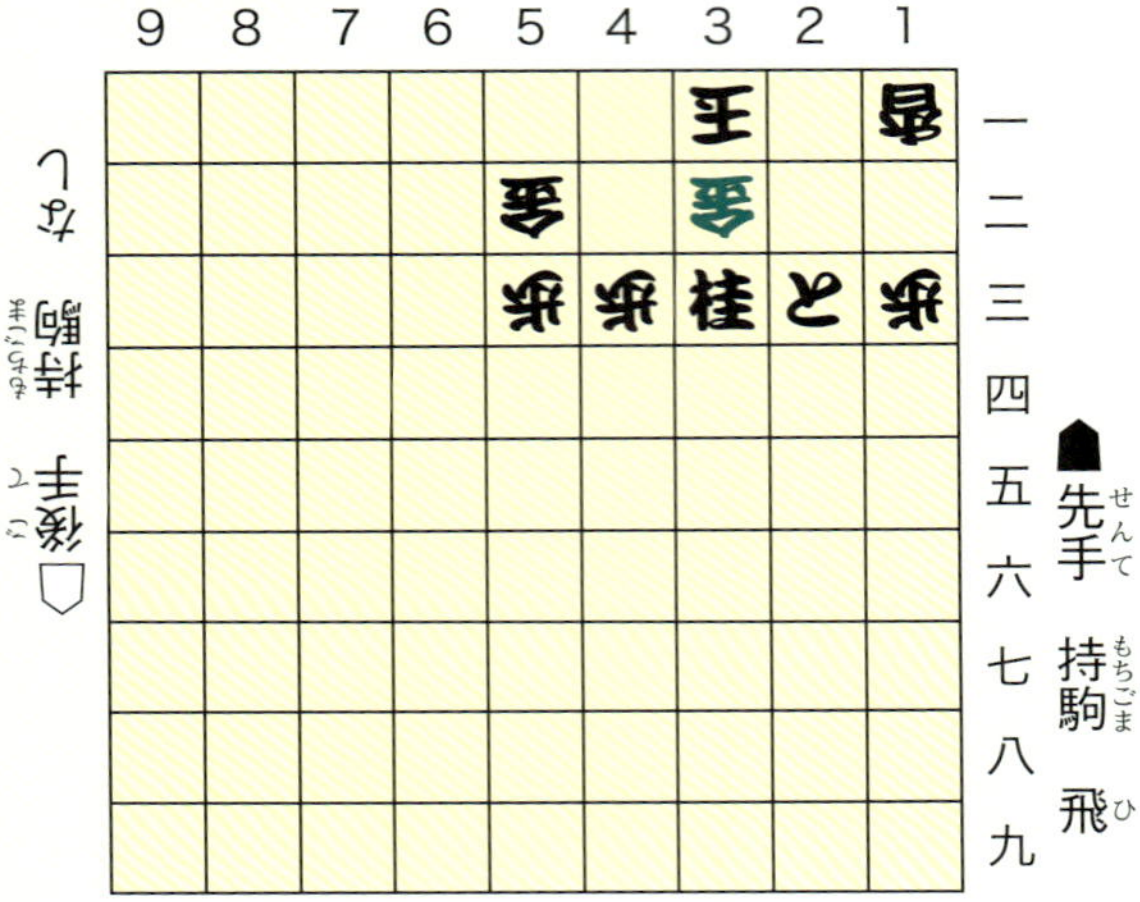
9 8 7 6 5 4 3 2 1
一 二 三 四 五 六 七 八 九
☗先手《せんて》 持駒《もちごま》 飛《ひ》
☖後手《ごて》 持駒《もちごま》 なし

第8図《だいず》　☗4一飛《いちひ》まで

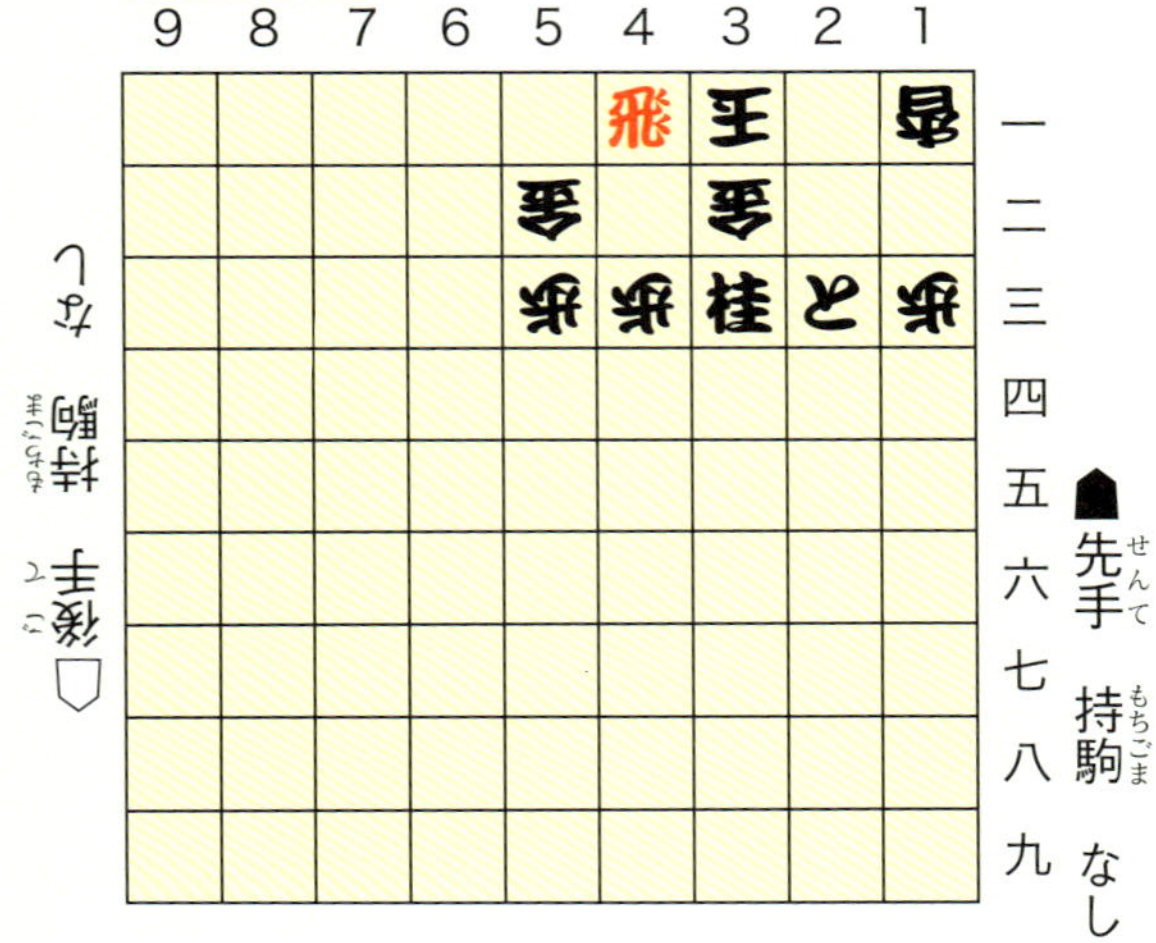
9 8 7 6 5 4 3 2 1
一 二 三 四 五 六 七 八 九
☗先手《せんて》 持駒《もちごま》 なし
☖後手《ごて》 持駒《もちごま》 なし

一段玉《いちだんぎょく》のように玉《ぎょく》を下段《げだん》に落《お》として下《さ》がれないようにしておき、上《うえ》からフタをするように押《お》さえつける攻《せ》めは、実戦《じっせん》でも効果的《こうかてき》だよ。

⑦敵《てき》の打《う》ちたい所《ところ》へ打《う》て！

第《だい》1図《ず》、第《だい》2図《ず》

これも実戦向《じっせんむ》きの格言《かくげん》です。この格言《かくげん》を実行《じっこう》するには相手《あいて》の攻《せ》め手《て》を読《よ》むことがポイントになります。第《だい》1図《ず》は後手《ごて》が7三《さん》にあった桂《けい》を△6五桂《ごけい》と飛《と》んで歩《ふ》を取《と》り、銀取《ぎんど》りにしてきたため先手《せんて》が▲6六銀右《ろくぎんみぎ》と上《あ》がったところです。（「桂先《けいさき》の銀《ぎん》は定跡《じょうせき》なり」という格言《かくげん》もあります）後手《ごて》は逆《ぎゃく》に桂取《けいと》りとされているため、△6四銀《よんぎん》（第《だい》2図《ず》）とします。

第《だい》1図《ず》 ▲6六銀右《ろくぎんみぎ》まで

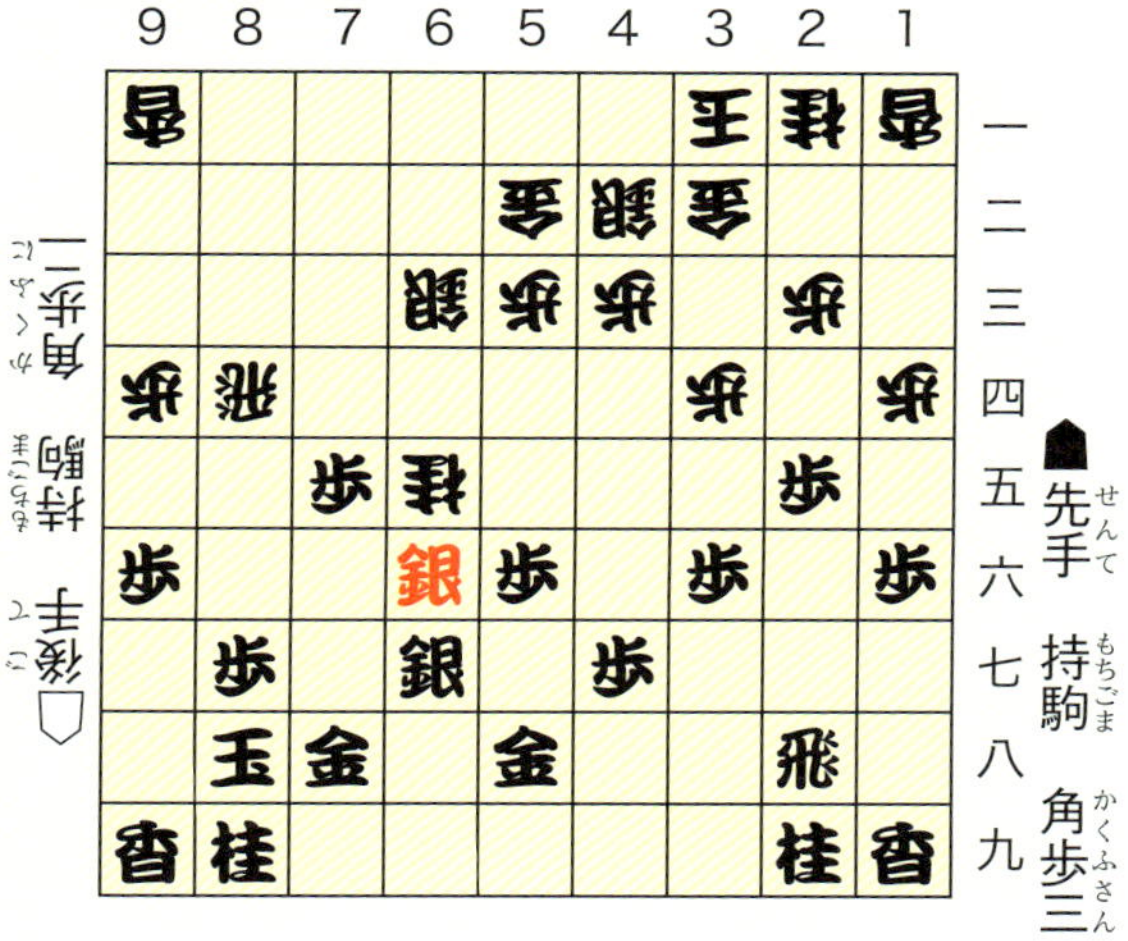

9 8 7 6 5 4 3 2 1
一 二 三 四 五 六 七 八 九
△後手 持駒 角歩三
▲先手《せんて》 持駒《もちごま》 角歩三《かくふさん》

第《だい》2図《ず》 △6四銀《よんぎん》まで

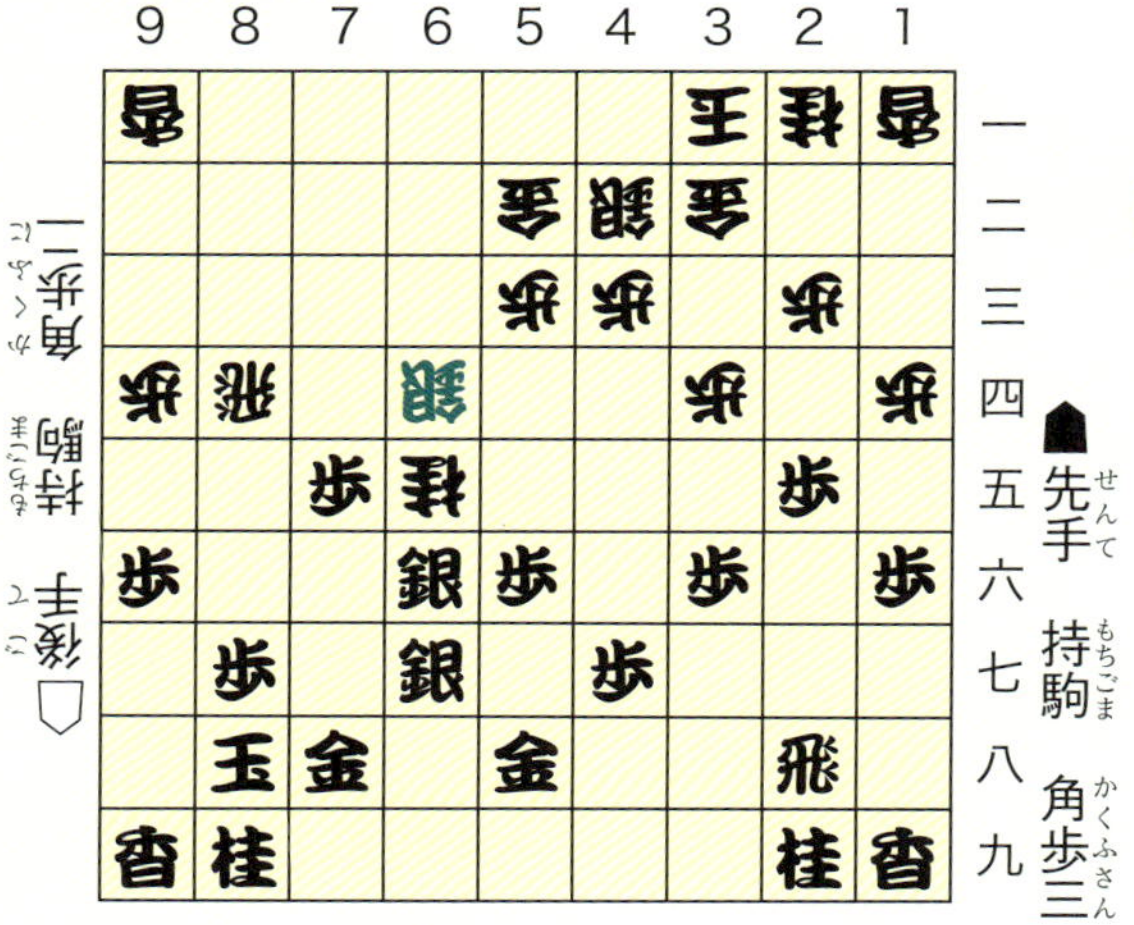

9 8 7 6 5 4 3 2 1
一 二 三 四 五 六 七 八 九
△後手 持駒 角歩三
▲先手《せんて》 持駒《もちごま》 角歩三《かくふさん》

ここで先手《せんて》は☗3九角《きゅうかく》（第3図）とします。この3九《きゅう》の地点《ちてん》が「敵《てき》の打《う》ちたい所《ところ》へ打《う》て!」の場所《ばしょ》なのです。

第3図《だいず》　☗3九角《きゅうかく》まで

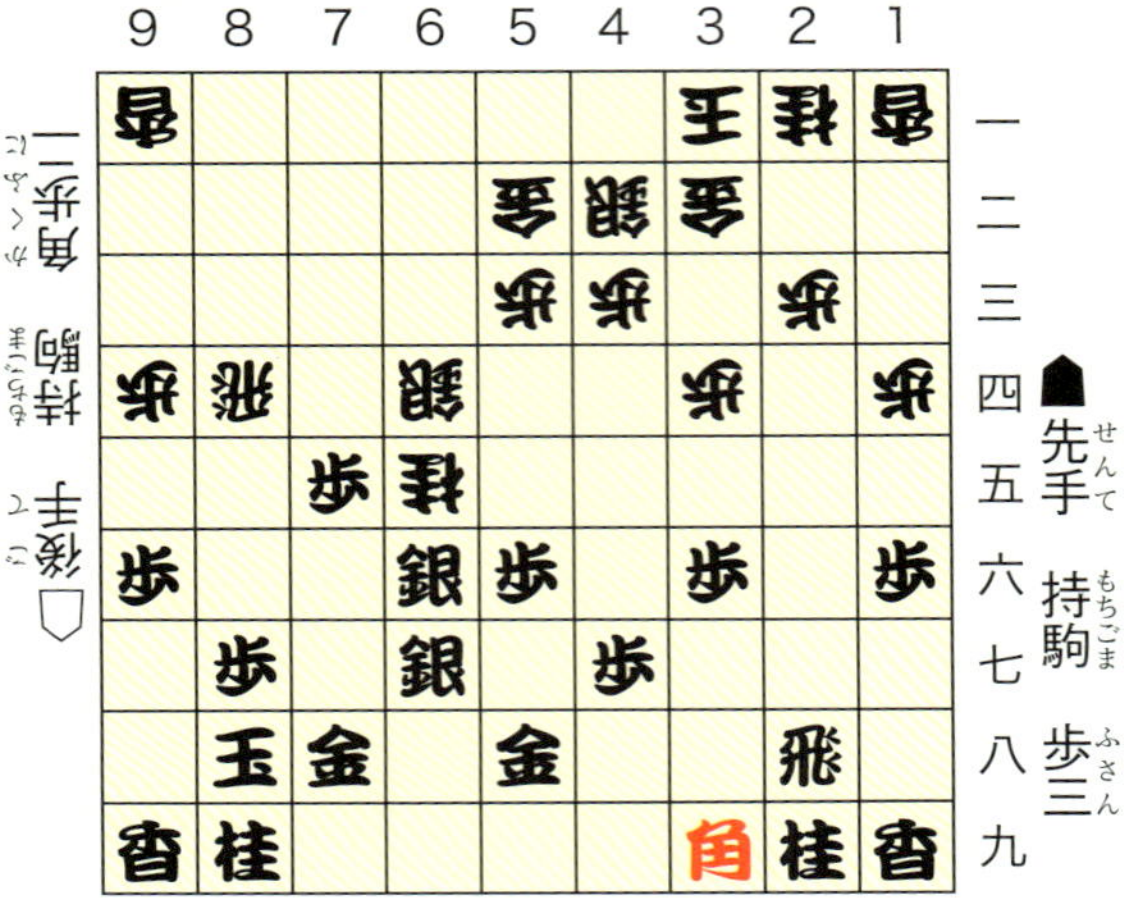

この後《あと》、先手《せんて》は☗7六銀《ろくぎん》（参考図1）と上《あ》がり、後手《ごて》の☖6五《ご》の桂《けい》を取《と》ってゆく攻《せ》めが狙《ねら》えます。さて、もし先手《せんて》が☗3九角《きゅうかく》（第3図）とするところで、☗3五歩《ごふ》など何《なに》かほかの手《て》を指《さ》したとします。

参考図《さんこうず》1　☗7六銀《ろくぎん》

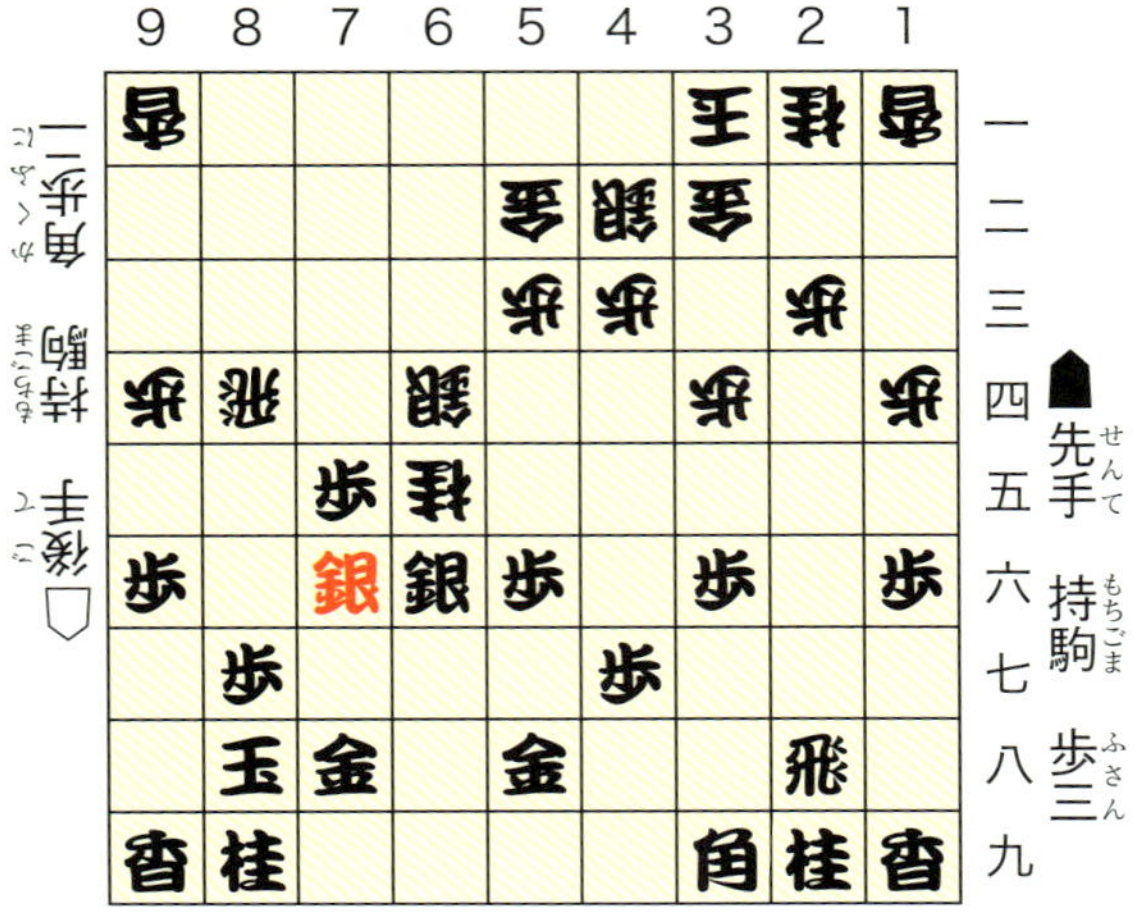

この場合《ばあい》、後手《ごて》からいい攻《せ》めがあります。まず☖8六歩《ろくふ》と打《う》ち、先手《せんて》に☗8六同歩《ろくどうふ》とさせます。これはいつでも飛車《ひしゃ》が出《で》られるようにするためです。

そして☖3九角《きゅうかく》（参考図《さんこうず》2）と飛車取《ひしゃと》りにしながら角《かく》をはります。先手《せんて》は☗3八飛《はちひ》と逃《に》げながら角取《かくと》りにします。

参考図《さんこうず》2 ☖3九角《きゅうかく》まで

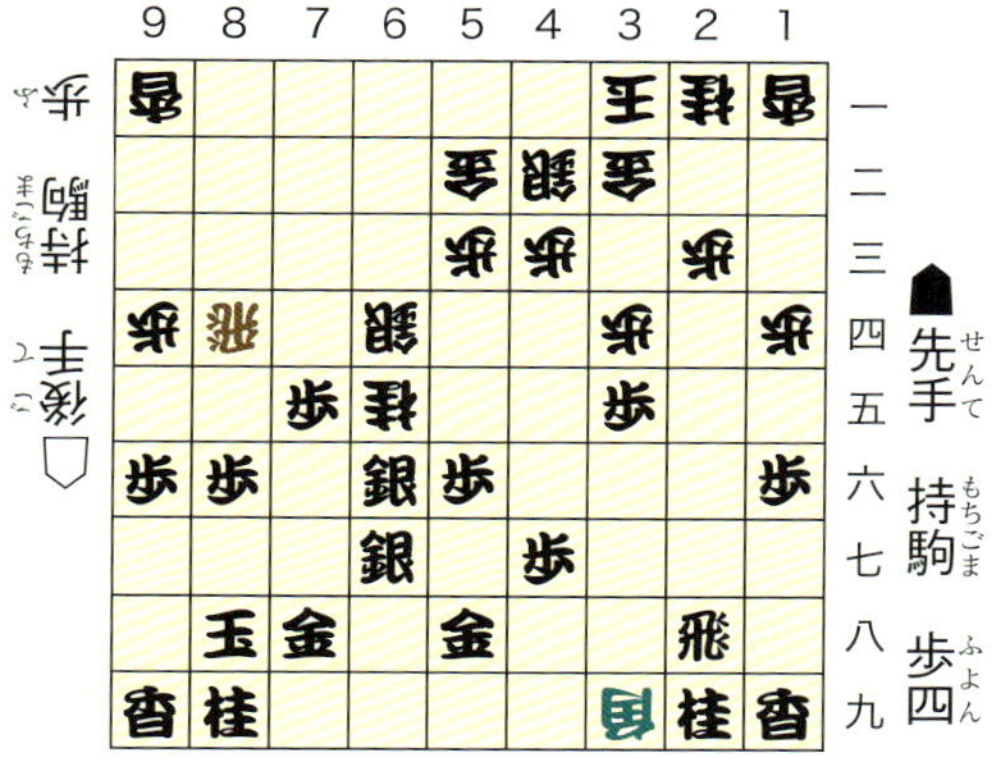

この時《とき》、☖6六角成《ろくかくなり》（参考図《さんこうず》3）と銀《ぎん》を取《と》りながら馬《うま》をつくります。これが王手《おうて》なので☗6六同銀《ろくどうぎん》と馬《うま》を取《と》ります。

持駒《もちごま》にした銀《ぎん》を☖6九銀《きゅうぎん》や☖4九銀《きゅうぎん》などの金《きん》や飛車《ひしゃ》にあてる割銀《わりぎん》で、金《きん》と交換《こうかん》しながら先手《せんて》の守《まも》りをくずし、攻《せ》めてゆくことができます。先手《せんて》に、先《さき》に☗3九角《きゅうかく》とされるのとは戦局《せんきょく》は大《おお》きく変《か》わります。

参考図《さんこうず》3 ☖6六角成《ろくかくなり》まで

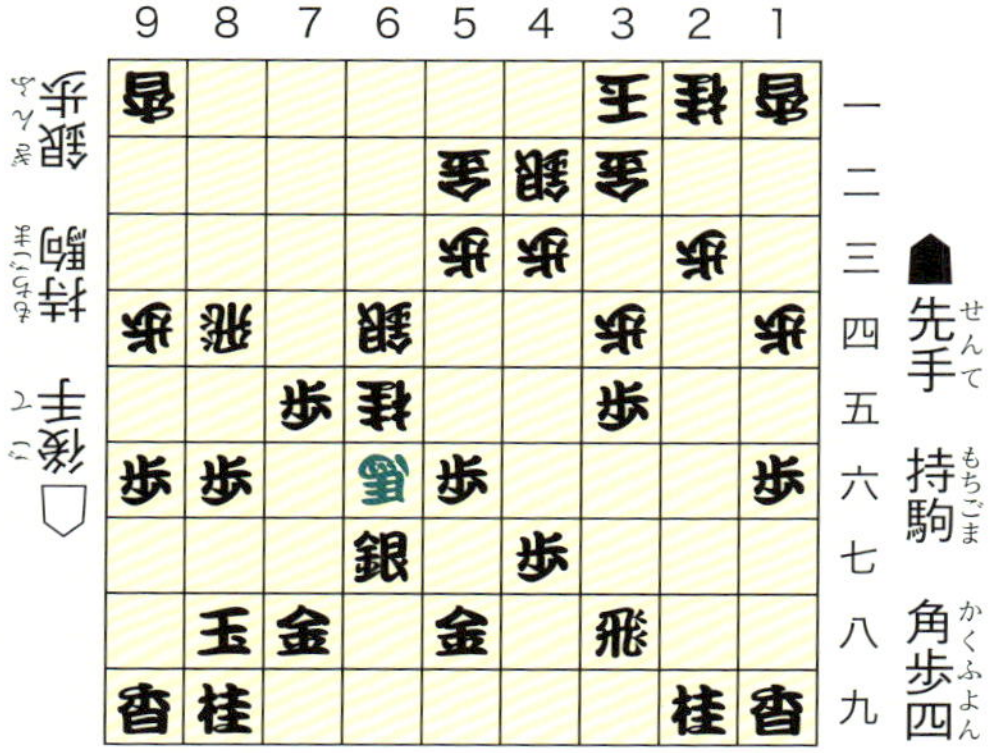

「即詰《そくづ》み」・「しばり」・「詰《つ》めよ」・「必至《ひっし》」の違《ちが》いを知《し》っておこう!

A図《ず》 ▲2二金《にきん》まで

B図《ず》 ▲6二飛《にひ》まで

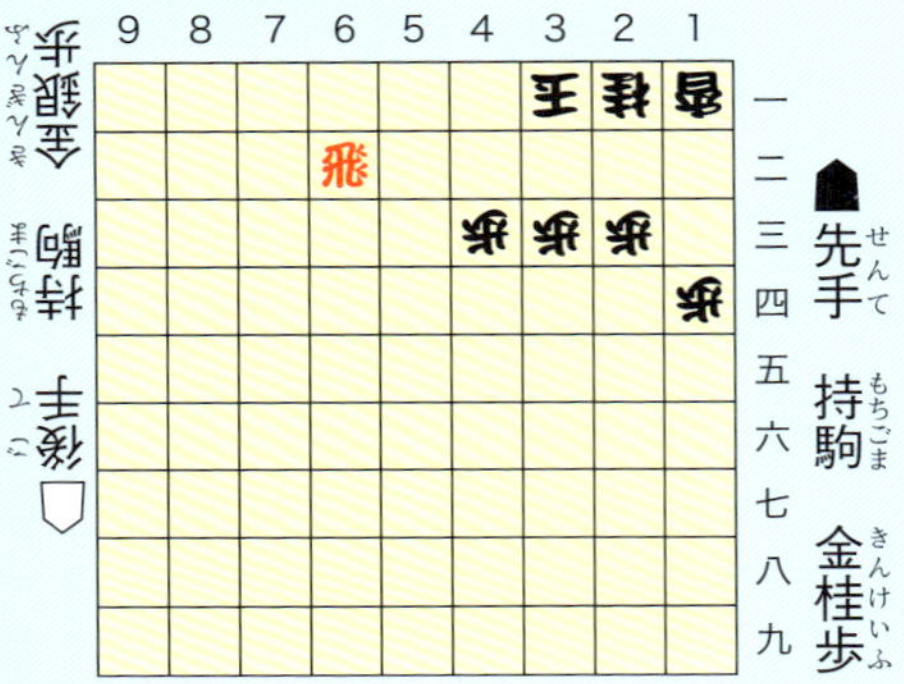

C図《ず》 ▲3二銀《にぎん》まで

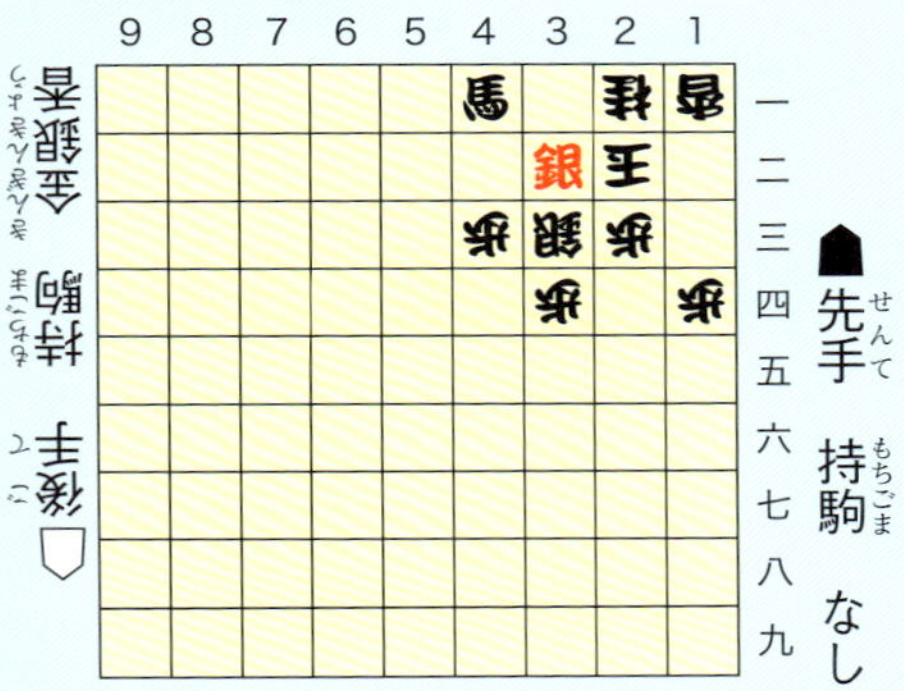

将棋《しょうぎ》についての本《ほん》や新聞《しんぶん》、テレビなどでもこれらの言葉《ことば》がよく出《で》てきます。それぞれの言葉《ことば》の意味《いみ》ついて例《れい》をあげながら説明《せつめい》します。

「即詰《そくづ》み」は、王手《おうて》、王手《おうて》の連続《れんぞく》で相手《あいて》の玉《ぎょく》を詰《つ》ますこと。相手《あいて》の玉《ぎょく》が途中《とちゅう》で逃《に》げたり、駒《こま》を取《と》ったりしても王手《おうて》の連続《れんぞく》で詰《つ》んでしまうことです。「しばり」は王手《おうて》をせずに、相手《あいて》の玉《ぎょく》を逃《に》げられない状態《じょうたい》にすることです。

A図《ず》の▲2二金《にきん》が「しばり」です。この場合《ばあい》、5筋《すじ》の方《ほう》から玉《ぎょく》を追《お》っても2筋《すじ》の方向《ほうこう》に逃《に》げられてしまうことを防《ふせ》いでいる有効《ゆうこう》な一手《いって》で、どちらかを受《う》けても5筋《すじ》か3筋《すじ》のどちらからか詰《つ》むことができます。「詰《つ》めよ」の例《れい》のB図《ず》は、次《つぎ》ページの第《だい》1図《ず》と同《おな》じですが、「ほうっておけば、次《つぎ》に詰《つ》みますよ」という状態《じょうたい》です。図《ず》は▲6二飛《にひ》と打《う》ったところで、このままなら（ほうっておけば…）▲3二金《にきん》で詰《つ》みます。「必至《ひっし》」は玉方《ぎょくがた》に受《う》ける手《て》がなく、次《つぎ》に玉《ぎょく》が必《かなら》ず詰《つ》む状態《じょうたい》のことで必死《ひっし》とも書《か》きます。C図《ず》は必至《ひっし》の有名《ゆうめい》な手筋《てすじ》で▲3二銀《にぎん》と打《う》った腹銀《はらぎん》（P73参照《さんしょう》）が必至《ひっし》の一手《いって》で、後手《ごて》には受《う》け手《て》（守《まも》りの手《て》）がなく次《つぎ》にどうやっても詰《つ》みになります。

⑧王手《おうて》より「しばり」や「必至《ひっし》」

第1図《だいず》

初心者《しょしんしゃ》にありがちな攻《せ》めが、王手《おうて》、王手《おうて》で玉《ぎょく》を追《お》いかけ、結局《けっきょく》詰めずに持駒《もちごま》もなくなってしまうパターンです。格言《かくげん》では、これを「王手《おうて》は追《お》う手《て》」と言《い》い、追《お》いかけるだけの手《て》になることを注意《ちゅうい》しています。少《すこ》し強《つよ》くなると、王手《おうて》をしないで「詰《つ》めよ」や

「必至《ひっし》」をかける手《て》を選《えら》ぶようになります。参考図《さんこうず》は▲5一飛《いちひ》と打《う》って王手《おうて》をかけたところですが、これでは「王手《おうて》は追《お》う手《て》」、次《つぎ》の有効《ゆうこう》な手《て》もなく、しかも△2二玉《にぎょく》から逃《に》げられてしまいます。

参考図《さんこうず》1　▲5一飛《いちひ》まで

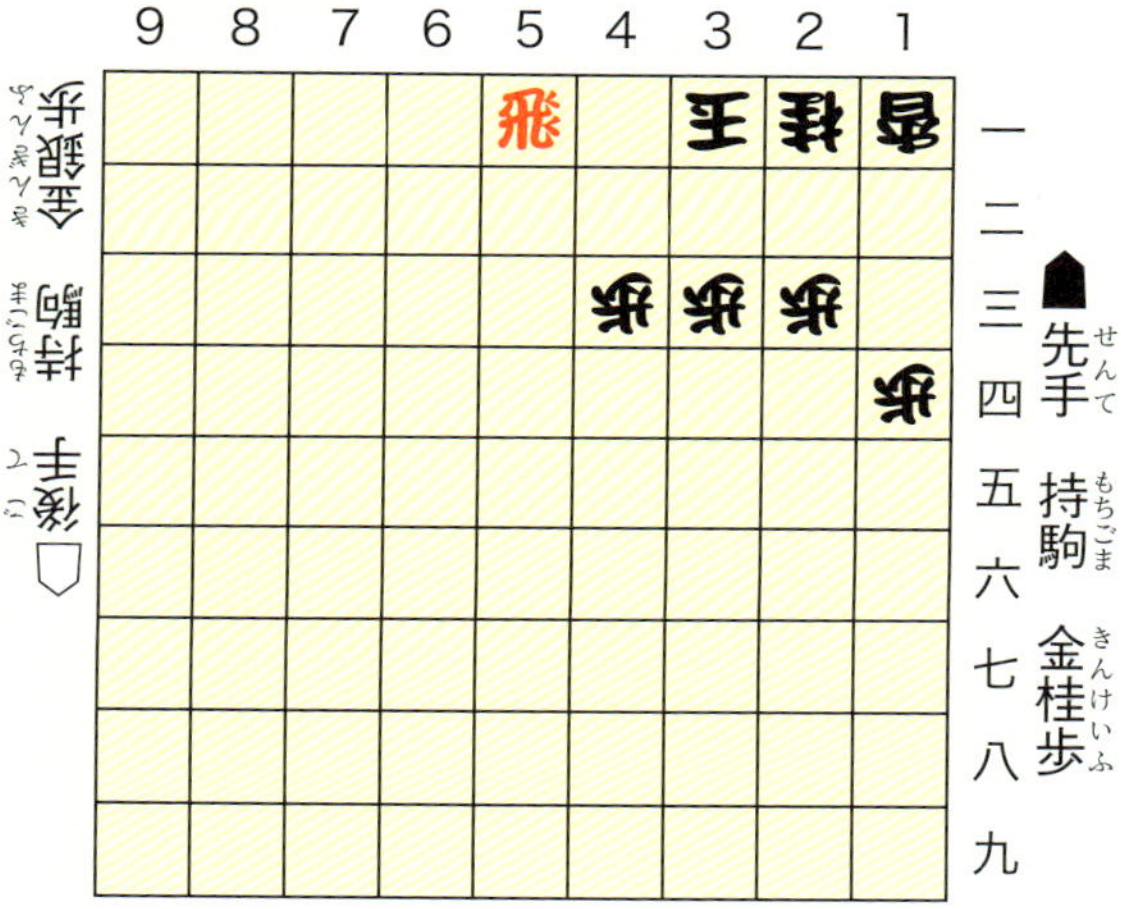
9 8 7 6 5 4 3 2 1
一 二 三 四 五 六 七 八 九
▲先手《せんて》 持駒《もちごま》 金桂歩《きんけいふ》
△後手 持駒 金銀歩

第1図《だいず》　▲6二飛《にひ》まで

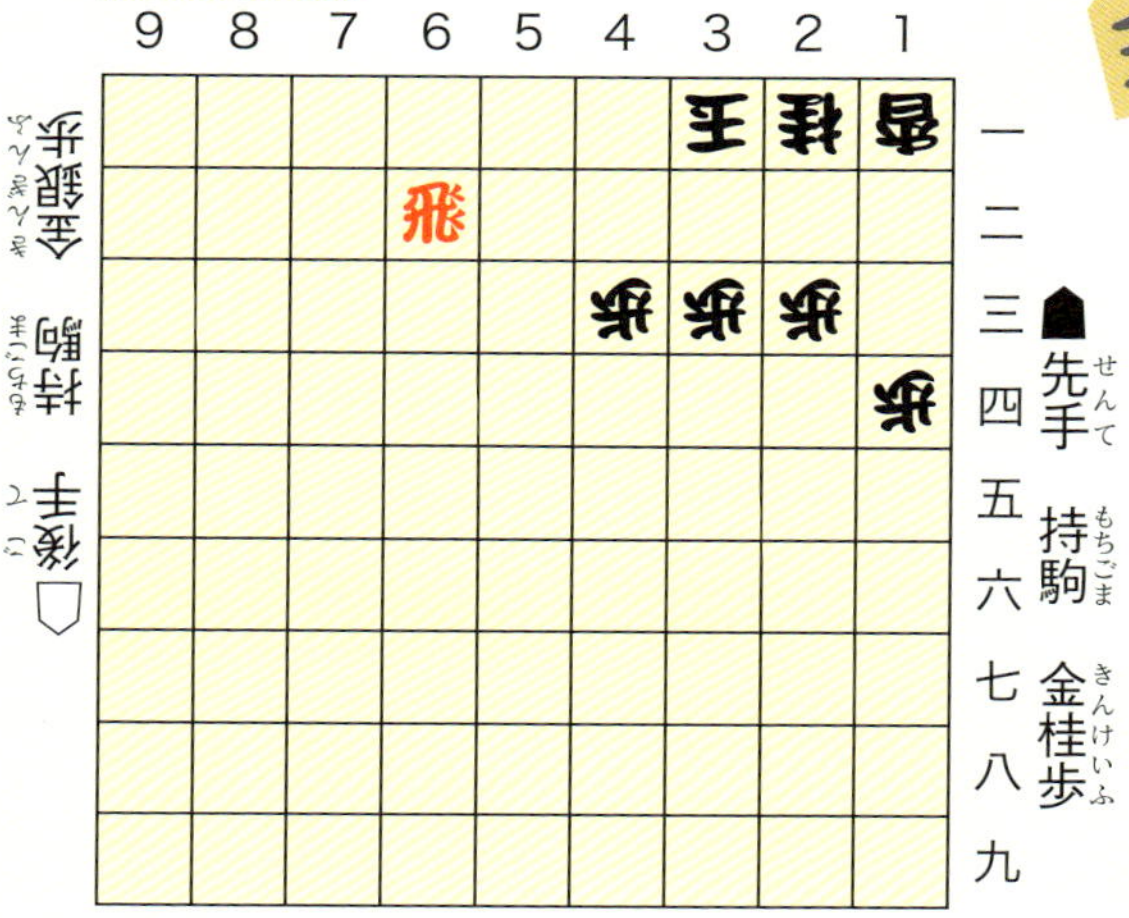
9 8 7 6 5 4 3 2 1
一 二 三 四 五 六 七 八 九
▲先手《せんて》 持駒《もちごま》 金桂歩《きんけいふ》
△後手 持駒 金銀歩

ここは☗6二飛《にひ》（前《ぜん》ページ・第《だい》1図《ず》）と王手《おうて》ではなく、「詰《つ》めよ」にする一手《いって》が正解《せいかい》です。

後手《ごて》は、先手《せんて》に☗3二金《にきん》と打《う》たれたら詰《つ》んでしまうので、逆《ぎゃく》に☖3二金《にきん》（第《だい》2図《ず》）と打《う》って玉《ぎょく》を守《まも》ります。

第《だい》2図《ず》　☖3二金《にきん》まで

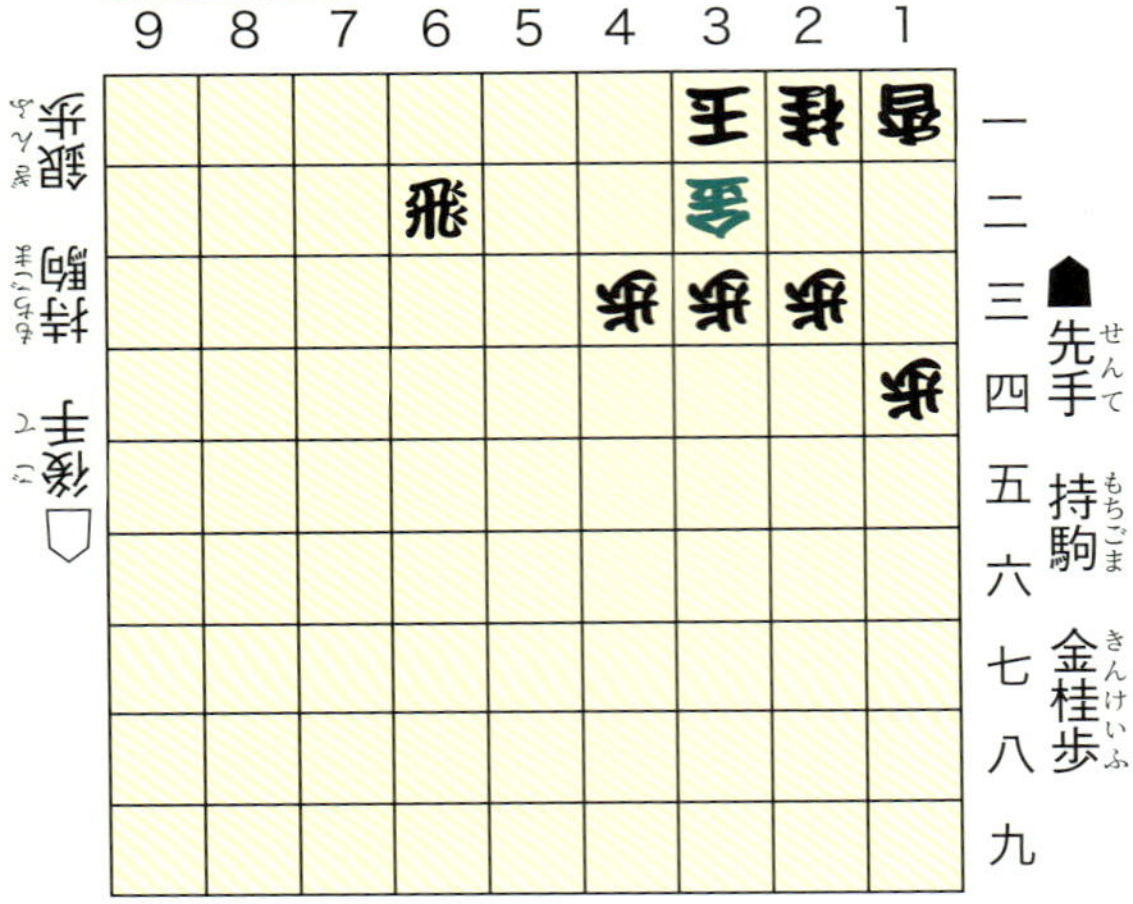

軽妙《けいみょう》な捨《す》て駒《ごま》と退路《たいろ》をふさぐ、歩《ふ》

先手《せんて》はここで☗2四桂《よんけい》（第《だい》3図《ず》）と金取《きんと》りにして、桂《けい》を捨《す》てるという軽妙《けいみょう》な一手《いって》を指《さ》します。

もちろん、後手《ごて》は☖2四同歩《よんどうふ》と取《と》らないと即詰《そくづ》みです。

第《だい》3図《ず》　☗2四桂《よんけい》まで

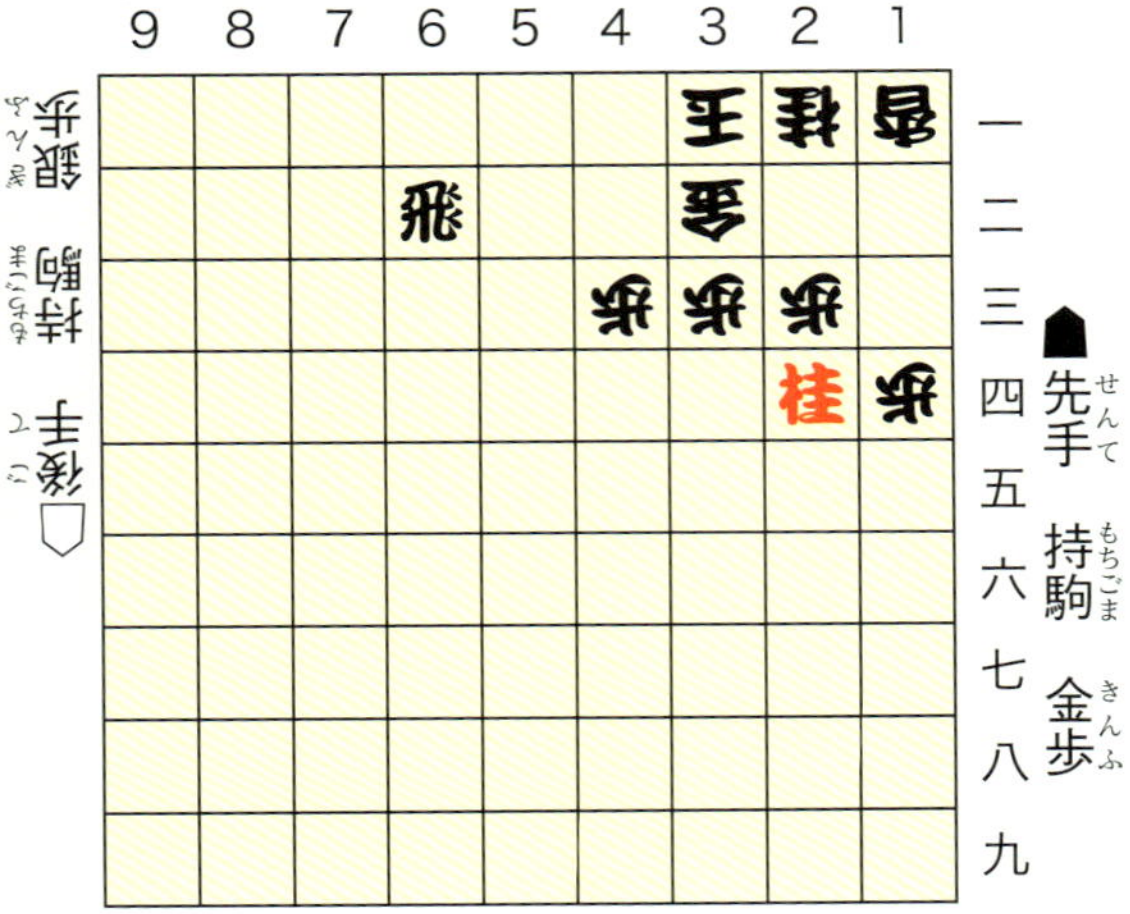

この桂《けい》は、▲2三歩《さんふ》（第《だい》4図《ず》）と打《う》ちたいために捨《す》てたものです。

後手《ごて》は、△2三同金《さんどうきん》と歩《ふ》を取《と》れば▲3二金《にきん》で詰《つ》み。このままなら▲2二金《にきん》で詰《つ》んでしまいます。2二《に》の地点《ちてん》を守《まも》るために、後手《ごて》は△1三銀《さんぎん》（第《だい》5図《ず》）と打《う》ちます。

後手《ごて》には金銀《きんぎん》という守《まも》りに使《つか》える持駒《もちごま》はありません。先手《せんて》は、▲6一飛成《いちひなり》（第《だい》6図《ず》）と王手《おうて》をします。後手《ごて》は合《あ》いゴマをしないと詰《つ》んでしまうため、△4一桂《いちけい》（次《じ》ページ・第《だい》7図《ず》）と打《う》ちます。

第《だい》4図《ず》　▲2三歩《さんふ》まで

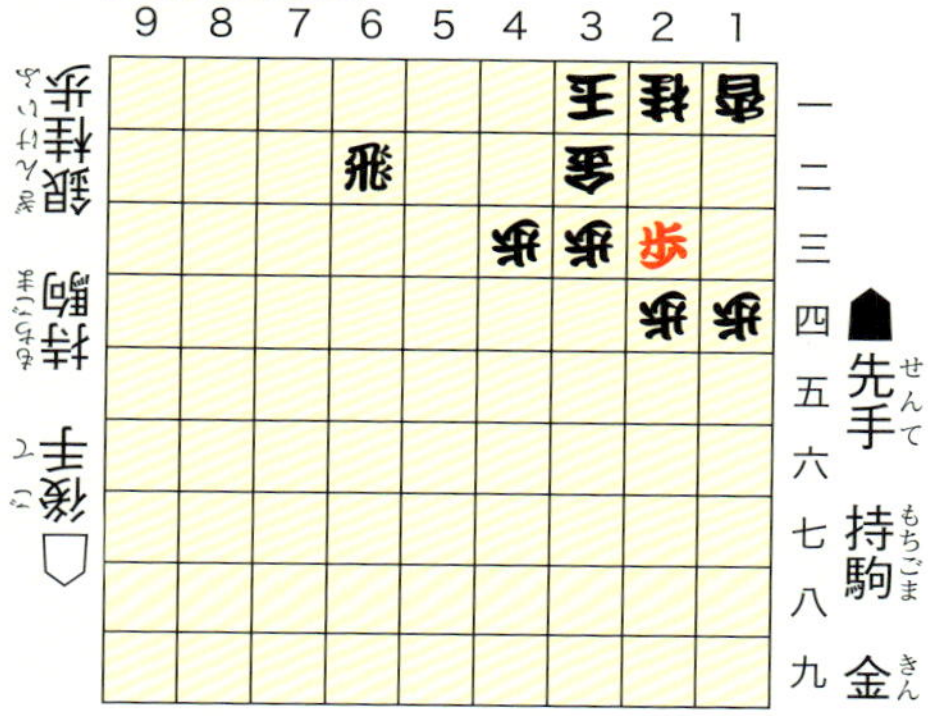

第《だい》5図《ず》　△1三銀《さんぎん》まで

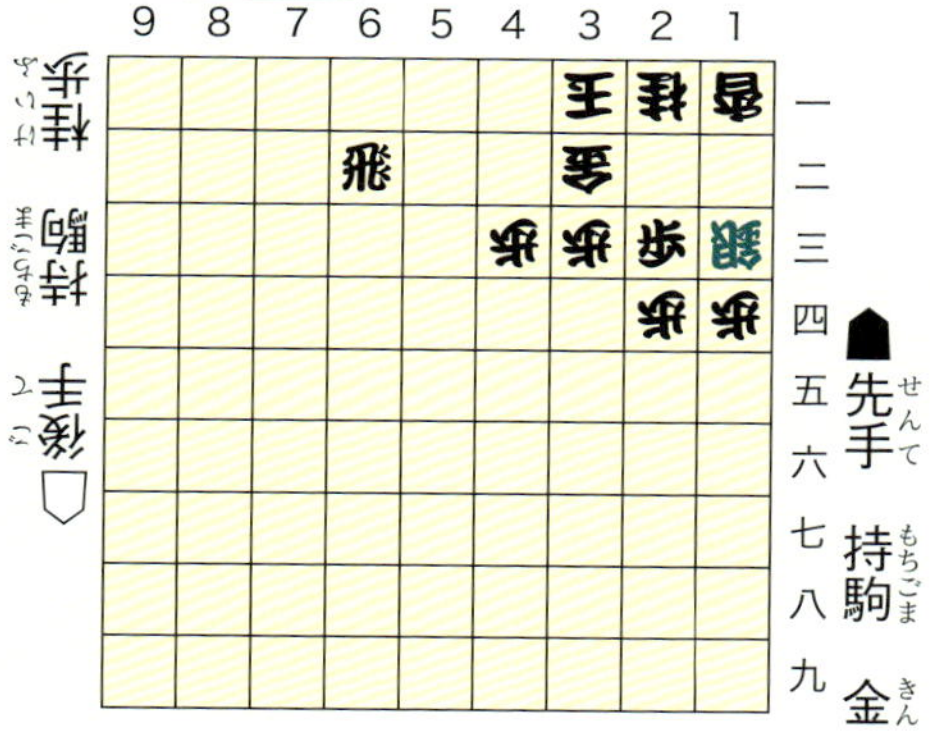

第《だい》6図《ず》　▲6一飛成《いちひなり》まで

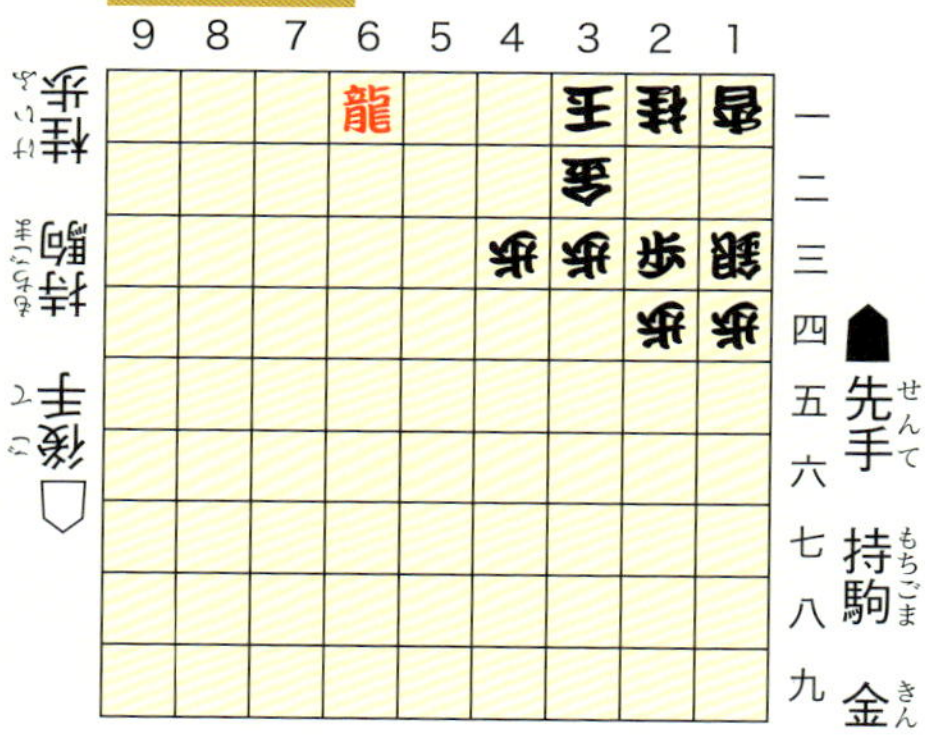

先手《せんて》はあわてることなく、☗5二金《にきん》（第《だい》8図《ず》）と打《う》てば有利《ゆうり》に展開《てんかい》できます。

この後《あと》、後手《ごて》に☖4二金《にきん》と寄《よ》られれば、☗同金《どうきん》、☖同玉《どうぎょく》、再度《さいど》☗5二金《にきん》と打《う》ち、後手《ごて》は☖3二玉《にぎょく》、☗4一龍《いちりゅう》と桂《けい》を取《と》った王手《おうて》のあとに、☖2三玉《さんぎょく》と逃《に》げられそうですが、☗4三龍《さんりゅう》と引《ひ》いて、☗5二金《にきん》に持駒《もちごま》の桂《けい》と歩《ふ》をからめて「詰《つ》めよ」をかけることができ寄《よ》り形《かたち》になるでしょう。

第7図《だいず》　☖4一桂《いちけい》まで

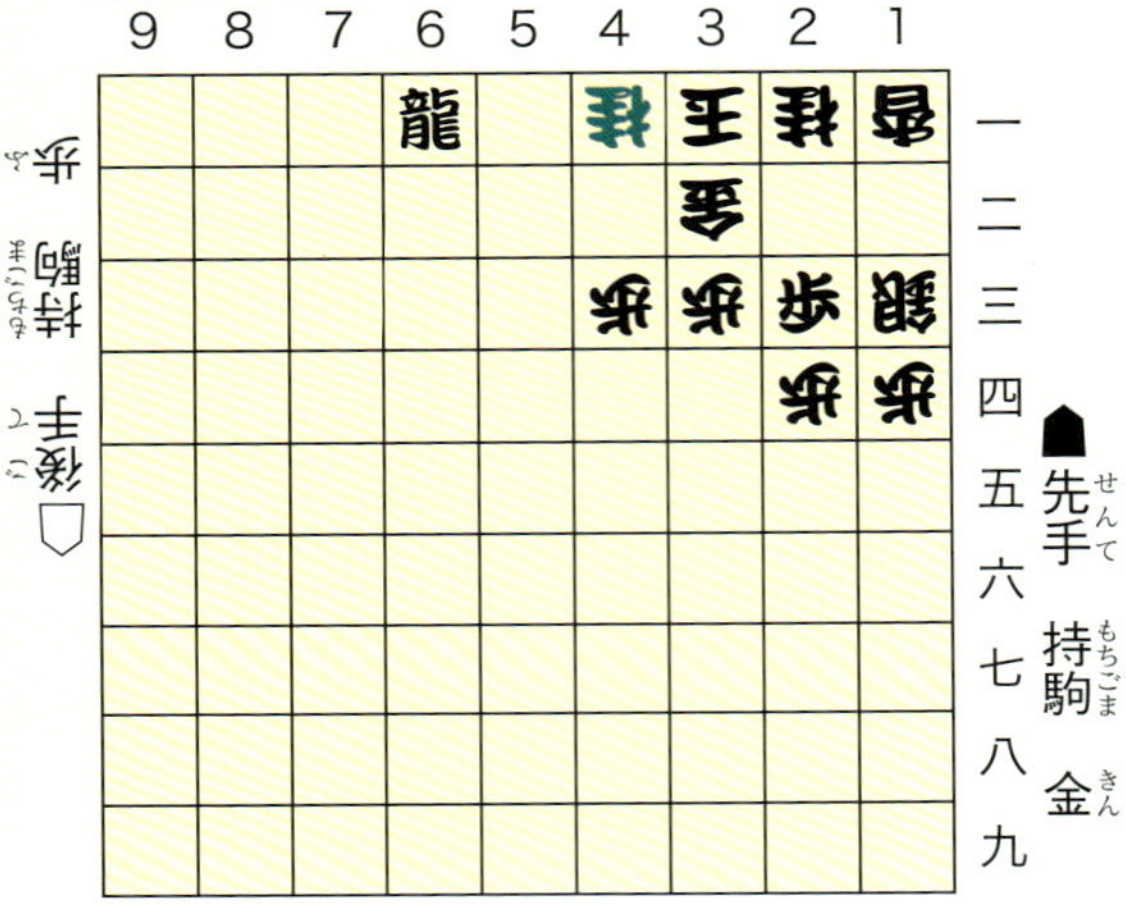
後手《ごて》　持駒《もちごま》　歩《ふ》
☗先手《せんて》　持駒《もちごま》　金《きん》

第8図《だいず》　☗5二金《にきん》まで

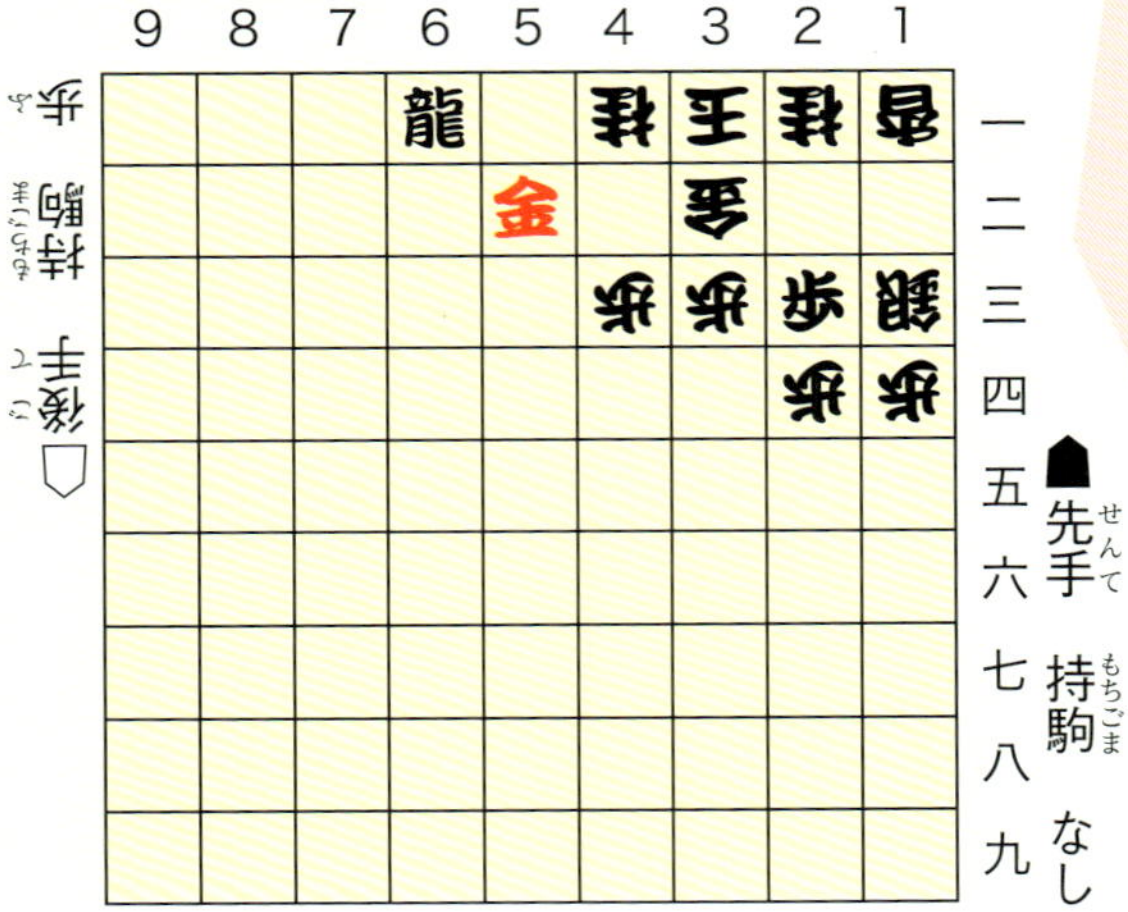
後手《ごて》　持駒《もちごま》　歩《ふ》
☗先手《せんて》　持駒《もちごま》　なし

終盤戦《しゅうばんせん》での「しばり」の手《て》は、相手《あいて》の玉《ぎょく》がどういう守《まも》りや逃《に》げ道《みち》を取《と》ろうとしているかを読《よ》めば、発見《はっけん》しやすいよ！

この本《ほん》のページ22、23の「飛車《ひしゃ》の位置《いち》、居飛車《いびしゃ》と振《ふ》り飛車《びしゃ》」を必《かなら》ず見《み》てください

第《だい》4章《しょう》

戦法《せんぽう》を知《し》って、実戦《じっせん》に強《つよ》くなろう！

＊「ゴキゲン中飛車《なかびしゃ》」はページ24で紹介《しょうかい》しています。
＊「角換《かくが》わり腰掛《こしか》け銀《ぎん》」のさわりはページ55で紹介《しょうかい》しています。

居飛車《いびしゃ》

相矢倉《あいやぐら》から始《はじ》まる「矢倉《やぐら》3七銀戦法《ななぎんせんぽう》」

プロ・アマを問《と》わずよく使《つか》われる戦法《せんぽう》の矢倉《やぐら》3七《なな》銀戦法《ぎんせんぽう》です。矢倉囲《やぐらがこ》いの手順《てじゅん》は、ページ33～35を見《み》てください。ページ35の第《だい》8図《ず》を相矢倉《あいやぐら》にしたのが、第《だい》1図《ず》(☖3三銀《さんぎん》と上《あ》がったところ)です。

第《だい》1図《ず》以下《いか》の指《さ》し手《て》　☗7九角《きゅうかく》☖3一角《いちかく》(第《だい》2図《ず》)

先手《せんて》は飛車先《ひしゃさき》の歩《ふ》を突《つ》かない矢倉《やぐら》になっています。

第《だい》2図《ず》以下《いか》の指《さ》し手《て》　☗3六歩《ろくふ》☖4四歩《よんふ》☗3七銀《しちぎん》(第《だい》3図《ず》)

これで右銀《みぎぎん》が上《あ》がる、矢倉《やぐら》3七銀戦法《ななぎんせんぽう》になります。

一局《いっきょく》を左右《さゆう》する角《かく》の攻防《こうぼう》

第《だい》3図《ず》以下《いか》の指《さ》し手《て》　☖6四角《よんかく》(第《だい》4図《ず》)

後手《ごて》は☖6四角《よんかく》が好手《こうしゅ》、4一《いち》にいる玉を2二《に》に入城《にゅうじょう》させるルートが開《ひら》け、先手《せんて》の飛車《ひしゃ》もにらんでいます。

第《だい》1図《ず》　☖3三銀《さんぎん》まで

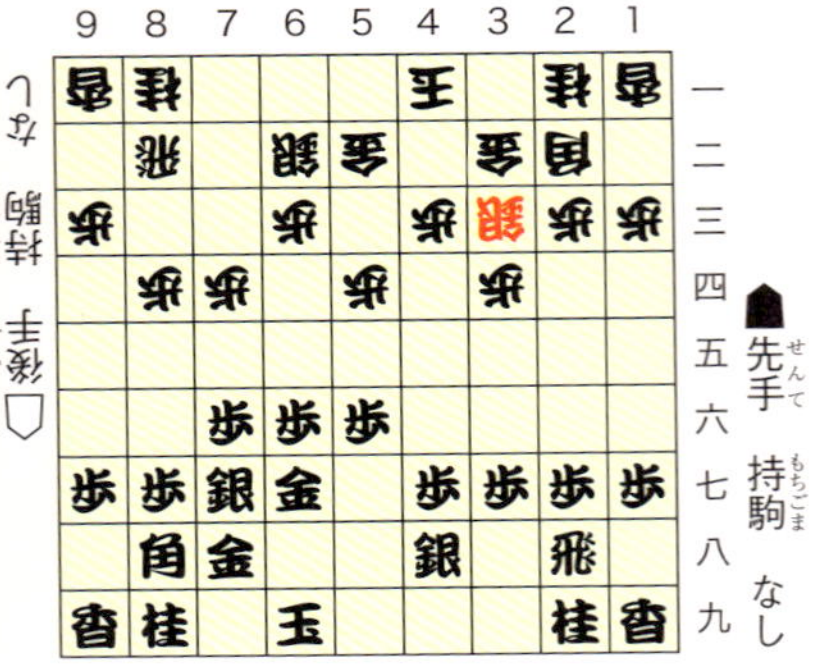
後手 持駒 なし
先手《せんて》 持駒《もちごま》 なし

第《だい》2図《ず》　☖3一角《いちかく》まで

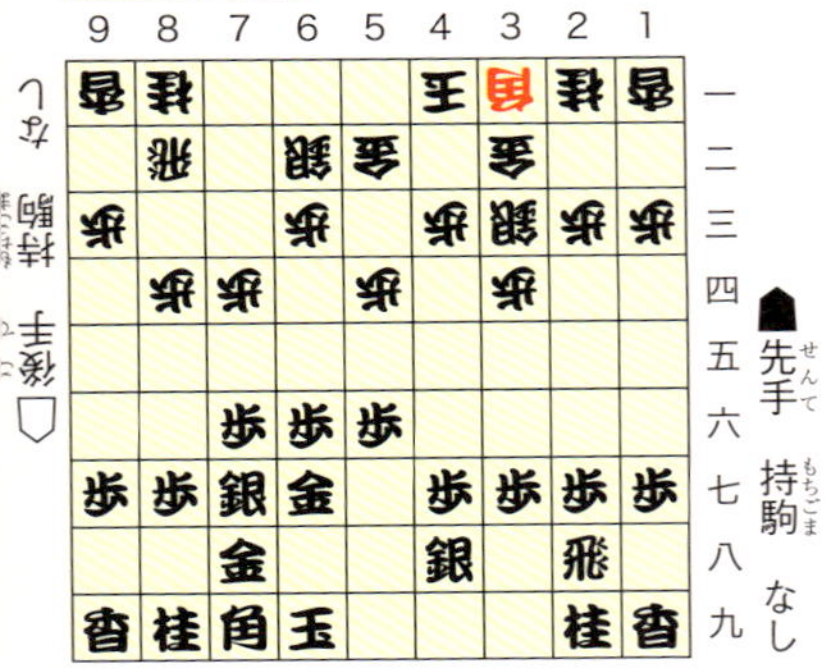
後手 持駒 なし
先手《せんて》 持駒《もちごま》 なし

第《だい》3図《ず》　☖3七銀《しちぎん》まで

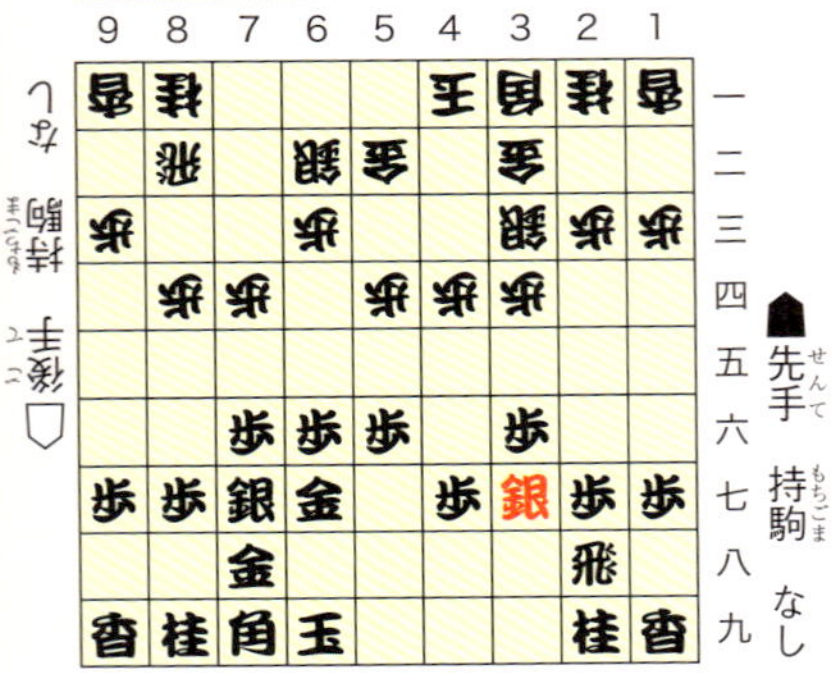
後手 持駒 なし
先手《せんて》 持駒《もちごま》 なし

第《だい》4図《ず》 ☖6四角《よんかく》まで

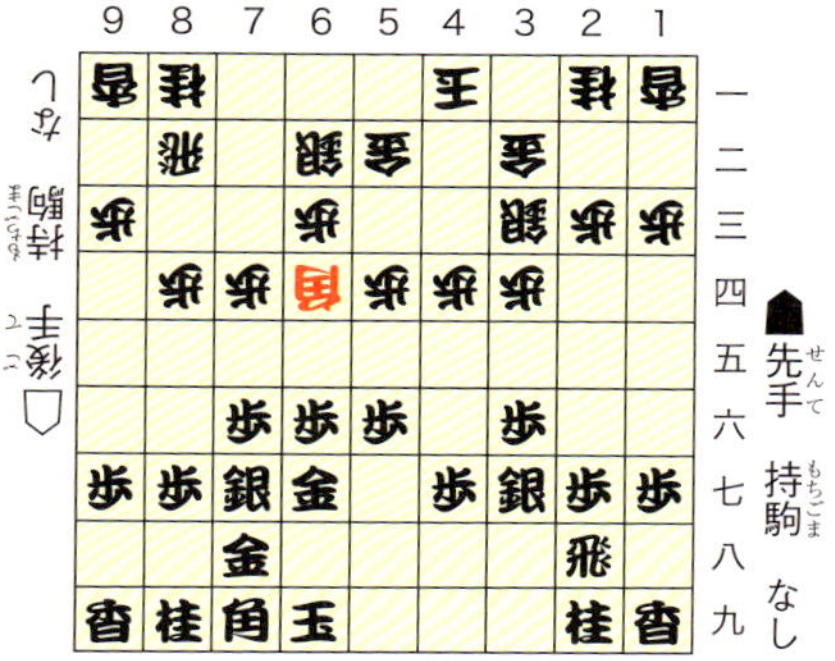

A図《ず》 ☗3五同角《ごどうかく》まで

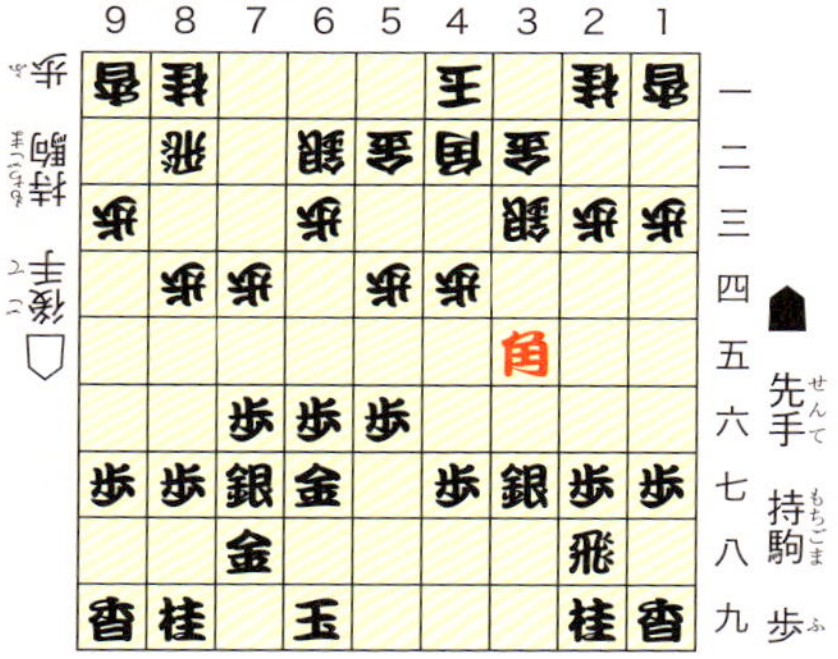

B図《ず》 ☗4六角《ろくかく》まで

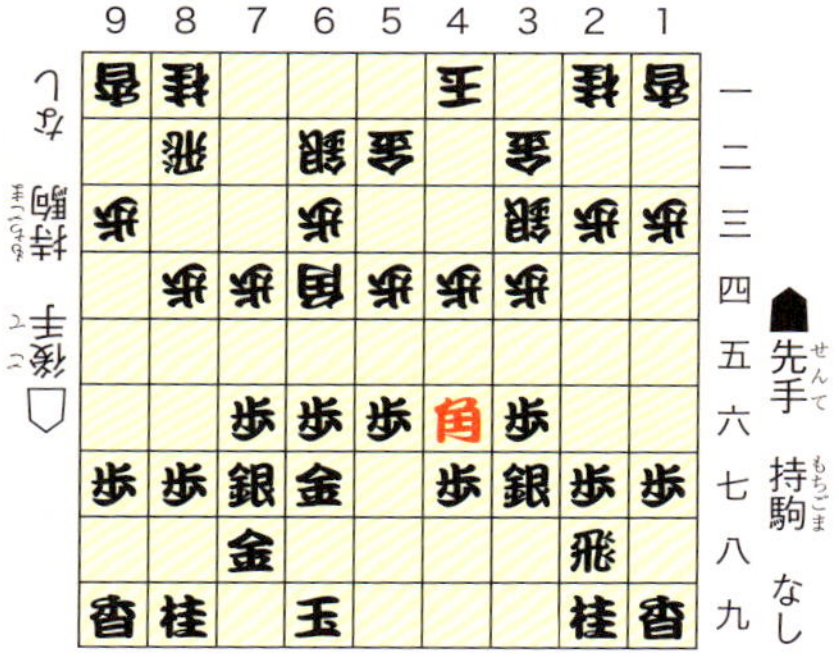

もし後手《ごて》がここで☖6四角《よんかく》ではなく☖4二角《にかく》としたら、先手《せんて》が3五歩《ごふ》と突《つ》いて有利《ゆうり》になります。

A図《ず》 **☗3五歩《ごふ》 ☖同歩《どうふ》 ☗同角《どうかく》**

3筋《すじ》の歩《ふ》が交換《こうかん》でき、さらに後手《ごて》からの☖6四角《よんかく》は、先手《せんて》が3七銀《しちぎん》と上《あ》がっているので利《き》きません。

第《だい》4図《ず》の☖6四角《よんかく》に対抗《たいこう》。

B図《ず》 **☗4六角《ろくかく》**とするのもおもしろいです。角《かく》がにらみあい、角交換《かくこうかん》をした方《ほう》が相手《あいて》の歩《ふ》を進《すす》めることになるため、手腕《しゅわん》が問《と》われます。

第《だい》4図《ず》からの指《さ》し手《て》

☗6八角《はちかく》（第《だい》5図《ず》）

このあと、玉《ぎょく》入城後《にゅうじょうご》に☗4六銀《ろくぎん》と上《あ》がり、攻撃態勢《こうげきたいせい》に入《はい》れます。

第《だい》5図《ず》 ☗6八角《はちかく》まで

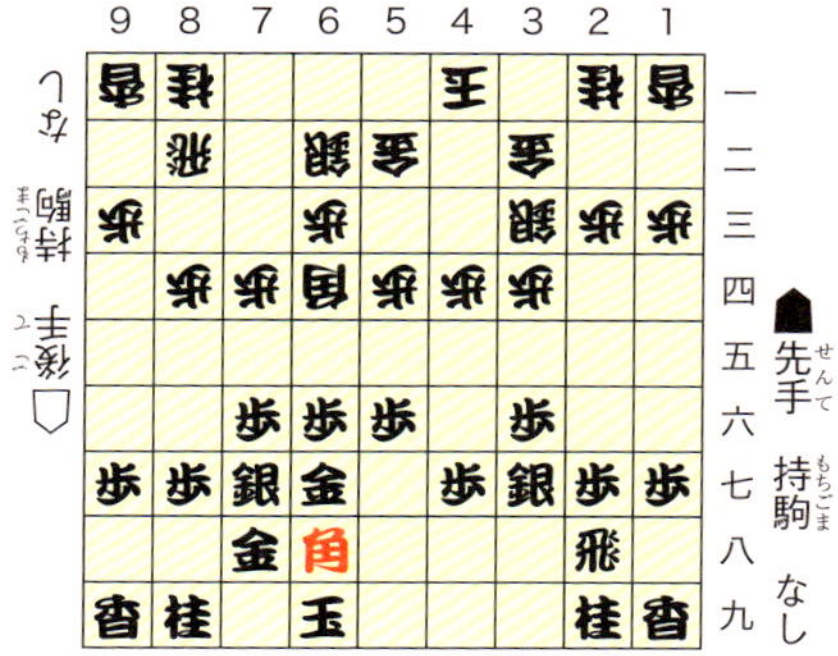

居飛車《いびしゃ》

「横歩取《よこふど》り」戦法《せんぽう》は交換《こうかん》した角《かく》がポイント

横歩取《よこふど》り戦法《せんぽう》の始《はじ》まりは、飛車先《ひしゃさき》の歩《ふ》をつく、居《い》飛車戦《びしゃせん》の定跡《じょうせき》と同《おな》じです。

初手《しょて》からの指《さ》し手《て》 ☗7六歩《ろくふ》 ☖3四歩《よんふ》 ☗2六歩《ろくふ》 ☖8四歩《よんふ》 ☗2五歩《ごふ》 ☖8五歩《ごふ》（第《だい》1図《ず》）

第《だい》1図《ず》からの指《さ》し手《て》 ☗7八金《はちきん》 ☖3二金《にきん》 ☗2四歩《よんふ》 ☖同歩《どうふ》 ☗同飛《どうひ》（第《だい》2図《ず》）

第《だい》1図《ず》 ☖8五歩《ごふ》まで

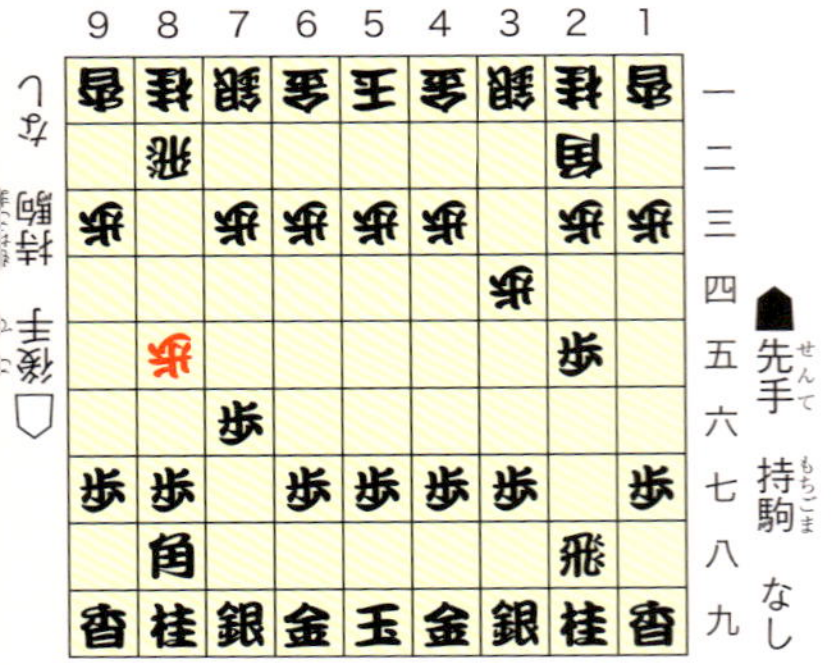

第《だい》2図《ず》 ☗2四同飛《よんどうひ》まで

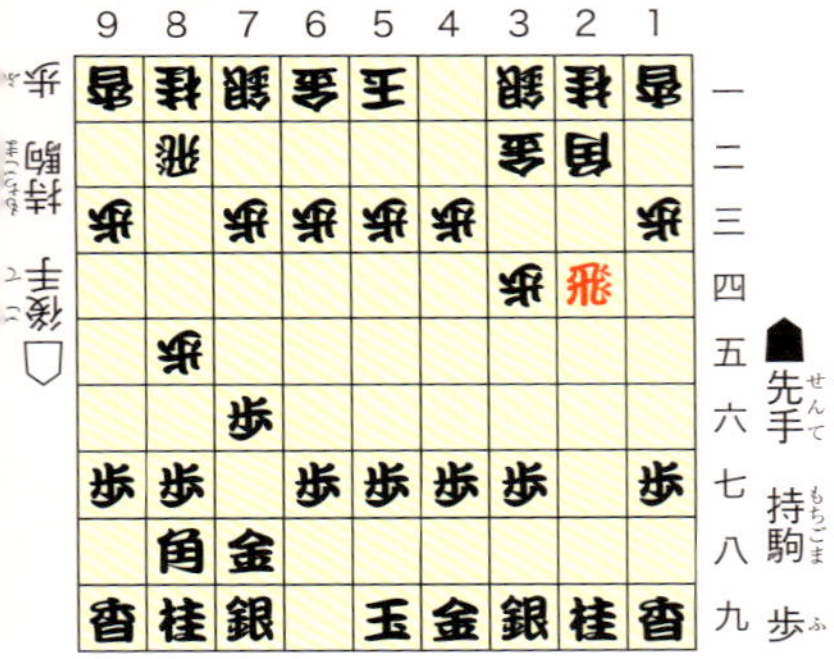

第《だい》3図《ず》 ☗3四飛《よんひ》まで

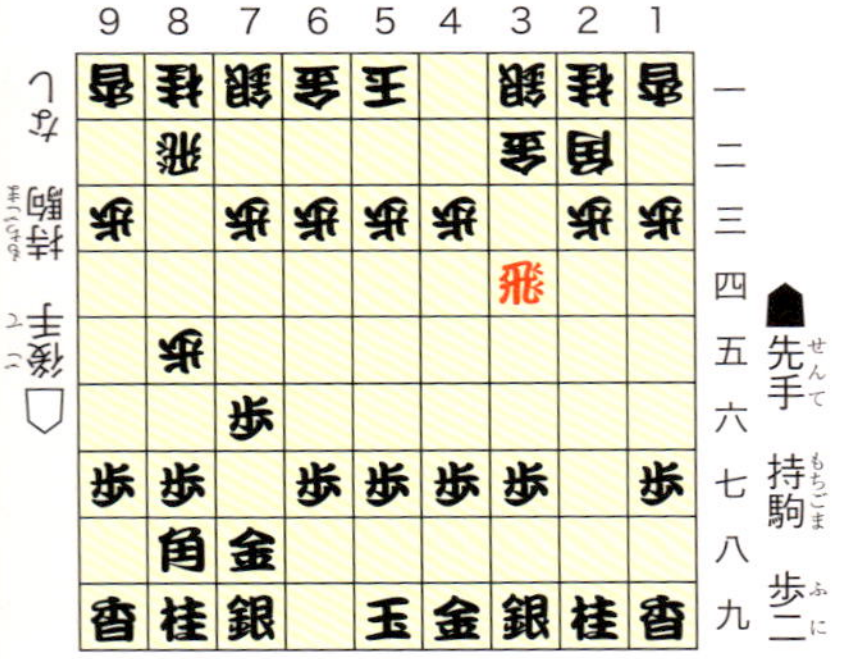

第《だい》6図《ず》からの変化《へんか》A

馬《うま》を取《と》る!

第《だい》6図《ず》から後手《ごて》が☖6二銀《にぎん》と指《さ》せば、☗2八歩《はちふ》と打《う》って後手《ごて》の馬《うま》を取《と》ることができます。なお☗3八金《はちきん》でも取《と》れます。

A図《ず》 ☗2八歩《はちふ》まで

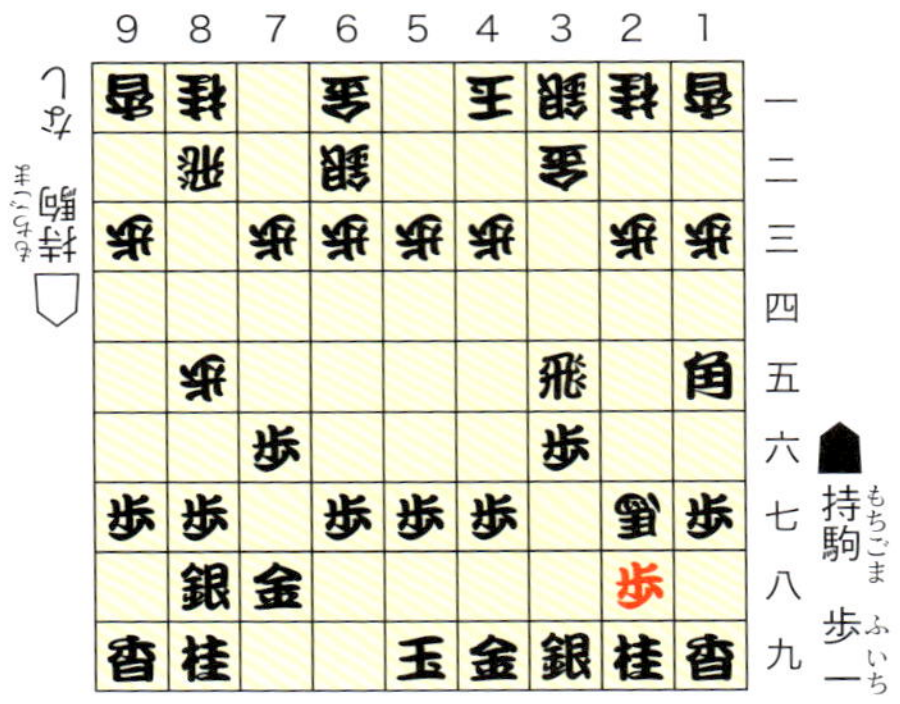

第《だい》2図《ず》からの指《さ》し手《て》　△2三歩《さんふ》　▲3四飛《よんひ》（第《だい》3図《ず》）

待望《たいぼう》の横歩取《よこふど》りは、ここからダイナミックな動《うご》きに。

第《だい》3図《ず》からの指《さ》し手《て》　△8八角成《はちかくなり》　▲同銀《どうぎん》　△4五角《ごかく》（第《だい》4図《ず》）

と進《すす》みます。△4五角は飛車取《ひしゃど》りと角成《かくなり》を狙《ねら》った好手《こうしゅ》に見《み》えますが、実際《じっさい》はどうなのでしょう。

第《だい》4図《ず》からの指《さ》し手《て》　▲3五飛《ごひ》　△2七角成《しちかくなり》（第《だい》5図《ず》）

ここで先手《せんて》からの1五角《ごかく》が有力《ゆうりょく》な手《て》になります。

第《だい》5図《ず》からの指《さ》し手《て》　▲1五角《ごかく》　△4一玉《いちぎょく》　▲3六歩《ろくふ》（第《だい》6図《ず》）

▲1五角《ごかく》は王手《おうて》で、2七の馬《うま》が2六《ろく》に下《さ》がれないようにしています。後手《ごて》は歩切《ふぎ》れで先手《せんて》の方《ほう》が指《さ》せるでしょう。

第《だい》4図《ず》　△4五角《ごかく》まで

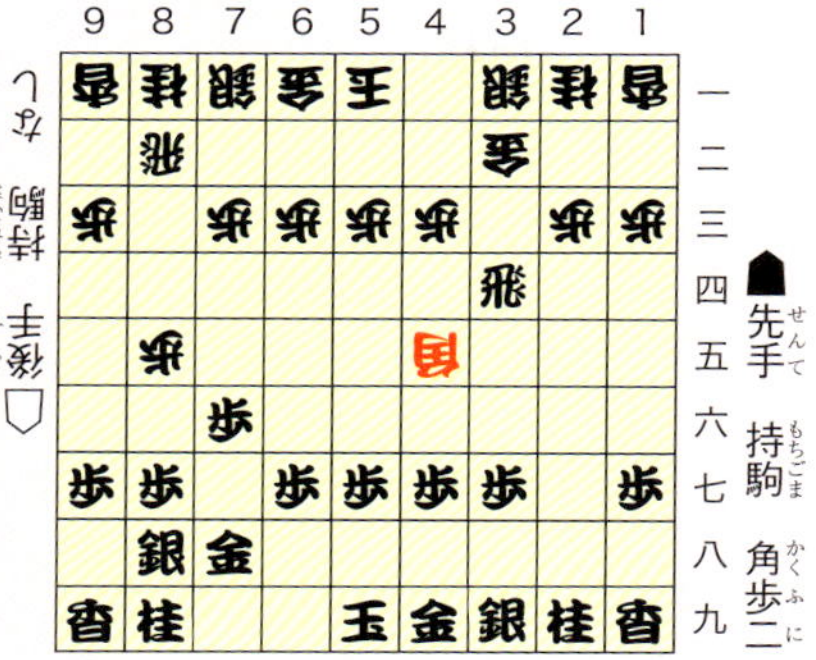
後手《ごて》△ 持駒《もちごま》 なし
先手《せんて》▲ 持駒《もちごま》 角歩二《かくふに》

第《だい》5図《ず》　△2七角成《しちかくなり》まで

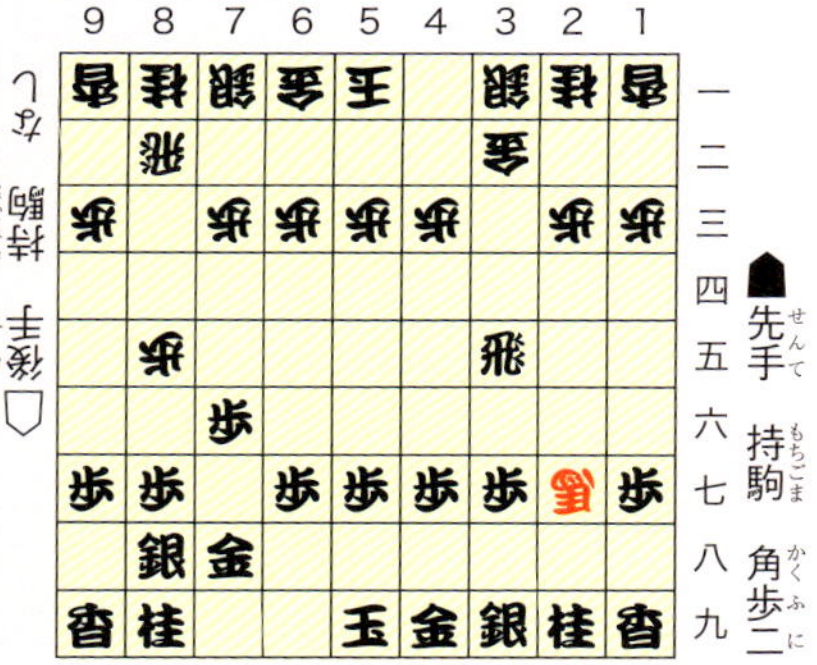
後手《ごて》△ 持駒《もちごま》 なし
先手《せんて》▲ 持駒《もちごま》 角歩二《かくふに》

第《だい》6図《ず》　▲3六歩《ろくふ》まで

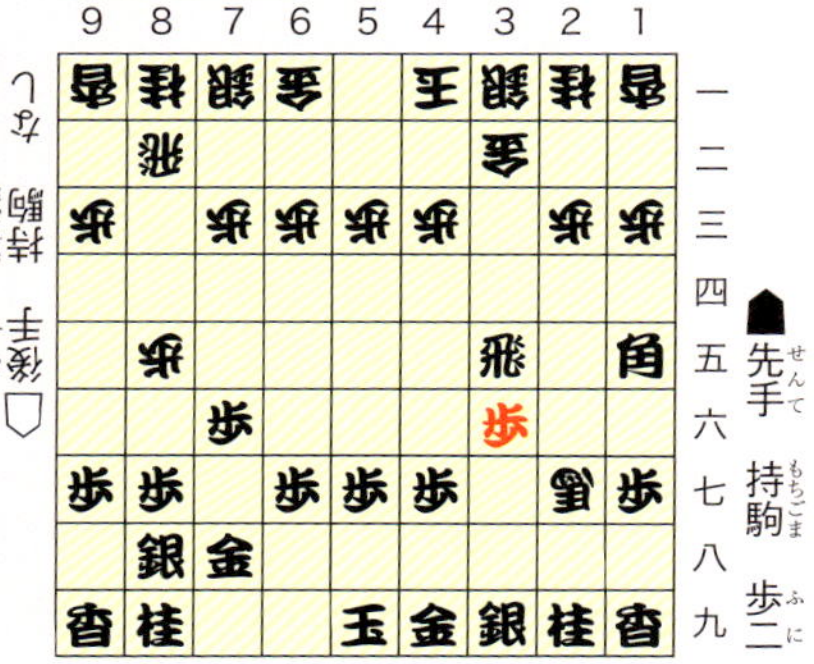
後手《ごて》△ 持駒《もちごま》 なし
先手《せんて》▲ 持駒《もちごま》 歩二《ふに》

第《だい》6図《ず》からの変化《へんか》B

両取《りょうど》りの反撃《はんげき》?

第《だい》6図《ず》から後手《ごて》は△4九馬《きゅううま》と金《きん》を取《と》り▲同玉《どうぎょく》に△2四金《よんきん》（B図《ず》）と取《と》った金《きん》で飛車《ひしゃ》・角《かく》の両取《りょうど》りに出《で》ます。先手《せんて》は落《お》ち着《つ》いて▲2四同角《よんどうかく》と金《きん》を取《と》り、△同歩《どうふ》に▲5八玉《はちぎょく》上《あが》っておけば△6九角《きゅうかく》の好手《こうしゅ》を防《ふせ》げます。後手《ごて》は歩切《ふぎ》れで苦《くる》しい展開《てんかい》になります。

B図《ず》　△2四金《よんきん》まで

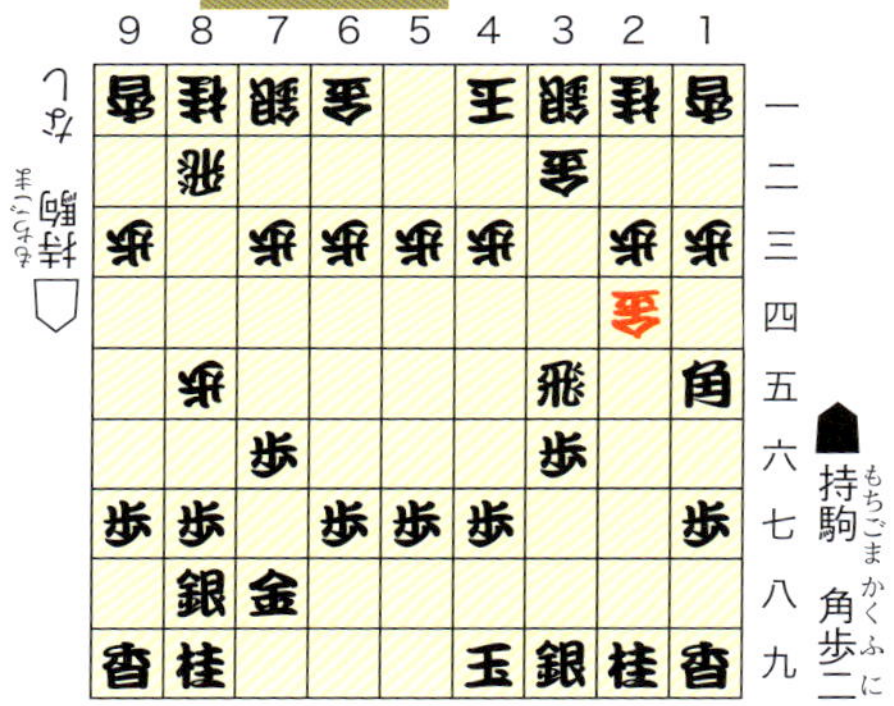
△ 持駒《もちごま》 なし
▲ 持駒《もちごま》 角歩二《かくふに》

振《ふ》り飛車《びしゃ》

守《まも》りを固《かた》め、左銀《ひだりぎん》を上手《じょうず》に使《つか》って指《さ》す「中飛車《なかびしゃ》」

アマに根強《ねづよ》い人気《にんき》を誇《ほこ》る中飛車《なかびしゃ》、5筋《すじ》の歩《ふ》を突《つ》くときが戦《たたか》いのファンファーレ。

初手《しょて》からの指《さ》し手《て》 ▲7六歩《ろくふ》 △8四歩《よんふ》 ▲5六歩《ろくふ》 △6二銀《にぎん》 ▲5八飛《はちひ》 △4二玉《にぎょく》 ▲4八玉《はちぎょく》 △8五歩《ごふ》 ▲7七角《しちかく》 △5四歩《よんふ》 ▲3八玉《はちぎょく》 △3四歩《よんふ》 ▲6八銀《はちぎん》 △3二玉《にぎょく》 ▲2八玉《はちぎょく》 △5二金右《にきんみぎ》 ▲1六歩《ろくふ》 △5三《さん》銀《ぎん》 ▲1五歩《ごふ》 △4四歩《よんふ》 ▲5七銀《しちぎん》（第《だい》1図《ず》）

5手目《てめ》に▲5八飛《はちひ》と中飛車《なかびしゃ》を宣言《せんげん》。端歩《はしふ》を▲1五《ご》歩《ふ》と伸《の》ばし、▲5七銀《しちぎん》と銀《ぎん》を使《つか》う準備《じゅんび》。

第《だい》1図《ず》からの指《さ》し手《て》 △4三金《さんきん》 ▲4六歩《ろくふ》 △3三《さん》角《かく》 ▲1八香《はちきょう》 △2二玉《にぎょく》 ▲1九玉《きゅうぎょく》 △3二銀《にぎん》 ▲2八《はち》銀《ぎん》 △2四歩《よんふ》 ▲6六銀《ろくぎん》 △6四歩《よんふ》（第《だい》2図《ず》）

第《だい》2図《ず》からの指《さ》し手《て》 ▲5九金左《きゅうきんひだり》 △2三銀《さんぎん》 ▲4八《はち》金左《きんひだり》 △3二金《にきん》 ▲3九金《きゅうきん》（第《だい》3図《ず》）

振《ふ》り飛車《びしゃ》は金《きん》を玉側《ぎょくがわ》に寄《よ》せ、金銀三枚《きんぎんさんまい》で守《まも》って

第《だい》1図《ず》 ▲5七銀《しちぎん》まで

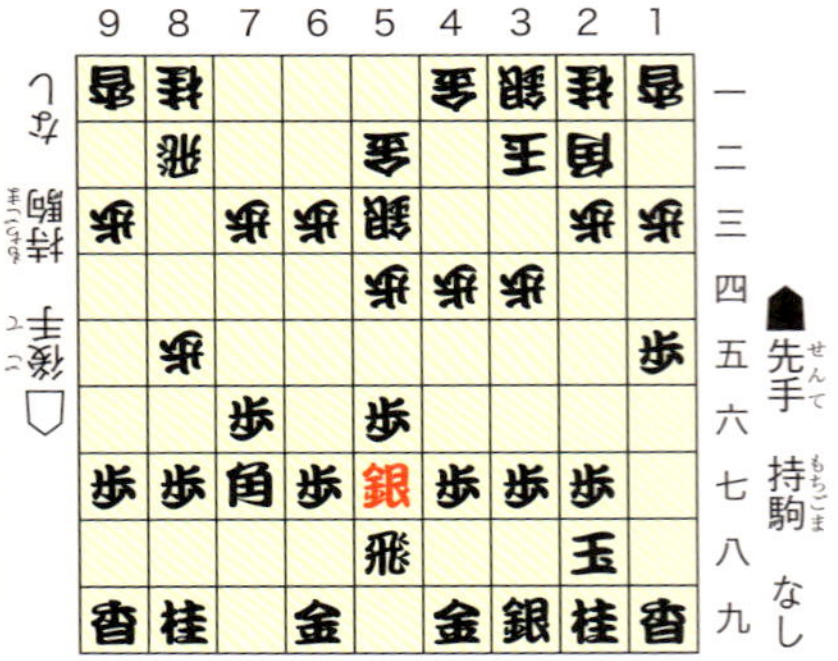

第《だい》2図《ず》 △6四歩《よんふ》まで

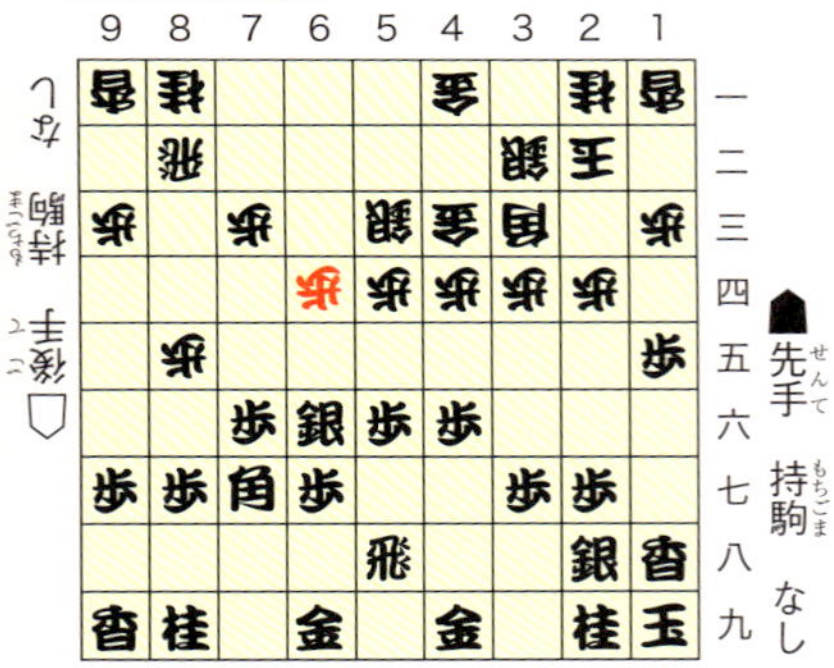

第《だい》3図《ず》 ▲3九金《きゅうきん》まで

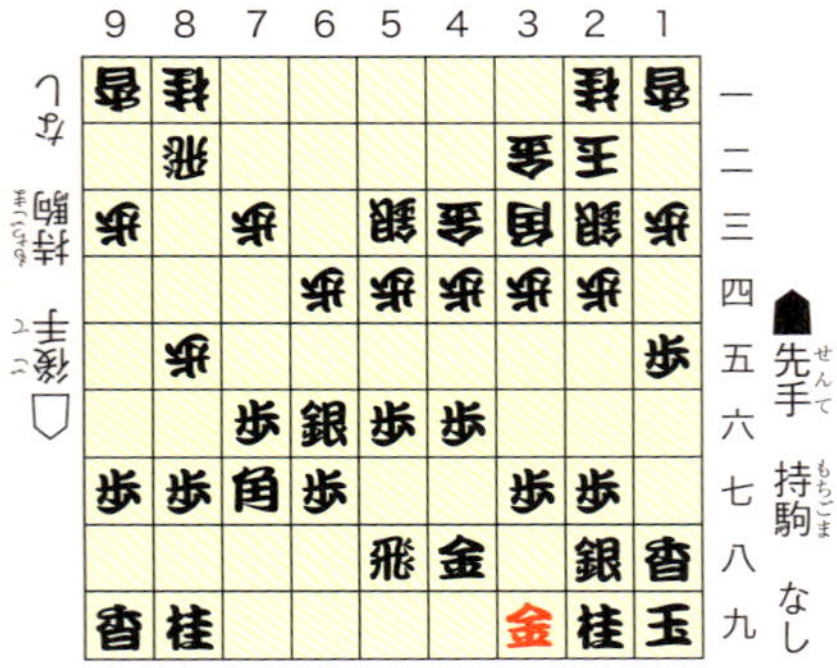

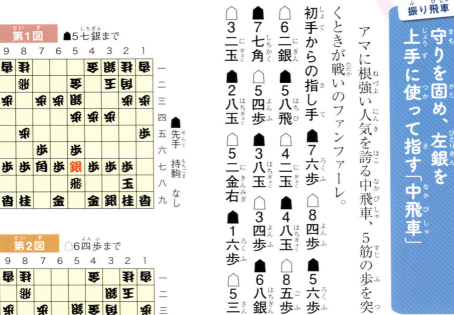

から、まず▲5五歩《ごふ》と仕掛《しか》ける。

第《だい》3図《ず》からの指《さ》し手《て》 △7四歩《よんふ》 ▲5五歩《ごふ》 △同歩《どうふ》 ▲4五歩《ごふ》 △5六歩《ろくふ》 ▲同飛《どうひ》 △5四歩《よんふ》（第《だい》4図《ず》）

▲5五歩《ごふ》に後手《ごて》は同歩《どうふ》とって、さらに△5六歩《ろくふ》と進《すす》み、△5四歩《よんふ》と受《う》けることになる。

▲6四銀《よんぎん》の好手《こうしゅ》で中飛車《なかびしゃ》、優勢《ゆうせい》

第《だい》4図《ず》からの指《さ》し手《て》 ▲5五歩《ごふ》 △4五歩《ごふ》 ▲5四歩《よんふ》 △同銀《どうぎん》 ▲5五銀《ごぎん》 △6五銀《ごぎん》 ▲4四歩《よんふ》（第《だい》5図《ず》）

第《だい》5図《ず》からの指《さ》し手《て》 △5三金《さんきん》 ▲6四銀《よんぎん》 △同金《どうきん》 ▲5三飛成《さんひなり》 △5四金《よんきん》 ▲4三歩成《さんふなり》（第《だい》6図《ず》）

振《ふ》り飛車《びしゃ》は、駒《こま》をぶつけていくことで道《みち》を開《ひら》く。△5三金《さんきん》にも▲6四銀《よんぎん》とぶつけて、同金《どうきん》と取《と》らせ、▲5三飛成《さんひなり》、▲4三歩成《さんふなり》攻《せ》めて有利《ゆうり》に展開《てんかい》できる。

第《だい》4図《ず》 △5四歩《よんふ》まで

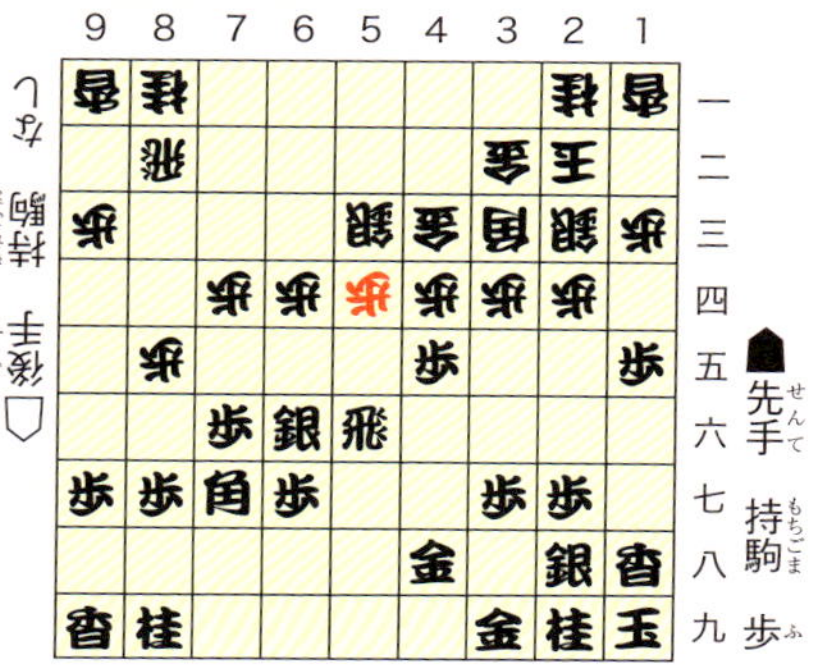
後手《ごて》 持駒《もちごま》 なし
先手《せんて》 持駒《もちごま》 歩《ふ》

第《だい》5図《ず》 ▲4四歩《よんふ》まで

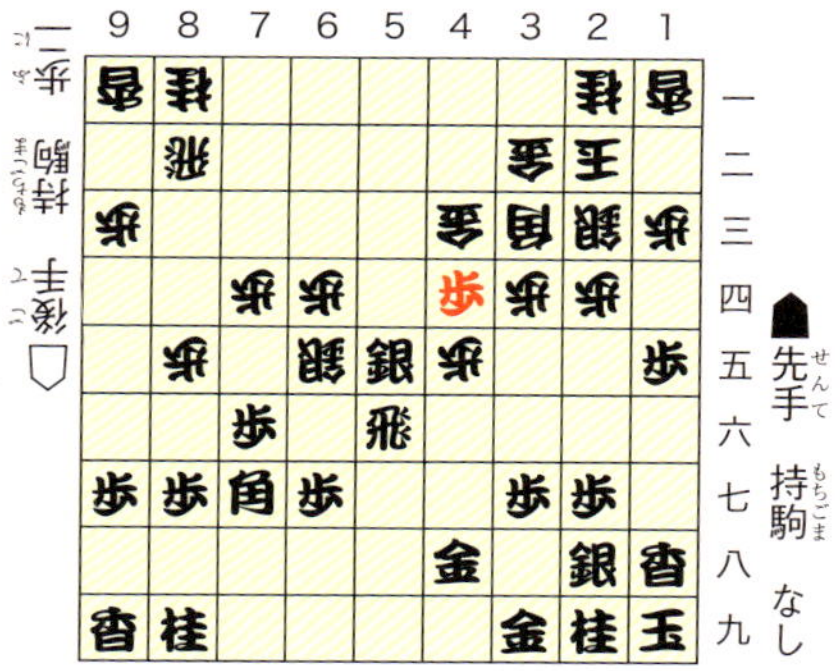
後手《ごて》 持駒《もちごま》 歩《ふ》二《に》
先手《せんて》 持駒《もちごま》 なし

第《だい》6図《ず》 ▲4三歩成《さんふなり》まで

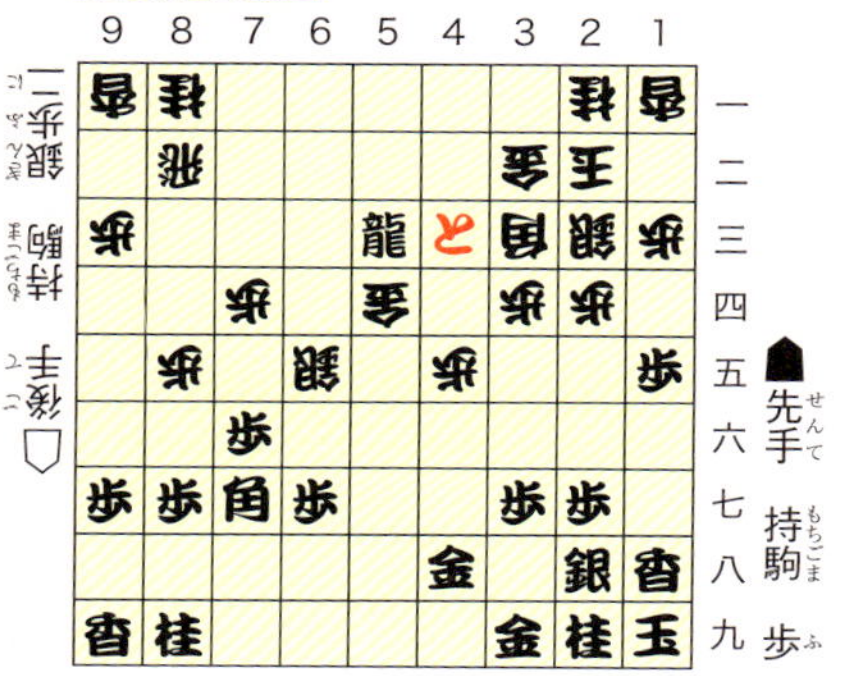
後手《ごて》 持駒《もちごま》 銀《ぎん》 歩《ふ》二《に》
先手《せんて》 持駒《もちごま》 歩《ふ》

▲5三《さん》に
龍《りゅう》を作《つく》ったら
大満足《だいまんぞく》、
アッパレだ！

振《ふ》り飛車《びしゃ》

「四間飛車《しけんびしゃ》」で崩《くず》してみよう 後手《ごて》の居飛車穴熊《いびしゃあなぐま》

人気《にんき》ある振《ふ》り飛車《びしゃ》の一《ひと》つ、四間飛車《しけんびしゃ》。ここでは後手《ごて》の居飛車穴熊《いびしゃあなぐま》に対抗《たいこう》する手順《てじゅん》を見《み》てみよう。

初手《しょて》からの指《さ》し手《て》 ▲7六歩《ろくふ》 △8四歩《よんふ》 ▲7八銀《はちぎん》 △3四歩《よんふ》 ▲6六歩《ろくふ》 △6二銀《にぎん》 ▲6八飛《はち》(第《だい》1図《ず》)

4手目《てめ》で四間飛車《しけんびしゃ》を宣言《せんげん》。この後《ご》は穴熊《あなぐま》に。

第《だい》1図《ず》からの指《さ》し手《て》 △5四歩《よんふ》 ▲4八玉《はちぎょく》 △4二《に》玉《ぎょく》 ▲3八玉《はちぎょく》 △3二玉《にぎょく》 ▲2八玉《はちぎょく》(第《だい》2図《ず》)

第《だい》2図《ず》からの指《さ》し手《て》 △5三銀《さんぎん》 ▲1八香《はちきょう》 △8五《ご》歩《ふ》 ▲7七角《しちかく》 △3三角《さんかく》 ▲1九玉《きゅうぎょく》(第《だい》3図《ず》)

第《だい》3図《ず》からの指《さ》し手《て》 △2二玉《にぎょく》 ▲6七銀《しちぎん》 △5二《に》金右《きんみぎ》 ▲2八銀《はちぎん》 △1二香《にきょう》 ▲5六銀《ろくぎん》 △4四銀《よんぎん》(第《だい》4図《ず》)

後手《ごて》が△1二香《にきょう》と居飛車穴熊《いびしゃあなぐま》を明《あき》らかにしたとき、▲5六銀《ろくぎん》(第《だい》4図《ず》)と出《で》るのが絶妙《ぜつみょう》のタイミング。

第《だい》4図《ず》からの指《さ》し手《て》 ▲4六歩《ろくふ》 △1一玉《いちぎょく》 ▲6五《ご》

第《だい》1図《ず》 ▲6八飛《はちひ》まで

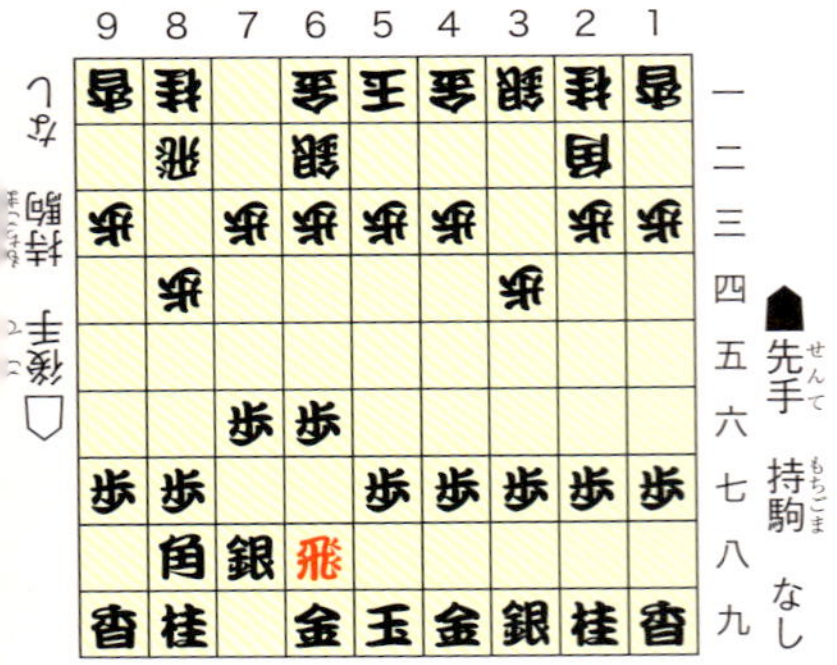

第《だい》2図《ず》 ▲2八玉《はちぎょく》まで

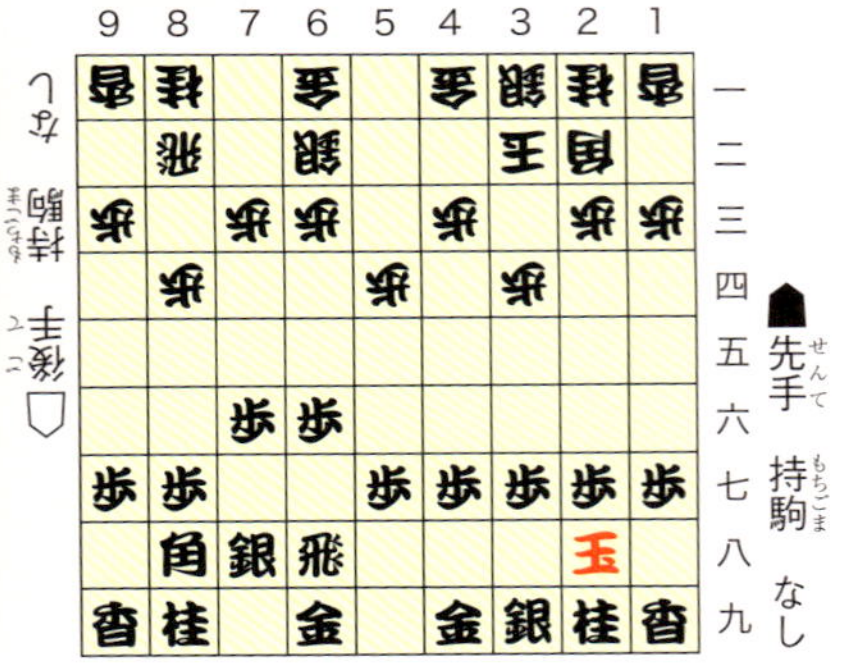

第《だい》3図《ず》 ▲1九玉《きゅうぎょく》まで

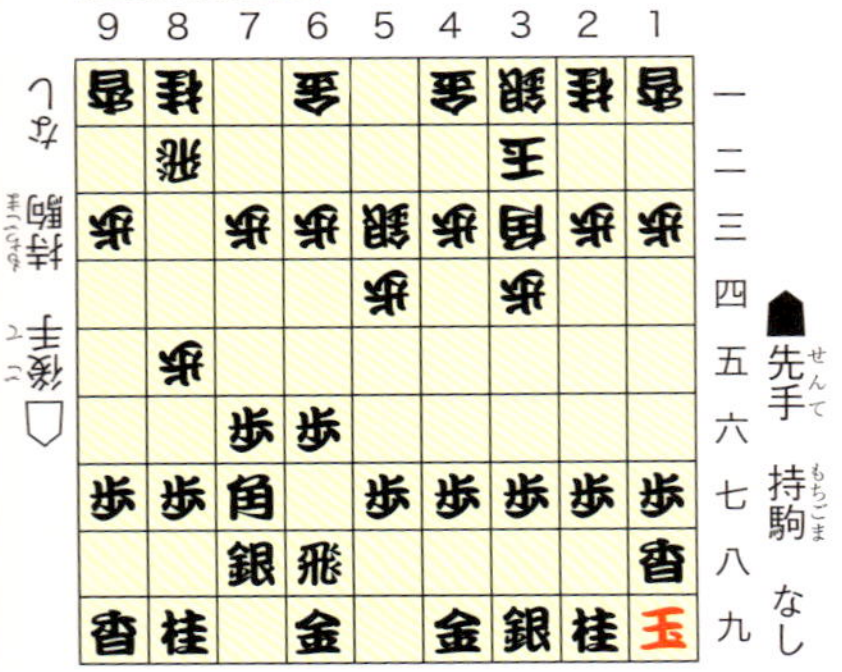

歩《ふ》（第《だい》5図《ず》）

飛車角《ひしゃかく》の働《はたら》きを一気《いっき》に高《たか》める一手《いって》が☗6五歩《ごふ》。しかも後手《ごて》が☖2二銀《にぎん》と穴熊《あなぐま》には必須《ひっす》の指《さ》し手《て》をする前《まえ》だけに価値《かち》があります。

第《だい》5図《ず》からの指《さ》し手《て》 ☖5五歩《ごふ》 ☗4五銀《ごぎん》 ☖4五同銀《ごどうぎん》 ☗同歩《どうふ》 ☖8四飛《よんひ》 ☗6四歩《よんふ》（第《だい》6図《ず》）

飛交換《ひこうかん》で有利《ゆうり》に

第《だい》6図《ず》からの指《さ》し手《て》 ☖6四同飛《よんどうひ》 ☗同飛《どうひ》 ☖同歩《どうふ》 ☗8二飛《にひ》 ☖4七飛《しちひ》（第《だい》7図《ず》）

飛《ひ》の打《う》ち合《あ》いは先手《せんて》が有利《ゆうり》、☖4七飛《しちひ》に☗3八銀《はちぎん》と投入《とうにゅう》すれば万全《ばんぜん》でしょう。

第《だい》4図《ず》 ☖4四銀《よんぎん》まで

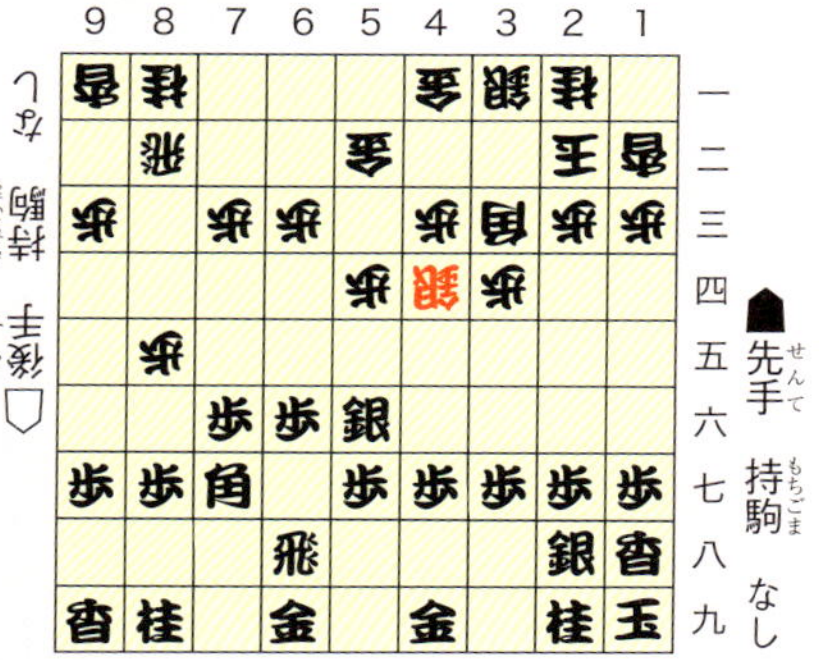

第《だい》5図《ず》 ☗6五歩《ごふ》まで

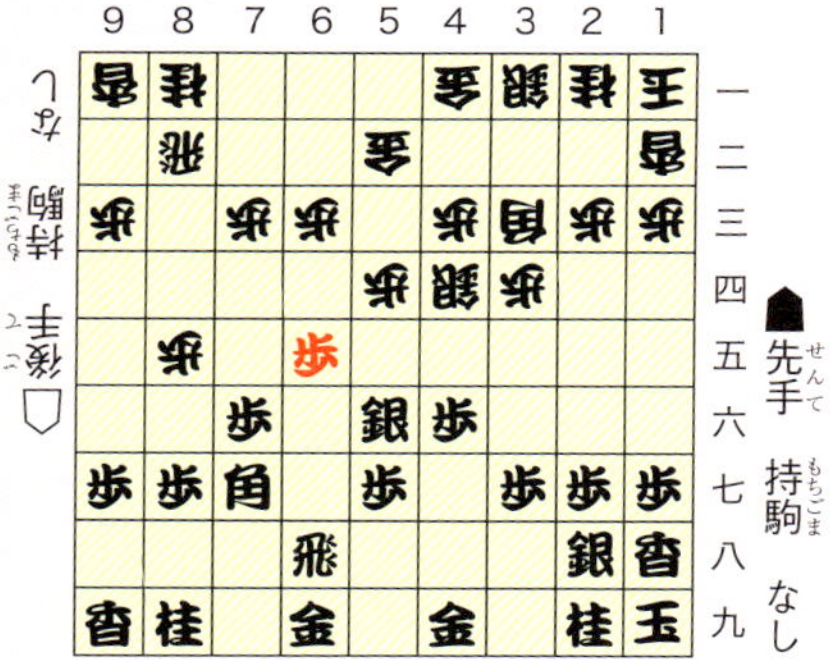

第《だい》6図《ず》 ☗6四歩《よんふ》まで

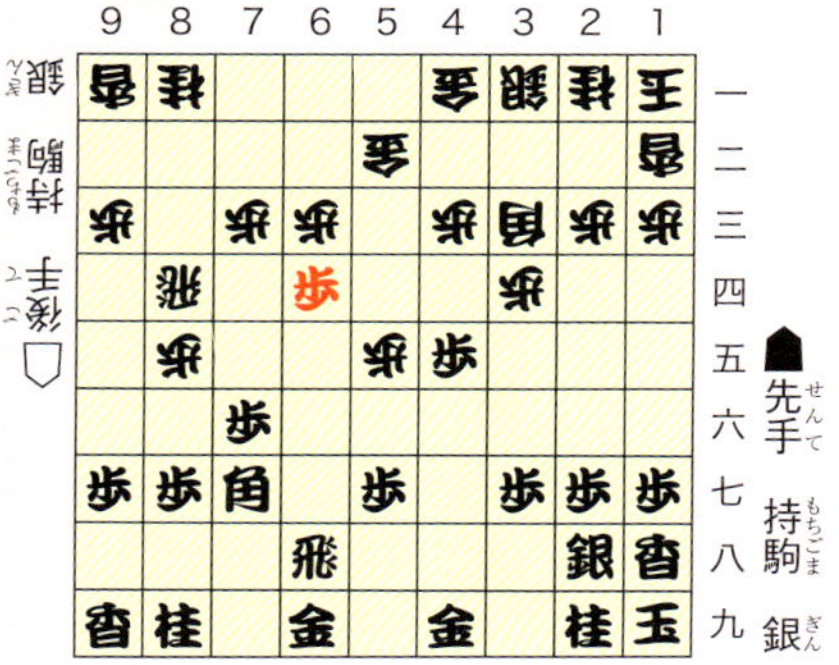

第《だい》7図《ず》 ☖4七飛《しちひ》まで

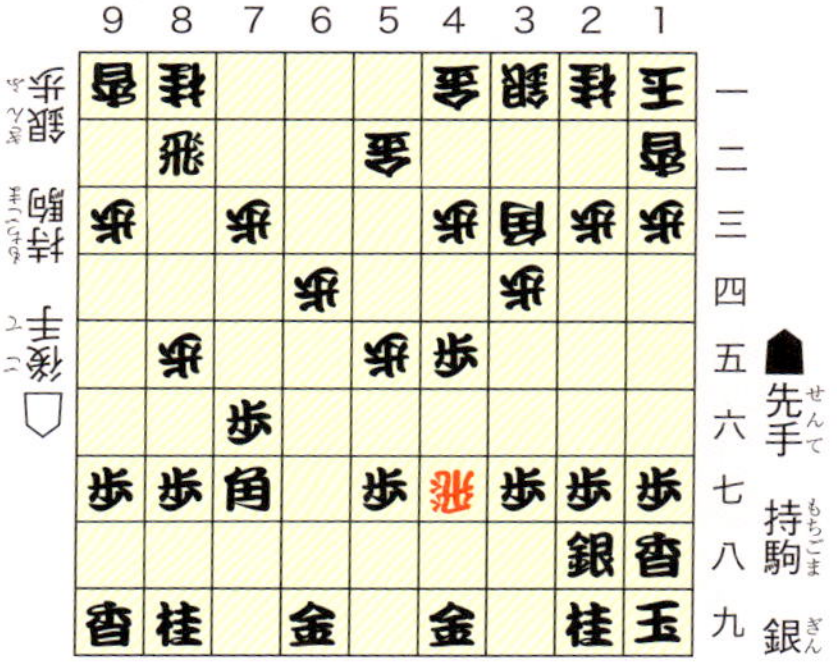

相振《あいぶ》り飛車《びしゃ》

「相振《あいぶ》り飛車《びしゃ》」はパターンが多《おお》く、力将棋《ちからしょうぎ》になりやすい

先手《せんて》も後手《ごて》も振《ふ》り飛車《びしゃ》にすれば、相振《あいぶ》り飛車《びしゃ》の戦型《せんがた》になります。相振《あいぶ》り飛車《びしゃ》は組《く》み合《あ》わせが多《おお》いために細《こま》かな定石《じょうせき》も確立《かくりつ》されていないようです。今回《こんかい》は、後手《ごて》・三間飛車《さんけんびしゃ》、先手《せんて》・向《むか》い飛車《びしゃ》の出《で》だしを見《み》て見《み》ましょう。先手《せんて》▲7七角《しちかく》は向《むか》い飛車《びしゃ》にする布石《ふせき》です。

初手《しょて》からの指《さ》し手《て》 ▲7六歩《ろくふ》 △3四歩《よんふ》 ▲6六歩《ろくふ》 △3二飛《にひ》 ▲7七角《しちかく》 △3五歩《ごふ》（第《だい》1図《ず》）

第《だい》1図《ず》からの指《さ》し手《て》 ▲7八銀《はちぎん》 △6二玉《にぎょく》 ▲6七銀《しちぎん》 △7二銀《にぎん》 ▲8八飛《はちひ》（第《だい》2図《ず》）

第《だい》2図《ず》からの指《さ》し手《て》 △7一玉《いちぎょく》 ▲8六歩《ろくふ》 △3六歩《ろくふ》 ▲同歩《どうふ》 △同飛《どうひ》（第《だい》3図《ず》）

△3六歩《ろくふ》は飛車先《ひしゃさき》の歩《ふ》を切《き》るための手《て》です。

戦《たたか》いは激《はげ》しく、
厳《きび》しくか！

第《だい》1図《ず》 △3五歩《ごふ》まで

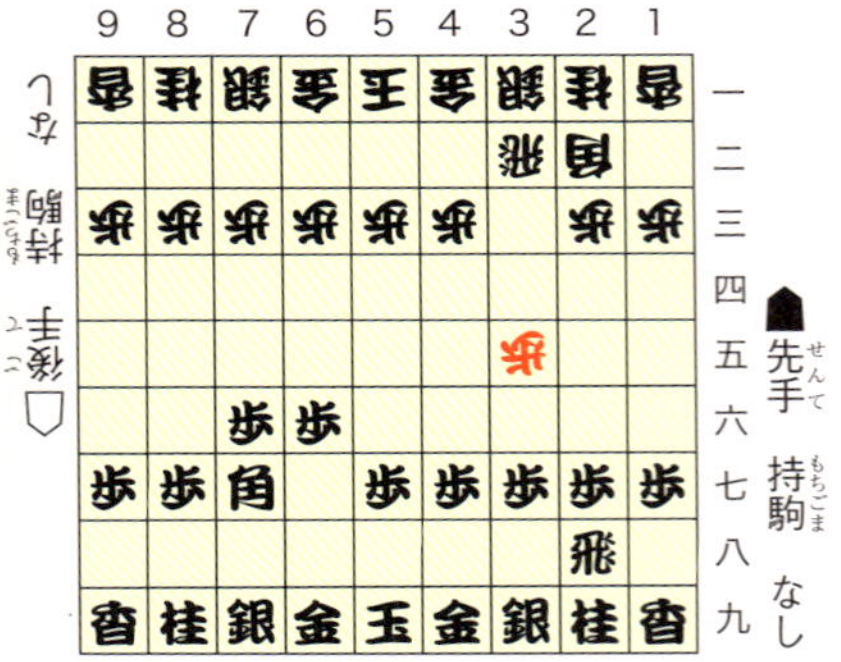
後手 持駒 なし
先手《せんて》 持駒《もちごま》 なし

第《だい》2図《ず》 ▲8八飛《はちひ》まで

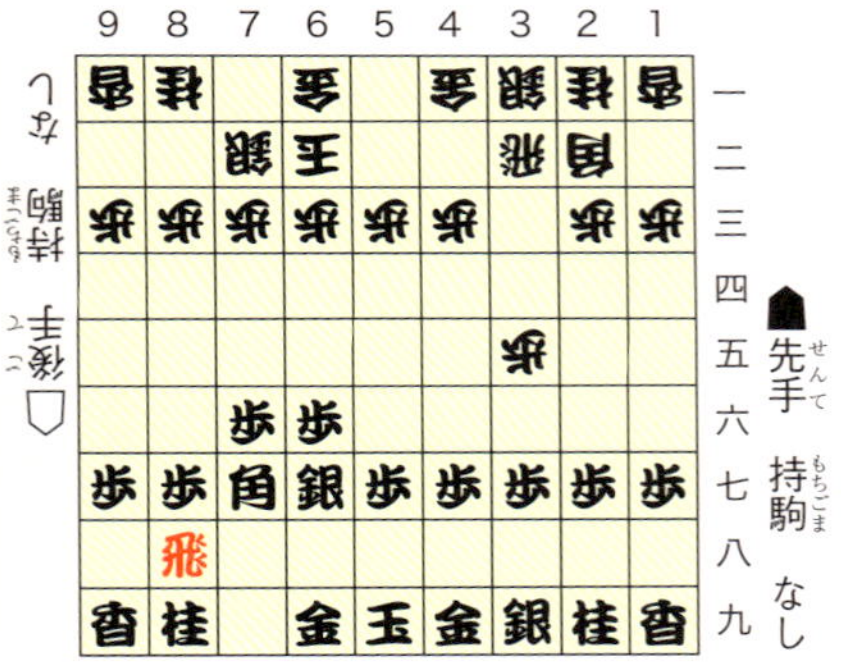
後手 持駒 なし
先手《せんて》 持駒《もちごま》 なし

第《だい》3図《ず》 △3六同飛《ろくどうひ》まで

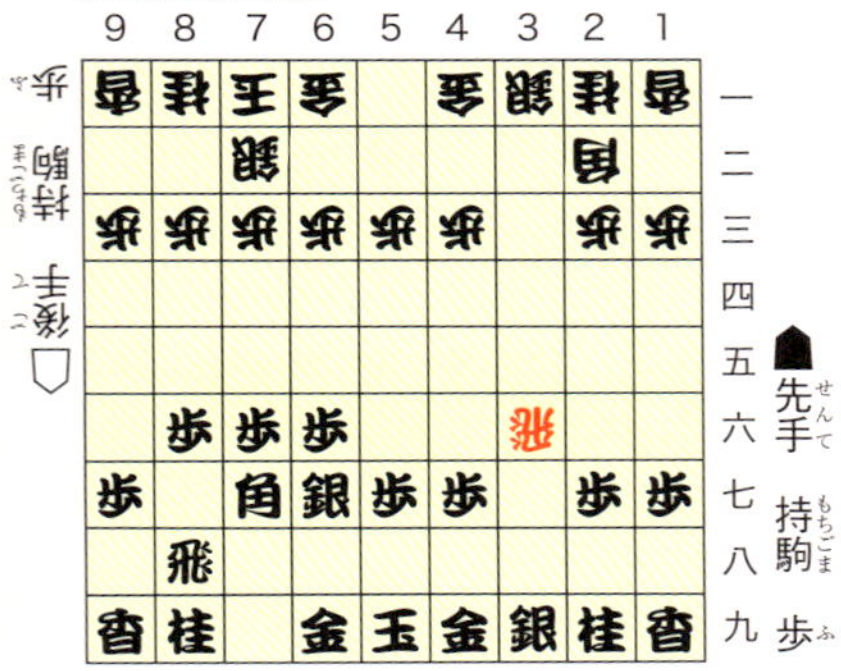
後手 持駒 歩
先手《せんて》 持駒《もちごま》 歩《ふ》

袖飛車《そでびしゃ》

この飛車《ひしゃ》の位置《いち》は驚《おどろ》き!? ワクワクする「袖飛車《そでびしゃ》」

袖飛車《そでびしゃ》は左《ひだり》に一手《いって》、飛車《ひしゃ》を動《うご》かすことを〝袖《そで》〟にたとえて生《う》まれた名称《めいしょう》。先手《せんて》なら3筋《すじ》、後手《ごて》なら7筋《すじ》に飛車《ひしゃ》が位置《いち》します。坂田三吉先生《さかたさんきちせんせい》が創案者《そうあんしゃ》とも言《い》われています。

初手《しょて》からの指《さ》し手《て》　▲2六歩《ろくふ》　△3二金《にきん》　▲2五歩《ごふ》　△7二飛《にひ》（第1図《だいず》）

4手目《てめ》にいきなり袖飛車《そでびしゃ》を宣言《せんげん》。ここでは袖飛《そでび》車《しゃ》での歩《ふ》を突《つ》き進《すす》める戦法《せんぽう》を紹介《しょうかい》。

第1図《だいず》からの指《さ》し手《て》　▲2四歩《よんふ》　△同歩《どうふ》　▲同飛《どうひ》　△2三歩《さんふ》　▲2六飛《ろくひ》　△7四歩《よんふ》　▲4八銀《はちぎん》　△7五歩《ごふ》　▲7八金《はちきん》（第2図《だいず》）

第2図《だいず》からの指《さ》し手《て》　△7四飛《よんひ》　▲6八銀《はちぎん》　△7三《さん》桂《けい》　▲5六歩《ろくふ》　△3四歩《よんふ》　▲5七銀右《しちぎんみぎ》（第3図《だいず》）

先手《せんて》は角道《かくどう》を開《ひら》ける歩《ふ》がつけない状態《じょうたい》。

第1図《だいず》　△7二飛《にひ》まで

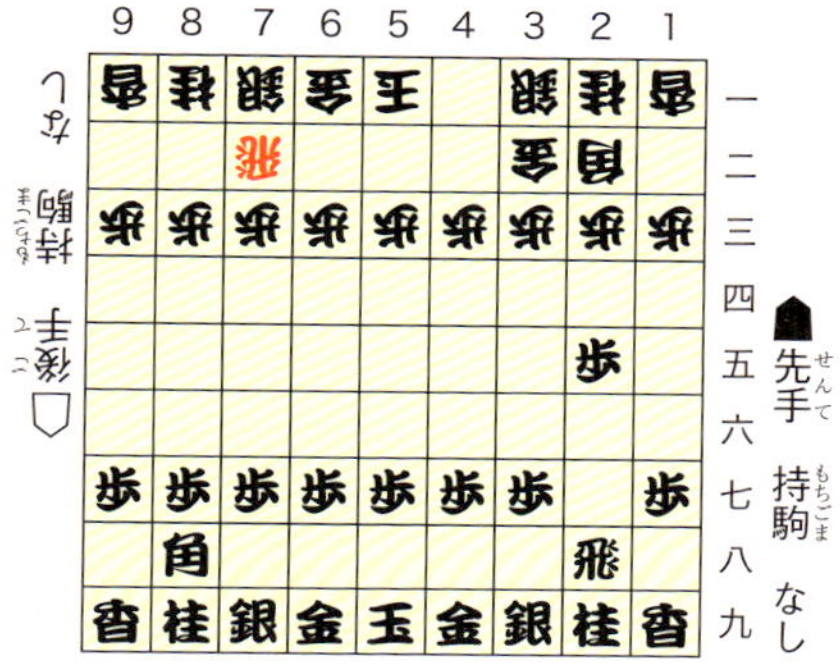
後手《ごて》 持駒《もちごま》 なし
先手《せんて》 持駒《もちごま》 なし

第2図《だいず》　△7八金《はちきん》まで

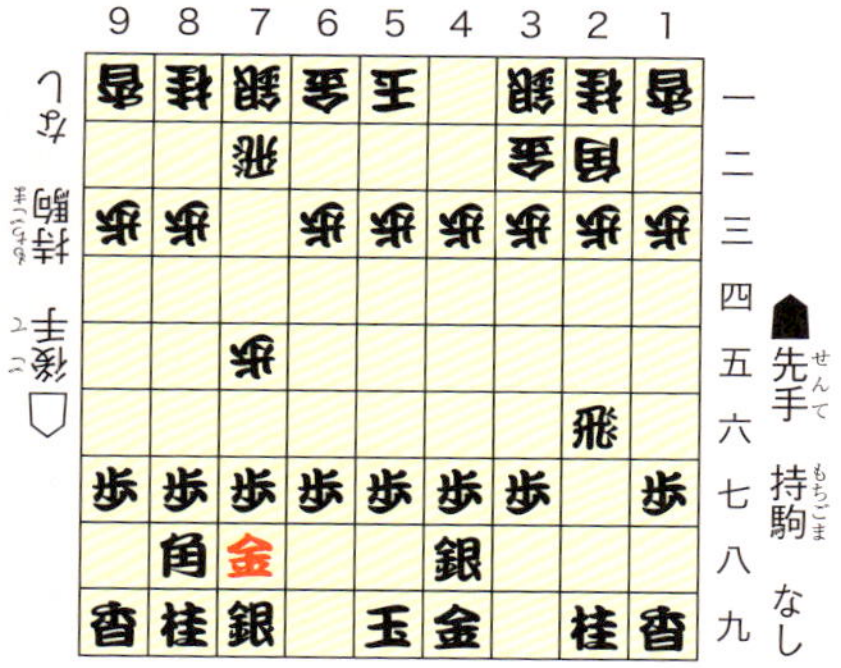
後手《ごて》 持駒《もちごま》 なし
先手《せんて》 持駒《もちごま》 なし

第3図《だいず》　▲5七銀右《しちぎんみぎ》まで

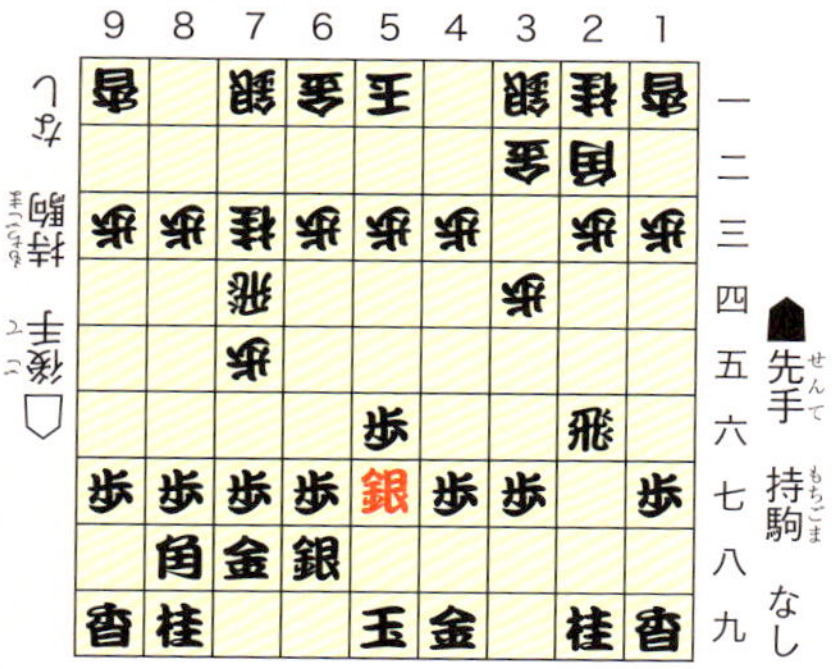
後手《ごて》 持駒《もちごま》 なし
先手《せんて》 持駒《もちごま》 なし

袖飛車《そでびしゃ》、飛車《ひしゃ》先《さき》の歩《ふ》を交換《こうかん》

先手《せんて》の居飛車《いびしゃ》がすぐに歩《ふ》を突《つ》いてこない場合《ばあい》の袖飛車《そでびしゃ》の出足《であし》の例《れい》を見《み》てみよう。

初手《しょて》からの指《さ》し手《て》

▲7六歩《ろくふ》 △3四歩《よんふ》 ▲6八玉《はちぎょく》 △9四歩《よんふ》 ▲9六歩《ろくふ》 △4四歩《よんふ》 ▲4八銀《はちぎん》 △3二銀《にぎん》 ▲7八玉《はちぎょく》 △7二飛《にひ》（A図《ず》）

△7二飛《にひ》とすることで、飛車先《ひしゃさき》が先手《せんて》の玉《ぎょく》をにらむ、迫力《はくりょく》のある構図《こうず》になります。

A図《ず》 △二飛《にひ》まで

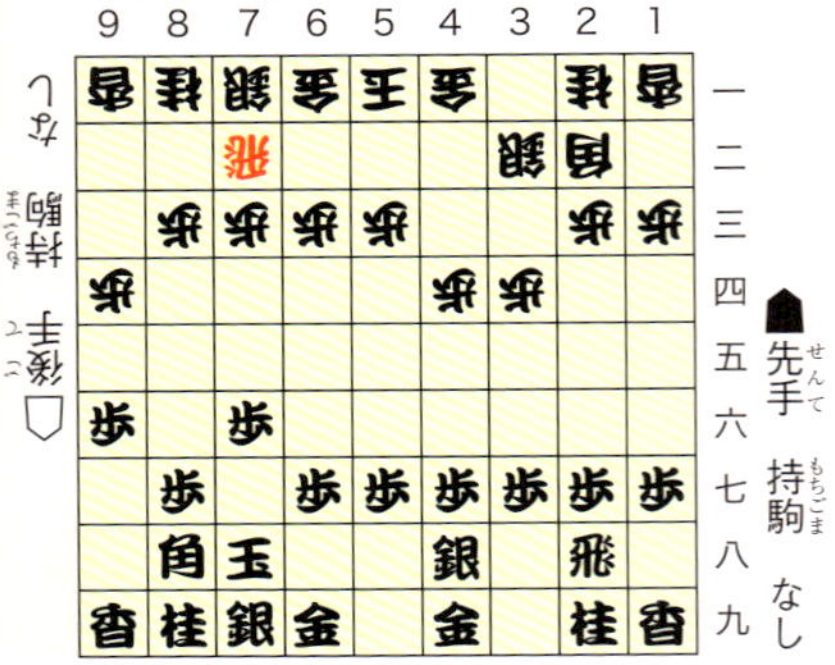
後手持駒 なし
先手《せんて》持駒《もちごま》 なし

A図《ず》からの指《さ》し手《て》 ▲6八銀《はちぎん》 △7四歩《よんふ》 ▲7七銀《しちぎん》 △6二銀《にぎん》 ▲5八金右《はちきんみぎ》 △7五歩《ごふ》 ▲同歩《どうふ》 △同飛《どうひ》 ▲6六歩《ろくふ》（B図《ず》）

飛車先《ひしゃさき》の歩《ふ》を交換《こうかん》することは、袖飛車《そでびしゃ》の場合《ばあい》も確《たし》かな戦法《せんぽう》の一《ひと》つでしょう。

この後《ご》、袖飛車《そでびしゃ》は△7一飛《いちひ》と一段目《いちだんめ》まで下《さ》がり、玉《ぎょく》を囲《かこ》う手《て》や△4五歩《ごふ》と角道《かくどう》を通《とお》す手《て》を狙《ねら》います。

B図《ず》 ▲6六歩《ろくふ》まで

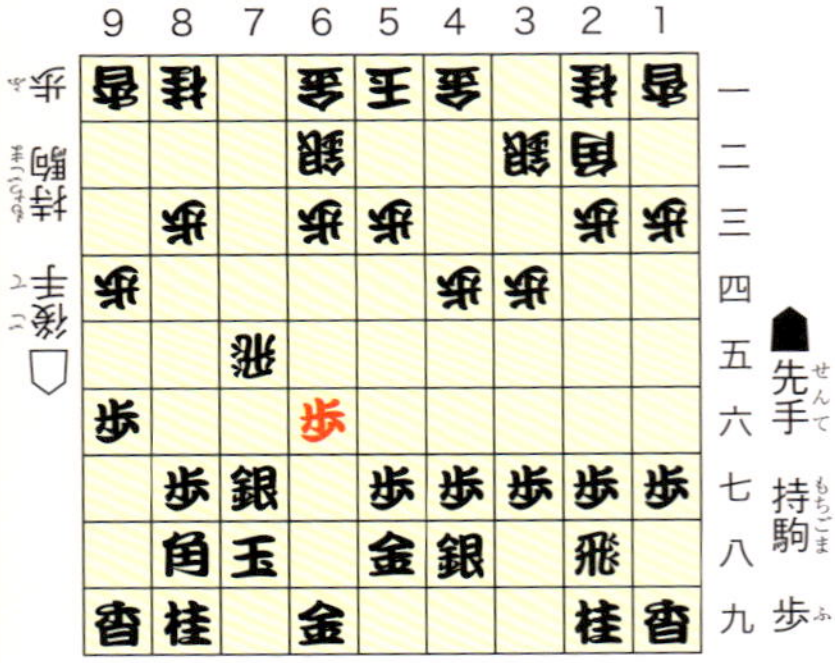
後手持駒 歩
先手《せんて》持駒《もちごま》 歩《ふ》

プロの棋戦《きせん》でも数多《かずおお》くはない袖《そで》飛車《びしゃ》。指《さ》す方《ほう》も受《う》ける方《ほう》も、手《て》探《さぐ》り状態《じょうたい》。見《み》る分《ぶん》には、この飛《ひ》車《しゃ》の位置《いち》は興味《きょうみ》深《ぶか》いはず！

第《だい》5章《しょう》

詰《つ》め将棋《しょうぎ》14題《だい》

将棋《しょうぎ》の奥《おく》の深《ふか》さを感《かん》じさせるひとつが「詰《つ》め将棋《しょうぎ》」ではないでしょうか。玉《ぎょく》の囲《かこ》い方《かた》や手筋《てすじ》などを学《まな》び、頭《あたま》の中《なか》で強《つよ》くなったつもりで、「詰《つ》め将棋《しょうぎ》」の問題《もんだい》に挑戦《ちょうせん》してみてもすぐに解答《かいとう》が見《み》つからないことがあります。「詰《つ》め将棋《しょうぎ》」は実戦《じっせん》と違《ちが》い、自分《じぶん》が指《さ》してきた経過《けいか》というものがありません。ある局面《きょくめん》を突然《とつぜん》見《み》せられ「さあ、詰《つ》みです」と言《い》われれば、ドギマギするのは当《あた》り前《まえ》かもしれません。『詰《つ》むことは、わかっているのだから・・・』と心《こころ》の中《なか》で思《おも》い、気《き》持《も》ちを軽《かる》くして考《かんが》えてみるのもいいのではないでしょうか。

なぜ詰《つ》め将棋《しょうぎ》が棋力《きりょく》アップにつながるのか！

玉《ぎょく》を詰《つ》ますところだけを取《と》り上《あ》げた「詰《つ》め将棋《しょうぎ》」について、「好《す》きだ、得意《とくい》だ」という人《ひと》もいれば「好《す》きじゃない、やらない」という人《ひと》もいます。

将棋《しょうぎ》は相手《あいて》の王様《おうさま》を先《さき》に取《と》るゲームですから、相手《あいて》の玉《ぎょく》を詰《つ》ます力《ちから》、つまり終盤《しゅうばん》の力《ちから》が大切《たいせつ》であることは誰《だれ》にでもわかるでしょう。その力《ちから》を養《やしな》う最適《さいてき》な方法《ほうほう》が「詰《つ》め将棋《しょうぎ》」です。

自分《じぶん》が「どう王手《おうて》するか？」それに対《たい》して相手《あいて》が「どう受《う》けるか？」、その両方《りょうほう》を考《かんが》える、**読《よ》み（手《て》を予想《よそう》する）の力《ちから》が自然《しぜん》につくのです。**好《す》きだ、嫌《きら》いだと言《い》う前《まえ》に、詰《つ》め将棋《しょうぎ》を毎日《まいにち》やれば（1問《もん》でもOK！）必《かなら》ず棋力《きりょく》が上《あ》がる、と信《しん》じて挑戦《ちょうせん》することが大事《だいじ》でしょう。

詰《つ》め将棋《しょうぎ》のルール

詰《つ》め将棋《しょうぎ》には、詰《つ》め将棋《しょうぎ》ならではのルールもあります。

①王手《おうて》の連続《れんぞく》で詰《つ》めること

王手《おうて》→相手《あいて》が指《さ》す→王手《おうて》→相手《あいて》が指《さ》す、この連続《れんぞく》で詰《つ》ますこと。

②攻《せ》め方《かた》は最短手順《さいたんてじゅん》で詰《つ》めていきます

このとき攻《せ》め方《かた》の持駒《もちごま》は余《あま》ることなく、つくってあります。

③玉方《ぎょくがた》は最長手順《さいちょうてじゅん》で逃《に》げること

守《まも》っている玉方《ぎょくがた》は最長《さいちょう》の手順《てじゅん》になるように逃《に》げること。

＊ただし、詰《つ》んでいる状態《じょうたい》では、ムダな合《あ》いゴマを打《う》って手順《てじゅん》を長《なが》くすることはできません。

④余《あま》り駒《ごま》はすべて玉方《ぎょくがた》の持駒《もちごま》になります

配置《はいち》してある駒《こま》と攻《せ》め方《かた》の持駒《もちごま》以外《いがい》はすべて玉方《ぎょくがた》が合《あ》いゴマとして使《つか》えます。

第《だい》1問《もん》

金《きん》はどこに打《う》てばよいでしょうか？

解答《かいとう》

1手《て》詰《づ》め

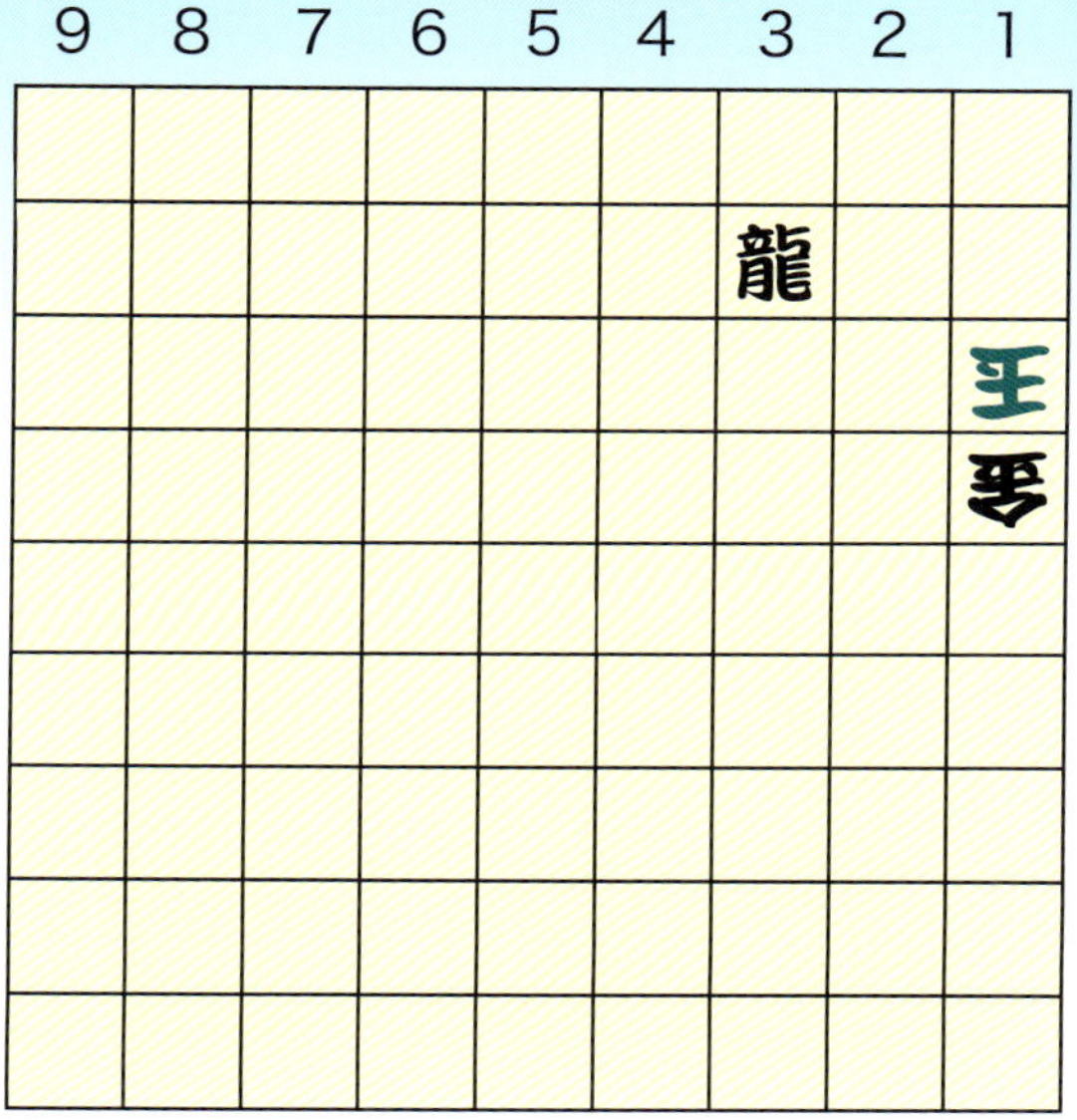

先手《せんて》　持駒《もちごま》　金《きん》

第《だい》2問《もん》

王手《おうて》なら、この一手《いって》

解答《かいとう》

1手《て》詰《づ》め

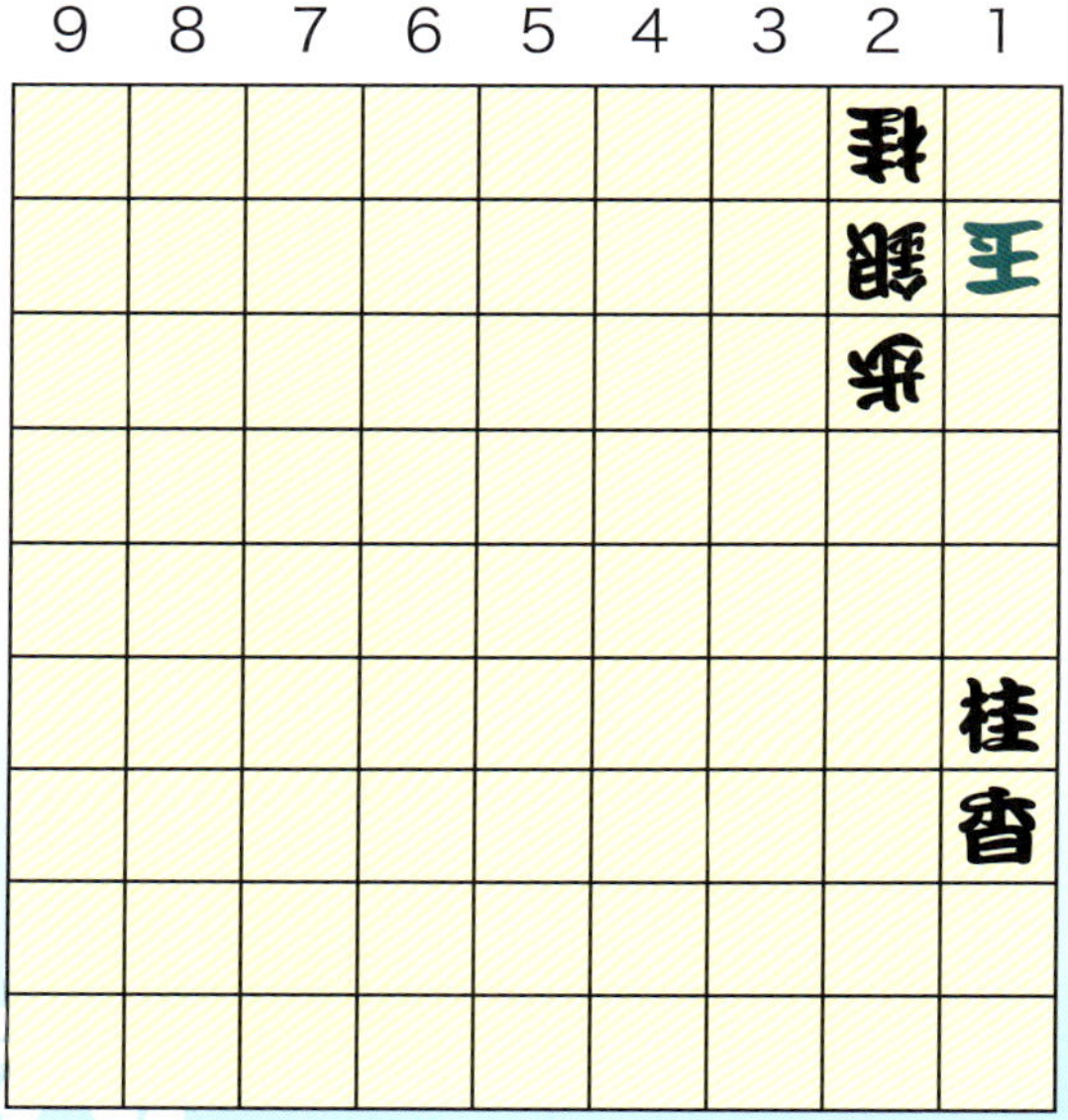

先手《せんて》　持駒《もちごま》　なし

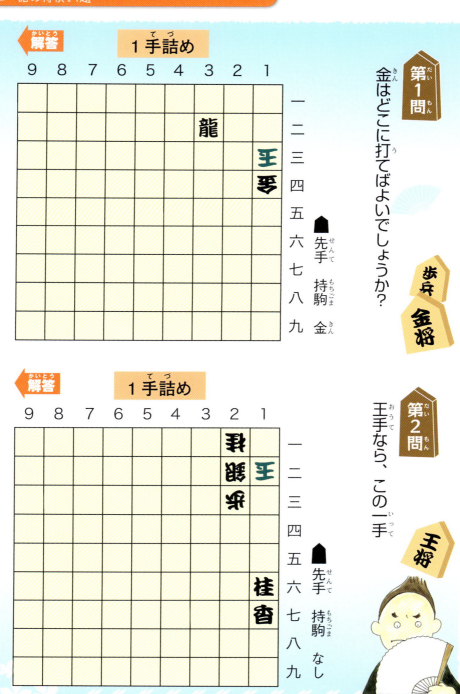

第《だい》1問《もん》解答《かいとう》

☗2三金《さんきん》まで

尻金《しりきん》と言《い》われる☗1二金《にきん》を打《う》つのは、☖2四玉《よんぎょく》と逃《に》げられます。玉《ぎょく》を追《お》うことになる尻金《しりきん》を打《う》たなければいけない場合《ばあい》というのは意外《いがい》と少《すく》ないものです。龍《りゅう》はグルリと周《まわ》り8マス全部《ぜんぶ》に利《き》いているという当《あた》り前《まえ》のことが、見《み》えていることがポイントです。

詰《つ》め上《あ》がりの図《ず》は☗2三金《さんきん》まで

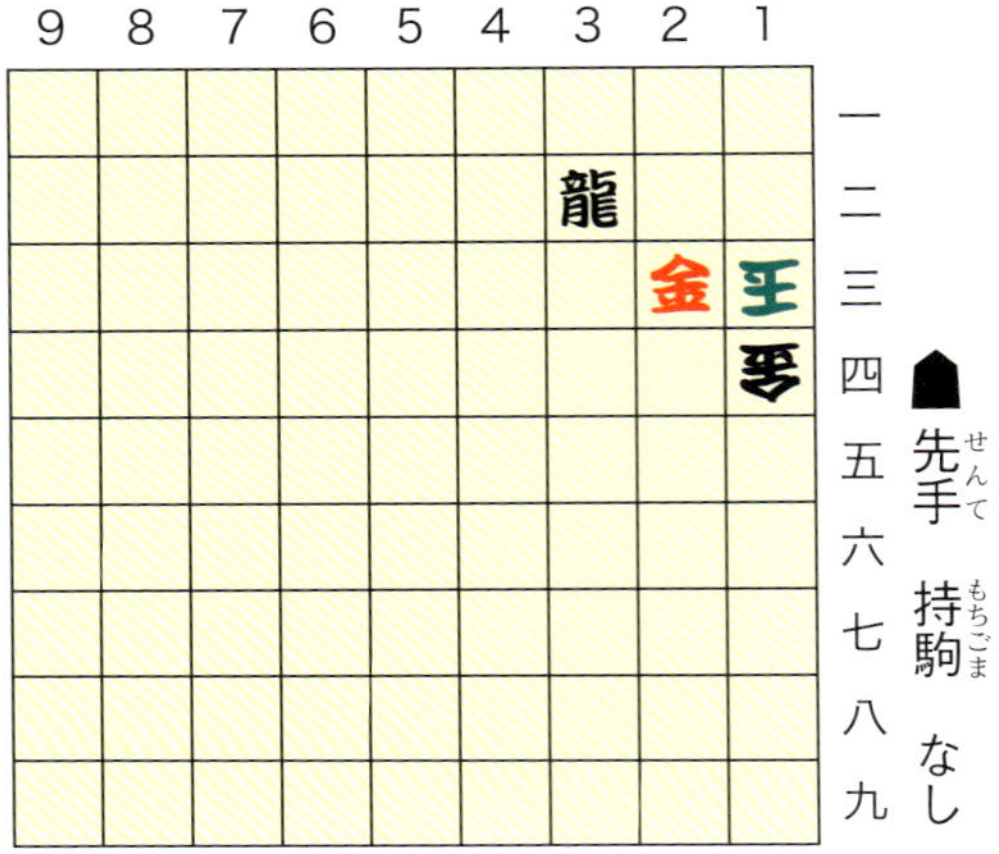

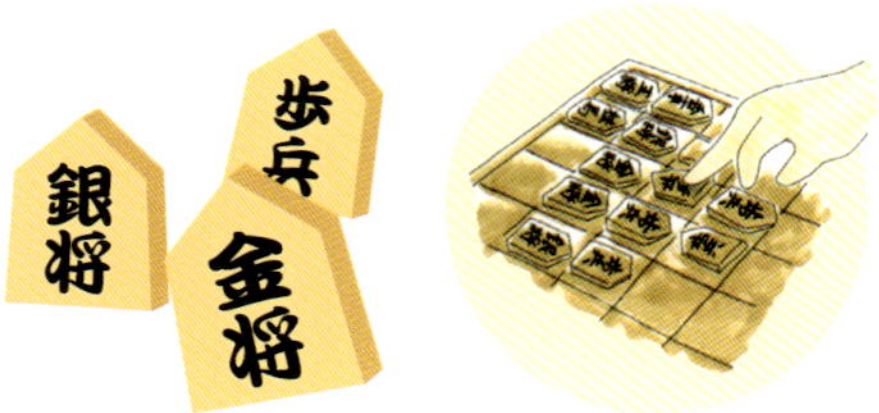

第《だい》2問《もん》解答《かいとう》

☗2四桂《よんけい》まで

王手《おうて》をかけるには、☗2四桂《よんけい》と飛《と》ぶしかないので問題《もんだい》としては簡単《かんたん》でしょう。詰《つ》め上《あ》がりの図《ず》を見《み》て、覚《おぼ》えてもらいたいのは「両王手《りょうおうて》」という形《かたち》です。桂《けい》で王手《おうて》すると、同時《どうじ》に香車《きょうしゃ》でも王手《おうて》になっています。両方《りょうほう》の王手《おうて》を一度《いちど》に防《ふせ》ぐ手段《しゅだん》がないため、受《う》けがなくなります。

詰《つ》め上《あ》がりの図《ず》は☗2四桂《よんけい》まで

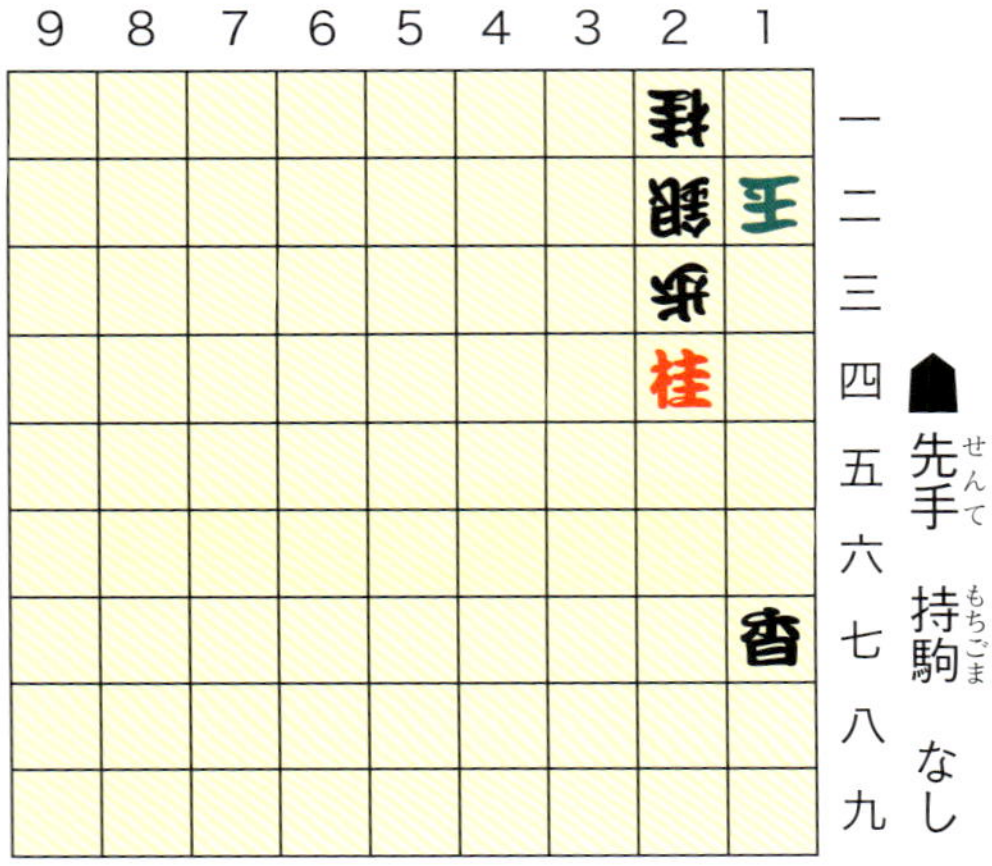

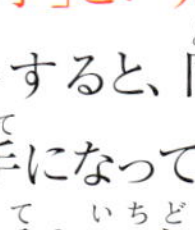

第《だい》3問《もん》

実戦《じっせん》にもよくある詰《つ》めの形《かたち》です

解答《かいとう》

1手《て》詰《づ》め

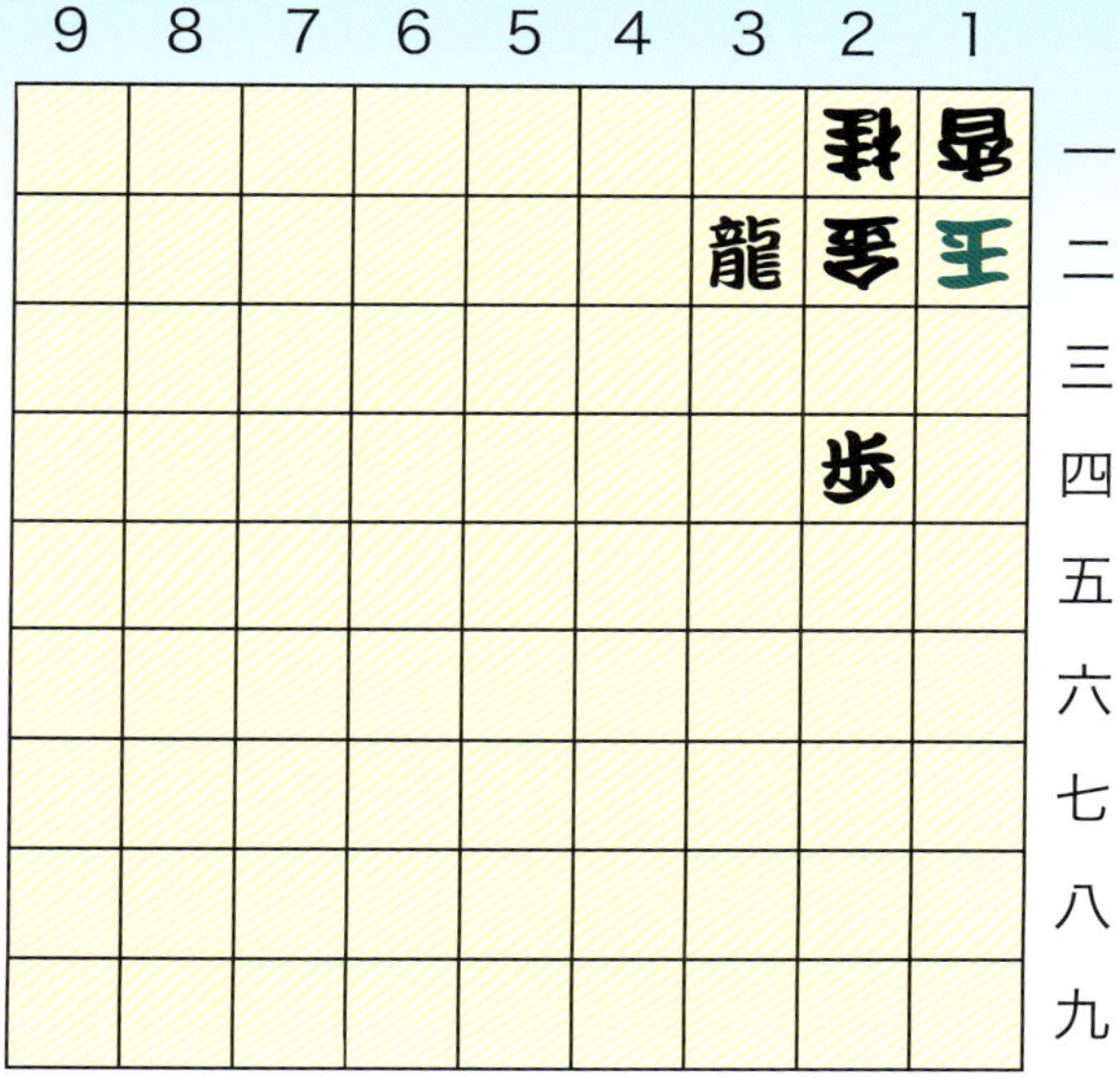

先手《せんて》　持駒《もちごま》　なし

第《だい》4問《もん》

角《かく》も龍《りゅう》も詰《つ》めの主役《しゅやく》

解答《かいとう》

1手《て》詰《づ》め

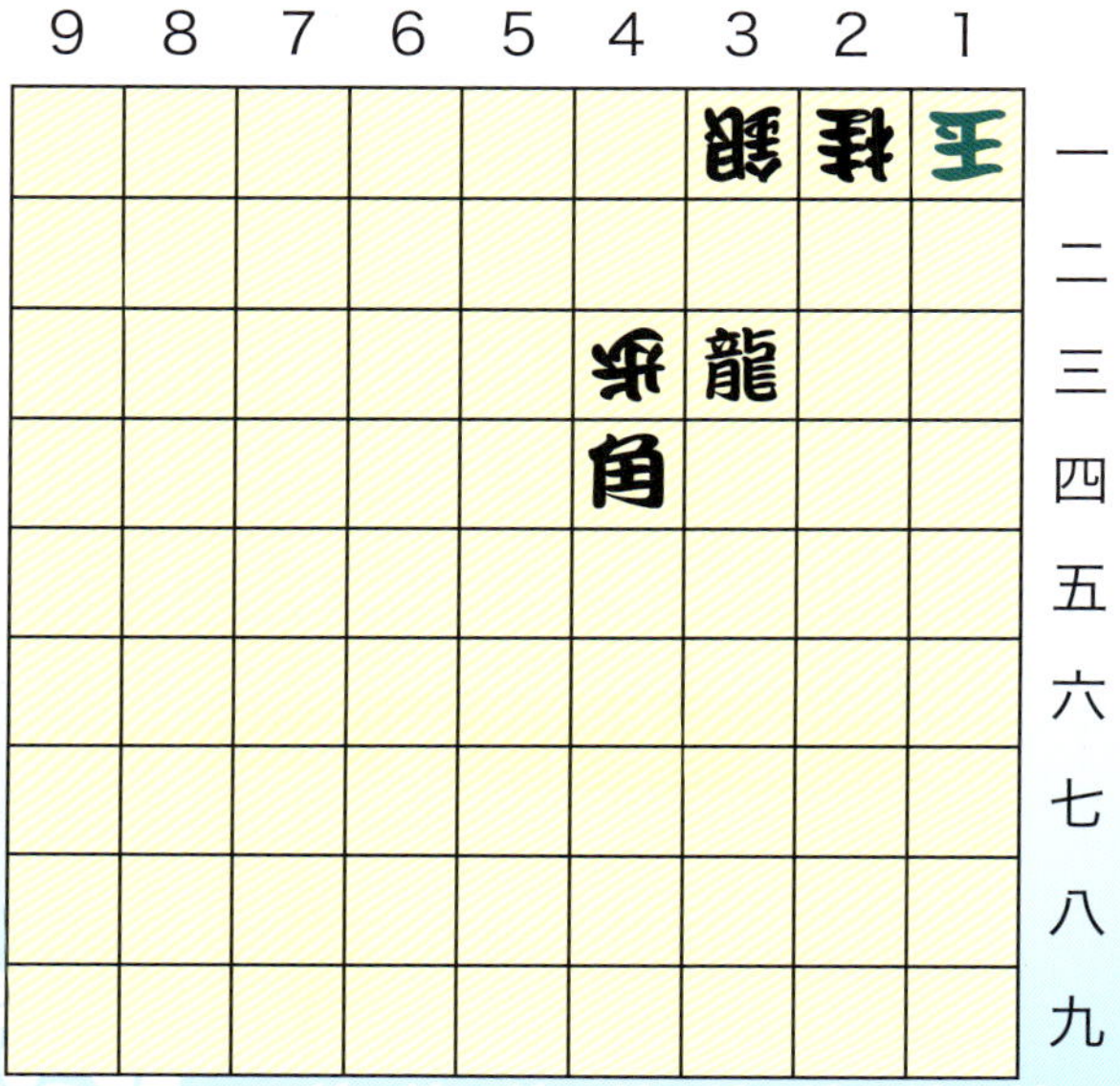

先手《せんて》　持駒《もちごま》　なし

第《だい》3問《もん》解答《かいとう》

▲2三歩成《さんふなり》まで

▲2二龍《にりゅう》では△2二同玉《にどうぎょく》、▲2三金《さんきん》と打《う》っても△3一玉《いちぎょく》で詰《つ》みません。

詰《つ》め上《あ》がりの図《ず》では、金《きん》で「と金《きん》」を取《と》れば、龍《りゅう》で玉《ぎょく》が取《と》られてしまいます。金《きん》で龍《りゅう》を取《と》っても同《おな》じことです。一瞬《いっしゅん》、玉《ぎょく》で「と金《きん》」が取《と》れそうに見《み》えますが、龍《りゅう》が利《き》いています。同《おな》じような形《かたち》になっても、3二《に》が龍《りゅう》ではなく飛車《ひしゃ》だと詰《つ》まないので注意《ちゅうい》してください。

詰《つ》め上《あ》がりの図《ず》は▲2三歩成《さんふなり》まで

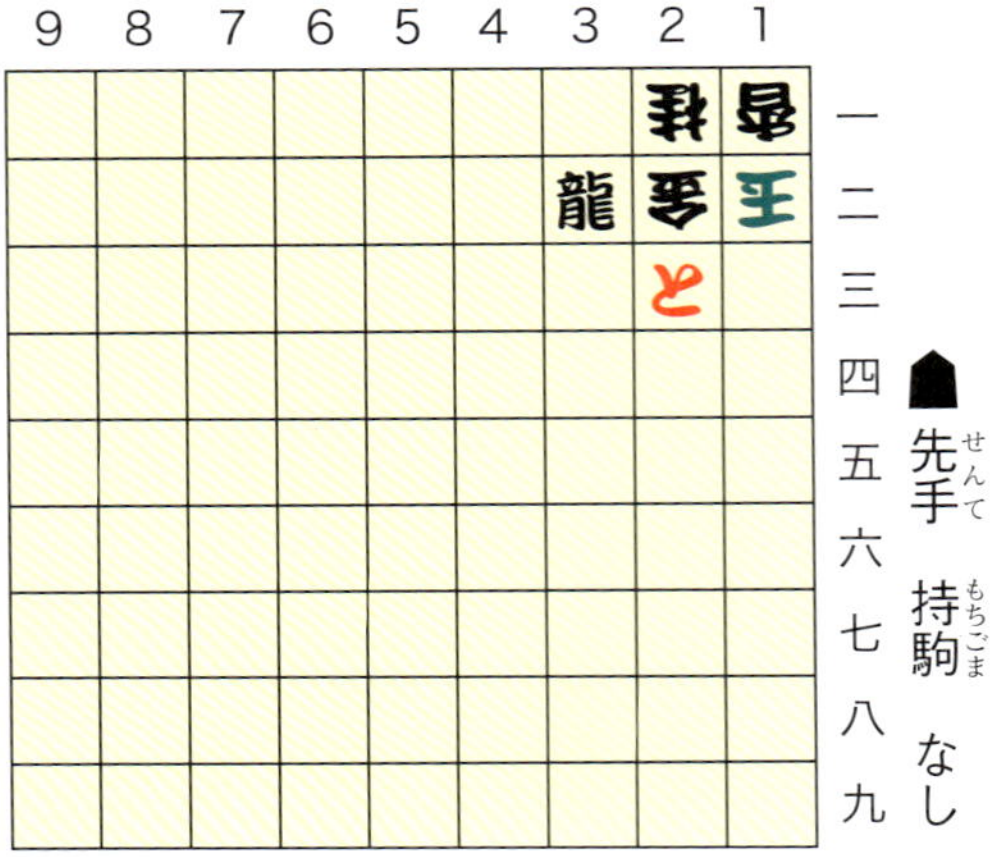

第《だい》4問《もん》解答《かいとう》

▲1三龍《さんりゅう》まで

▲3一龍《いちりゅう》と銀《ぎん》を取《と》ると詰《つ》みません。角《かく》であき王手《おうて》にしても△4四歩《よんふ》と角《かく》を取《と》られ、▲2二銀《にぎん》と打《う》っても△1二玉《にぎょく》と逃《に》げられてしまいます。

角《かく》と龍《りゅう》で両王手《りょうおうて》するのが正解《せいかい》です。頭《あたま》の中《なか》では、▲1三龍《さんりゅう》は桂《けい》で取《と》られる。角《かく》も歩《ふ》で取《と》られる。このふたつを別々《べつべつ》に考《かんが》えてしまうと解《と》けません。「同時《どうじ》にふたつの駒《こま》で王手《おうて》になると（両王手《りょうおうて》）、同時《どうじ》に防《ふせ》げないのだ」ということに気《き》づきましょう。

詰《つ》め上《あ》がりの図《ず》は▲1三龍《さんりゅう》まで

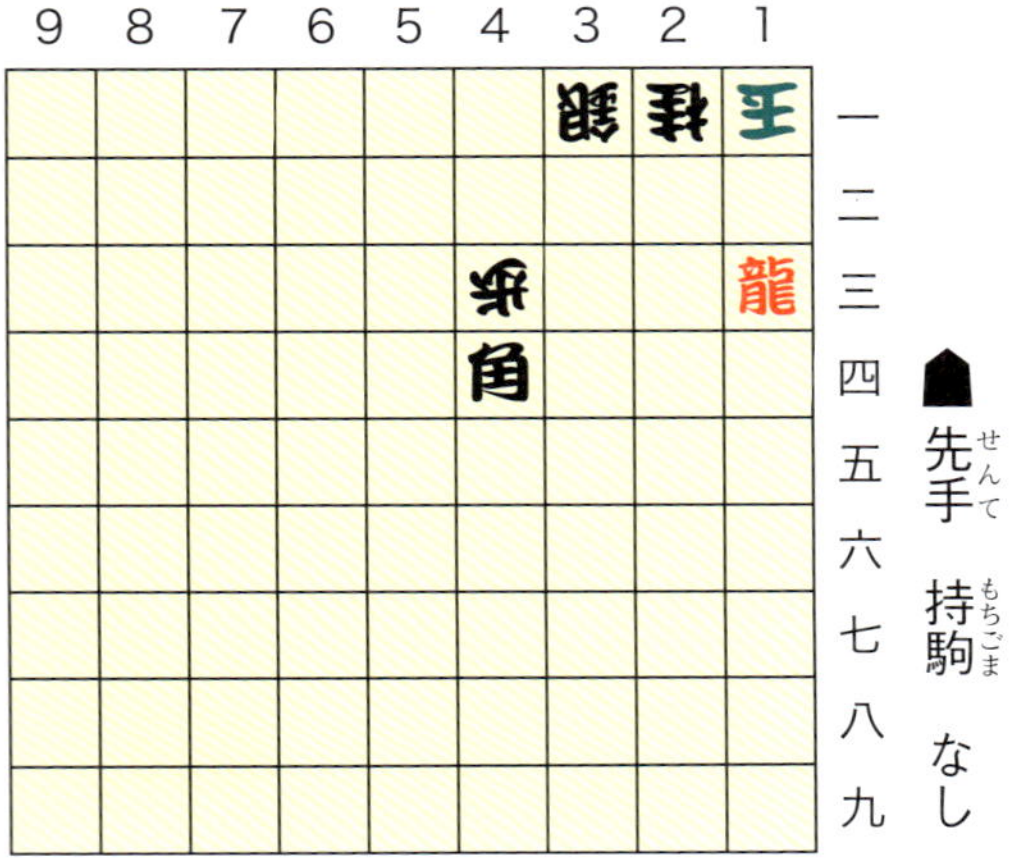

第《だい》5問《もん》

あき王手《おうて》の発見《はっけん》だけでは?

解答《かいとう》

1手詰《てづ》め

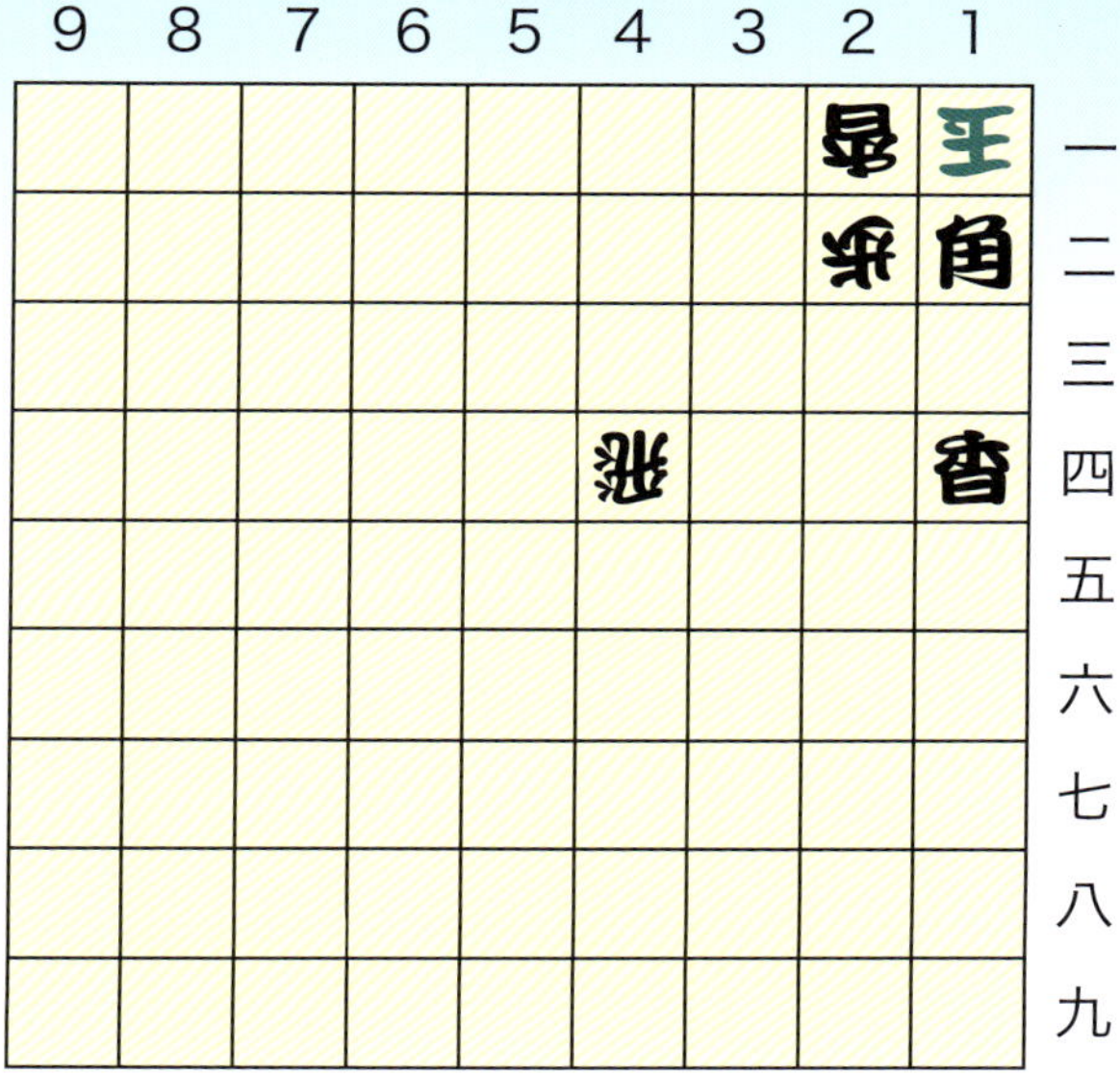

先手《せんて》　持駒《もちごま》　なし

第《だい》6問《もん》

よくある手筋《てすじ》の問題《もんだい》です

解答《かいとう》

3手詰《てづ》め

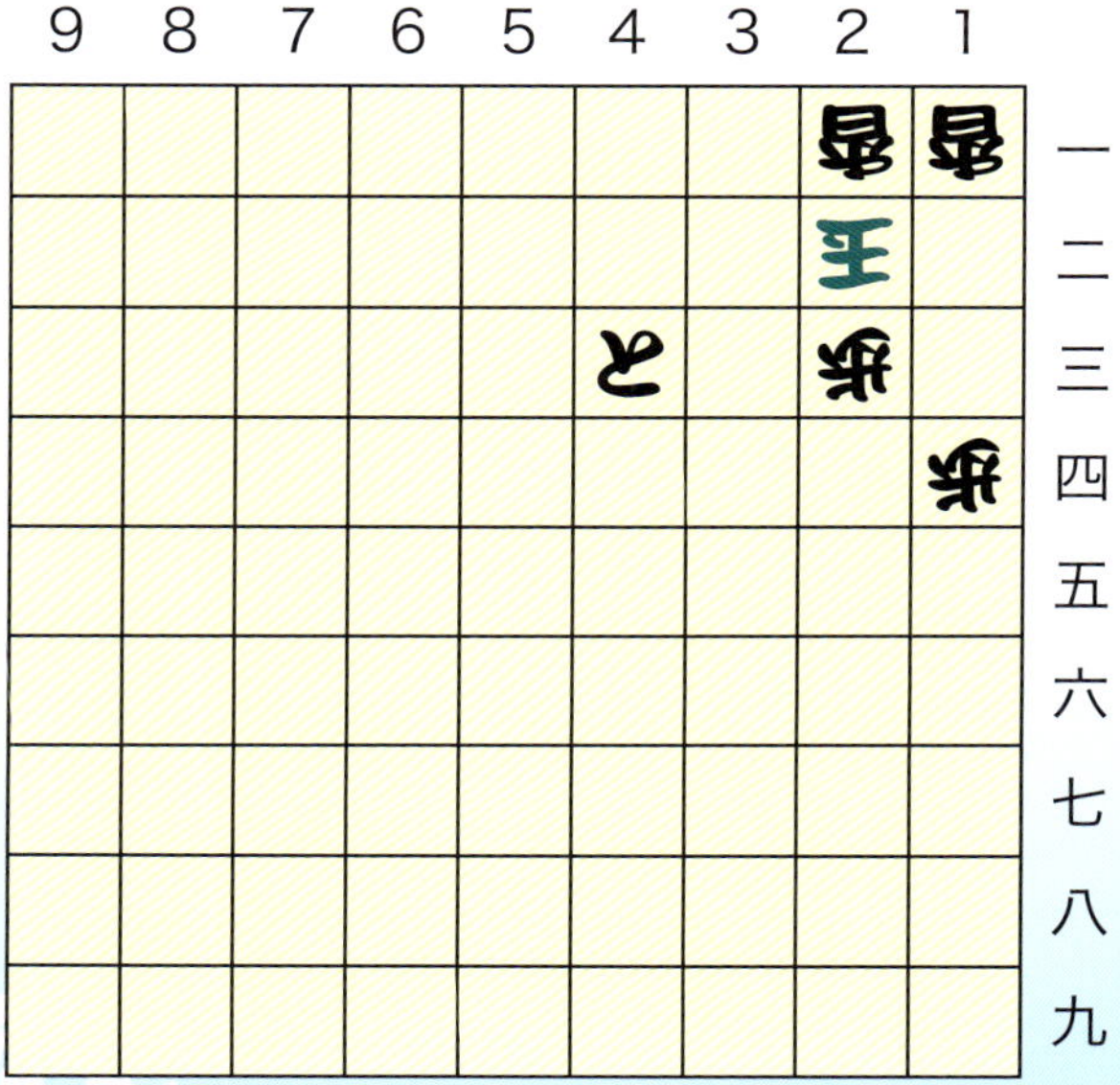

先手《せんて》　持駒《もちごま》　角金《かくきん》

第《だい》5問解答《もんかいとう》

▲3四角成《よんかくなり》まで

「あき王手《おうて》で詰《つ》みだ!」と気《き》がついて、▲2三角成《さんかくなり》としたらダメです。王手《おうて》している香車《きょうしゃ》が飛車《ひしゃ》で取《と》られてしまいます。▲3四角成《よんかくなり》で飛車《ひしゃ》のヨコの利《き》きを止《と》めることがポイントです。

1二《に》に合《あ》いゴマをしても、もちろん馬《うま》でも香《きょう》でも合《あ》いゴマを取《と》ることができるので詰《つ》みです。

詰《つ》め上《あ》がりの図《ず》は▲3四角成《よんかくなり》まで

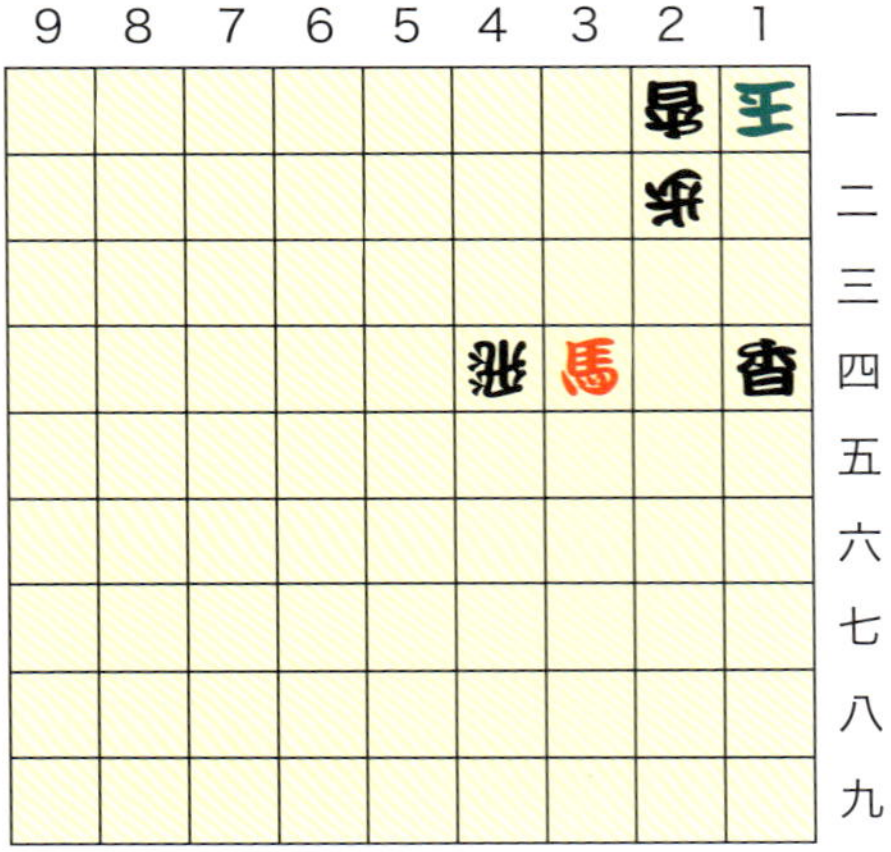

▲先手《せんて》　持駒《もちごま》　なし

第《だい》6問解答《もんかいとう》

▲3一角《いちかく》△同玉《どうぎょく》▲3二金《にきん》まで

角《かく》と金《きん》を使《つか》った手筋《てすじ》による詰《つ》め将棋《しょうぎ》です。玉《ぎょく》を下段《げだん》に落《お》とし、頭金《あたまきん》です。もし△3一同玉《いちどうぎょく》で▲1二玉《にぎょく》なら△1三金《さんきん》まで。

詰《つ》め上《あ》がりの図《ず》は▲3二金《にきん》まで

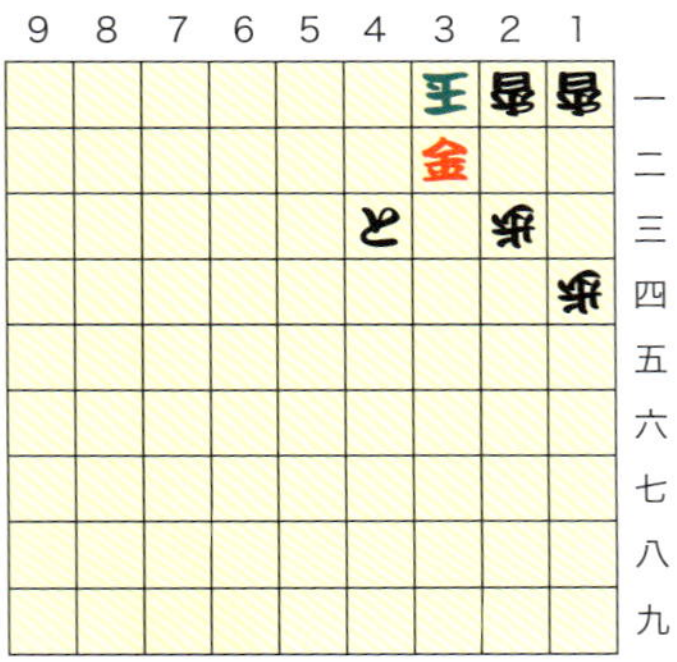

▲先手《せんて》　持駒《もちごま》　なし

▲3一角《いちかく》まで

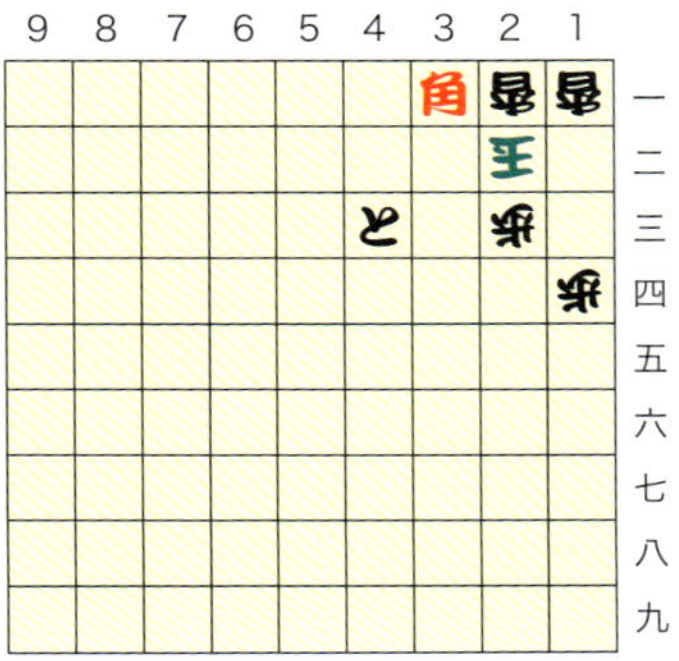

▲先手《せんて》　持駒《もちごま》　金《きん》

第《だい》7問《もん》

詰《つ》め将棋《しょうぎ》の古典《こてん》（昔《むかし》からある）ですが、ポイントは馬《うま》

解答《かいとう》

3手詰《てづ》め

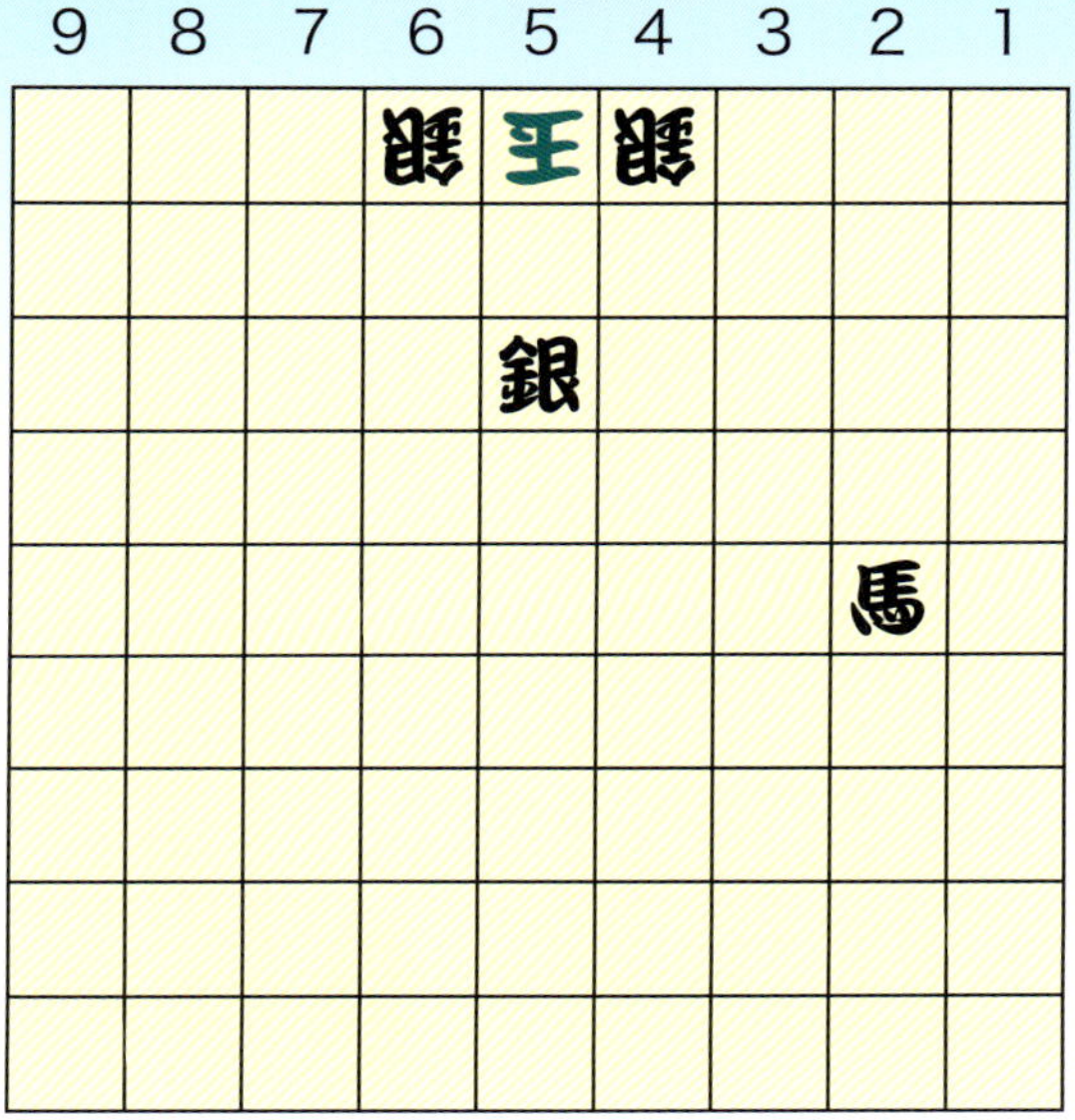

先手《せんて》　持駒《もちごま》　銀《ぎん》

第《だい》8問《もん》

簡単《かんたん》そうなところがいい詰《つ》め将棋《しょうぎ》です

解答《かいとう》

3手詰《てづ》め

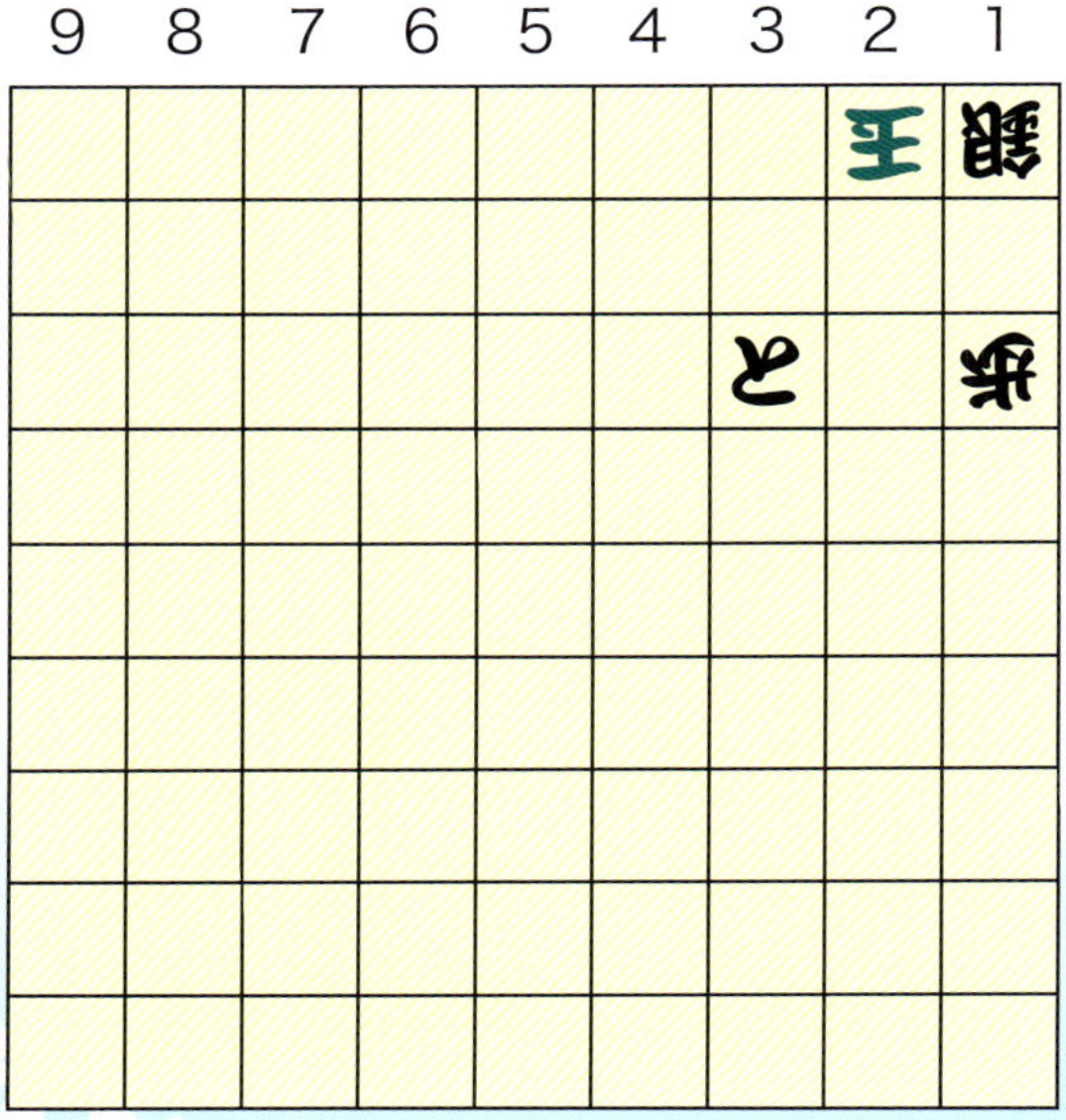

先手《せんて》　持駒《もちごま》　銀《ぎん》

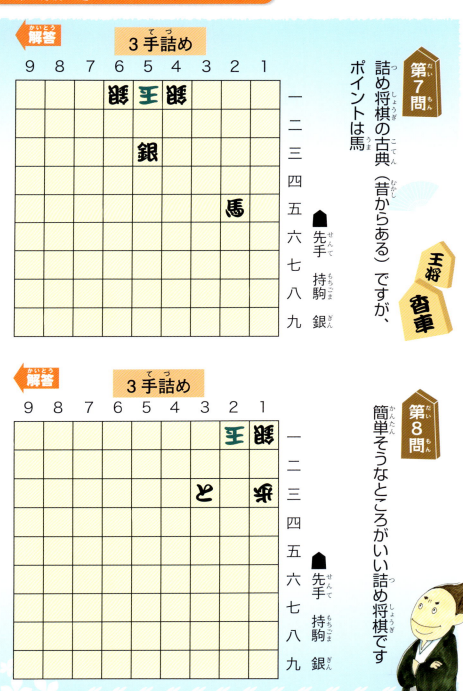

第《だい》7問解答《もんかいとう》

▲5二馬《にうま》△同銀右《どうぎんみぎ》▲6二銀打《にぎんうち》まで

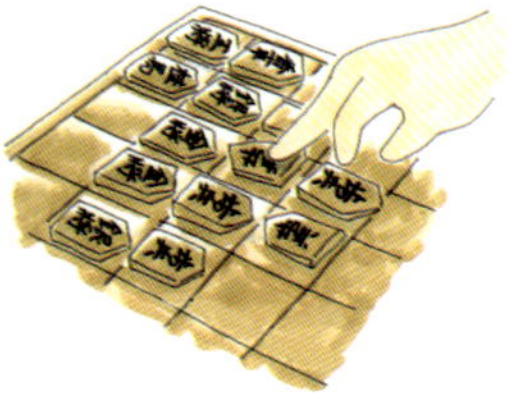

初手《しょて》の馬《うま》を捨《す》てる手《て》が思《おも》いつかない手《て》ではないでしょうか。

また△同銀左《どうぎんひだり》なら、▲4二銀打《にぎんうち》まで。5二《に》の地点《ちてん》に三枚利《さんまいき》いていることを見抜《みぬ》きましょう。

▲5二馬《にうま》まで

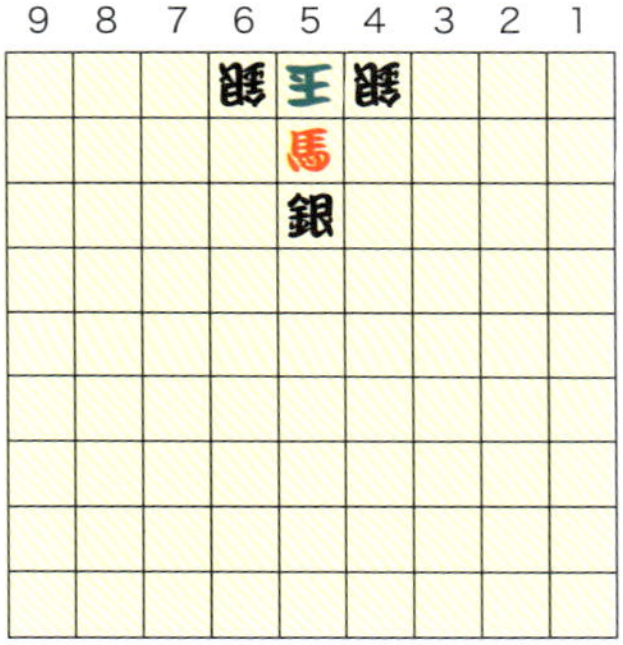

▲先手《せんて》　持駒《もちごま》　銀《ぎん》

詰《つ》め上《あ》がりの図《ず》は▲6二銀打《にぎんうち》まで

▲先手《せんて》　持駒《もちごま》　なし

第《だい》8問解答《もんかいとう》

▲3二銀《にぎん》△1二玉《にぎょく》▲2三《さん》とまで

▲2二銀《にぎん》と王手《おうて》するのは、△1二玉で詰《つ》まなくなるので気《き》をつけましょう。

また、▲2三《さん》とではなく、うっかり▲2三銀成《さんぎんなり》とすると△2一玉《いちぎょく》と逃《に》げられます。

▲3二銀《にぎん》まで

▲先手《せんて》　持駒《もちごま》　なし

詰《つ》め上《あ》がりの図《ず》は▲2三《さん》とまで

▲先手《せんて》　持駒《もちごま》　なし

第《だい》9問《もん》

2五《ご》飛《ひ》の守《まも》りにどう対抗《たいこう》しますか？

3手《て》詰め

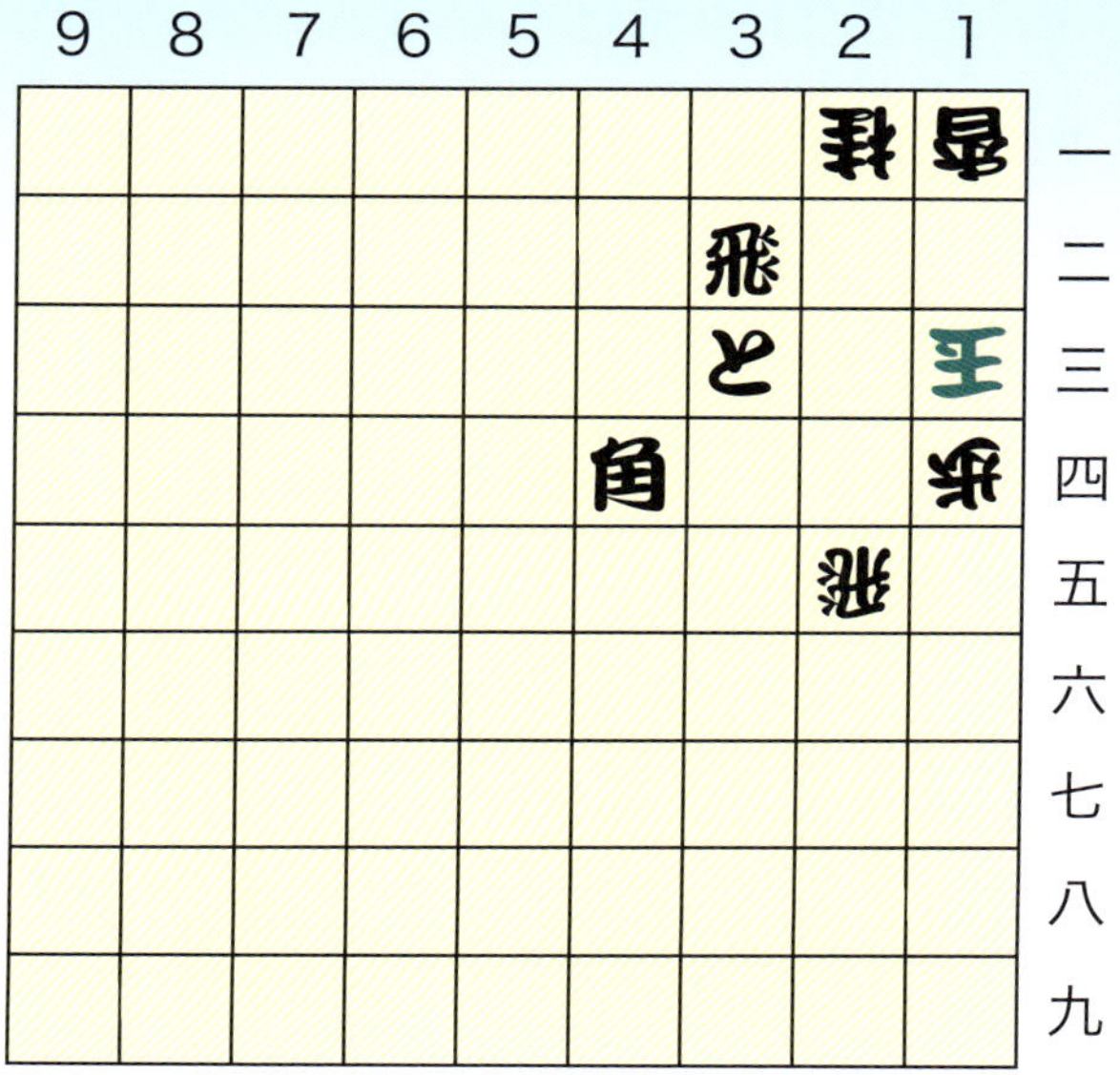

先手《せんて》　持駒《もちごま》　なし

解答《かいとう》

第《だい》10問《もん》

詰《つ》め上《あ》がりの図《ず》は「へぇ～」という感《かん》じです

3手《て》詰め

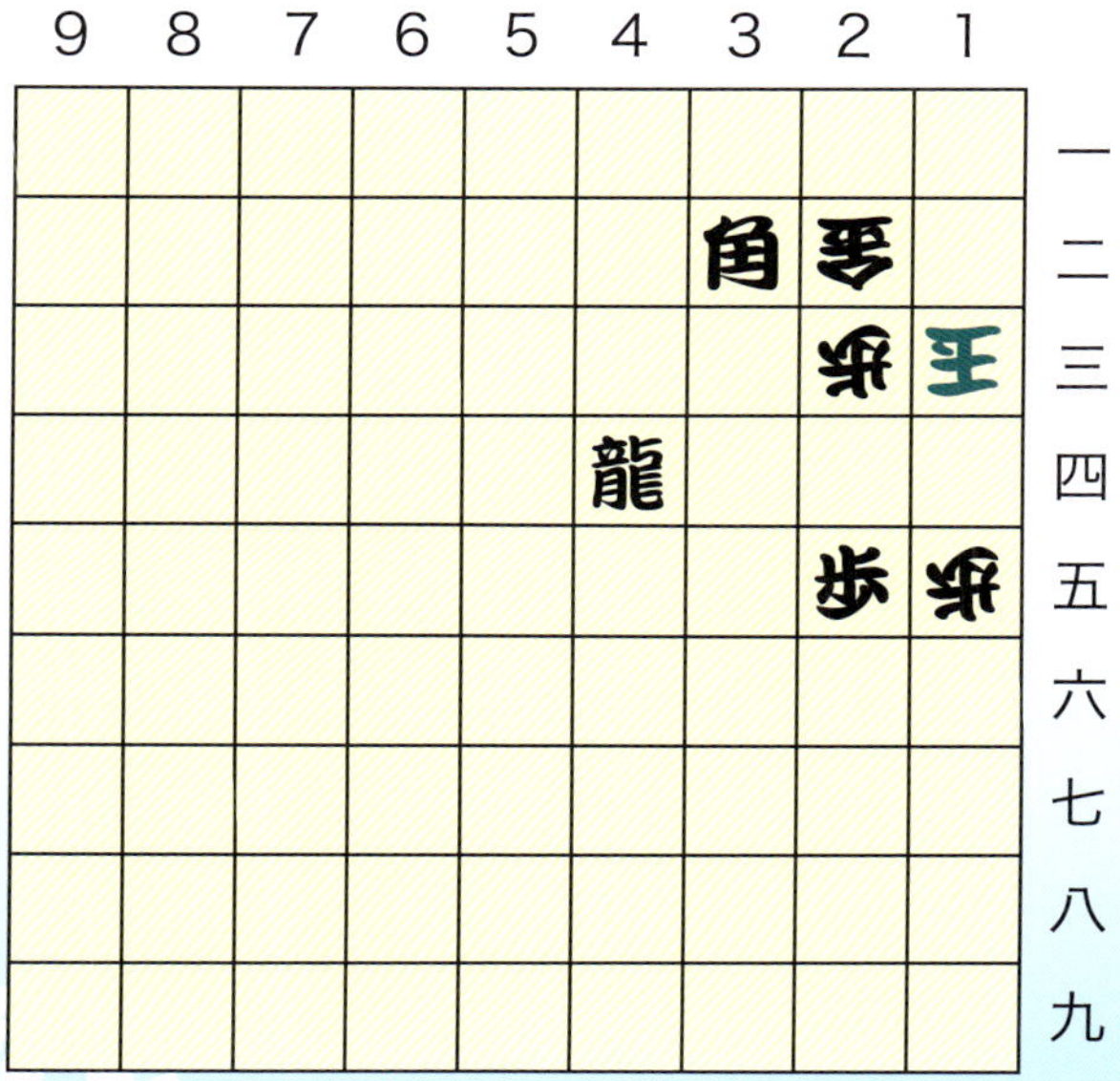

先手《せんて》　持駒《もちごま》　金《きん》

解答《かいとう》

第《だい》9問解答《もんかいとう》

☗3五角《ごかく》☖同飛《どうひ》☗2二飛成《にひなり》まで

2二飛成《にひなり》とするために、「と金《きん》」や「角《かく》」を2筋《すじ》の方《ほう》に活《い》かそうとすると解答《かいとう》がでません。角《かく》で王手《おうて》して、飛車《ひしゃ》で取《と》らす、単純《たんじゅん》だけど発見《はっけん》できないものです。

☗3五角《ごかく》まで

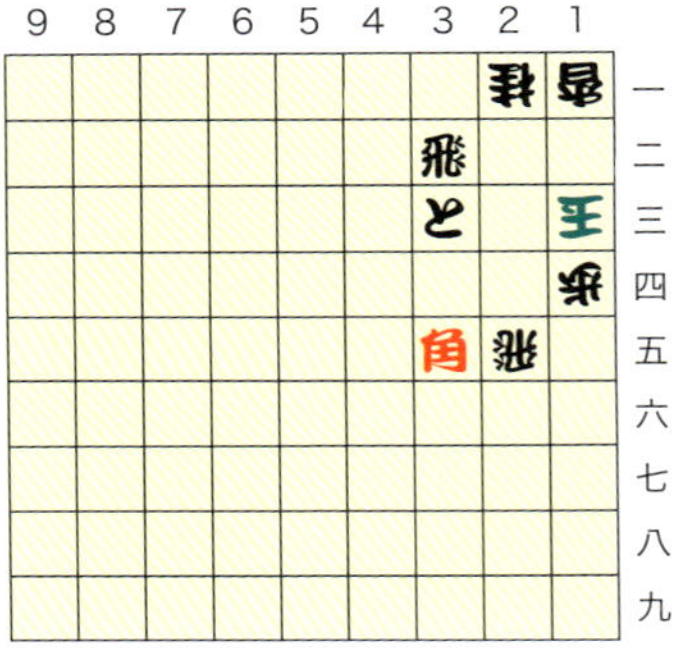

☗先手《せんて》 持駒《もちごま》 なし

詰《つ》め上《あ》がりの図《ず》は☗2二飛成《にひなり》まで

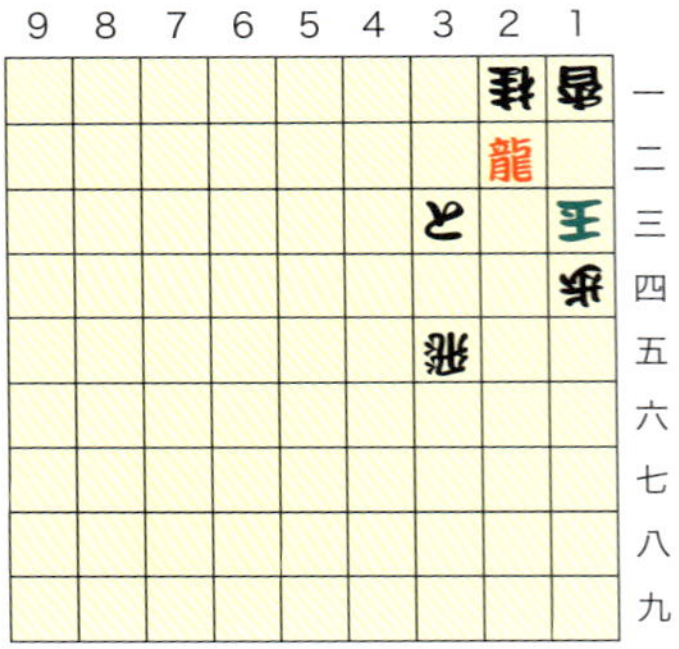

☗先手《せんて》 持駒《もちごま》 なし

第《だい》10問解答《もんかいとう》

☗1四龍《よんりゅう》☖同玉《どうぎょく》☗2四金《よんきん》まで

玉《ぎょく》を角《かく》の利《き》き筋《すじ》に入《い》れることがポイントです。歩《ふ》で取《と》られてしまう☗2四《よん》に金《きん》を打《う》つためには、角《かく》が通《とお》れば2三歩《さんふ》が動《うご》かせないことに気《き》づくことが肝心《かんじん》。

☗1四龍《よんりゅう》まで

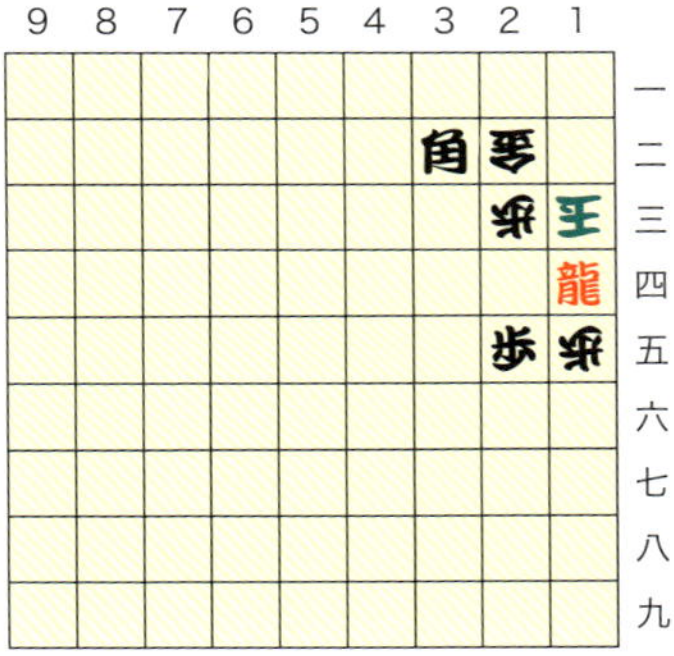

☗先手《せんて》 持駒《もちごま》 金《きん》

詰《つ》め上《あ》がりの図《ず》は☗2四金《よんきん》まで

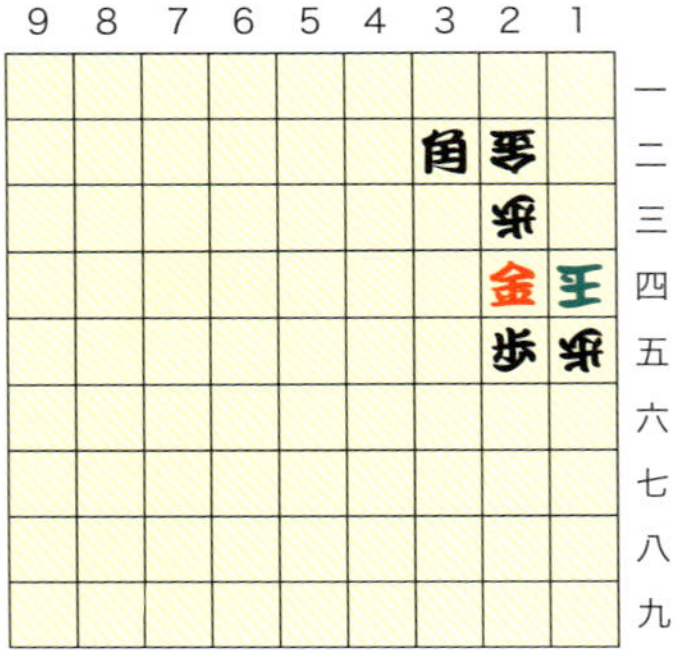

☗先手《せんて》 持駒《もちごま》 なし

第《だい》11問《もん》

初手《しょて》は素直《すなお》に

解答《かいとう》

5手詰《てづ》め

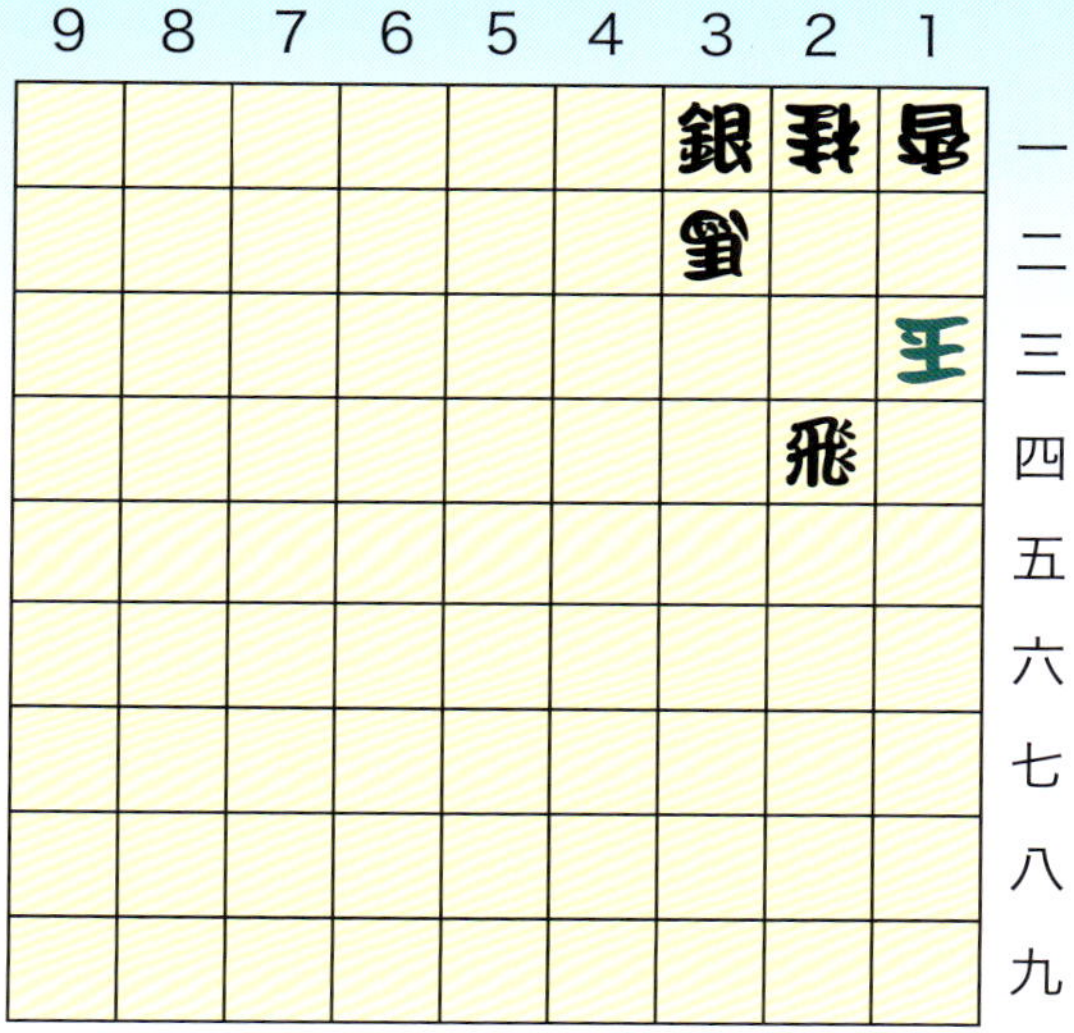

☗先手《せんて》　持駒《もちごま》　金《きん》桂《けい》

☖後手《ごて》　持駒《もちごま》　飛角金三銀三桂二香三歩十八

第《だい》12問《もん》

ここは初手《しょて》が難解《なんかい》だ

解答《かいとう》

5手詰《てづ》め

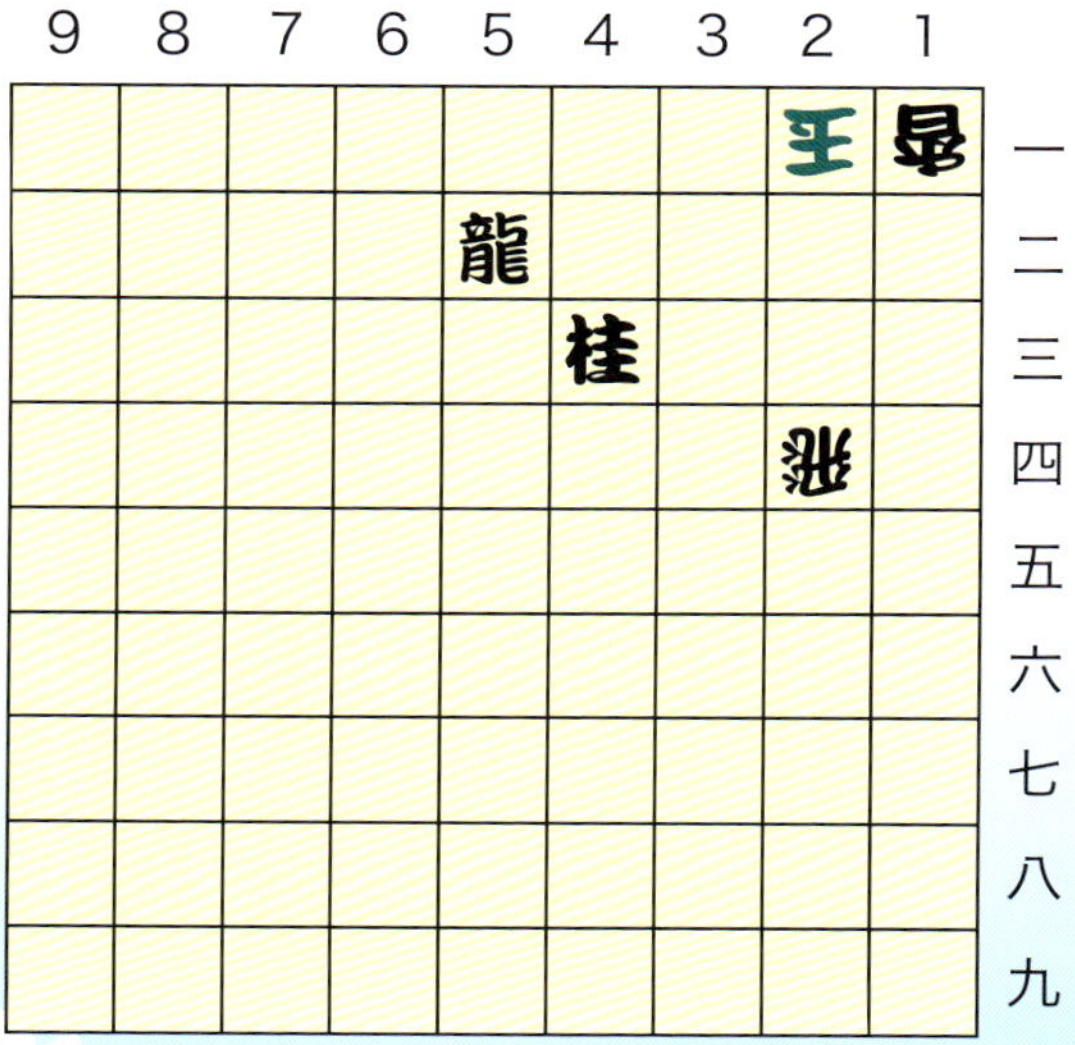

☗先手《せんて》　持駒《もちごま》　銀《ぎん》二《に》

☖後手《ごて》　持駒《もちごま》　角二金四銀二桂三香三歩十八

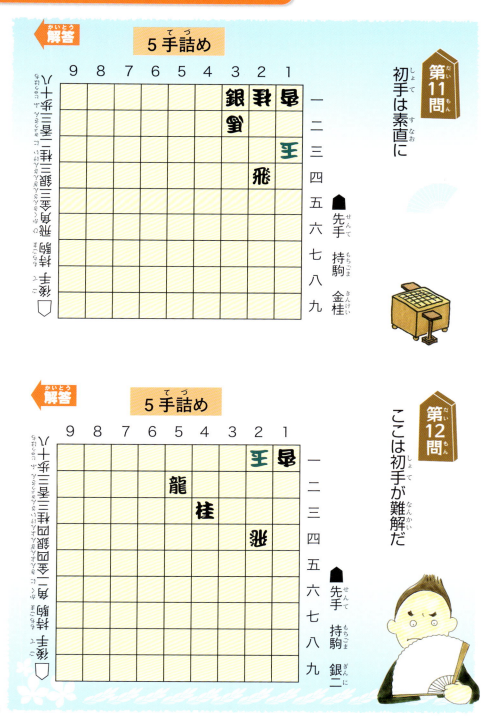

第《だい》11問解答《もんかいとう》

▲1四金《よんきん》△1二玉《にぎょく》▲2二飛成《にひなり》△同馬《どううま》▲2四桂《よんけい》まで

初手《しょて》▲1四金《よんきん》のあと、飛車《ひしゃ》を捨《す》てて馬《うま》で取《と》らせる手《て》に気《き》がつけば簡単《かんたん》。あとは、持《も》ち駒《ごま》の桂《けい》を▲2四《よん》に打《う》てばOKです。

▲2二飛成《にひなり》まで

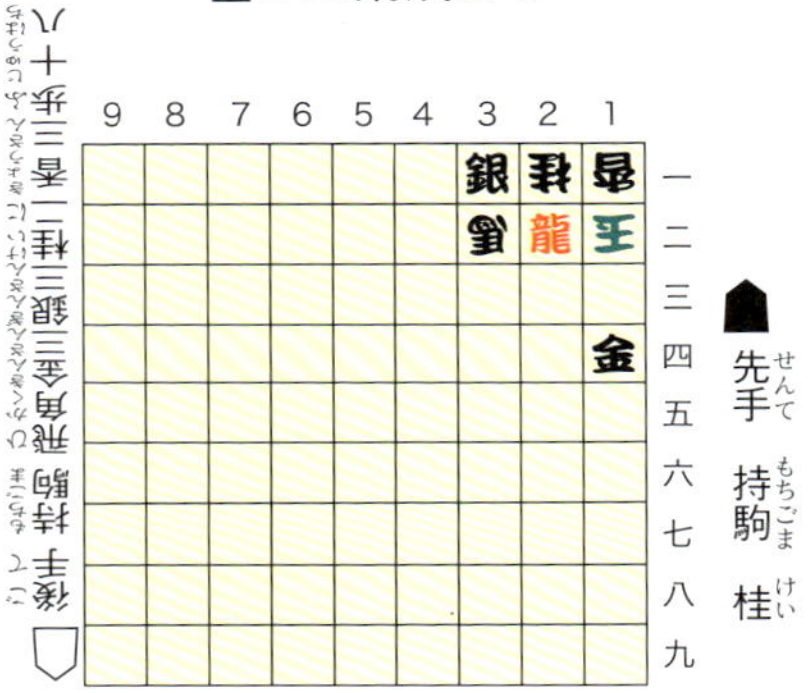

詰《つ》め上《あ》がりの図《ず》は▲2四桂《よんけい》まで

第《だい》12問解答《もんかいとう》

▲1二銀《にぎん》△同香《どうきょう》▲2二銀《にぎん》△同飛《どうひ》▲4一龍《いちりゅう》まで

詰《つ》め上《あ》がりのイメージが一段目《いちだんめ》に龍《りゅう》を持《も》っていくと浮《う》かべば、あとはその布石《ふせき》を打《う》つだけです。

▲1二銀《にぎん》も▲2二銀《にぎん》も玉《ぎょく》の逃《に》げ場《ば》をふさぎ、▲4一龍《いちりゅう》とするための捨《す》て駒《ごま》です。

▲2二銀《にぎん》まで

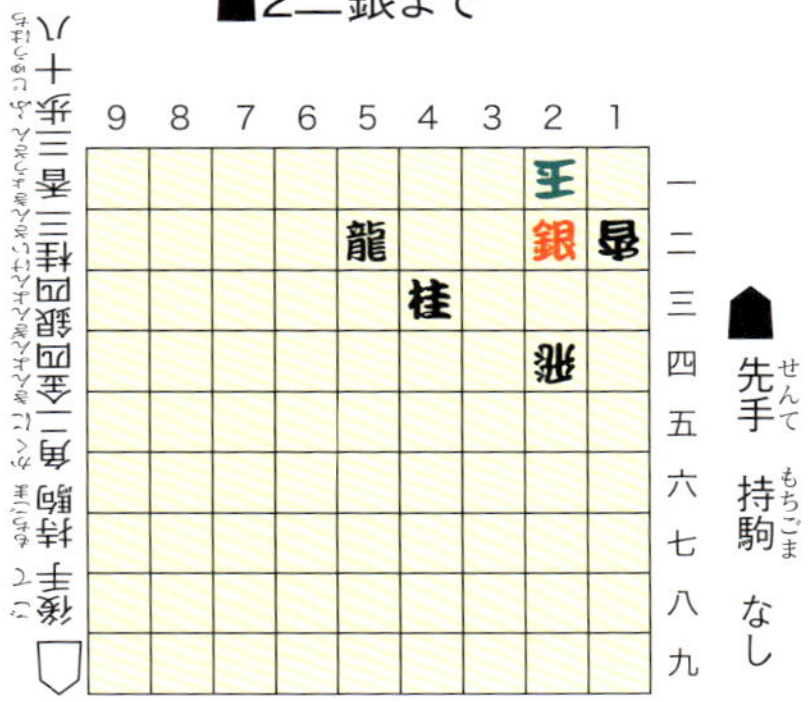

詰《つ》め上《あ》がりの図《ず》は▲4一龍《いちりゅう》まで

第《だい》13問《もん》

大駒《おおごま》を上手《じょうず》に活《い》かす手立《てだ》ては？

解答《かいとう》

5手詰《てづ》め

9	8	7	6	5	4	3	2	1	
					歩				一
						王		香	二
					銀		歩		三
						桂		歩	四
						歩	歩		五
									六
									七
									八
									九

☗先手《せんて》持駒《もちごま》　飛《ひ》角《かく》

△後手《ごて》持駒《もちごま》　飛《ひ》二《に》角《かく》一《いち》金《きん》四《よん》銀《ぎん》三《さん》桂《けい》三《さん》香《きょう》三《さん》歩《ふ》十三《じゅうさん》

第《だい》14問《もん》

☗1三歩《さんふ》は打《う》ち歩詰《ふづ》めで禁止《きんし》！

解答《かいとう》

5手詰《てづ》め

9	8	7	6	5	4	3	2	1	
						馬		香	一
						銀		王	二
					馬	銀	桂		三
									四
									五
									六
									七
									八
									九

☗先手《せんて》持駒《もちごま》　桂《けい》歩《ふ》

△後手《ごて》持駒《もちごま》　飛《ひ》二《に》角《かく》一《いち》金《きん》四《よん》銀《ぎん》一《いち》桂《けい》三《さん》香《きょう》三《さん》歩《ふ》十八《じゅうはち》

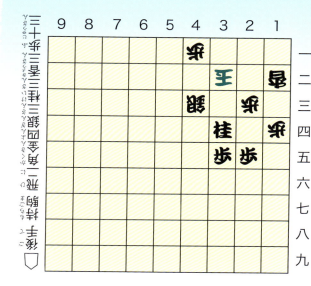

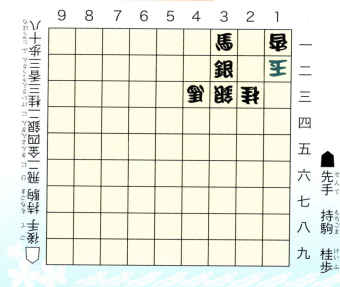

第《だい》13問《もん》解答《かいとう》

▲3三飛《さんひ》△同玉《どうぎょく》▲1一角《いちかく》△3二玉《にぎょく》▲2二角成《にかくなり》まで

初手《しょて》に▲2二飛《にひ》と打《う》ちたくなりますが△3三玉《さんぎょく》と上《うえ》に逃《に》げられてしまいます。▲1一《いち》に角《かく》を打《う》つための布石《ふせき》が、初手《しょて》の▲3三飛《さんひ》になるのです。

▲1一角《かく》まで

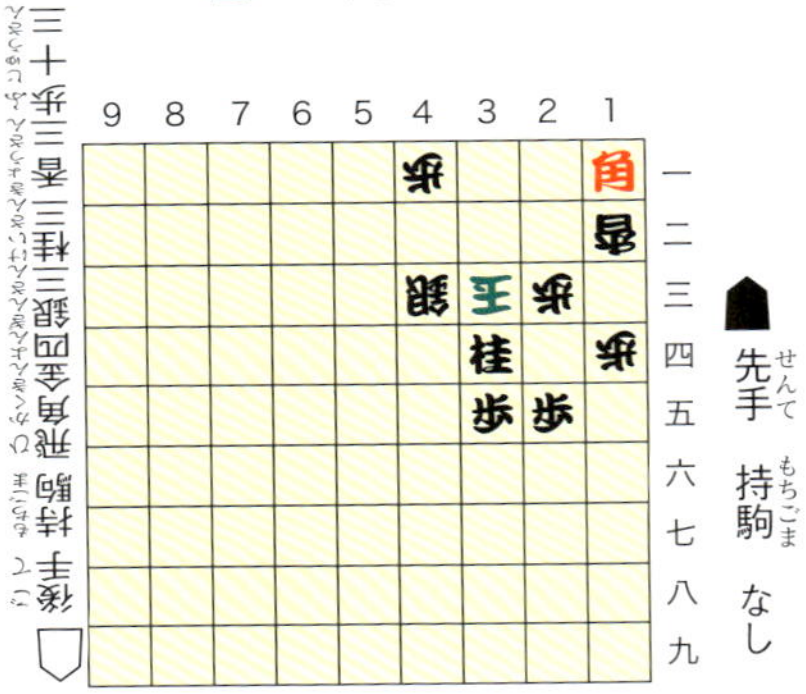

詰《つ》め上《あ》がりの図《ず》は▲2二角成《にかくなり》まで

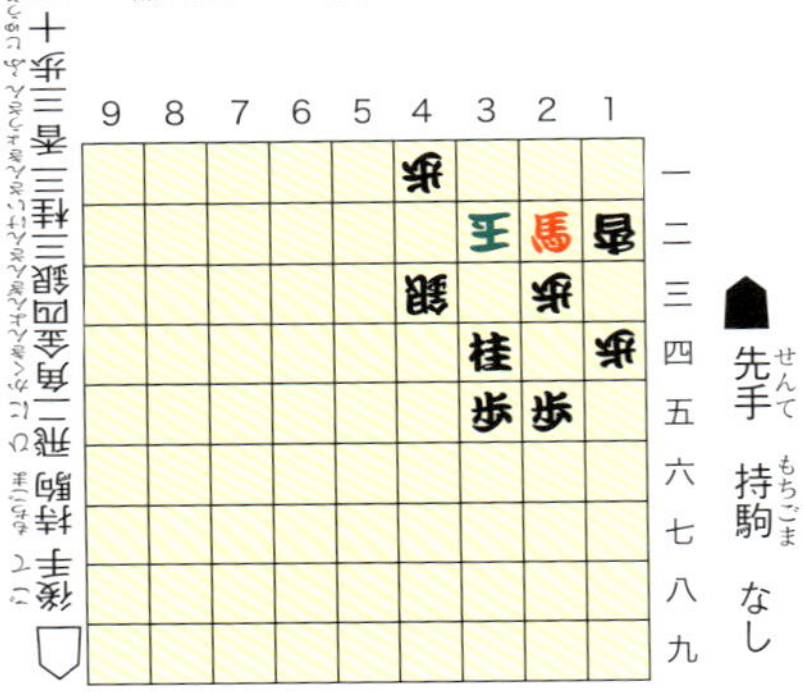

第《だい》14問《もん》解答《かいとう》

▲2四桂《よんけい》△同銀《どうぎん》▲1三歩《さんふ》△同銀《どうぎん》▲2一馬《いちうま》まで

玉《ぎょく》の進路《しんろ》を相手《あいて》の駒《こま》が移動《いどう》してふさぐという面白《おもしろ》い詰《つ》め将棋《しょうぎ》。1三《さん》の地点《ちてん》をふさぎ、馬《うま》が2一《いち》に動《うご》けば、簡単《かんたん》に詰《つ》むことに気《き》づけば、相手《あいて》の銀《ぎん》の誘導《ゆうどう》も発見《はっけん》できます。

▲1三歩《さんふ》まで

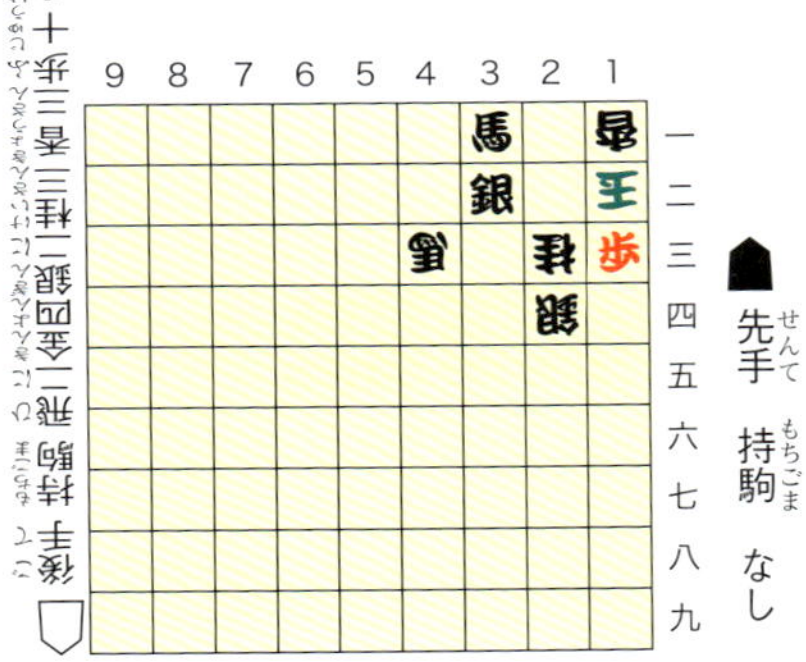

詰《つ》め上《あ》がりの図《ず》は▲2一馬《いちうま》まで

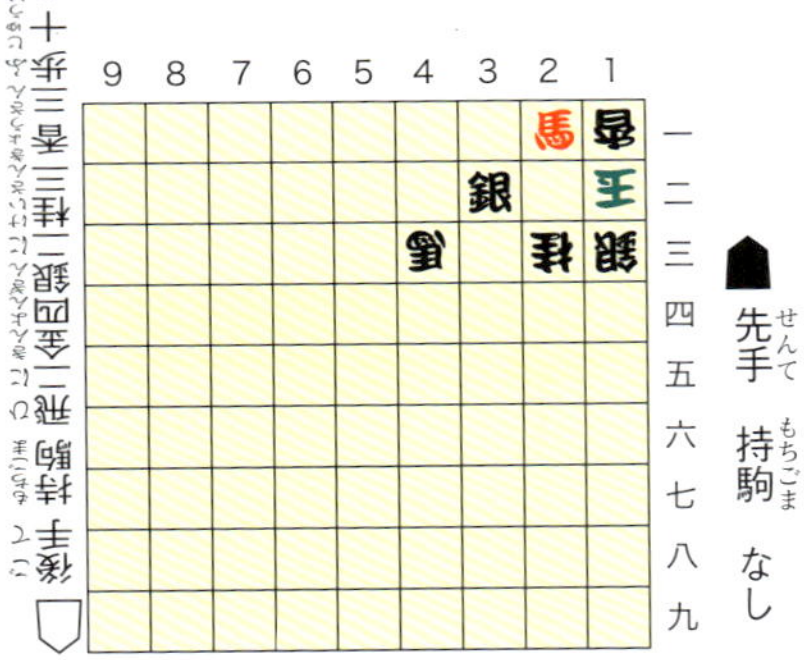

あとがき

全国各地《ぜんこくかくち》で子《こ》どもたちに将棋《しょうぎ》を教《おし》える機会《きかい》があります。子《こ》どもたちには、子《こ》どもならではの発想《はっそう》があり、その常識《じょうしき》を超《こ》えた手《て》の中《なか》にはプロなら絶対《ぜったい》に考《かんが》えないようなおもしろいものもあります。

「どうしたら将棋《しょうぎ》が強《つよ》くなるのでしょうか？」という質問《しつもん》は、子《こ》どもの親《おや》や大人《おとな》の方《かた》に多《おお》いです。これほど単純《たんじゅん》な質問《しつもん》で、これほど答《こた》えることがむずかしいものもありません。人《ひと》によって棋力《きりょく》が違《ちが》うということもありますが、だれにでも効《き》く薬《くすり》、万能薬《ばんのうやく》がないのと同《おな》じです。

それでも「何《なに》かないでしょうか？」という場合《ばあい》には、自分《じぶん》の得意《とくい》な「王《おう》の囲《かこ》い」をつくることを勧《すす》めることもあります。自分《じぶん》の王《おう》を安全《あんぜん》にすることが勝利《しょうり》に結《むす》びつくからです。得意《とくい》な囲《かこ》いが持《も》てれば、その囲《かこ》いに合《あ》った攻《せ》めの形《かたち》も同時《どうじ》に学《まな》べます。将棋《しょうぎ》のレベルに関係《かんけい》なく、「守《まも》りは攻撃《こうげき》の第一歩《だいいっぽ》」ということが実戦《じっせん》ではよくあるからです。

得意《とくい》な囲《かこ》いがひとつだけではなく、ふたつになり、みっつになれば、将棋《しょうぎ》の幅《はば》はどんどん広《ひろ》がります。また、得意《とくい》な囲《かこ》いをひとつつくるだけでも、いろいろなケースに対応《たいおう》する指《さ》し方《かた》に気《き》づき、覚《おぼ》えるだけでも大変《たいへん》だということがわかれば、大《おお》きく成長《せいちょう》するキッカケにきっとなるでしょう。

監修《かんしゅう》　九段《くだん》　屋敷《やしき》 伸之《のぶゆき》

監　修

屋敷 伸之（やしき・のぶゆき）

1972年1月18日生まれ、札幌市出身。1985年、第10回中学生名人戦優勝。同年、6級で五十嵐豊一九段門下に入る。1988年四段、1990年五段、1996年七段、2002年八段、2004年九段。なお藤井聡太王位・棋聖（2021年4月現在）が17歳11カ月で第91期「ヒューリック杯棋聖戦」のタイトルを獲得するまでの30年間、第56期「棋聖戦」を1990年に18歳6か月で獲得した九段は、史上最年少のタイトルホルダーの記録を保持していた。タイトル戦登場は7回、獲得は棋聖3期。ほかは優勝2回。2004年に通算500勝達成、2009年に通算600勝達成、2021年に通算800勝達成「将棋栄誉敢闘賞」を授与される。「将棋大賞」は1989年度第17回新人賞を始め、敢闘賞、連勝賞・殊勲賞の受賞あり。A級順位戦に通算6期、2024年現在、B級2組在籍。

［写真提供］社団法人 日本将棋連盟
［撮影協力］札幌将棋センター
［構　　成］藤田貢也
［編　　集］浅井精一・藤田貢也
［デザイン］斎藤美歩・柏原志保・田中君枝・松井美樹
［イラスト］石見和絵
［制　　作］株式会社 カルチャーランド

手筋と格言で強くなる!
将棋上達のコツ 増補改訂版
勝つための基本から詰将棋まで

2024年　12月20日　　　第1版・第1刷発行

監　修　屋敷 伸之（やしき のぶゆき）
発行者　株式会社メイツユニバーサルコンテンツ
　　　　代表者　大羽 孝志
　　　　〒102-0093 東京都千代田区平河町一丁目1-8

印　刷　株式会社厚徳社

◎「メイツ出版」は当社の商標です。

 ISBN978-4-7804-2977-0　C8076　Printed in Japan.

ご意見・ご感想はホームページから承っております。
ウェブサイト　https://www.mates-publishing.co.jp/

企画担当：大羽孝志／折居かおる

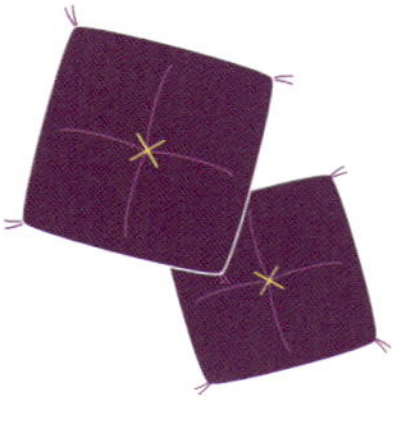

※本書は2021年発行の「一冊で差がつく!将棋上達のコツ50新版 勝ち方がわかる本」の内容を確認し、加筆・修正のうえ再編集を行った増補改訂版です。